KOREAN-FILIPINO(TAGALOG)-ENGLISH VOCABULARY

초보자들을 위한

필리핀어–한국어–영어
(따갈로그어)
Pilipino(Tagalog)–Koreano–Ingles Bokabularyo

이기선 저

단어장

외국어도서전문
1945
문예림

필·한·영 사전

초판 인쇄 : 2013년 11월 20일
초판 발행 : 2013년 11월 30일

저　자 : 이 기 선
펴낸이 : 서 덕 일
펴낸곳 : 도서출판 **문예림**
등　록 : 1962. 7. 12　제2-110호
주소 : 서울특별시 광진구 군자동 1-13 문예하우스 101호
전화 : (02)499-1281~2
팩스 : (02)499-1283
http://www.bookmoon.co.kr
E-mail : book1281@hanmail.net

ISBN 978-89-7482-763-2(13790)

＊잘못된 책이나 파본은 교환해 드립니다.

머리말

드디어 대한민국의 전체 무역액이 1조 달러를 넘었다.

정말 자랑스러운 우리나라 대한민국이다.

6.25전쟁 이후에 태어나 세계 최빈국 중의 하나였던 어려운 시절을 겪었고, 잘 살아보자는 희망으로 온갖 힘든 삶을 운명으로 받아들이면서 살다가 이제는 60의 나이를 바라보는 우리 세대에게는 더 없이 기쁘고 보람찬 소식이다.

덕분에 경제적으로 부유한 계층이 아니면 엄두를 내지 못했던 해외여행을 이제는 누구나 가벼운 마음으로 떠날 수 있게 되었다.

필리핀은 동남아 열대 국가 중에서 지리적으로 가장 가까운 나라이고, 영어가 공용어인 관계로 다른 어느 나라보다도 영어에 의한 의사소통이 수월하다. 이러한 이유로 많은 한국인들이 단기여행이나 장기체류 목적으로 필리핀을 찾는다.

필리핀이 영어를 공용어로 사용한다고 해서 모든 필리핀 사람들이 영어를 잘 할 것이라고 생각하면 큰 오산이다.

초등학교부터 국어(따갈로그어) 교재를 제외하고는 전부 영어로 된 교재로 수업을 하는 관계로 일찍 영어를 접하게 되고, 또 관공서의 서류들이 영어인 관계로 우리보다 영어를 잘하는 것은 사실이다.

그러나 초등학교에 들어가기 전까지 가정에서 가족들과의 대화는 따갈로그어이다. 따라서 영어는 우리와 마찬가지로 학교에서 배워야 하는 외국어이기 때문에 교육수준에 따라 잘하고 못하는 것은 필리핀이라고 해서 다를 것이 없다.

필리핀을 더 알고 싶으면,
필리핀에 장기 체류할 계획이면,
더욱 즐거운 필리핀 여행을 하고 싶으면,
필리핀에서 사업을 성공하고 싶으면,
문화적 이질감을 하루라도 빨리 극복하고 싶으면,
필히 필리핀어(따갈로그어)를 알아야 한다.

본 단어장은 필리핀어 초중급자들에게 필요한 필리핀어 단어들을 추려서 해당되는 영어 단어와 함께 실었으니 많은 활용을 기대한다.
끝으로 세계 각국의 모든 언어를 한국에 소개하기 위해 애쓰시는 문예림 서덕일 사장님과 직원 여러분들에게 감사를 드린다.

2013년 10월, Philippine Sorsogon에서, 저자 씀.

차 례

머리말 · 3
유의사항 · · · · · · · · · · · · · · · · · · 6
철자 및 읽기 · · · · · · · · · · · · · · · 8

A a · 19
B b · 58
K k · 105
D d · 143
E e · 169
G g · 174
H h · 191
I i · 224

L l · 239
M m · 286
N n · 306
Ng ng · 313
O o · 321
P p · 326
R r · 395
S s · 400
T t · 458
U u · 509
W w · 520
Y y · 525

유의사항

1. 필리핀어(따갈로그어)는 영어나 한국어 보다 더 적은 수의 철자(모음 5개, 자음 15개)를 사용하기 때문에 읽기가 매우 수월하다.

2. 각각의 철자에 대한 발음은 변화가 거의 없기 때문에 별도의 발음기호가 없다.

3. 필리핀 국어인 따갈로그어는 100여 가지에 이르는 필리핀 언어 중 하나인 관계로 다른 지방의 토속어도 상당 수 섞여 있다. 따라서 동일한 의미의 단어가 여러 개 존재하는 경우가 대부분이다.

4. 오랜 식민지 기간(스페인 350년, 미국 50년)을 거쳤기 때문에 매우 많은 수의 외래어가 섞여서 사용된다. 특히 스페인어 단어는 수없이 많다.
특히 현재는 영어를 공용어로 사용하기 때문에 식자층에서는 영어단어 뿐만 아니라 영어 문장을 그대로 섞어서 쓰는 경우가 많다.

5. 악센트는 4가지 유형이 있으며, 악센트 위치에 따라 의미가 달라지므로 유의해야 한다.

6. 전문분야에 대한 단어는 대부분 영어 단어를 많이 사용한다.

7. 필리핀어(따갈로그어)는 100여 가지가 넘는 접사(접두사, 접미사, 삽입사, 혼합사)를 하나의 어근에 활용하여 동사, 형용사, 명사, 부사 등을 포함하여 다양하고 섬세한 의미를 갖는 단어들을 만들어 낸다. 또한 동사의 시제도 접사를 변화시켜 표현한다.

8. 특히 동사(動詞)는 문장의 중심(행위자, 행위 대상, 장소, 방향, 수혜자, 등등)을 무엇으로 하느냐에 따라 어근(語根)에 붙는 접사가 틀리고 또한 시제를 나타내는 활용법도 틀려지는 관계로 하나의 어근에는 무수한 파생어가 생긴다. 따라서 본 단어장에서는 지면 관계상 대표적인 단어만 수록하였음을 밝혀둔다.

9. 사전 사용에 필요한 참고사항
   (1) 품사기호를 사용하지 않고 우리말 뜻을 그대로 살려서 표기하였다.
   (2) 단어의 마지막 철자가 -a와 -o로 끝나는 단어는 여성과 남성을 의미한다.
      예) abogada(-o) / 아보가-다(도) / 변호사 ; abogada(여성 변호사), abogado(남성 변호사)
   (3) "~" 기호는 "무엇무엇, 뭐뭐" 등의 임의적인 의미를 뜻한다.
   (4) "…" 기호는 앞에 서술된 내용과 일치함을 뜻한다.
      예) piglás / 삐글라스 / 구속(속박)을 벗어나기 위한 노력 pumiglás ; … 위해 노력하다
   (5) 단어의 어근을 쉽게 구분할 수 있도록 많이 쓰이는 접사를 정리하여 수록하였으니 사전 활용에 참고하기 바란다.

철자 및 읽기

A 철자

철자	읽기	철자	읽기
A a	아	N n	나
B b	바	NG ng	ㅇ아
K k	까	O o	오
D d	다	P p	빠
E e	에	R r	라
G g	가	S s	사
H h	하	T t	따
I i	이	U u	우
L l	라	W w	와
M m	마	Y y	야

※ 필리핀어(따갈로그어) 철자는 20(자음 ; 15, 모음 ; 5)자로 구성되어 있다.

8 필·한·영 사전

B 모음 : A, E, I, O, U

*복모음 ; ay[아이], aw[아우], uy[우이], oy[오이], ey[에이], iw[이우]
baboy[바-보이] --- 돼지 kilay[끼-ㄹ라이] --- 눈썹

C 자음 : B, K, D, G, H, L, M, N, NG, P, R, S, T, W, Y

(1) 발음 : K, P, NG, T를 제외하고 영어의 자음 알파벳과 같다.
(2) K는 'ㄲ'에 가깝게, P는 'ㅃ'에 가깝게, T는 'ㄸ'에 가깝게 발음한다.
(3) NG
   a) 모음과 결합하여 鼻音(비음)이 가미된 [ㅇ] 으로 발음한다.
   nga[ㅇ아], nge[ㅇ에], ngi[ㅇ이], ngo[ㅇ오], ngu[ㅇ우]
   ngipin[ㅇ이-삔] --- 치아, ngunit[ㅇ우-닛] --- 그러나
   b) 단독으로 사용되면 [낭]으로 발음된다.
   lapis ng gurò[라-뻬스 낭 구-로'] ; 선생님의 연필
   c) 단어의 끝에 사용되면 [ㅇ]으로 발음된다.
   ang[앙] --- 주격관사, sayang[사-양] --- 안 됐군요!

(4) d는 다음에 따라오는 철자가 iy(또는 y)인 경우 'ㅈ'으로 발음되기도 한다.
   diyés[지예스] --- 10, radyo[라-죠] --- 라디오

D 악센트

(1) <u>악센트 표시가 없는 2음절 이상의 단어</u>
   * 단어의 끝에서 두 번째 음절을 강하고 길게 발음한다.
   * 악센트 종류 중 가장 많은 단어가 여기에 해당된다.
   lalaki[라라-끼] --- 남자, babae[바바-에] --- 여자
(2) 마지막 음절의 <u>일반 악센트</u> ; (´)
   * 강하지만 길지 않게 발음한다.
   anák[아낙] --- 어린이, amá[아마] --- 아버지
(3) 마지막 둘째 음절 장모음 및 마지막 음절 성문 폐쇄 <u>복합 악센트</u> ; (`)
   * 단어의 끝에서 두 번째 음절은 강하고 길게 발음하고, 마지막 음절은 기관지 구멍을 빨리 닫아 발음을 짧게 끊는다.
   lawà[라-와'] --- 호수, punò[뿌-노'] --- 나무

(4) 마지막 음절 성문폐쇄 악센트 ; (^)
   * 마지막 음절에서 기관지 구멍을 빨리 닫아 모음을 짧게 끊어 발음한다,
   basâ[바사ˈ] --- 젖은, kayâ[까야ˈ] --- 그러므로
(5) 세음절 이상의 단어에서 마지막 음절이 아닌 위치에 표시된 일반 악센트는 (1)항과 같이 강하고 길게 발음한다.
   diyánitór[재-니또르] --- 수위, kaáalís[까아-알리스] --- 막 출발했다

자주 사용되는 접사의 종류

접사	용도 및 의미	예
-(h)an	장소(방향) 중심/수동사	sulatan ; ~에 글을 쓰다, ~에게 편지쓰다
	장소/명사	palayan ; 논 tindahan ; 가계, 상점 ásínan ; 염전
ka-	동료, 친구, 한패/명사	kasama ; 동료 kaklase ; 급우
ka+어근 첫음절	근접완료/수동사	kakákáin ; 막 먹었다 kaáalís ; 막 떠났다

접사	용도 및 의미	예
ka-an	느낌, 마음/수동사	kalimutan ; 잊혀지다 kagalitan ; 질책받다
	소유, 자격, 추상화/명사	kaligayahan ; 행복 kadakilaan ; 고상, 위대
	전체적인 장소/명사	kakahuyan ; 숲 kalangitan ; 하늘, 천공
ká-an	동시적 또는 상호적/명사	kágalitan ; 서로 다툼, 서로 화냄
		kátuwaan ; 함께 기뻐함
	최상급/형용사	kálaliman ; 가장 깊은 kálakihán ; 가장 큰
kasíng-	동급비교/형용사	kasíng-gandá ; ~처럼 아름다운
de-	소유, 사용, 착용/형용사	de-mesa ; 테이블을 사용하는 de-koryente ; 전기의
i-	화제, 주제/행위대상 중심/수동사	ibigay ; ~에게 ~를 주다
ika-	ika+기수 ; 서수(~번 째)	ikasandaán ; 백 번 째
	원인제공/수동사	ikaluhà ; 눈물 흘리게 하다
-(h)in	행위대상 중심/수동사	lutuin ; ~를 요리하다 sabihin ; ~를 말하다
ipa-	허락, 사역/행위대상 중심/수동사	ipakita ; ~를 보여주다 ipabigáy ; ~를 주게 하다
ipaki-	I동사의 겸양의뢰/수동사	ipakibigay ; ~를 주세요(주기를 청하다)
ipag-	수혜자 중심/수동사	ipaglabá ; ~를 위해 빨래하다

접사	용도 및 의미	예
ma-	형용사	magandá ; 아름다운 mayaman ; 부유한
	가능/행위대상 중심/수동사	mabasa ; 읽혀질 수 있다 magawâ ; 하여질 수 있다
má-	우연, 무의식/행위대상 중심/수동사	mábása ; 우연히 읽혀지다 mákúha ; 우연히 얻어지다
maka-	가능, 능력/능동사	makakuha ; 얻을 수 있다 makakita ; 볼 수 있다
	찬성, 지지, 좋아함/형용사	maka-ama ; 아버지 편인
		makalumà ; 구식의, 보수적인
maká-	횟수, 빈도, ~번, ~배/부사	makáilán ; 여러 번 makálawá ; 두 번
		makátló ; 세 번
	기회 포착/능동사	makábilí ; 살 기회를 갖다
		makákúha ; 얻을 기회를 갖다
makapag-	MAG동사의 가능(능력)/능동사	makapagbilí ; 팔 수 있다
makápag-	MAG동사의 기회 포착/능동사	makápagbilí ; 팔 기회를 갖다
maki-	겸양의뢰/능동사	makiupó ; 앉으세요 makipuntá ; 가기를 부탁합니다
	사회, 교제, 친목/능동사	makisayaw ; 춤에 참가하다
		makisigáw ; 함께 소리치다

접사	용도 및 의미	예
makipag-	상호관계, 교제/능동사	makipagkamáy ; 악수하다 makipagusap ; 대화하다
makipag-(h)an	참가, 협동/능동사	makipag-ínúman ; 다른 사람들과 함께 마시다
mag-	능동사	mag-anák ; 출산하다 magbus ; 버스를 타다
	상호관계/명사	mag-amá ; 아버지와 자녀 관계
mag+어근 첫음절	직업/명사	mag-iisdâ ; 어부 magnanakaw ; 도둑
mag-(h)an	상호 작용, 호혜/능동사	magtulungán ; 서로 돕다
		magsalitaan ; 서로 얘기하다
magka-	복수/명사	magkapatíd ; 형제(자매, 오누이)들
		magkasama ; 동료들
	소유, 보유/능동사	magkaroón ; 가지다 magkatrabaho ; 직업을 갖다
	공유, 유사/능동사	magkapartido ; 같은 정당에 속하다
magpa-	사역, 원인 제공/능동사	magpatakbó ; 달리게 하다
		magpagandá ; 예쁘게 만들다
magsi-	UM동사의 복수형/능동사	magsisama ; 여럿이 함께 가다
magsipag-	MAG동사의 복수형/능동사	magsipagsimbá ; 여럿이 함께 교회에 가다

접사	용도 및 의미	예
mai-	I동사, 가능, 능력/수동사	maihanap ; ~를 위해 ~를 찾을 수 있다
mang-	실행, 수행/능동사	manggamót ; 의사 개업을 하다
mang+어근 첫음절	반복, 직업/명사	manggagamot ; 의사 mángingisdâ ; 어부
mapa-	사역, 가능/수동사	mapaalís ; 떠나게 할 수 있다, 벗어나게 할 수 있다
mapag-	기호, 습관, 경향/형용사	mapagbigáy ; 잘 베푸는, 관대한
may-	소유/형용사	may-sakit ; 병 든 may-asawa ; 결혼한
na-	존재, 현존/형용사	nárító ; 여기에 있는 náriyán ; 거기에 있는
naka-	소유, 현 상황/형용사	nakahikaw ; 귀걸이를 하고 있는 nakatirá ; 살고 있는
nápaka-	매우, 대단히/형용사	nápakagandá ; 대단히 아름다운
pa-	pa-장소 ; ~로 가고 있는/형용사	pa-Maynila ; 마닐라로 가고 있는
	자세, 방향/부사	pataás ; 위로 pababâ ; 아래로 pahigâ ; 누워서
	명령, 요청/명사	pagawâ ; 요청받은 일 patindá ; 위탁판매 상품
pá-(h)an	장소/명사	páaralan ; 학교 pálanguyan ; 수영장 págawaan ; 공장
	경쟁, 대회/명사	págandahan ; 미인 경연대회 pálakasan ; 운동 경기

접사	용도 및 의미	예
paki-	겸양의뢰/능동사	pakiabót ; 이리 좀 주세요.(부탁)
pakiki-	협동, 상호작용/명사	pakikiaway ; 다툼, 싸움 pakikikamáy ; 악수
pag-	UM동사의 동작, 행위/동명사	pagbilí ; 사는 행위 pagbasa ; 읽기
		pagkain ; 먹기, 식사
pag+어근 첫음절	MAG동사의 동작, 행위/동명사	pagbibilí ; 팔기 pagsisimulâ ; 시작하기
pag-an	방향(위치)중심/수동사	pag-aralan ; ~에 대해 공부하다
		pagbilihán ; ~에게 팔다
pag-in	사역, 허락/행위대상 중심/수동사	paghubarín ; (옷)벗게 하다
		paglakbayín ; 여행을 허락하다
pagka-	~한 후에/부사	pagkabalík ; 돌아온 후에 pagkaratíng ; 도착한 후에
	동명사, 추상명사	pagkatakot ; 두려워 함 pagkabuhay ; 생계수단
pagpapa-	MAGPA동사의 명사화/동명사	pagpapatakbó ; 달리게 하기
		pagpapadangál ; 찬양케 하기
palá-	습관, 경향/형용사	palátawá ; 잘 웃는 palábirô ; 농담을 잘 하는
pampa-	원인, 도구/명사	pampalamíg ; 기분을 돋우는 것 pampaantók ; 수면제

접사	용도 및 의미	예
pang-	용도, 수단, 도구/명사, 형용사	pang-init ; 히터 pang-ospital ; 병원용의
papag-(h)in	사역/수동사	papag-aralin ; 공부하게 하다 papagdasalín ; 기도를 시키다
pinaka-	임무(기능)를 가진 사람(물건)/명사	pinakaulo ; 지배하는 사람(물건)
pinaka+형용사	최상급/형용사	pinakamagandá ; 최고로 아름다운
tag-	시기, 계절/명사	tag-init ; 건기 taglamíg ; 겨울 tag-ani ; 수확기
taga-	출신/형용사, 직업/명사	taga-Maynila ; 마닐라 출신인 tagalutò ; 요리사
um-, -um-	능동사	umihì ; 소변보다 gumandá ; 예뻐지다
		pumuntá ; 가다

A a			
A!	아-	아!(연민, 존경, 놀람, 감탄 등)	Ah!
aâ	아아'	똥, 더러운 것, 지지(유아어)	dirt, filth
Abá!	아바	어!, 아니!(놀람), 안돼!(강한 반대), 어이구!(질책), 어이(부르는 소리) abahín ; 알려주다, 생각나게 하다, 통지하다	Well!, Hay! Hail!
abâ	아바'	비참한, 불쌍한, 가난한, 초라한, 겸손한 abaín ; 학대(혹사)하다, abáng-abâ, kaabá-abâ ; 매우 비참한(불쌍한) magpakaabâ ; 겸손해 하다, 저자세를 취하다	wretched, humble, poor
abaká	아바까	마, 대마	abaca hemp
abakada	아바까-다	철자, 알파벨 abakadahín ; 알파벳 순서로 나열하다	alphabet
abakó, ábakús	아바꼬, 아-바꾸스	주판 mag-abakó ; 주판을 사용하다	abacus
abala	아바르-라	불편, 성가심, 수고, 고생, 방해 abalahin ; 귀찮게(힘들게) 하다, 괴롭히다, 지체시키다 maabala ; 불편(힘든 상황)에 처해지다 makaabala ; 불편(성가심)을 초래하다 mang-abala ; 성가시게 하다 umabala ; 지체시키다, 방해하다	inconvenience, bother, interruption
abalá	아발라	바쁜, 종사하고 있는 mag-abalá ; 바쁘다, 종사하고 있다	busy, occupied
Abante!	아바-ㄴ떼	전진!, 가자! iabante ; 전진시키다 umabante ; 전진하다, 앞으로 움직이다	Go ahead!, Proceed!

abáng	아방	파수꾼, 기다리며 지키고 있는 사람, abangán, mag-abáng ; 망보다, 지켜보다	watcher
abay	아-바이	결혼식 들러리, 동반자 abay-babae ; 신부 들러리 abay-lalaki ; 신랑 들러리 abayan ; 결혼식 들러리를 서다 umabay ; 동반하다 pang-abay ; (문법)부사	best man and bridesmaid
abilidád	아빌리닫	능력, 재능 maabilidád ; 재능(능력)이 있는	ability
abiso	아비-소	정보, 통보 mag-abiso, abisuhan ; 정보를 주다, 통보하다	information, notification
abla, ablá	아-블라, 아블라	잡담, 말이 많음, maablá ; 말이 많은, umabla, mag-aabla ; 말을 너무 많이 하다 Huwág kang mag-aabla. ; 말을 많이 하지 마라.	idle talk, too much talk
abnormál	압노르말	비정상적인, 보통과 다른	abnormal
abó	아보	재, 유골 ábúhan ; 재떨이 ábuhin, abuhín ; 회색의	ash, ashes
abokado	아보까-도	(과일)아보카도	avocado
abogada(-o)	아보가-다(도)	변호사 mag-abogado ; 법을 공부하다, 변호사가 되다	lawyer
abono	아보-노	비료 mag-abono, abonohan ; 비료를 주다(뿌리다), 미리 지불하다	fertilizer
Abríl	아브릴	4월	April
abórsiyón	아보-르시욘	낙태	abortion

abot	아-볼	추월당하는, 평행한 abut-abot ; 계속하는, 연속적인 abut-abot na paninigarilyo ; 줄담배 피우기 abutan, abutin, umabot ; 추월하다, 따라잡다 máabutan ; 추월당하다 mag-abot ; 만나다, 조우하다, 따라잡다	overtaken, abreast
abót	아볼	(1) (손발, 힘, 행정력 등)닿는 거리(범위), 능력, 지배력 (2) 닿을 수 있는 거리내에 있는 abót-tingín, abót-tanáw ; 가시거리 내에 있는 ábutan ; 현금 인도 조건 abután, iabót ; 넘겨주다, 인도하다, 주다 makaabót ; 닿을 수 있다 umabót ; (수, 량)~이 되다, 도달하다, 뻗다, ~의 범위에 걸치다	(1) reach, power, capacity (2) within reach
absent, absen	아-ㅂ센뜨, 아-ㅂ센	결석한 Absent(Absen) siyá kahapon. ; 그는 어제 결석했다 mag-absent, umabsent ; 결석하다	absent
abstinensya	압스띠네-ㄴ샤	절제, 금욕 mag-abstsinensya ; 절제하다, 금욕하다	abstinence
absuwelto	압수웨-ㄹ또	면제된, 용서받은, 석방된	absolved, acquitted
abuloy	아부-ㄹ로이	지원(금), 기부(금), 기여, 도움 abuluyan ; ~에게 도움을 제공하다, ~를 돕다(지원하다) iabuloy ; 돕기위해 ~을 기부하다, mag-abuloy, umabuloy ; 돕다, (금품 등)기부하다, 기여하다	aid, help, subsidy

aburidó	아부리도	혼란스러운, 걱정되는, 불안한, (관념, 버릇 등에)사로잡힌 abriduhín ; 걱정시키다, 불안케 하다 maaburidó ; ~에 사로잡히다, 불안해 하다 Naaburidó siyá sa sugál. ; 그는 도박에 사로잡혔다 Pagkaaburidó ; 불안한(사로잡힌) 상태	worried, disturbed, obsessed
abuso	아부-소	남용, 오용, 학대, abusado ; (1) 남용하는 (2) 남용하는 사람 mag-abuso ; 권력을 남용하다 abusuhin ; (권력)남용하다, 오용하다, 학대하다, 강간하다 pag-aabuso ; 권력을 남용하는 행위	abuse, maltreatment
akalà	아까-ㄹ라'	생각, 아이디어, 믿음, 전제, 가정 mag-akalà, akalain ; 생각 (이해, 가정, 고려)하다, 하려고 하다 Sa akalà ko ; 내 생각에는	idea, belief, presumption, assumption
akay	아-까이	손에 이끌려 인도되는, akayin, mag-akay, umakay ; 인도하다, 이끌다, 안내하다 tagakay ; (어린이, 환자 등의)손을 잡아 안내하는 사람	led by the hand
akbáy	악바이	팔을 타인의 어깨에 걸치고 있는, akbáy-akbáy ; 상대편의 어깨에 서로 팔을 걸치고 있는, umakbáy, akbayán ; 팔을 타인의 어깨에 걸치다	having an arm on another's shoulder
akdâ	악다'	문학작품, 저술, may-akdâ ; 저자, 작가, umakdâ ; 문학작품을 창작하다, (글, 책)쓰다	literary work, writing

akin	아-낀	(1인칭 소유격)나의, 나의 것 ang aking libró ; 나의 책 Akin ang libróng itó. ; 이 책은 나의 것이다. akinin ; 자기 것으로 전용하다 para sa akin ; 나를 위한 sa akin ; 나에게 sa ganáng akin ; 나로서는, 내 생각에는	my, mine
(akit)akitin	아끼-띤	매혹(유혹)하다, ~의 마음을 끌다(사로잡다) kaakit-akit ; 매혹적인, 황홀케하는, 사랑스러운, kaakit-akit na mga matá ; 매혹적인 눈 maakit ; 매혹되다, 흥미를 느끼다 makaakit ; 유혹하다, 유혹할 수 있다 mang-akit ; 유혹하다 pag-akit ; 유혹하는 행위 pang-akit ; (물건, 행위 등)마음을 끌기 위한 umakit ; 유혹하다, (마음을)끌다	charm, attract
aklás, aklasan	아끌라스, 아끌라-산	(노동자)파업, 노동쟁의 mag-aklás, umaklás ; 파업하다, 노동쟁의를 벌이다 pag-aklasán ; (저임금, 경영불만 등)에 대항해서 파업하다	walkout, strike of walkers
aklát	아끌랕	책, 서적, aklatan ; 도서관, 서점 aklát-pampáaralán ; 교과서	book
akmâ¹	아끄마'	어울리는, 적합한, 적절한, 조절된 iakmâ ; 조절하다, 적합시키다 magkaakmâ ; 정확하게 조절된, 잘 어울리는 pagkaakmâ ; 적합, 조화, 의견의 일치	fitting, proper, suited
akmâ²	아끄마'	위협하는 행위	threatening gesture

A

23

akmâ³	아끄마'	준비된, 막 ~하려고 하는, iakmâ, umakmâ, akmaán ; 준비되어 있다, 막 ~하려고 하다, ~하겠다고 위협하다	ready, on the point of doing ~
akó	아꼬	나 akó mismo ; 나 스스로, 내가 직접 kaakuhán ; 자아, 자기 중심주의 maakó, makaakó ; 이기적인	I
akò, pangakò	아-꼬', 빵아-꼬'	약속 akuin ; 타인을 위해 보증을 서다, 책임지다 iakò ; 담보로 제공하다 mangakò ; 약속하다 mapangakò ; 가망있는, 유망한 mapagpangakò ; 약속하기 좋아하는	promise
aksayá	악사야	낭비, 사치, 방종 maaksayá ; 낭비하는 aksayahín, mag-aksayá ; 낭비(탕진)하다 pag-aksayá ; 낭비행위	waste, extravagance
aksidentál	악시덴딸	사고로 발생한, 우연한, 고의성이 없는	accidental
aksidente	악시데-ㄴ떼	사고 máaksidente ; 사고를 당하다	accident
áksiyón	아-ㅋ시욘	행동, 실천, 주식 aksyunán ; 행동(조치)를 취하다	action, stock
akto	아-ㅋ또	행위, (연극)막, 법령 ikalawáng akto ng dulà ; 연극의 제 2 막 aktuhán ; 조치되다 nasa akto ; 조치중인, 막 ~하려고 하는	act
akyát	아끼얕	상승, 등반, 오름 akyatán ; ~을 윗층으로 가져 가다 akyatín, umakyát ; 올라가다 Inakyát niyá ang kahoy. ; 그는 나무에 올라갔다 iakyát ; 위로(윗층으로) 가지고 가다 paakyát ; 위	rise, climb

			A
		로, 오르막인 pag-akyát ; 올라가기, 상승, 승천 Ang Pag-akyát ni Jesus sa langit ; 예수 승천	
adelantado	아델란따-도	미리, 앞당겨, 사전에, 예정시간 보다 빨리	advanced, ahead of time
adhikâ	앋히까'	야망, 욕망, 소망	ambition, wish, desire
adorno	아도-르노	치장, 장식 adornohán, mag-adornó ; 치장(장식)하다	adornment, decoration
adulto	어두-ㄹ또	어른의, 성인의 adultrado ; 간통의, 불의의	adult
adwana	앋와-나	세관, bayad sa adwana ; 관세	customs
Adyós!	아디요스	안녕! 안녕히 가세요(계세요!)!, *헤어질 때 인사 adyusan ; 작별인사 하기 mag-adyusan, umadyós ; 작별인사를 하다	Good-bye!
aga	아-가	이름, 빠름 maaga ; 이른, 일찍이 agahan ; 조식, 아침식사 káumagahan ; 이른 아침 maagahan ; ~하기에 너무 이르다고 생각하다(느끼다) mag-agahan ; 아침식사를 하다 magpa-aga, paagahin ; 앞당기다 mápaagá ; 조숙하다, 너무 빨리 ~ 하다 nápakaaga ; 매우 이른, 너무 이른 umaga ; 아침 umagang-umaga ; 이른 아침에	earliness
agád	아같	곧, 즉시, 당장, 지금 바로, ~ 하자마자 agád-agád ; 지체없이, 당장에, ~하자마자 agarín ; (재료 등)공급되자마자 소모하다 kaagád ; 즉시, 당장, 바로	immediately, at once, right now

25

agap	아-갚	빠름, 신속, maagap ; 빠른, 신속한	quickness, promptness
agapay	아가-빠이	나란히, 곁에 umagapay ; 곁에 서다(머무르다) magagapay ; 나란히(옆에) 두다	side by side, alongside
(agaw)agawan	아가-완	강탈하다, 빼앗다, 탈취하다 agawán ; 빼앗으려고 다투는 agaw-buhay ; 빈사상태인, 죽어가는 agaw-tulog ; 어렴풋이 잠듦, 가수면 상태 agawín ; 잡아채이다, 빼앗기다, 납치당하다 Inagaw ang dalaga. ; 그 아가씨는 납치당했다. Kaagáw ; 라이벌, 적, 상대 umagaw ; 빼앗다, 탈취하다	rob someone
aghám	아그함	과학, 과학적 지식, aghám ng astronomiya ; 천문학	science
agikík	아기낍	낄낄 웃음, umagikík ; 낄낄 웃다	gigle
agihap	아기-핲	입가에 맺힌 수포	eruption around the mouth
ágilá	아-길라	독수리	eagle
agimat	아기-맡	부적	amulet
agnás	아그나스	부식, 침식작용 maagnás ; 침식되다, 물에 씻겨 나가다 agnasín, umagnás ; 부식하다, 침식하다 makaagnás ; 침식을 유발하다	erosion

agos	아-고스	(물, 액체 류)흐름 Malakás na agos ; 급류 pasalungát na agos ; 역류 agusan ; ~위로 흐르다 Ináagusan ng tubig ang sahíg ng banyo. ; 욕실 바닥 위로 물이 흐르고 있다. umagos ; 흐르다, 흘러 나오다	current, flow of liquid
Agosto	아고-스또	8월	August
agpáng	아그빵	정확한, 잘맞는, 옳은, 일치하는 mag-agpáng ; 맞추다, 적합시키다 makaagpáng ; 양립하는	exact, fitted, right
agrikultura	아그리꿀뚜-라	농업	agriculture
agrimensór	아그리멘소르	측량기사	land surveyor
(agulo) kaagulo	까아구-ㄹ로	첩, 내연의 처 kaaguluhin ; 첩으로 삼다 magkaagulo ; 첩살이 하는 mangagulo ; 첩으로 살다 pakikiagulo ; 첩살이	concubine
agwado	아그와-도	녹은, 액체로 변한, Agwado na ang yelo. ; 얼음은 벌써 녹았다.	melted, liquefied
(agwantá) maagwantá	마아그완따	참을 수 있는 mag-agwantá, agwantahín ; 참다, 인내하다	able to endure
agwát	아그왈	거리, 간격, 틈 umagwát ; 간격(틈)이 생기다, 벌어지다 agwatán ; 간격을 두다, 이격시키다	distance, gap
ahas	아-하스	뱀	snake

ahedres	아헤-드레스	체스, 서양 장기 mag-ahedres ; 체스를 두다	chess
ahénsiya	아헤-ㄴ샤	대리(권), 대리점, 전당포	agency, pawnshop
ahente	아헤-ㄴ떼	대리인, 중개인	agent
ahit	아-힡	면도 ahitan ; ~를 면도하다 mag-ahit ; (스스로)면도하다 umahit ; (타인을)면도하다	shave
ahon	아-혼	올라가기, 오르막 길, 시내 또는 도시로 가기, 요리된 음식을 오븐(개스렌지 등)에서 내림 ahunán ; 올라가는 길 ahunin ; 요리된 음식을 조리기에서 내리다 iahon, mag-ahon ; 시내로 가지고 가다(데려 가다) umahon ; 올라오다(가다)	going up, the way up, trip to downtown or city, removal of cooked food from oven or fire
alaala	알라아-ㄹ라	기억, 회상, 기념(품) alalahanin ; 기억(고려)하다 ipaalaala ; 생각나게 하다 máalaala ; 기억(생각)나다, 회상되다 maáalalahanín ; 사려깊은, 깊이 생각하는 magpaalaala ; 생각나게 하다, 상기시키다 paalaala ; 상기시키는 것, 경고 pagpapapaalaala ; 상기시키기, 경고(훈계)하기	memeory, recollection, souvenir
alab	아-ㄹ랍	불길, 열정 maalab ; 열심인, 진지한, 격렬한 maalab na pag-ibig ; 격렬한 사랑 mag-alab ; 불타오르다, 불길에 휩싸이다, 격하게 흥분하다 pag-alabin ; 흥분시키다, 정신적 충격을 주다, 감동시키다, 불지르다	flame, ardor

alak	아-ㄹ락	술, 주류, 포도주, álákan ; 주류판매점, 양조장	wine, alcohol, liquor
alakbáy	알락바이	타인의 어깨에 팔을 걸치고 있는 alakbayán, umalakbáy ; 어깨에 팔을 걸치다	with a arm on another's shoulder
alagà	알라-가'	(1) 보살핌, 보호, 피보호자, 보호받는 물건 및 동물 (2) 잘 보호되고(보살펴지고) 있는 alagaan, mag-alagà ; 보호하다, 보살피다, 치료하다 ipaalagà ; 위탁보호 시키다 mag-álagaán ; 서로 보살피다 Mag-álagaán kayó. ; 너희들은 서로 보살펴라. tagapag-alagà ; 보호자, 후견인, 관리인	(1)ward, care, someone or something being cared for (2)well-kept
alagád	알라갇	신봉자, 사제, 사도, alagád ng batás ; 집행관	follower, disciple, apostle
alahas	알라-하스	보석, mag-aalahás ; 보석상	jewel
alalá	알랄라	걱정하는, 염려하는, mag-alalá ; 걱정(염려)하다	worried, anxious
alalad	알라-ㄹ랃	공명, 메아리	resonance, echo
álalaóng bagá'y	아-ㄹ랄라옹 바가이	즉, 말하자면	namely
(alam)magpaalam	막빠아-ㄹ람	작별인사를 하다 Paalam! ; 안녕! 안녕히 가세요(계세요!)!, *헤어질 때 인사 pagpaalaman ; ~에게 작별인사를 하다 pagpapáalamán ; 서로 작별인사를 하기	say good-bye

alam, alám	아-ㄹ람, 알람	앎, 지식 alám ; 알려진, 알고있는 alám na alám ; 잘 알고있는, 정통한 alamín ; 알아내다, 확인하다 kaalám ; 비밀을 공유하는 동료, 일행, 패거리 kaalamán ; 정보, 지식 May lihim na kaalamán akó. ; 나는 비밀정보를 가지고 있다. ipaalám ; 알려주다, 통지하다 maalam ; 알고 있는 Maalam siyá ng Tagalog. ; 그는 따갈로그어를 알고 있다. makipag-alám ; 접촉하다, 거래하다 máláman ; 알다, 알아내다 pakialám ; 간섭, 참견 pakialamero ; 간섭(참견)하는 사람 pakikipag-alám ; 접촉, 사람들과의 만남 pagkáalám ; 지식, 의식 waláng-nálalaman ; 모르는, 깜깜무소식인	knowledge
alamáng	알라망	작은 새우, 중요치 않은 사람	small shrimp, unimportant person
alamát	알라맡	전설, 민속, 전통	legend, folklore, tradition
alambre	알라-ㅁ브레	철사 alambreng may-tinik ; 가시철사 alambera ; 철망	wire
alamíd	알라밑	너구리	raccoon
alangaang	알랑아-앙	성층권, 대기권 밖, 우주	stratospheric space, space

alang-alang	아-ㄹ랑 아-ㄹ랑	존경, 고려 alang-alang sa ~ ; ~를 위해서, ~를 대신하여 isaalang-alang ; 보살피다, 존중하다, 고려하다 mag-alang-alang ; 경의를 표하다, 관심을 갖다	respect, consideration, regard
alangán	알랑안	비정상적인, 불규칙한, 예외적인, 부적합한 álanganin ; 의심스러운, 불확실한, 망서려지는 mag-alangán ; 망서리다 pag-aalangán ; 망서림	abnormal, irregular, exceptional, improper
alap	아-ㄹ랖	(근무의)교대, 교체(시간) mag-álapan, umalap ; 교대하다 mang-alap ; (작업원, 군인 등)모집하다	turn or shift for work
alapaap	알라빠-앞	권운, 새털구름, 불확실 mag-alapaap ang loób ; 불확실하다, 의심스럽다	cirrus, uncertainty
alarma	알라-ㄹ마	경보, 경보장치 may-alarma ; 경보를 발한, 경보신호를 내는 relós na may-alarma ; 자명종 시계 alarmado ; 깜짝 놀랜, 경보를 받은	alarm, alarm device
alat	아-ㄹ랕	소금기, 짠맛 alatan ; 짜게 하다, 소금을 치다 maalat ; 짠 pakáalatan ; 너무 짜게 하다	saltiness
alay	아-ㄹ라이	(신에의)공물(제물, 헌납), 제공 ialay ; ~에게 ~를 제공하다 (바치다) mag-alay ; 제공하다, 바치다	offering
albularyo, erbularyo	알불라-료, 에르불라-료	약초의(藥草醫), 한의사, 돌팔이 의사	herb doctor, quack

alkalde	알까-ㄹ데	시장(市長) pagka-alkalde ; 시장의 직위	mayor
alkilá	알낄라	임대, 차용 alkíláhan ; 임대료, 사용료 alkilahín, umalkilá ; 임대하다, 빌리다	rent, hire
ale	아-ㄹ레	아주머니, 아줌마, *모르는 여자들에 대한 존칭 또는 이름 앞에 붙여서 친함을 표시함. Ale, nahulog ang inyóng pitakà. ; 아주머니, 지갑을 떨어 뜨렸어요. Aling Maria! ; 마리아 아줌마!	madam, ma'am
Alemán	알레만	독일 사람, 독일의 Alemanya ; 독일	German
álhebrá	아-ㄹ헤브라	대수(代數), 수학의 한 분야	algebra
alibadbád	알리받받	메스꺼움, 욕지기, 멀미 alibadbáran ; 멀미하다, 메스꺼워 하다 makapagpaalibadbád ; 메스껍게 하다, 욕지기 나오게 하다	nausea
alibughâ	알리북하'	무책임한, 방탕한, 낭비벽이 심한	irresponsible, prodigal
alikabók	알리까복	먼지 alikabukín ; 먼지에 덮이다 maalikabók ; 먼지가 많은 makaalikabók ; 먼지투성이가 되다, 지저분해지다	dust
alik-ík, halihík	알릭익, 할리힉	킥킥 우슴, 낄낄 우슴 mápaalik-ík, umalik-ík ; 킥킥웃다, 낄낄 웃다	giggle, chuckle
aligíd	알리긷	선회하는, 돌고 있는, 맴도는 magpaalí-aligíd, umalí-aligíd ; 계속 맴돌다(선회하다, 돌다)	circling around, hovering

alilà	알리-ㄹ라'	하인, 식모 alilain ; 하인으로 취급하다 alilang-kanin ; 음식만 담당하는 하인 mag-alilà ; 하인을 고용하다 magpaalilà ; 하인으로 채용되다	servant, housemaid
alimango	알리마-ㅇ오	게(하천에 서식하고 큼)	large black crab
alimasag	알리마-삭	게(바다에 서식하고 작음)	crab
alimís	알리미스	은밀한, 비밀의 paalimís ; 은밀하게, 비밀스럽게	furtive, secret
alimpungát	알림뿡앝	반쯤 잠든 상태, 가수면 maalimpungatan ; 어슴프레 자다	state of being half-asleep
alimurà	알리무-라'	냉소적인 언사, 무례한 말, 꾸짖음 alimurahin, mag-alimurà, umalimurà ; 힐책(비난)하다, 꾸짖다	scornful, insulting or vituperating words
alín	알린	어느(의문 대명사) alinmán, alín man ; 어느 것이든지(것이라도)	which
alindóg	알린독	굉장한 아름다움, 황홀경 maalindóg ; 굉장히 아름다운, 매우 매혹적인	great beauty or charming
alinlangan	알린라-ㅇ안	의심, 의심하는 di-mapag-aálinlangan ; 논란의 여지없는, 명명백백한 mag-álinlangan ; 의심하다 nakapag-aálinlangan ; 의심을 유발시키는, 의심스러운 waláng-álinlangan ; 의심치 않고, 확실히	doubt, doubtful

alinsangan	알린사-ㅇ안	후덥지근한 기후 maalinsangan ; 후덥지근한 maalinsanganan ; 후덥지근한 기후로 힘들어 하다	sultry and oppressive weather
alinsunod (sa~)	알린수-놏 (사)	~에 따라, ~에 부합하여, ~ 조건 하에 alinsunurín ; 법, 규정 등에 맞추어 행동하다 ialinsunod ; ~에 부합시키다(맞추다) máalinsunod sa ~ ; ~에 부합하다 nang náaalinsunod sa ~ ; ~에 따라서, ~에 맞게	according to, under the terms of
alingasaw	알링아-사우	악취, 역겨운(썩는) 냄새 umalingasaw ; 악취를 내다	offensve odor, reek
alingawngáw	알링아웅아우	메아리, 반향, 반동 umalingawngáw ; 메아리치다, 울리다, 반향하다	echo, reverberation
alipin	알리-삔	노예 magpaalipin, mapaalipin ; 노예처럼 일하다 pang-aalipin ; 노예제도	slave, serf
alís	알리스	떠남, 출발 Biglaan ang kanyáng alís. ; 그는 갑작스럽게 떠났다. alisán ; ~에게서 제거하다(벗기다, 빼앗다) alisín, mag-alís ; 없애다, 제거하다, 치우다 kaáalís ; 금방 떠난 Kaáalís pa lamang nilá. ; 그는 금방 떠났다. maalís ; 제거될 수 있다, 치워질 수 있다 makaalís ; 떠날 수 있다, 출발할 수 있다 magpaalís ; 자주(반복적으로) 떠나다(자리를 비우다) magpaalís ; 떠나게 하다, 보내다, 쫓아내다 mapaalís ; ~로 부터 벗어나다	departure

		(자유로워 지다, 벗어날 수 있다, 자유로워 질 수 있다) paalís ; 떠나는 ang paalís na bapór ; 떠나는 배 paalisín ; 쫓겨나다, 퇴거당하다, 해고되다 pag-aalís ; 배제, 제거 pag-alis ; 출발, 떠남 pagpapaalís ; 해고, 퇴거 umalís ; 떠나다, 출발하다	
alit, álitan	아-ㄹ릳, 아-ㄹ리-딴	불화, 싸움, 마찰 magkáalit ; 논쟁하다, 다투다	discord, quarrel
alíw, kaáliwan	알리우, 까아-ㄹ리-완	위로, 위안 áliwan ; 여흥, 오락, 즐거움, 휴식 áliwang kalsada ; 유흥가 áliwang negoyso ; 유흥업 aliwín ; 위로하다, 달래다, 누그러뜨리다 mag-alíw ; 휴식을 취하다, 여흥을 즐기다 umalíw ; 위로(격려)하다	consolation, comfort
aliwalas, kaaliwalasan	알리와-ㄹ라스, 까알리왈라-산	넓음, 밝음, (날씨)활짝 갬 maaliwalas ; 밝은, 확 트인, (하늘) 맑게 갠, (날씨)평온한 paaliwalasin ; 밝게 하다 umaliwalas ; 밝아지다	brightness, spaciousness, fineness
almirante	알미라-ㄴ떼	제독	admiral
almirés	알미레스	절구, 막자사발	mortar
almohadón	알모하돈	방석, 쿠션	cushion, pillow
almusál	알무살	조반, 아침식사 almusalín ; ~을 조반으로 먹다 mag-almusal ; 아침식사를 하다	breakfast

alò	아-로'	격려, 위문(위로), 자장가 áluan ; 흔들 요람 aluan ; 자장가를 불러주다 aluin, umalò ; 위로(위문, 격려)하다	something to cheer or console, lullaby
alók	알록	(매매)제안, 신청, 오퍼(가격), 입찰(가) alukín, ialók ; (오퍼 가격)을 제안하다 mag-alók, umalók ; 제안하다(의견, 가격 등)	offer, bid, offered price
alóg	알록	동요, 움직임, 흔들림 áalúg-alóg ; 움직이는, 흔들리는 alugín, umalóg ; 흔들다 maalóg ; 흔들리다 pagkaalóg ; 진동, 충격, pagkaalóg ng utak ; 뇌진탕	shake
alon	아-ㄹ론	파도 alún-alón ; 물결모양의, 곱슬곱슬한 maalon ; 파도치는, 험악한 umalon ; 파도가 일다 umalún-alón ; 물결이 일다, 파동치다	wave
alpás	알빠스	매이지 않은, 풀린, 자유로운 mag-alpás, alpasán ; 풀어주다, 해방시키다	loose, untied, free
alpilér	알뻴레르	핀, 브로치	pin, brooch
alpombra	알뽀-ㅁ브라	양탄자, 카펫 alpombrahán ; 바닥을 양탄자로 덮다 mag-alpombra ; 바닥에 양탄자를 사용하다	carpet, floor rug
alsá	알사	(밀가루 반죽 등)부풀어 오름, 반항, 폭동, 모반 alsahín, mag-alsá ; 올리다, 일으키다 kaalsá ; 반항(폭동) 그룹의 동료 ialsá ; 올라가게 하다 mag-alsá ; 봉기(반항)하다, 반란을 일으	rising(as of dough), protest, rebellion

		키다 pag-alsá ; 확장, 부풀어 오름 umalsá ; 확장하다, 늘어나다, 부풀어 오르다	
altapresyón	알따쁘레숀	고혈압	high blood pressure
alternatibo	알떠나띠-보	양자택일의, 대신의	alternative
alulód	알룰롣	(처)낙수홈통	rain gutter
alumana	알루마-나	주의(관심)를 받는 alumanahin ; 주의하다, 관심을 기울이다	attended, noticed
aluminyo	알루미-뇨	알루미늄	aluminum
alwagi	알와-기	목수 pag-aalwagi ; 목수일	carpenter
alyansa	알랴-ㄴ사	동맹, 제휴	alliance
amá	아마	아버지 amá-amahan ; 양부, 양아버지 amáng-pangumán ; 계부, 의붓아버지 makaamá ; 부권의, 아버지의, 부계의 mag-amá ; 부자관계, 부녀관계 pagka-amá ; 부권, 부계	father
amag	아-막	곰팡이 maamag ; 곰팡이가 핀 makaamag, amagin ; 곰팡이로 덮이다 amóy-amag ; 곰팡이 냄새나는 lasang-amag ; 곰팡이 맛이 나는	mold, mildew
amang	아-망	소년, 젊은이	boy
amarilyo	아마리-ㄹ료	노랑, 노란색	yellow
amasona	아마소-나	아마존	amazon

ámatyúr	아-마뜌르	아마츄어, 직업적이 아닌 사람	amateur
ambâ	암바'	위협적인 태도(행위, 자세) ambaán, umambâ ; 위협적인 태도를 취하다 iambâ ; 위협하기 위해 도구(지팡이 등)를 사용하다	threatening gesture
ambág	암박	기부(금) ambagán ; 기부하다 makiambág ; 자신의 몫을 기부하다 paambagán ; ~로 하여금 기부토록 하다	contribution
ambásador	암바-사도르	대사	ambassador
ambíl	암빌	은유적 표현, 애칭 ambilán, iambíl ; 애칭을 주다, 은유적 표현을 하다	metaphorical expression, pet name
ambisyón	암비숀	야망	ambition
ambón	암본	이슬비 ambunín ; 이슬비에 젖다 umambón ; 이슬비가 내리다 umambún-ambón ; 이슬비가 내렸다 그쳤다 하다	drizzle
ambós	암보스	양쪽 모두, 둘다, 둘이 함께	both, both together
ambulánsiyá	암불라-ㄴ샤	앰뷸런스, 구급차	ambulance
Amérika	아메-리까	미국 Amerikana, -o ; 미국인 amerikana ; 남성용 코트 mag-amerikana ; 코트를 입다	America
amin(전부수식), namin	아-민, 나-민	(대명사)우리의, 우리의 것, 우리에 의해 sa amin ; 우리에게 para sa amin ; 우리를 위해 *대화상대 제외 Áminá! ; 우리에게 줘! aming gurò(gurò namin) ; 우리 선생님	our, ours, by us

(amin)aminin, umamin	아미-닌, 움아-민	(죄인)자백하다, 고백하다, 죄를 인정하다 pag-amin ; 자백, 고백, (죄)인정	own up, confess, admit
amo	아-모	주인, 고용주, 사장	master, employer, boss
amò	아-모'	길들여짐, 유순, 달래기 amuin ; 달래다 kaamuan ; 유약, 유순 maamò ; 유약한, 유순한, 길들여진 magpaamò, paamuin ; 길들이다 umamò ; 길들여지다, 유순해지다	tameness, coaxing
amór	아모르	애정, 사랑 magkaamór ; 사랑(애정)을 느끼다	love, affection
amóy	아모이	냄새 amuyán ; 냄새를 맡다 amuyín ; (개 등)킁킁거리며 냄새 맡다 ipaamóy ; 냄새를 맡아보게 하다 maamóy ; 냄새를 풍기는, 악취나는 mangamóy ; 냄새를 풍기다, 악취를 내다 pangamóy ; 후각	smell
ampáng	암빵	아장아장 걷기 umampáng-ampáng ; 아장아장 걷다	toddle
ampát	암빧	(피, 울음, 화)막혀진, 닫힌, 지혈된 ampatín, umampát ; 막다, 멈추게 하다, 지혈하다	checked, stopped
ampias	암삐-아스	(열린 창문, 틈새 등으로)들어오는 비 maampiasan ; 들어온 비에 젖다 umampias ; 비가 새다(들이치다)	rain entering through open window, etc.
ampón	암뽄	양자, 양녀, taga-ampón ; 양부, 양모 ampunan ; 고아원 ampunín, umampón ; 양자(양녀)를 들이다 mag-ampón ; 보호하다	adopted child

(anak)kamag-anak	까-막 아-낙	친척 magkamag-anak ; 친척관계인, 혈연의 pagkakamag-anak ; 혈족(관계)	relative
anák	아낙	아이, 자식 anák na lalaki ; 아들 anák na babae ; 딸 maanák ; 아이(자식)들이 많은 anák-anakan ; 수양자식, anakín ; 양자(양녀)를 들이다 anák-dálitâ ; 가난하게 태어난 사람 kaánakan ; 해산 달 kapangánakan ; 생일 ianák, manganák ; 낳다 mag-anák ; 기르다, 번식시키다, 아이를 키우다 magpaanák ; 출산을 돕다, 산파역할을 하다 pagmamahál-anák ; 효도 papag-anakín ; 번식시키다	child
anakì	아나-끼'	아마도, 분명히, 짐작컨데 Anaki'y títígil ang ulán. ; 분명히 비가 끝날 것이다.	seemingly, apparently
análisís	아나-ㄹ리시스	분석, 검사	analysis
anás	아나스	낮은 음성, 저음, 속삭이는 소리 ánasan ; 낮은 소리의 대화, 속삭임 ianás ; 조용히 얘기하다(속삭이다) mag-ánasán ; 서로 조용히 얘기하다	low tone of voice, whisper
andamyo	안다-묘	(부두와 배 사이의)현문, 트랩	gangplank
andáp	안닾	가물거리는 빛, 희미한 빛 umandáp, umandáp-andáp ; 깜빡거리다, 가물거리다	glimmer, shimmer

andár	안다르	작동, 동작, 운영, andár nang andár ; 항상 동작하는 mag-andár ; 동작시키다, 일하게 하다 pagpapaandár ; 동작(작동)시키기 umandár ; 작동(동작, 운영)하다	operation, working, running
anestesya	아네스떼-샤	마취	anaesthesia
ani	아-니	곡물, 농작물, 수확 anihán ; 수확기 anihan, pag-anihan ; 수확되다, 거두어 들여지다 anihin, mag-ani ; 수확하다, 거두어 들이다 pag-aani ; 거두어 들이기, 수확하기	crop, harvest
(anib)aniban	아니-반	가입되다, 회원이 되다 kaanib ; 같은 모임 또는 분파의 동료(회원) ianib ; 회원으로 가입시키다 magkakaanib ; 동뱅, 연합 paanibin ; 회원으로 받아들이다 umanib ; 가입하다, 회원이 되다	be joined, allied or affiliated
anilyo	아니-ㄹ료	고리, 작은 굴렁쇠	ring, small hoop
anim	아-님	육, 여섯 anim na beses(kasindami) ; 여섯 배 animnapû ; 육십 ikalabing-anim ; 열 여섯 번째 pang-anim ; 여섯 번째 labing-anim ; 십육	six
animado	아니마-도	활발한, 기운찬	lively
aninag	아니-낙	투명한, 투시되어 보이는 aninagin ; 눈을 가까이 대고 자세히 보다 maaninag ; 투시하여 볼 수 있는 manganinag ; 투명해지다	transparent, visible through something

anino	아니-노	그림자, 영상 aninuhan ; 그늘지게 하다, (그림 등)어둡게(흐리게)하다 manganino ; (거울 등)비쳐진 자신의 모습을 보다	shadow, image, reflection
anito	아니-또	이교도, 우상숭배, 미신 mag-anito ; 우상을 숭배하다, 미신을 믿다	idolatry, idol, superstition
anó	아노	(의문대명사)무엇(단수) anumán(anó man) ; 무엇이든지 anú-anó ; 무엇들(복수) Anubá? ; 무슨일이야? Anubá! ; 맙소사! Maanó ; 뭔가 일이 생기다, 뭔가 발생하다 magkaánúhan ; 오해를 품고있다 Waláng-anumán! ; 천만에요.	what(singular)
anták	안딱	쓰라림, 아픔 umanták ; 쓰라리다, 아프다	sting, pain
antala	안따-ㄹ라	지연, 방해 antalahin, umantala ; 지연시키다, 방해하다, 하지 않고 기다리다 maantala ; 지연되다, 붙들리다, 억류되다 mang-antala ; 지연하다, 늦다 naantala ; 늦은, 지연된	delay, hindrance
antás	안따스	정도, 수준 antasín ; 등급을 매기다, 분류하다	degree, level
Antáy!	안따이	기다려! antayín ; ~를 기다리다	Wait!
antigo	안띠-고	골동(품)	antique
antíng-antíng	안띵 안띵	부적	amulet, talisman
antisipo	안띠시-뽀	선불	advance payment

antók, pag-aantók	안똑, 빡아안똑	졸음 antukín ; 졸다 makaantók ; 졸립게 하다, 따분하게 하다 mag-antók ; 졸립다, 졸음을 느끼다	drowsiness, sleepiness
antropólogó	안뜨로뽀-ㄹ로고	인류학자	anthropologist
antropolohiya	안뜨로뽈로히-야	인류학	anthropology
anúnsiyó	아누-ㄴ시요	광고 magpaanúnsiyó ; 광고하다, Magpaanúnsiyó sa páhayagán. ; 신문에 광고를 내세요.	advertisement
anyaya, paanyaya	안야-야, 빠안야-야	초대 anyayahan, mag-anyaya ; 초대하다	invitation
(anyayà) kapanganyayaán	까빵안야야안	사고, 상해, 불운 mapanganyayà ; 다치다, 사고를 당하다	accident, injury, mishap
anyo	아-ㄴ요	년	year
anyô	안요'	모습, 외관, 모양, 형태 anyuín, mag-anyô ; ~의 형태(모습)를 취하다 magbagong-anyô ; 형태(모습, 외관)를 바꾸다 magpaanyô ; 준비하다 magpabagong-anyô ; 새로운 모습을 보이다 mápaanyô ; 바람직한 상태에서 안정되다	appearance, form, shape
ang	앙	(주격관사)	the(subjective article)
angát	앙앝	약간 위로 솟아오른, 약간 높은 angatín, iangát ; (약간)올리다, 높게하다 umangát ; 약간 올라가다, 약간 높아지다	raised slightly, somewhat higher

angaw	아-ㅇ아우	백만, sang-angaw ; 일백만, sanlibong-angaw ; 십억	million
angkán	앙깐	씨족, 가문, 친족 angkanan ; 후손, 자손, 후예 kaangkán ; 같은 가문의 사람(친척)	clan
angkás	앙까스	(말, 차, 자전거 등)함께 타고 가는 angkasán ; ~와 함께 타다 iangkás, ipag-angkás ; 태워 주다 mag-angkás, umangkás ; 함께 타다, Mag-angkás tayo. ; 우리 함께 타자	riding together in the same vehicle
angkát	앙깥	수입(품) angkatín, umangkát ; 수입하다 pag-angkát ; 수입하기	import
angkín	앙낀	요구, 청구, 소유권(권리) 주장 angkinín, mag-angkín, umangkín ; 요구하다, 권리를 주장하다	claim, demand for one's own or right
angkla	아-ㅇ끌라	닻	anchor
angkóp	앙꼽	적당한, 적절한, 잘 맞는 kaangkupán ; 편의, 유효, 적합, 적절, 타당 iangkóp ; 조절되다, 맞추어지다 mag-angkóp ; 조절하다, 적합시키다, 맞추다	suitable, proper, in place
anggulár	앙굴라르	각을 이룬, 모난	angular
ángguló	아-ㅇ굴로	각, 각도	angle
angháng	앙항	매운 맛, 얼얼함 anghangán ; 음식에 매운 재료를 넣다 maangháng ; 매운, 얼얼한	pungency

anghel	아-ㅇ헬	천사	angel
angil	아-ㅇ일	(개, 동물)이빨을 드러내고 으르렁거림 angíl, paangíl ; 불평하는, 성내는, 흠잡는 angilan, umangil ; 으르렁거리다	growl, snarl
apad¹	아-빧	(동물)옆구리, 요리용 갈비	flank of animal, ribs for cooking
apad²	아-빧	옆구리 통증 aparin ; 옆구리에 통증을 느끼다	pain in the side
aparadór	아빠라도르	옷장, 양복장	clothes' closet, wardrobe
aparato	아빠라-또	장치, 장비	apparatus, device
apartment	아빠-뜨멘뜨	아파트	apartment
apat	아-빧	4, 넷, ikaapat, pang-apat ; 네번째 ápátan, apatán ; 4겹, 넷으로 구성된 그룹(사람, 물건 등) apatin, mag-apat ; 넷으로 나누다 apatnapû ; 40, 마흔, ikaapatnapû ; 40번째 labing-apat ; 14, ikalabing-apat ; 14번째 makaapat ; 4배	four
apaw	아-빠우	(1) 넘쳐흐름, 범람, 홍수 (2) 넘쳐 흐르는, 범람하는 apawan, maapawan ; 홍수에 잠기다(침수되다) umapaw ; 넘쳐흐르다, 범람하다	(1)overflow (2)overflowing, flooded
apdó	앞도	쓸개(즙), 담낭	gall, gall bladder

(apelá) apelasyón	아뻴라숀	상고 mag-apelà, umapelà ; 상고하다	appeal
apelyido	아뻴위-도	성(姓)	surname, last name, family name
apendiks	아뻬-ㄴ익스	맹장	appendix
apéndise	아뻬-ㄴ디세	부록	appendix
apendisitis	아뻬ㄴ디시-띠스	맹장염, 충수염	appendicitis
apí	아뻬	압박받는, 학대받는 apihín ; 압박(학대, 위협)하다 mang-aápi ; 압제(박해)자 pag-ápi ; 압제, 박해	oppressed, maltreated
(apíd) pakikiapíd	빠끼끼아뻴	간통, 간음 makiapíd ; 간음(간통)하다 mapakiapíd na babae ; 간부(姦婦) mapakiapíd ; 간부(姦夫)	fornication
(apláy) mag-apláy	막아쁠라이	(지위, 직책, 일자리 등)신청하다, 지원하다 iapláy ; 대신해서 신청(지원)하다	apply for a position
aplaya	아쁠라-야	해변, 바닷가 모래사장	beach
aplikante	아쁠리까-ㄴ떼	신청자, 지원자	applicant
aplikasyón	아쁠리까숀	신청, 지원	application
apó	아뽀	손자, 손녀, apó sa talampakan ; 현손(玄孫) apó sa tuhod ; 증손 apóng babae ; 손녀 apóng lalaki ; 손자 inapó ; 자손, 후예	grandchild

apog	아-뽁	석회 apugan, mag-apog ; 석회를 바르다	lime
apopleksi	아뽈레-ㅋ시	뇌졸증, 뇌일혈	apoplexy
aporo	아뽀-로	(옷 따위)주름 aporohan, mag-aporo ; 주름지게 하다, 주름을 잡다	lining of clothes
apostól	아뽀스똘	사도(예수의 12제자)	apostle
apóy	아뽀이	불 ápuyán ; 난로 apuyán ; 불을 붙이다 apuyín, mag-apóy ; 불타오르게 하다, 태우다 maapóy ; 불타는, 타오르는 magpaapóy ; 점화하다 pamatáy-apóy ; 소화기	fire
aprendís	아쁘렌디스	제자, 도제, 수련생	apprentice
Áprika	아-쁘리까	아프리카	Africa
aprobado	아쁘로바-도	승인된, 허락받은 aprobahán ; 승인(허가, 허락)하다 aprobasyón ; 승인, 허락, 허가	approved
(apuhap) apuhapin	아뿌하-삔	더듬어 찾다 máapuhap ; 어둠속에서 더듬어 찾다 mag-apuháp ; 더듬거리며 나가다 umapuhap ; 손으로 만져서 찾거나 느끼다	feel or grope for something
apurado	아뿌라-도	서두르는 ápurahan ; 쇄도하는, 긴급한 apurahín, mag-apurá ; 서두르다, 긴급히 처리하다	in a hurry
apyan	아-삐얀	아편	opium

aral	아-랄	교훈, 훈계, 수업, 공부, pag-aaral ; 공부하기, 면학 aralan ; 가르치다, 훈계하다 aralíng-pambahay ; 숙제 kaaral ; 함께 공부하는 동료 kamag-aarál ; 동창생 ipangaral ; ~에 대해 설교(조언, 훈계)하다 mag-aral ; 공부하다, magpaaral ; 공부 시키다, nag-aral ; 배운, 지식있는 páaralán ; 학교	lesson, study, instruction
(arap) mangarap	망아-랖	꿈꾸다, 환상에 잠기다, 몽상하다 mángangaráp ; 꿈꾸는 사람, 몽상가 mápangarap, pangarapin ; ~를 꿈꾸다 mapangarapín ; 감상적인, 꿈꾸는듯한, 비현실적인 pangarap ; 꿈, 야망, 환상	dream
araro	아라-로	쟁기, 경작 araruhan ; 경작지 araruhin, mag-araro ; 경작하다, 갈다 mag-aararó ; 농부, 경작하는 사람	plow, plough
araw	아-라우	태양, 낮, 요일, 하루, 기일 araw-araw ; 매일 arawán ; 매일의, 날마다의 kaarawán ; 생일 karaniwang araw ; 평일(주말이 아닌) maaraw ; 양지바른, 햇볕이 잘드는 madalíng-araw ; 새벽 Magandáng araw! ; 안녕! 안녕 하세요!(낮 인사) magpaaráw ; 햇빛을 쬐다 paglubóg ng araw ; 일몰 pagsikat ng araw ; 일출 pang-araw-araw ; 매일매일의, 일상생활의 sikat(liwanag) ng araw ; 햇볕, 낮의 밝음 tag-araw ; 여름 umaraw ; 개이다, 햇볕이 나다	sun, day

Aráy!	아라이	아야!(아파서 외치는 소리)	Ouch!
areglo	아레-글로	합의, 정리(정돈) arégluhín ; 정돈하다 makipag-areglo ; 협상(협의)하다 mag-areglo ; 타협(절충)하다	agreement, arrangement
arestado	아레스따-도	붙잡힌, 체포된 arestahín ; 체포하다, 붙잡다	arrested
argumento	아르구메-ㄴ또	논쟁, 논의 maargumento ; 논쟁적인, 까다로운	argument
arì¹	아-리'	재산, 자산 arí-arian ; 재산, 소유물 ariin ; 인정하다, 받아들이다 may-arì ; 주인, 사장 paarí ; 소유의 kaukuláng paarí ; 소유격	property
(arì²)maáarì	마아-아-리'	가능한, 있을 수 있는, ~하기 쉬운 di-maáarì ; 불가능한 di-naarì ; 불가능했던	possible, probable, liable
(arisgá) arisgado	아리스가-도	위험한, 모험적인 maarisgá ; 위험하다, mag-arisgá ; 위험을 감수하다, 모험하다	risky
artimétiká	아르띠메-띠까	산수, 산술, 계산	arithmatic
artimétikó	아르띠메-띠꼬	수학자	mathematician
armás	아르마스	무기, 탄약, 군수품 armasán ; 무장시키다, 무기를 갖추게 하다 mag-armás ; 무장하다, 무기를 갖추다 waláng-armás ; 비무장의	arms, weapons, munitions
armistisyo	아르미스띠-쇼	휴전, 정전	armistice

arsobispo	아르소비-스뽀	대주교	archbishop
arte	아-르떼	예술, 미술 artihán ; 장식하다, 예술적으로 꾸미다 kaartihán ; 예술성, 예술적 수완, 위선 maarte ; 예술적인 umarte ; 풍류수럽게(위선적으로) 행동하다	art
arterya	아르떼-랴	동맥	artery
Ártikó, Árktikó	아-르띠꼬, 아-르끄띠꼬	북극 지방(권)	arctic
artíkuló	아르띠-꿀로	기사	article
artipisyál	아르띠삐샬	인공의, 인위적인, 부자연한	artificial
artista	아르띠-스따	배우, artistang lalaki ; 남자배우, artistang babae ; 여배우 mag-artista ; 배우가 되다, 시늉을 하다, 가장하다	actor, actress
arugâ	아루가'	보호, 보살핌, 양육 arugaín, mag-arugâ ; 보호(양육)하다, 보살피다	tender, care, nurture
asa, pag-asa	아-사, 빡아-사	희망, 기대, 믿음 asahan, umasa ; 바라다, 희망(기대, 의지)하다 maáasahan ; 기대(의지)될 수 있다 mapag-asa ; 희망 있는	hope, trust
asák	아삭	크게 유행하는	much in vogue
aryahán	아랴한	늘어나게 하다, 늘어뜨리게 하다	let hang down(loose)

asal, kaasalán	아-살, 까아살란	품행, 행동, 처신 asal-demonyo ; 악행 asalin, mag-asal, umasal ; 처신(행동)하다 kagandahang-asal ; 절제된(예의바른) 행동, 올바른 처신 magmasamáng-asal ; 부정한 행위를 하다, 부당하게 처신하다	conduct, behavior
(asám) pag-asám	빡아살	바람, 소망 asmín, umasám ; 소망하다, 바라다	longing for
asaról	아사롤	괭이 asarulín, mag-asaról ; 괭이로 파다, 괭이질하다	hoe
asawa	아사-와	배우자(남편, 아내), asawang-lalaki ; 남편, asawang-babae ; 아내 mag-asawa ; (1) 부부 (2) 결혼하다 mangasawa ; 결혼을 목적으로 구애하다 may-asawa ; 결혼한 papag-asawahin ; 출가시키다, 결혼시키다	spouse(husband, wife)
asensór	아센소르	승강기, 엘리베이터	elevator
asero	아세-로	철, 강철, yarì sa asero ; 철로 만들어진	steel
Asia, Asya	아시-아, 아-시야	아시아 Asiano, Asyano ; 아시아(사람)의	Asia
asikaso	아시까-소	책임(감), 주의, 배려, 돌봄 asikasuhin, mag-asikaso ; 돌보다, 보살피다, 신경쓰다 maasikaso ; 주의깊은, 마음에 두는, 신경쓰는, 돌보는 mapag-asikaso ; 지속적으로 돌보는(신경쓰는, 마음에 두는)	attention, concern

asignatura	아식나뚜-라	(수업)과목	subject being studied in school
asim, kaasiman	아-심, 까아시-만	시큼함, 신 맛 asiman ; 신 맛이 나게 하다 maasim ; 신, 시큼한 umasim ; 신 맛이 나다	sourness, acidity
asín	아신	소금 ásínan ; 염전 asnán ; 소금을 섞다(뿌리다) inasnán ; 소금이 처진(뿌려진) mag-asín ; 소금을 사용하다(만들다, 거래하다) maasín ; 짠맛이 나는	salt
asiwâ	아시와'	어색한, 서투른, 불편한	awkward, clumsy, uneasy
aso	아-소	개 asong pangaso ; 사냥개 asuhin ; 우쭐하게 하다, 치켜 세우다, 기만하다, 현혹시키다 mag-aso ; 개를 키우다(돌보다) mangaso ; 사냥개를 데리고 사냥하다	dog
asó	아소	연기 maasó ; 흐릿한, 연기가 자욱한 páasuhán ; 굴뚝 umasó ; 연기를 내다(뿜다)	smoke
asoge	아소-게	수은	mercury
asosyasyón	아소시야숀	교제, 회합, 모임	association
aspaltado	아스빨따-도	아스팔트로 포장된	aspalted
aspalto	아스빠-ㄹ또	아스팔트 aspaltuhán, mag-aspalto ; 아스팔트로 포장하다	aspalt

astrolohiya	아스뜨롤로히-야	점성술	astrology
astronomiya	아스뜨로노미-야	천문학	astronomy
astrónómó	아스뜨로-노모	천문학자	astronomer
asukal	아수-깔	설탕 asukalan ; 설탕을 치다, 설탕으로 단맛을 내다 mag-asukal ; 설탕이 되다 asukarero, mag-aasukal ; 설탕업자, 설탕상인	sugar
asúl	아술	파랑, 청색, 푸른 색 asúl-marino ; 감색 maasúl ; 푸른	blue
asupre	아수-쁘레	황, 유황	sulfur
at	앝	그리고, 또 at ibá pa ; 기타 등등	and
atake	아따-께	공격, 발작, 붕괴, atake sa pusò ; 심장발작, atake serebrál ; 뇌졸중 atakihan, umatake ; 공격하다, (비난, 질문 등)몰아 세우다	attack, breakdown
atas	아-따스	명령, 지시 atasan, mag-atas ; 명령하다, 지시하다, 법으로 강제하다	command, order
atáy	아따이	간(의학)	liver
ate	아-떼	누나, 언니	elder sister
atin(전부수식), natin	아-띤, 나-띤	(대명사)우리의, 우리의 것, 우리에 의해, sa atin ; 우리에게, para sa atin ; 우리를 위해 *대화상대 포함 ating kuya (=kuya natin) ; 우리들의 형(오빠)	our, ours, by us

atmósperá	아뜨모-스뻬라	대기, 분위기	atmosphere
atómiká	아또-미까	원자의, bomba atómiká ; 원자탄	atomic
átomó	아-또모	원자	atom
atraksiyón	아뜨락시욘	매력, 인기거리	attraction
atraso	아뜨라-소	늦음, 지체, 지불잔금, 체불, 연체 atrasado ; 늦은, 지체된, 체불(연체)된	lateness, arrears
atrás	아뜨라스	후진, 역행 atrasán, umatrás ; 뒤로 움직이다, 후진(역행)하다	backward movement
atsara	아차-라	야채나 과일로 절인 반찬	pickles
atubilí	아뚜빌리	내키지 않음, 마지못해 함, 망서림 mag-atubilí ; 하지못해 하다, 망서리다, 주저하다 magpaatubilí ; 망서리게 하다(만들다) pag-aatubilí ; 망서림, 우유부단, 주저 pag-atubilihán ; ~하기를 망서리다	reluctance, unwillingness
(audit)auditín	아우디띤	감사(조사)하다 mag-audit ; 회계 감사하다	audit
aumento	아우메-ㄴ또	추가, 증가, 증대, 증진 aumentuhán ; 올리다, 증가시키다(월급 등) máaumentuhán ; 증가(추가)되다	addition, increase
áutográp	아-우또그랖	자필, 친필	autograph
automátikó	아우또마-띠꼬	자동적인	automatic
autopsiyá	아우똡시야	부검, 시체해부	autopsy

autór	아우또르	작가, 저자	author
autoridád	아우또리닫	권위, 권한	authority
awà	아-와'	자비, 연민, 동정 kaawaan, maawà ; 자비를 베풀다, 동정하다 káwawà ; 가엾은, 불쌍한, 처참한 káwanggawâ ; 자선, 자비 ipagmakaawà ; ~를 위해(대신해서) 탄원하다(자비를 구하다) maawaín ; 자비로운, 동정적인 magmakaawà ; 자비를 애원하다, 간청하다 nakaáawà ; 동정심을 유발하는, 가련한	mercy, pity, sympathy
awáng	아왕	간격, 공간, 틈, 균열 awáng, nakaaawáng ; 조금 열려있는, 벌어진 awangán ; 사이를 띄우다, 간격을 두다 iawáng ; 조금 열리게 하다 umawáng ; 조금 열리다, 벌어지다, 약간 열려있다	space between, gap, crevice
awás	아와스	감해진, 공제된, 마이너스의, 해고당한 awasán, mag-awás ; 줄이다, 공제하다, (소, 말 등)마구를 풀다 awasín ; 마구를 풀다, 쟁기를 풀다	subtracted, minus, dismissed
awat	아-왙	화해, 싸움 말리기, 아기 젖떼기, 난로 불끄기 awatan ; 난로의 불을 끄다 awatin, umawat ; 화해시키다, 싸움을 말리다, 젖을 떼다	pacification of quarreling, weaning, putting out fire in a stove

away	아-와이	싸움, 다툼, 논쟁 awayán ; 증오, 적의 awayin, mag-away ; 싸우다, 다투다, 논쟁하다 kaaway ; 적, 원수, 경쟁상대 makipag-away ; ~와 말다툼 하다, ~와 싸우다 magkaaway ; 적대하는, 반대하는 palaawáy ; 툭하면 싸우는	quarrel, dispute, fight
awit	아-윋	노래, 축가, awit na pambansâ ; 애국가 awitan ; ~에게 노래를 불러주다 awitin, umawit ; 노래하다 mang-aawit ; 가수	song, anthem
awto, auto	아우또	차, 자동차 mag-awto ; 차를 타다, 차로 여행하다	car, automobile
ay	아이	※주어와 서술어 사이에 위치하는 연결어	ligature
Ay!	아이	아! 이런! 슬프도다! ※실망, 불만, 반대 등	Oh!, Alas!
Ayán!, Hayán!	아얀, 하얀	거기! 거기 있잖아!	There! There it is!
ayaw, kaayawán	아-야우, 까아야완	싫음, 혐오, 반감 ayaw ; 싫어하는, 내키지 않는, 꺼리는 ayawán ; 혐오감을 받다, 거절되다, 꺼리어지다 ayoko(=ayaw ko) ; 나는 좋아하지 않는다(싫다) pag-ayaw ; 싫어함, 싫어하는 언행, 반감 umayaw ; 싫어하다, 부정(거절)하다 waláng-ináayawán ; 무엇이든지 챙기는, 닥치는 대로 탐하는	dislike
ayáw-ayáw	아야우 아야우	균형있게 배분한, 분배된 mag-ayáw-ayáw ; 균형있게(적절히) 분배하다	proportionately distributed, alloted

ayò	아-요'	편파, 편애, 편들기 ayuan, umayò ; 편들다, 편애하다 pag-ayò ; 편파적 행위, 편들기	partiality, favor
ayon	아-욘	일치하는, 합의된 ayon sa ~ ; ~에 따라 ayunan, sang-ayunan ; 찬성(동의, 승인)하다 kasang-ayon ; 일치하는 dináaayon ; 불일치하는 paayón, sang-ayon ; 긍정(호의)적인 sumang-ayon, umayon ; 배서(승인, 복종)하다	agreeable, in agreement
ayos	아-요스	(1) 정리, 정돈, 단정함 (2) 내놓을 만한, 준비된, ayos na ayos ; 잘 준비된 ayusin, mag-ayos ; 정리(정돈)하다, 정열시키다 kawaláng-ayos ; 무질서, 혼란, 어지러움 iayos ; 수정(배열, 조정, 규정)하다 isaayos ; 정렬시키다, 원상태로 되돌리다 maayos ; 산뜻한, 잘 정돈된, 균형잡힌, 깔끔한 pagkakááyos ; 정돈된 상태	order, arrangement, tidiness, presentable
Ayun!, Hayun!	아-윤, 하-윤	저기!, 저기 있잖아!	There! There it is!
ayuno, pag-aayuno	아유-노, 빡아아유-노	단식 mag-ayuno ; 단식하다	fast
(aywán, ewan)	(아이완, 에-완)	Aywán(Ewan) ko. ; 나는 모른다.	I don't know

B b			
ba	바	※(문법)의문조사, Si Tom ba ay batà? ; 톰은 어립니까?	※interrogative particle
baák	바알	쪼개진, 둘로 나누어진 baakín, bumaák ; 쪼개다, 둘로 나누다 kabaák ; 쪼개진 반쪽, 켤레, 쌍의 한 쪽 pambaák ; 둘로 나누는데 필요한 물건	split, divided into two
babà¹	바-바'	턱	chin
babà², kababaan	바-바', 까바바-안	낮음, 아래 babaan ; (가격, 높이 등)내리다, 낮추다, (어려움 등)완화시키다 bumabâ ; 내려가다, 낮아지다, 감소하다 kababaang-loób ; 겸손, 겸양 mababà ; 낮은, 시시한, 하급의 magpakababà ; 겸손해하다, 자신을 낮추다 pababain ; 낮추다, 떨어뜨리다, 저하시키다	lowness
babâ	바바'	하강, 내리기, 과일 수확하기 babaán ; 가지고 내려 가게 하다 bumabâ ; 내려가다, 하강하다, 떨어지다 ibabâ, magbabâ ; 내려가게(낮아지게) 하다, 끌어내리다, 내려 놓다 ibabâ ; 아래 (낮은) 부분 ipababâ ; 아래로 가져가게 하다 pababâ ; 아래로, 아래층으로	descent, fruit picking in season
babad	바-받	담그기, 적시기 bumabad ; 어떤 장소에 목적이나 떠날 계획없이 머무르다 ibabad, magbabad ; (액체류에)잠그어 놓다	soaking

		mababad ; 푹 젖다 mamád ; 액체류에 오래 잠겨 있어서 부풀고 물러진	
babae	바바-에	여자, 숙녀, 주부 babae ; 여성의, anák na babae ; 딸, anák na lalaki ; 아들 babaero ; (남자)바람둥이 babaihin, mambabae ; (남자)바람피다 kababaihan ; 여자임, 여자다움, (집합적)여성 kilos-babae ; 여성스러운, 남자답지 못한, 나약한 magpakababae ; 여성스럽게 행동하다 pambabae ; 여성용의, 여자의	woman, lady, mistress
babág	바박	다툼, 싸움 babagán ; (여러 사람들의)드잡이 격투, 난투 babagin, magbabág ; ~와 싸우다 magbabagán ; (여러 사람들이)드잡이로 싸우다, 난투하다	quarrel, fight
babalâ	바발라'	경보, 주의, 경고, 징조 babalaán ; ~에게 경고하다 ibabalâ ; 경고하다, 충고하다, 알려주다 magbabalâ ; 전조가 되다, 예고(예시)하다 pambabalâ ; 훈계(모범, 징계)적인, pambabaláng parusa ; 징계벌	alarm, warning, caution, potent
babaw, kababawan	바-바우, 까바바-완	얕음, 얕은 곳, 여울목 babawan ; 얕게 하다(만들다) bumabaw ; 얕아지다 mababaw ; 얕은, 깊지않은, 표면상의, 피상적인	shallowness, shoal

babór	바보르	(배 등)좌현, 왼쪽 측면	port side, left side of a ship
baboy	바-보이	(1) 돼지 (2) 더러운, 지저분한 karnéng baboy ; 돼지고기 baboy-ramó ; 산돼지 babuyan ; 돼지우리, 양돈(장) babuyin ; 지저분하게(비위생적인 상태로)만들다 kababuyan ; 불결, 비위생, 타락 magbababóy ; 돼지 거래업자	(1)pig (2)dirty
baka¹	바-까	암소 karnéng baka ; 쇠고기 bakahan ; 목장 magbabaká ; 목축업자, 소 거래업자	cow
(baka²) pagbabaka	빡바바-까	전쟁, 전투, 분쟁 bakahin ; 적과 전쟁을 치루다, 적을 공격하다 kabaka ; 적(군), 상대자 makibaka ; 전투(싸움)에 참가하다 makipagbaka, magbaka ; 싸우다	
bakâ	바까'	아마, 어쩌면 magbakasakalì ; 투기를 하다	perhaps, maybe
bakal	바-깔	(1) 철, 편자 (2) 철(제)의 bakalan, magbakal ; 편자를 대다 bakalán ; 철공소, 대장간 magbabakál ; 대장장이	(1)iron, horseshoe (2)made of iron
bakante	바까-ㄴ떼	(1) 빔, 공간 (2) 빈, 비어있는 bakantihín ; 비우다 mabakante ; 비워지다	(1)vacancy (2)vacant, not occupied
bakás	바까스	인쇄, 자국, 인상, 흔적, bakás ng paá ; 발자국 bakasán ; 자국(흔적)을 남기다 bakasín, bumakás, magbakás ; 자국(흔적)을 따라가다(추적하다)	print, stamp, track

bakasyón	바까시욘	휴가 pagbakasyunán ; ~에서 휴가를 보내다 pagbakasyunín ; ~에게 휴가를 허락하다, 휴가를 가도록 권하다	vacation
bakaw	바-까우	학	crane
bakay	바-까이	망꾼, 매복자 bakayan, bumakay, magbakay ; 매복(잠복)하다, 망보다	watcher, ambusher
bakbák	박박	벗겨진, 분리된 bakbakán ; ~에서 껍질(표피)을 분리시키다(벗기다) bakbakín, bumakbák ; 벗기다, 분리시키다 bakbakin, mabábakbák ; 분리(제거)할 수 있는	peeled off, detached
bakit	바-낃	왜, 어째서 Bakit kayâ? ; 왜 그럴까?	why
baklâ	바끌라'	동성애 남자, 게이	homosexual man
bakod	바-꼳	울타리, 담 bakuran ; 안마당, 구내, 울을 친 장소 bakuran, magbakod ; 울타리를 치다, 담을 쌓다	fence
bakuna	바꾸-나	백신주사, 예방접종 bakunahan, magbakuna ; 백신을 주사하다, 예방접종 하다	vaccination
bakyâ	바끼야'	나막신 magbakyâ, mamakyâ ; 나막신을 신다	clogs
bádmintón	바-드민똔	배드민턴 magbádmintón ; 배드민턴 게임을 하다	badminton
badyet	바-젤	예산 badyitín, magbadyet ; 예산을 편성하다	budget
bagà	바-가'	허파, 폐	lung

bagâ	바가'	종기, 종양	abscess, tumor
bagabag	바가-박	고생, 근심, 걱정, 불편 bagabág, nabábagabag ; 불편한, 걱정되는, 난처한 bagabagin ; (어려움, 병 등)덮치다, 괴롭히다 bumagabag, makabagabag ; 낙담시키다, 당황(불안)케하다 mabagabag ; 안절부절(걱정, 괴로워)하다	trouble, uneasiness, apprehension
bagahe	바가-헤	여행 가방, 수화물 ibagahe, magbagahe ; 화물로 보내다(부치다)	luggage, shipment, goods sent
bagal, kabagalan	바-갈, 까바가-ㄹ란	느림, 더딤, 완만함 bagalan, magpabagal ; 느슨케 하다, 늦추다, 완화시키다 bumagal ; 느릿느릿 가다, 질질 끌면서 가다 mabagal ; 느린, 완만한, 굼뜬	slowness, tardiness
bagamán, bagamá't	바가만, 바가맡	비록 ~일지라도, ~이긴 하지만, ~라 하더라도 kung bagamá't ; 비록 그것이 사실일지라도	although, even though, while
bagáng	바강	어금니	molar
bagay¹	바-가이	물건, 물체, 사물, 것, 용건, 종목 bagay-bagay ; 상황, 환경, 조건 bagay sa ~ ; ~에 관하여	thing, object, affair, item
bagay², kabagay	바-가이, 까바-가이	적절한, 적합한, 잘 맞는, 자격을 갖춘 bumagay ; 맞다, 적합하다, 잘 어울리다 mábágay ; ~에 적합하다(어울리다) magkabagay ; 융화되다, 조화를 이루다 pakibagayan ; 적합	appropriate, suitable, qualified, fit

		하게 하다, 순응(만족)시키다	
bagbág	박박	부서진, 깨진, 난파한, 좌초한 bagbagín, bumagbág ; ~의 토대를 침식하다(갉아내다)	broken up, shipwrecked
baging	바-깅	덩굴, 덩굴식물	vine
bago¹	바-고	새로운, 신선한, 최근의 baguhan ; 초심자, 새로 시작한 사람, 새로 온 사람 baguhin, ibago, bumago ; 바꾸다, 고치다 dinagbábágo ; 변치않는, 한결같은 makabago ; 새로운, 최근의, 현대적인 magbago ; 변하다, 바뀌다 magpabagubago ; 오르내리다, 변동(요동)하다 pabagu-bago ; 변하기 쉬운, 유동적인, 불안정한 pagbabago ; 변경, 수선, 개혁, 변이	new, fresh, recent
bago²	바-고	(시간)이전에, ~하기 전에	before
bago³	바-고	~보다는 차라리	rather than
bagoóng	바고옹	새우절임, 새우젓	pickled shrimps
bagsák	박살	쿵 떨어짐, 낙하, 추락, (시험)낙제 bagsák ; (시험)낙제한, 붕괴한, (사업)실패한, 도산한 bumagsák ; 낙제(붕괴, 실패)하다 ibagsák ; 타도하다, 무너뜨리다 magbagsák ; 쿵 떨어지다, 시험에 떨어지다	sudden fall, drop, crash, failure
bagsík	박식	흉포, 맹렬, 야만스러움 mabagsík ; 흉포한, 야만스러운, 잔인한	fierceness, savageness

bagtás	박따스	거친 시골길 bagtasín, bumagtás ; 뚫고 통과하다	trail through rough country
bagwís	박위스	날개의 깃털, 날개 magbagwís ; 깃털이 나다, 독립하다	wing, feather of wing
bagyó	바기요	태풍, 폭풍 bagyuhín ; 태풍의 피해를 보다 bumagyó ; 태풍이 지나가다, 폭풍(폭우)이 있다 mabagyó ; 폭풍의, 태풍이 자주 오는	typhoon, storm
bahâ	바하'	홍수, 범람 bahaín, bumahâ, magbahâ ; 홍수가 나다, 범람하다	flood, inundation
bahagharì	바학하-리'	무지개	rainbow
bahagi	바하-기	부분, 몫, 성분, 구성요소 bahagihin ; 나누다, 분할(분배)하다 bumahagi, makibahagi ; 몫을 받다, 참여하다 magbahagi ; 동일하게 나누다 pamamahagi ; 분배	part, share, component
bahagyâ	바하갸'	약간, 드물게, 살짝	slightly, scarcely
bahalà	바하-ㄹ라'	책임 Bahalà ka na. ; 너가 알아서 해. Bahalà na. ; 무슨 일이 생기는지 일단 두고 보자. Mamahalà ; 책임지다, 처리(지시)하다 pámahalaán ; 정부 pamahalaan ; 다스리다, 지시(통치)하다 pamamahalà ; 규정, 제도, 지시 tagapamahalà ; 감독자, 관리자, 소장, 원장	responsibility

bahay	바-하이	집, 주택 bahay-álíwan ; 유흥가 bahay-anilan ; 벌집, 벌통 bahay-batà ; 자궁 bahay-pánuluyan ; 하숙집, 여관 kabahayan ; 주택단지 kapitbahay ; 이웃집 magbahay, mamahay ; 살 집을 짓다 maybahay ; 아내, 가정주부	house
bahid	바-힏	얼룩, 점, 더럼 mabahiran ; 얼룩이 지다, 더럽혀지다	blot, spot, stain
bahín	바힌	재채기 bumahín, mápabahín ; 재채기하다	sneeze
bahò	바-호'	악취, 역한 냄새 mabahò ; 악취 풍기는, 썩은 냄새가 나는, 구린 mamahò ; 악취를 풍기다, 역한 냄새가 나다	bad odor or smell
baikì, bikì	바이-끼', 비-끼'	(유행성)이하선염	mumps
baít, kabáitan	바읻, 까바-이-딴	친절, 상냥, 선함, 좋음 bumaít ; 좋아지다 mabaít ; 친절한, 선한, 착한	kindness, goodness
baitáng	바이땅	(계단, 사다리)디딤판, 단계 baí-baitáng ; 점차적인, 한 단계씩	step of a staircase or ladder
bala	바-ㄹ라	총알, 탄알	bullet
balà	바-ㄹ라'	위협, 경고 balaan, magbalà ; 훈계하다, 경고하다, 주의를 주다 nagbábalà ; 임박한, 곧 발생할 것 같은	threat, warning
balabág	발라박	던지기, 투척 balagín, bumalagbág ; 던지다, 투척하다	throw, cast
balabalakì	발라발라-끼'	여러가지가 뒤섞여 있는, 다양한, 다종의	miscellaneous, mixed

65

balak	바-르락	계획, 생각, 의도 balakin, magbalak ; 계획하다, 의도하다, 제안하다 bumalak ; 추정하다, 입증하다, 검토하다	plan, idea, intention
balakás	발라<u>까</u>스	쪼갠 대나무, 등나무	stripes of split bamboo, rattan
balakáng	발라깡	궁둥이, 히프	hip
balakíd	발라낃	장애물 ibalakíd ; 넘어지게 하다 mabalakíd ; 장애물이 많은	obstacle
balae	발라-에	사돈	parents of son (or daughter)-in-law
balagbág	발락박	대들보, 가로대(나무) bumalagbág ; 가로질러 눕다 ibalagbág ; ~을 가로질러 놓다 pabalagbág ; 횡(가로)방향으로	crossbeam, crosspiece
balahibo	발라히-보	털, 모피	fur, hair of body
balam, kabalaman	바-르람, 까발라-만	연기, 지연 balám ; 연기된, 지연된, 꾸물거리는 balamin, bumalam ; 연기하다, 늦추다 mabalam ; 지연되다, 늦어지다	delay
balanì	발라-니'	자석, 자기, 자성, 매력 balaniin ; 자력으로 끌다, 매혹하다, 홀리다 bumalanì ; 홀려서 이성을 잃게 하다, 환상에 빠지게 하다 mabalanì ; 자석에 끌리다, 유혹에 빠지다 mabalanian ; 자성을 띠다 magbalanì ; 자성을 띠게 하다 may-balanì ; 자석의, 자성을 띤	magnet, magnetism, charm

balansa	발라-ㄴ사	저울	scale
balang	바-ㄹ랑	메뚜기	locust
balangkás	발랑까스	뼈대, 구조, (이야기, 소설 등)개요 balangkasín, bumalangkás ; 설계하다, 구성하다, 전개하다 magbalangkás ; (음모 등)꾸미다, 계획하다, (법률 등)짓다, 만들다	framework, structure, outline
balaráw	발라라우	단검	dagger
balarilà	발라리-ㄹ라'	문법	grammar
balát	발랕	가죽, 피부, 껍질, 표면, 책의 표지 balatán, magbalát ; 제본하다, 껍질(가죽)을 벗기다 magbabalát ; 모피 장사꾼 maybalát ; 제본된, 표지가 있는	skin, pelt, rind, surface, cover
balatkayô	발랕까요'	위장, 변장, 가면, 속임 magbalatkayô ; 가장하다, 변장하다	camouflage, disguise, mask, deception
balato	발라-또	(노름, 복권 등)딴 돈 일부를 타인들에게 나누어 주는 몫 bulatuhan ; 딴 돈 일부를 ~에게 주다 bumalato ; 타인이 딴 돈에서 자기 몫을 요구하다 magbalato ; 딴 돈 일부를 나누어 주다	a share of money from the winner
balbás	발바스	(턱)수염 balbasin ; 수염이 두터운	beard
balkón	발꼰	발코니, 베란다	balcony, veranda
baldado	발다-도	과용한, 지나치게 사용한, 고장난	used too much, defective

bale	바-레	가치, Hindî bale. ; 걱정마세요, 괜찮아요 bale-bale ; 매우 가치있는 bumale, balihin ; 외상으로 사다	worth
balì	바-리'	골절 balì ; 골절된, 부러진 balian, mabalian ; 골절상을 당하다 baliin, bumalì ; 부러뜨리다, 꺽다	fracture
balibol	발리-볼	송곳, 드릴용 비트	auger, bit
bálibol	바-르리볼	배구 magbálibol ; 배구경기를 하다	volley ball
balík	발릭	돌아옴, 복귀, 반환 bálikan ; 돌아가는, 왕복의, bálikang biyahe ; 왕복여행 bumalík ; 돌아오다, 복귀하다, 되찾다 ibalík ; 되돌리다, 돌려보내다, 복귀시키다 magbalík ; 돌아오다, 반환하다 magpabalík ; (빛, 열 등)반사하다 pabalík ; 돌아오는 중인, 뒤로 향한 pabalík-balík ; 재발하는, 되풀이하는 tumbalík ; 뒤집혀진, 거꾸로 된	return, restoration
balikat	발리-깟	어깨 bumalikat, ibalikat ; 어깨에 짊어지다, 짐을 나르다	shoulder
balikukô	발리꾸꼬'	비틀린	twisted
balighô	발릭호'	얼토당토 않은, 터무니없는, 우스꽝스런	absurd
baligtád	발릭딷	뒤집힌, 거꾸로 된 baligtarín, bumaligtád, ibaligtád ; 뒤집다 pabaligtád ; 거꾸로, 뒤집어서	inside-out, upside-down
balino	발리-노	걱정, 근심, 불안	anxiety

balintatáw	발린따따우	눈동자	pupil of the eye
balintiyák	발린띠약	수동의, tinig na balintiyák ; 수동태	passive
balintunà	발린뚜-나'	부자연스러운, 사실과 반대되는, 비꼬는 kabalintunaan ; 역설, 풍자	unnatural, contrary to fact, ironical
baling	바-ㄹ링	시선(관심, 대화 내용)을 다른 곳으로 돌림 bumaling, magbaling ; … 향하다 ibaling ; 다른 방향으로 돌리다	turning eye(talking, concern) to other
balisa, pagkabalisa	발리-사, 빡까발리-사	불안, 걱정, 근심 balisáng-balisá ; 매우 불안해 하는, 매우 당황스러워 하는 balisahin, bumalisa ; 불안케하다, 걱정시키다 ikabalisa ; 불안을 야기하다 mabalisa ; 불안해 하다, 근심(걱정)하다	disquiet, anxiety, concern
balità	발리-따'	뉴스, 소식, 정보, pamalitá ; 험담, 소문, 풍문 balitaan ; ~에게 소식을 알려주다 kabálitaan ; 신문기자 ibalità, magbalità ; (소식)전달(통신)하다 ipamalità ; 소식을 퍼뜨리다, 회자시키다 mabalità ; 뉴스거리가 되는, 뉴스가 풍부한 magpabalità ; 소식(뉴스)이 퍼지게 하다 tagapagbalità ; 통신원, 기자, 아나운서, 사자(使者)	news, information, rumor
balitakták	발리딱딱	과열된 논쟁, 말싸움	heated argument, debate
balitaw	발리-따우	연가, 사랑의 노래	love song

balíw	발리우	미친(사람), 정신이상자(의) kabaliwan ; 광기, 미침, 정신이상 ikabalíw ; 미치게 하는 원인이 되다 mabalíw ; 미치다, 정신이상이 되다	crazy (person), lunatic (man), mad
báliwalâ, bale walâ	바-ㄹ리왈라', 바-ㄹ레 왈라'	가치없는, 중요치 않은	of no value
baliwasnán	발리와스난	낚싯대	fishing rod
balo	바-ㄹ로	과부(balong babae), 홀애비(balong lalaki)	widow, widower
balón	발론	우물	water well
balór	발로르	가치, 중요성, 효력	value, importance, validity
balot	바-ㄹ롵	포장 balutan ; 꾸러미, 묶음, 보따리 balutin, magbalot, bumalot ; 묶다, 포장하다, 싸다 ipabalot ; 포장시키다	wrapping
balót	발롵	부화되기 전에 삶은 오리 알	boiled duck's egg with developed embryo
balsá	발사	뗏목 balsahin ; 뗏목을 만들다 ibalsá ; 뗏목으로 나르다 magbalsá, mamalsá ; 뗏목을 타고 가다, 뗏목을 사용하다	raft
baluktót	발룩똩	굽어진, 비틀린, 꼬부라진 baluktutín, magbaluktót ; 구부리다 bumaluktót ; 굽어지다	bent, twisted, crooked
balunglugód	발룽루곧	자만심, 허영 magbalunglugód ; 허영에 빠지다, 허세를 부리다	pride, vainglory

balutì	발루-띠'	갑옷, 방호복	armor
balyena	발예-나	고래	whale
bambáng	밤방	운하, 도랑, 배수구, 홈통 bambangán ; ~에 도랑을 내다	canal, ditch, drain, gutter
bambó	밤보	곤봉, 방망이, 지팡이 bambuhín, bumambó ; 곤봉(방망이 등)으로 때리다	club, bludgeon, baton
banál	바날	신성한, 거룩한, 종교적인, 경건한 kabánalan ; 신성, 경건, 신심 banalín, magpabanál ; 신성하게 하다 magbanál-banalan ; 경건한 척 하다	holy, devout, religious
banás	바나스	무더위 mabanás ; 무더운, 푹푹찌는	sultriness
banat	바-낱	팽팽해지게 당김 banát ; 팽팽한 banatin, bumanat ; 팽팽하게 댕기다	pull to stretch something
banda	바-ㄴ다	악단, 한 무리의 사람들, 끈	band
bandeha	반데-하	쟁반, 큰 접시 ibandeha ; 쟁반에 담다 magbandeha ; 쟁반을 사용하다	tray, platter
bandera, bandilà	반데-라, 반디-ㄹ라'	기(旗)	flag
banidád	바니닫	허영(심)	vanity
baníg	바닉	(침대용)매트 banigín, magbaníg ; (침대, 바닥)매트를 깔다	bed mat

banlág	반락	사팔눈의	squint-eyed
banláw	반라우	가시기, 헹구기, 씻어내기 banlawán, magbanláw ; 헹구다, 씻어내다 pambanláw ; 헹굼용 액체	first rinsing
bansâ	반사'	국가 kabansaán, pagkabansâ ; 국적 isabansâ, magbansâ ; 국유화하다 makabansâ ; 민족(국가)주의적인 pagkakásabansâ ; 국유화, 전국화 pambansâ ; 국가의, 국가적인	nation
banság	반삭	표어, 좌우명, 슬로건 ipamanság, magbanság ; 공개하다, 알려지게 하다	motto, slogan
bantâ	반따'	위협, 협박, magbantâ ; 위협하다, 협박하다	threat
bantád	반딸	물린, 싫증난, 지겨운 mabantád ; 물리다, 싫증나다, 지겨워하다	satiated, bored, wearied
bantás, pambantás	반따스, 빰반따스	구두점, palábantasan ; 구두법 bantasán, magbantás ; 구두점을 붙이다	punctuation mark
bantáy	반따이	경비(원), 보호, 보초, 호위, bantáy-pintô ; 문지기, 수위 bantayan ; 경비실, 망루, 감시탑, 초소 bantayán, magbantáy ; 지키다, 보호(감시)하다	guard, watcher, sentry, escort
bantayog	반따-욕	기념비(탑)	monument
bantód	반똘	직경, 지름	diameter

bantóg	반똑	유명한, 특별한, bantóg sa kasamaán ; 악명높은 kabantugán ; 명성, 유명, 고귀 mábantóg, mápabantóg ; 유명해지다, 잘 알려지다	famous, distinguished
banyera	반예-라	욕조, 물통	bathtub, tub
banyo	바-ㄴ요	욕실, 샤워실	bathroom
bangaw	바-ㅇ아우	금파리	blowfly
bangay, bangayán	바-ㅇ아이, 방아얀	(아이들, 개, 고양이 등)시끄러운 싸움(다툼) magbangay ; 시시한 일로 말다툼하다, 시끄럽게 싸우다	noisy quarrel of cat, dog or children
bangkâ	방까'	나무로 만든 배 magbangkâ ; 방카를 타고 가다	boat for fishing made of wood
bangkarote	방까로-떼	파산한, 채무를 갚을 수 없는, mabangkarote ; 파산하다 pagkabangkarote ; 파산	bankrupt
bangkáy	방까이	시체	corpse
bangketa	방께-따	인도, 갓길	sidewalk, footpath
bangkete	방께-떼	연회, 만찬, magbangkete ; 연회를 열다 bangketihin ; ~를 위해 연회를 베풀다	banquet
bangko	바-ㅇ꼬	은행, libreta sa bangko ; 저금통장, papél-de-bangko ; 지폐, 종이 돈	bankbook

bangkô	방꼬'	긴 의자, 벤치	bench
banggâ, banggaan	방가', 방가-안	충돌, 충격, banggaín, bumanggâ ; 충돌하다 ibanggâ ; 충돌시키다 mabanggâ ; 우연히 충돌하다	collision, impact
banggera	방게-라	찬장, 그릇 보관용 선반	cabinet or shelf to keep chinaware
banggít	방긷	언급, 코멘트, 기재, 인용문 banggitín, bumanggít ; 언급(인용)하다 mábanggít ; 재차 말하다, ~에 관해 얘기하다	mention, statement, citation
bangháy	방하이	초안, 윤곽, 개요, 구성, 설계도	draft, outline, plot, plan
bangís	방이스	잔혹, 흉포, 사나움, mabangís ; 잔인한, 야만스러운, 사나운 bumangís, magbangís ; 잔인해지다, 사나와지다	ferocity, wildness, cruelty
bangó	방오	향기, 방향, mabangó ; 향기로운 bumangó ; 향기를 발산하다 pabangó ; 향수	aroma, perfume
bangon, pagbangon	바-ㅇ온, 빡바-ㅇ온	누운상태에서 일어나기, 기상 bumangon ; 일어나다, 기상하다 ibangon ; 일어나게 도와주다 magbangon ; 궐기하다, 일으키다	rising from a lying position
bangós, bangús	방오스, 방우스	민물고기의 일종	milkfish
bangungot	방우-ㅇ올	악몽	nightmare
baon	바-온	(여행을 위해 준비된)양식, 경비(돈), 기타 준비품 baunin ; 여행 준비품을 장만하다 magbaon ; 각종 준비품을 가지고 여행	provisions, pocket money, etc.

		을 떠나다 pabaon ; 여행을 위한 각종 준비품	
baón, nakabaón	바온, 나까바온	묻힌, 박힌, magbaón ; 밑으로 가라앉게 하다, 묻다 bumaón ; 묻히다, (땅)속으로 들어가다, ibaón ; 묻다, 집어 넣다	buried, embedded
bapór	바뽀르	큰 배, 기선, bapór-de-gera(bapór-pandigmâ) ; 군함	ship, steamship
bar¹	바-	변호사업	bar, legal profession
bar²	바-	술집	bar
bará	바라	정지, 봉쇄, 장애물, 차단 barahán, bumará, magbará ; 막다, 봉쇄하다, 차단하다 mábarahán ; 막히다, 차단되다 barado ; 막힌, 봉쇄된, 차단된	stoppage, blockage, obstruction
baraha	바라-하	카드, 카드놀이 kabaraha ; 카드게임 동료 magbaraha ; 카드놀이를 하다	cards, playing card
baras	바-라스	가로장, 장대, 대들보	bar, rod, beam
bárbaró	바-르바로	미개인, 야만인 kabárbaruhán ; 야만, 잔인	barbarian
barbería, barberyá	바르베리-아, 바르베랴	이발소, barbero ; 이발사	barbershop
barkó	바르꼬	큰 배	ship
barik	바-릭	음주, 술을 마심 barikán ; 술집, 주점 bumarik ; 술을 마시다, 음주하다 magbarík ; 과음하다 palábarík ; 습관적으로 술을	drink of alcoholic beverage

		마시는, 알코올 중독자의	
baríl	바릴	총, 소총, 권총 barilín, bumaríl ; 쏘다, 사격하다 magbabaríl ; 아무데나 쏘다 magbárilan ; 서로 상대를 향해 쏘다(사격하다) mamaríl ; 총으로 사냥하다	gun
bariles, barilis	바리-ㄹ레스, 바리-ㄹ리스	(맥주, 포도주 등)통, 한 통의 분량	barrel, cask
barli	바-를리	보리	barley
barò	바-로'	옷, 의복, 의상, magbarò ; 옷을 입다 baruan ; 옷을 입히다 baruin ; ~으로 옷을 만들다	dress, apparel
barong, barong-Tagalog	바-롱, 바-롱 따가-ㄹ록	필리핀 전통 셔츠	native shirt of the Philippines
barumbado	바룸바-도	(행동, 말 등)거칠고 천한, 세련되지 않은	uncouth, coarse
baryá	바랴'	(동전, 지폐)잔돈, 거스름돈 baryahín, magbaryá ; 잔돈으로 바꾸다	change, small loose money
baryo	바-리요	시, 읍 등 중심지로 부터 떨어져 위치한 시골 마을	outlying district of a town
basa, pagbasa	바-사, 빡바-사	읽기, 독서, bumasa ; 읽다 basahan ; ~에게 읽어주다 basahin ; ~를 읽다 ipabasa ; ~에 의해 읽혀지게 하다	reading

		mabasa ; 읽혀질 수 있다 mambabasa ; 독자 palábasa ; 책 읽기 좋아하는, 독서로 인한 지식이 풍부	
basâ	바사'	젖은, 축축한, 물기가 많은 basá-basâ ; 살짝 젖은, 촉촉한, 습기가 밴 basá-basaín ; 살짝 적시다, 습기를 머금게 하다 basaín, bumasâ ; 적시다 baságn-basâ ; 푹 젖은, 물을 흠뻑 흡수한 mabasâ ; 젖다 magbasâ ; 스스로 자신을 젖게 하다	wet, watery
basag	바-삭	유리, 그릇등의 깨진 금, baság ; 깨진, 금이 간 babasagín ; 깨지기 쉬운, 무른 basag-ulo ; 언쟁, 다툼 basag-ulero ; 문제아, 말썽꾸러기 basagin, bumagsag ; 깨다, 조각내다, mabasag ; 깨지다	crack
basahan	바사-한	걸레 basahanin ; 걸레로 만들다	rag
basal	바-살	젊은, 한창 때인, 순결한	youthful, in the prime of life, chaste
basbás	바스바스	축복 basbasán, bumabás ; ~를 축복하다	blessing
basket	바-스껠	바구니, 광주리 basketín, ibasket ; 바구니에 던져 넣다, 거절하다	basket
base	바-세	기초, 근거, 이유 pagbasihan ; 실천(행위)에 대한 근거(이유)로 삼다	base, basis

baso	바-소	컵, 유리 컵 basuhán ; 컵 만드는 공장 magbaso ; 컵을 사용하다 sambaso, isáng baso ; 한 컵 가득, 한 컵 분량	drinking glass
bastón	바스똔	지팡이, 단장 bastonera, -o ; 악단지휘자, 결정권자 bastunín, bumastón ; 매로 때리다	cane, walking stick
bastós	바스또스	무례한, 교양없는, 뻔뻔한, 모욕적인 kabastusán ; 무례, 뻔뻔함, 모욕	rude, ill-mannered, impudent, insulting
basura	바수-라	쓰레기, 잡동사니, 폐물, 고철, basurera, -o ; 청소부 básurahán ; 쓰레기통 ibasura, magbasura ; 버리다, 폐기하다	rubbish, garbage, junk
batà	바-따'	(1) 아이, 어린이, 젊은이 (2) 젊은, 연소한, 어린애 같은 bumatà ; 도로 젊어지다, 회춘하다 kababatà ; 죽마고우, 어린 시절을 함께 보낸 사람 kabataan ; 어린시절, 사춘기 pagpapabatà ; 회춘, 도로 젊어짐	(1)child, youngster (2)young, junior, childish
(batá)mabatá	마바딴	참을 수 있다, di-mabatá ; 참을 수 없는, 견딜 수 없는 batahín, bathín, magbatá ; 참다, 견디다, 인내하다 pagbabatá ; 인내	be able to endure
batak	바-딱	잡아당기기, 견인, 끌려가는 물건 batakin, bumatak ; 당기다, 끌다	pull, the thing pulled

batás	바따스	법, 법령, 규정 batás militár ; 계엄령 ibatás ; 법으로 공포하다 isabatás, magsabatás ; 법령화하다, 법으로 규정하다 labág sa batás ; 불법의, 규칙에 맞지 않는 magbatás ; 법률을 제정하다 mambabatás ; 입법자, 법률제정자 panbatás ; 법의, 법률과 관계된 tagapagbatás ; 입법의, 법을 제정하는	law, decree, regulation
bataw	바-따우	부이, 부표	buoy
batay (sa)	바-따이 (사)	~를 근거로 한, ~ 조건하에, ~에 따라 batayán ; 기초적인, 기본의, 중요한 bátayan, batayán ; 근거, 바탕, 원인 mábátay (sa) ; ~에 근거하다, ~에 따르다, ~에 종속되다	based on, according to
batería, bateriyá	바떼리-아, 바떼리야	전지, 건전지	battery
batì	바-띠'	인사 batiin, bumatì ; 인사(경례, 축하)하다, 반갑게 부르다 ibatì ; ~대신 인사를 전하다 pagbatì ; 인사, 경례, 축하	greeting
batik	바-띡	점,오점, 결점, 반점, 얼룩 batikan, magbatik ; 반점을 붙이다, 점 무늬를 찍다 batikán, batík-batík ; 반점이 있는, 얼룩덜룩한	spot, stain, fleck, speckle
batíd	바띧	알려진, 알고(의식하고) 있는 kabátiran ; 정보 ipabatíd ; ~에게 알려주다, 숙지시키다 mabatíd ; 알게되다, 통보 받다 magpabatíd, pagpabatirán ; 알려주다, 정보를 주다 pabatíd ; 발표된(알려진) 정보	known, aware of, conscious of

bating	바띵	덫, 올가미 batingín, bumatíng ; 덫(올가미)을 설치하다	trap made of rope or wire
bató	바또'	돌, 돌멩이, 신장 malakíng bató ; 암석 batuhán, mabató ; 암석이 많은, 돌 투성이인 batuhín, bumató ; 돌을 던지다, ~을 던지다 ibató ; ~에게 ~을 던지다 mábató ; 우연히 던져진 물건에 맞다 pagbató ; 던지는 행위	stone, kidney
batok	바-똑	목덜미 batukan ; 목덜미를 때리다 pamatok ; 멍에	nape
batsilyér	바칠레르	학사 학위	academic degree of bachelor
batubalanì	바뚜발라-니'	자석 mabatubalanì ; 홀리다, 넋을 잃다	magnet
batubató	바뚜바<u>또</u>	비둘기	pigeon
batugan	바뚜-간	게으른, 나태한, 굼뜬	lazy, slothful
batutà	바뚜-따'	경찰봉, 곤봉, 악장의 지휘봉 batutain ; 곤봉으로 때리다	policeman's club, cudgel, conductor's wand
baúl, baól	바울, 바올	금고, 큰 가방, baúl ng awto ; 자동차의 짐칸(트렁크)	chest, trunk
bawa, bawa't	바-와, 바-왈	각각, 모두, 각자, bawa't isá ; 각각, bawa't tao ; 각자	each, every, everyone
bawal	바-왈	금지된, 불법의, 제한된 kabawalan ; 제한 ipagbawal, magbawal ; 금지(제한)하다 pagbawalan ; 하지 말도록 명령하다(요구하다)	forbidden, illicit, restricted

bawang	바-왕	마늘	garlic
bawas	바-와스	할인, 감소, 절감 bawasan, bawasin ; 줄이다, 감소시키다, 잘라내다 kabawasán ; 감소, 절감, 뺌, 공제 mabawasan ; 줄어들다, 감소되다, 경감되다 makabawas ; 줄일 수 있다, (충격 등)흡수하다, 완화시키다	discount, reduction, cut
bawì	바-위'	되찾음, 회복, 복구 bawian ; 빼앗기다, 박탈당하다 bawiin, bumawì, mabawì ; 되찾다, (건강)회복하다, 회수(철회)하다 pagbawì ; (말 한것, 약속 등)취소(철회)하기 pagkabawì ; (건강)회복	recovery
(bayà)bayaan	바야-안	내버려두다, 방임하다 kapabayaán, pagkapabayà ; 방임, 무관심, 부주의 magpabayà ; 하지 않다, 무시하다 mapagpabayà, pabayà ; 무시하는, 관심을 갖지 않는 pabayaan ; 포기하다, 무시해 버리다	allow, let, let alone
bayad	바-얃	지불, 납부, 요금 bayaran, magbayad ; 지불(납부)하다, 갚다 kabayarán ; 지불(금액), 청산 ipagbayad ; ~대신 갚다(지불하다)	payment, fee
bayág	바약	불알, 고환	testicle
bayan	바-얀	읍, 시골마을, 국가, 시민, 국민 bayanan, kabayanan ; 중심	town, country, nation,

		가, 도심지 kababayan ; 같은 마을 동료, 시골 친구, 동포 makabayan ; 애국적인, 민족주의적인 magbayan ; 마을(시가지, 부락 등)을 건설하다 mámamayán ; 거주자, 시민, 국민 pagkamakabayan ; 민족주의, 애국심 pambayan ; 시민의, 국민의, 국가적인	citizens, people
bayani	바야-니	영웅 bayanihin ; 영웅으로 존중하다 kabayanihan ; 영웅심, 영웅주의 mamayani ; 압도하다, 우세하다	hero
bayáw	바야우	시숙, 처남, 매부	brother-in-law
baybáy, baybayin	바이바이, 바이바-이인	해안, 해변, 연안	shore, coast
bayó	바요	부수기, 두드르기, 찧기 báyúhan ; 절구, 막자사발 bayuhín, bumayó, magbayó ; 부수다, 절구에서 공이로 찧어 부수다 pambayó ; 절구 공이	pounding
bayóng	바용	(야자 잎을 엮어서 만든)가방	bag made of woven palm leaves
baywáng	바이왕	허리 mamaywáng ; 허리에 양손을 걸치고 서다	waist
Bb.(←Binibini)	비니비-니	미스, ~ 양	Miss.
beinte	베인떼	이십, 20	twenty

beisbol	베이스볼	야구	baseball
benda, bendahe	베-ㄴ다, 벤다-헤	붕대 bendahán, magbenda ; 붕대를 감다	bandage
bendisyón	벤디숀	감사기도, 축복 bendisiyunán, magbendisyón ; 축하하다, 축복을 빌어주다	benediction, blessing
bendita(← aquabendita)	벤디-따	성수 benditahán ; 성수반, 세례반 benditahin, magbendita ; 성수를 뿌려 축하하다 mabendita ; 성수로 축하 받다	holy water
benta	베-ㄴ따	판매, 판매수익 ibenta, magbenta ; 팔다, 판매하다	sales, income from sales
bentaha	벤따-하	이익, 소득	profit, benefit
bentiladór	벤띨라도르	선풍기	electric fan
berde	베-르데	녹색의, 초록의, 싱싱하게 푸른, berdenng sibuyas ; 파 berde-lumot ; 암녹색, 짙은 녹색	green, verdant
beses	베-세스	~ 번, 횟수, ~ 배, maraming beses ; 여러 번	times
bestido	베스띠-도	숙녀복, (원피스)여성복, 드레스 nakabestido ; (여성)옷을 입은, 정장을 한 magbestido ; (여성)옷을 입다, 정장을 하다	dress, frock
beterano	베떼라-노	고참병, 노병, 숙련가	veteran
bibíg	비빅	입, 대변자 bibigán ; 입이 큰 mabibíg ; 수다스러운, 말이 많은 magbibíg ; 말을 많이 하다, 재잘거리다	mouth, mouthpiece

bibingka	비비-ㅇ까	쌀로 만든 케이크, 떡	rice cake
Bibliyá	비블리야	성서, 성경	Bible
biblioteka	비블리오떼-까	장서, 문고	library
bikas	비-까스	태도, 행동거지, 맵시 kabikasan ; 우아함, 고상한 기품, 세련된 매너 mabikas ; 매력적인, 맵시있게 차려 입은 magbikás ; 기품있는(우아한) 분위기를 자아내다	posture, dressiness, bearing
bíktimá	비-ㅋ띠마	희생(물), 제물 bíktimahín, bumíktimá ; ~을 제물로 삼다 mabíktimá ; 희생하다, 제물이 되다	victim, prey
bida¹	비-다	이야기 bidahan ; ~에게 이야기 해 주다 ibida ; 자세히 얘기하다, 하나하나 얘기해 주다 mabida ; 얘기꺼리를 많이 가지고 있다 magbida ; 이야기하다	story
bida²	비-다	주인공, bidang babae ; 여주인공	main character in story or play
bigás	비가스	쌀 bígásan ; 쌀 방앗간, 정미소 bigasín, magbigás ; 정미하다 magbibigás ; 미곡상	husked rice
bigát	비갈	무게, 중량 bumigát ; 무거워지다, 무게가 늘다 mabigát ; 무거운, 부담스러운, 심각한 mabigatán ; 부담을 받다, 짓눌리다 makabigát ; 무게를 가하다, 부담을 주다	heaviness, weight

bigáy	비가이	선물 bigáy-palà ; 보수, 급여금 bigyán, ibigáy ; 주다, 공급(제공)하다 magbigáy ; 주다, 전달하다, 보여주다, 선물하다 magbígayan ; 타협(협상, 양보)하다 mapagbigáy ; 관대한, 너그러운, 잘 베푸는 pagbigyán ; 만족시키다, 기쁘게 하다, 제멋대로 하게 두다	gift
bigkás	빅까스	발음 bumigkás ; 발음(낭독, 암송)하다 kabigkás ; 동음이의어 mabigkás ; 암송할 수 있다 mambibigkás ; 낭독하는 사람, 암송하는 사람	pronunciation
bighanì	빅하-니'	매력, 유혹 bighaniin ; ~를 유혹하다, 뇌쇠시키다 bumighanì, mabighanì ; 매혹하다, 마음을 빼앗다 nakabíbighanì ; 유혹하는, 마음을 빼앗는	charm, attraction
biglâ	비글라'	갑작스런, 졸지의, 돌연한 biglâ, pabiglâ ; 갑자기, 불시에 biglaín, bumiglâ ; 놀라게 하다, 불시에 덮치다 makabiglâ ; 충격을 주다, 놀라게 하다, 공포에 질리게 하다 pabiglá-biglâ ; 경솔한, 무분별한, 불쑥 튀어나오는	sudden
bigô	비고'	실망한, 좌절된, 풀이 죽은 biguín ; 실망(낙담)시키다 kabígúan ; 실망, 실패 mabigô ; 실망하다, 실패하다, 좌절되다 pagkabigô ; 유감, 분함, 실망, 실패	disappointed, frustrated, crestfallen

bigote	비고-떼	콧수염	mustache
bihag	비-학	죄수, 포로 bihagin, bumihag, mamihag ; 호리다, 유혹하다, 사로잡다 mabihag ; 사로 잡히다, 유혹되다	prisoner, captive
bihasa	비하-사	익숙해진, 능숙한 bihasahin ; 숙지시키다, 알려주다 kabisahán ; 문명 mabihasa ; 익숙해지다 pamihasnín ; 익숙케하다, 습관이 들게 하다	accustomed, skilled
bihirà	비히-라'	좀처럼 ~하지 않다(않는) bihí-bihirà ; 거의 ~하지 않다 bihirang-bihirà ; 정말 거의 ~하지 않다 pambihirà ; 드문, 독특한, 특이한, 예외적인	rarely(rare), seldom
bihis	비-히스	착용한 옷(복장) bihis pangkasál ; 결혼 예복 bihís, nakabihis ; 옷을 입은, 치장한 bihís na bihís ; 완전히 정장한 magbihis ; 옷을 (갈아)입다, 치장하다	dress one wears
biík	비일	새끼 돼지	young suckling pig
bilád, nakabilád	빌랃, 나까빌랃	햇볕에 말리거나 남들이 볼 수 있도록 펼쳐 놓아진 bíláran ; 햇볕에 말리는 장소 ibiláds, magbiláds ; 말리기 위해 햇볕에 두다, 남들이 보도록 내어 놓다	exposed to the sun to dry or for all to see
bilang¹	비-ㄹ랑	수, 숫자, 수량 bilangin ; 세다 bumilang ; 세다, ~수에 달하다, 세어서 따로 하다 kabilang ; 포함된(되어 있는), 포함하여	number, count, amount

		di-mabilang ; 셀 수 없는, 수 없이 많은 ibilang ; 세다, 포함시키다, 고려하다 tambilang ; 한자리 숫자(0~9)	
bilang²	비-ㄹ랑	~로서, ~을 통해	as, by way of
bilanggô	빌랑고'	죄수, 포로 bílangguan ; 감옥, 형무소, 교도소 ibilanggô, magbilanggô ; 투옥하다 mábilanggô ; 투옥되다 pagkábilanggô ; 투옥	prisoner, captive
bilás	빌라스	남편(또는 아내) 형제(또는 자매)의 배우자	spouse of brother(or sister)-in-law
bilasâ	빌라사'	부패한, 썩은	putrid, spoilt
bilí¹	빌리	구매 가격 bílihan ; 사는 장소, 시장 bilhán ; ~에서 사다 bilhín, bumilí ; 사다, 구매하다 ibilí ; ~에게 ~를 사 주다 pagbilí ; 구매, 사는 행위	buying price
bilí², pagbibilí	빌리, 빡빌리	판매 ipagbilí ; ~을 팔다, 처분하다 magbibilí, tagapagbilí ; 판매자 magbilí ; 팔다, 거래하다 nápagbilihán ; 매상고, 거래총액	sale
bilibid	빌리-빋	감옥, 형무소, 교도소 ibilibid ; 투옥하다 mábilibid ; 투옥되다	prison, jail
bilís	빌리스	속도, 속력, 빠르기 bilisán ; 재촉하다, 서두르게 하다 bumilís ; 빨리가다, 서두르다 mabilís ; 빠른(빠르게), 신속한(신속하게)	speed, velocity

bilog	비-ㄹ록	원, 원형 bilóg, mabilog ; 둥근, 원형의 bilugán ; 둥근, 토실토실 살찐, 오동통한 bilugin, magbilog ; 둥글게 하다, 둥근 모양으로 만들다 bumilog ; 둥글어지다, 둥근 모양으로 변하다 kabilugan ; 정원(正圓), 둥근 물건 pabilóg ; 둥글게, 모나지 않게	circle, ring
biloy	비-ㄹ로이	보조개	dimple
bilyón	빌욘	10억	billion
binat	비-낟	(병)재발 mabinat ; (병)재발을 당하다(맞다)	relapse
binatà	비나-따'	미혼 남자, 총각 magbinatà ; 청년이 되다, 사춘기를 맞이하다	bachelor
binatilyo	비나띠-ㄹ요	청년, 젊은이(13~16세)	adolescent
binhî	빈히'	씨앗, 종자, 정액 binhiín, magbinhî ; 파종할 씨앗을 고르다 papagbinhiín ; 수태(수정)시키다	seed, sperm
binì	비-니'	겸손, 겸양, 정숙 mabinì ; 겸손한, 조심스러운, 정숙한	modesty
Binibini	비니비-니	☞Bb.	
bintanà	빈따-나'	창문	window
bintî	빈띠'	종아리	calf of the leg
bintóg	빈똑	팽창, 부풀어 오름 bumintóg, mamintóg ; 팽창하다, 부풀어 오르다	swelling, filling out

binyág	빈약	(종교)세례, 영세 binyagan ; 세례식 binyagán, magbinyág ; 세례를 주다, 세례명을 붙이다 mabinyagán ; 세례를 받다	baptism
bingí	빙이	귀 먹은, 무관심한 bingihín ; 귀머거리로 만들다, 먹먹하게 만들다 kabingihán ; 듣지 못함, 귀 먹음 mabingí ; 귀머거리가 되다, 귀가 먹먹해지다	deaf, unaffected
bingit	비-ㅇ잍	테두리, 가장자리, 변두리, 가	edge, verge
birhen	비-르헨	처녀, 동정녀, 순결한	virgin, chaste
birò	비-로'	농담 birú-biruín ; 실없는 소리를 하다, 시시덕거리다 biruin, bumirò, magbirò ; 농담하다, 놀리다 mabirò ; 유모스러운, 농담을 잘하는 pabirô, palábirô ; 익살스러운, 농담하기 좋아하는	joke
bisà	비-사'	힘, 세기, 효과 bigyáng-bisà ; 법률상 정당성을 인정하다, 유효하게 하다 kawaláng-bisà ; 무효력, 무능력, 비효율 di-mabisà, waláng-bisà ; 효력없는, 무능력한, 비효율적인 mabisà ; 효과적인, 영향력 있는, 강력한 magkabisà ; 힘을 발휘하다, 효과를 내다, 영향을 미치다	power, force, strength, effect
bise-	비-세	두번째, 차석, 부-, bise-presidente ; 부통령	vice
bisikleta	비시끌레-따	자전거	bicycle

bisig	비-식	팔	arm
bisiro	비시-로	가축의 새끼(송아지, 망아지 등), bisirong baka ; 송아지	young of cattle
bisita	비시-따	손님, 방문객 ang maybisita ; 손님을 접대하는 주인 bisitahin, bumisita, magbisita ; 방문하다	guest, visitor
bista¹	비-스따	심리, 공판 bistahán, bistahín ; 심리하다 mabistahán ; 심리받다, 조사받다	hearing in court
bista²	비-스따	전망, 경치	view, landscape
bistek	비-스뗔	비프스테잌	beefsteak
bisyo	비-쇼	악덕, 부도덕, 비행 bisyoso ; 사악한, 악습에 빠진	vice
bitag	비-딱	새 잡는 덫 bitagan ; 새덫을 설치하다 mábítag ; 덫에 걸리다	snare for catching birds
bitbít	빝빝	직접 들고 운반하는 (물건), 휴대할 수 있는 (물건) bitbitin ; 휴대용의, 들고 다닐 수 있는 bitbitín, magbitbít ; 직접 들고 운반하다, 휴대하다	(objects which are) carried by hands
bitáw, pagbibitáw	비따우, 빡비비따우	잡고 있는 것을 놓아(풀어) 줌 bitawan, ibitáw, magbitáw ; 풀어주다, 잡고 있는 것을 놓아주다	releasing one's hold on something
bitíw	비띠우	사직, 물러남, 퇴임 magbitíw ; 사직하다, 물러나다, 퇴임하다, 탈퇴하다	resignation from a position
bituka	비뚜-까	창자, 내장	intestine, bowels

bituín	비뚜인	별, 인기배우, 스타 kabituinán ; 스타(인기 배우)의 신분(지위) mabituín ; 별이 많은 Pulóng-bituín ; 은하수	star
biyák	비얄	쪼개(지)기, 갈라진 금, 분열, 갈라진 틈 biyakín, magbiyák ; 쪼개다, 나누다, 분할하다 kabiyák ; 상대, 짝(쌍)의 한 쪽, 걸 맞는 상대, 결혼 상대 kákabiyák ; 짝이 모자라는, 외짝의 mabiyák ; 쪼개지다, 갈라지다	split, crack, cleavage
biyahe	비야-헤	여행, 항해, biyahe sa eruplano ; 비행기 여행 bumiyahe, magbiyahe ; 여행하다, 사업차 여행하다 ibiyahe ; ~를 데리고 여행하다 biyahero ; 여행객	trip, voyage
biyanán	비야난	장인(biyanáng lalaki), 장모(biyanáng babae)	parent-in-law
biyayà	비야-야'	은총, 은혜, 자비, 축복 magbiyayà ; 은혜(자비)를 베풀다 mapagbiyayà ; 자비로운, 잘 베푸는, 관대한	favor, grace, blessing
Biyernes	비예-르네스	금요일, Biyernes Santo ; 성(聖) 금요일(예수 수난일)	Friday
biyolín	비욜린	바이올린 biyolinista ; 바이올린 연주자	violin
biyuda	비유-다	미망인, 과부 mabiyuda ; 미망인이 되다	widow
biyudo	비유-도	홀아비 mabiyudo ; 홀아비가 되다	widower
blangko[1]	블라-ㅇ꼬	내용을 채우지 않은 서식, 아무것도 없음	blank form to be filled in, nothing

blangko²	블라-ㅇ꼬	흰(색)	white
blusa	블루-사	블라우스 magblusa ; 블라우스를 입다	blouse
boba(-o)	보-바(보)	단순한 사람, 머리가 둔한 사람, 바보	fool, simpleton
bokabularyo	보까불라-료	어휘	vocabulary
bokilya	보끼-ㄹ랴	(악기) 부는 구멍 ; (대롱·파이프 따위) 입에 무는 부분	mouthpiece
boksing	보-ㅋ싱	권투	boxing
boda	보-다	결혼식, boda-de-oro ; 금혼식, boda-de-plata ; 은혼식	wedding
bodega	보데-가	창고, 저장고 bodegero ; 창고지기, 창고 관리인	warehouse, storehouse
bola	보-라	볼, 공	ball
bolabola	볼라보-라	미트볼, 고기완자	meatball
bolpen	볼-ㄹ뻬느	볼펜	ball pen
boluntaryo	볼룬따-료	지원자, 의용병 magboluntaryo ; 자진하여 하다, 지원하다	volunteer
bomba	보-ㅁ바	펌프, 폭탄, 폭발물 bombahán ; (물, 공기, 개스 등)펌프로 퍼 내다, 펌프로 주입하다 bombaín, bumomba, magbomba ; 폭탄을 투하하다, (물)왈칵 쏟아져 흐르게 하다, 펌프로 푸다(주입하다)	pump, bomb
bombero	봄베-로	소방관	fireman
bono	보-노	증서, 차용증서, 공채증서	bond, certificate
botas	보-따스	장화	boots

bote	보-떼	병, isáng boteng serbesa ; 맥주 한 병 ibote, isabote, magbote ; 병에 넣다	bottle
botika	보띠-까	약국 magbotika ; 약국을 운영하다	drugstore
botikarya(-o)	보띠까-랴(료)	약사	druggist
boto	보-또	투표 bumoto ; 투표하다 iboto ; ~에게 투표하다	vote
bra	브라	브래지어	brassiere
braso	브라-소	팔	arm
brilyante	브릴야-ㄴ떼	(1) 다이아몬드, 금강석 (2) 번쩍번쩍 빛나는	(1)diamond (2)brilliant
Britanya	브리따-냐	영국	Britain
brodkast	브로-ㄷ까스트	방송 ibrodkast, magbrodkast ; 방송하다	broadcast
bubog	부-복	수정, 결정체, 깨진 유리	crystal, broken glass
bubóng	부봉	지붕 bubungán, magbubóng ; 지붕을 덮다	roof
bubuyog	부부-욕	벌, 뒝벌	bumblebee
buká, nakabuká	부까, 나까부까	(꽃, 입 등)열린, 벌어진 bukahín, bukhín, ibuká ; 열다, 벌리다, 펼치다 bukáng-buká ; 활짝 펼친, 넓게 벌린 bukáng-liwaywáy ; 새벽 bumuká ; 열리다, 펼쳐지다, 벌어지다	open, opened
bukád	부깓	(꽃 등)핀, 벌어진	open
bukadkád	부깓깓	활짝 핀 bumukadkád ; 활짝 피다	fully opened

bukál	부깔	샘, 수원(지), 원천, 근원 bukál na mainit ; 온천 bumukál ; 생기다, 발생하다, 갑자기 시작하다	fountain, source
bukas	부-까스	내일, bukas ng umaga ; 내일 아침 kinábukasan ; 다음 날 ipagpabukas, magpabukas ; 내일로 미루다	tomorrow
bukás, nakabukás	부까스, 나까부까스	열린 bukás ang pusò, bukás-pusò ; 관대한 buksán ; 열다, Buksán mo ang pintô. ; 문을 열어라. bumukás ; 열리다 magbukás ; 열다, 벗기다, 시작하다 magbuksán ng matá ; 눈을 뜨다, 현실을 직시하다 pabuksán ; (시켜서)열다, Pabuksán ang kahón ; 상자를 열게 하라.	open
bukid, kabukiran	부-낃, 까부끼-란	시골, 농장 magbukid ; 농장을 경영하다 bukirin, magbukid ; 경작하다, 농사를 짓다 magbubukíd ; 농부 pambukid ; 시골의, 시골풍의, 농촌의	country, farm
buko	부-꼬	덜 익은 코코넛	young coconut
bukó	부꼬	옹이, 매듭, 마디 bukunín ; 방해하다, 훼방놓다, 비난하다	node, knot, knuckle
bukód (sa)	부꼳 (사)	별개의, 분리된, ~외에, 곁에, ~에 추가하여 bukód-tangì ; 특이한, 독특한, 특이하게 ibukód, magbukód ; 제쳐두다, 따로 챙기다, 분리하다 magkábukód ; 분리되다, 제쳐지다, 혼자가 되다 namúmukód ; 두드러진, 뛰어난, 잘 알려진	separate, aside, beside, in addition to

bukol	부-꼴	부풀어 오름, 혹, 종기	swelling, lump, tumor
bukung-bukong	부-꿍 부-꽁	복사뼈, 발목	ankle
budbód	붇볻	작은 입자를 뿌림, 조금씩 여럿에게 분배함 budburán, ibudbód, magbudbód ; 흩 뿌 리 다, 온 통 뒤 덮 다 ipamudmód ; 여럿에게 분배하다	sprinkling of particles, distribution to many
budhî	붇히'	의식, 자각, 직관력, mabudhián ; 인식하다, 알아차리다, 깨닫다	conscience, intuition
Budismo	부디-스모	불교	Buddhism
bugá	부가	트림, 분출, 뿜어냄 ibugá ; 분출(방출)하다 magbugá ; 불어 (토해)내다, 트림하다	belch, puff, spout
bugaw	부-가우	중매인, 매개자, 뚜쟁이, 포주	go-between, pimp
bugháw	북하우	푸른, 하늘색의, 담청의	blue, azure
(bughô) manibughô	마니북호'	질투하다, 시샘하다 panibughô ; 질투, 시샘, 혐오	get jealous
bugnót	북놑	격앙, 역정 bugnutin ; 격앙하는, 벌컥 화를 내는 bugnutín ; 격앙시키다, 화를 내게 만들다 mabugnót ; 격앙하다, 역정을 내다, 화를 내다	exasperation
bugtóng	북똥	유일한, 단 하나의, 특이한	sole, the only one, unique

buhangin	부하-ㅇ인	모래 mabuhangin ; 모래가 많은 búhanginán ; 모래톱, 모래가 있는 장소 buhanginan ; ~에 모래를 붇다(얹다)	sand
buhat	부-핱	~부터 Buhat noón ; 그때부터, Buhat kailán ; 언제부터 magbuhat ; 시작하다, 근원이 되다, 일어나다	from
buhay	부-하이	인생, 삶, 생명 buháy ; 살아있는, 움직이는 habang-buhay ; 평생의, 일생의 bigyáng-buhay ; 생명을 불어 넣다 buhayin ; 영양을 공급하여 살게 하다, 부활시키다 kabuhayan ; 생계, 살림, 재산 hanapbuhay ; 직업 Mabuhay! 만세! mabuhay ; 살다, 존재하다 mamuhay ; (특정한 방법으로)살다, 인생을 보내다 pamumuhay ; 생활, 삶의 방식, 업무 talambuhay ; 전기, 일대기	life
buhók	부홐	머리카락 magsukláy ng buhók ; 머리를 빗다 buhukán ; 머리채를 잡아끌다 gabuhók ; 털끝만한 차이로, 위기일발로 mabuhók ; 머리카락이 많은	hair
buhól	부홀	매듭, 결합 buhulán ; ~에 묶다(매다, 결합하다) buhulín, ibuhól, magbuhól ; 묶다, 결합하다	knot, union
buhos	부-호스	쏟음, 분출 buhusan, magbuhos ; 붓다, 쏟다, 흘리다 ibuhos ; ~를 붓다, 쏟다	pouring, output

bulà	부-르라'	거짓, 사소한 거짓말 bulaan ; (1) 거짓말쟁이 (2) 속이는, 거짓 말하는 magbulaan ; 속이다, 거짓말하다 makabulà ; 허위로 들어나다 magpabulaan ; 논파하다, 거짓임을 증명하다	lie, fib
bulâ	불라'	거품, 비누거품, mabulâ ; 거품이 많은 magbulâ ; 거품이 많이 나다 nagsásabulâ ; 일시적인, 거품같은, 무상한 nagbúbulâ ; 끓어오르는, 거품이 발생하는	bubble, soupsuds
bulabog	불라-복	법석, 소동, 동요, 혼란 bulabugin ; 동요시키다, 혼란을 야기하다 bumulabog (sa) ; 혼란스럽게 하다 mabulabog ; 혼란스러워지다, 뿔뿔이 흩어지다	disturbance, tumult
bulak	부-르락	솜, 면화	cotton
bulaklák	불락락	꽃, ligáw na bulaklák ; 야생화 mabulaklák ; 꽃이 많은, 꽃으로 뒤덮인 magbubulaklák ; 화초재배자, 꽃 장수 mamulaklák ; 꽃이 피다	flower
bulag	부-르락	맹목, 시력이 없음, bulág ; 눈 먼, 장님의, bulág sa kulay ; 색맹의, mabulag ; 시력을 잃다, 장님이 되다 bulagin, bumalag ; 눈을 멀게 하다, 장님이 되게 하다	blindness, make blind
bulagsák	불락살	부주의한, 산만한, 낭비하는 kabulagsakán ; 사치, 낭비, 방종 ibulagsák, magbulagsák ; 사치하다, 낭비하다	careless, disorderly, wasteful

bulalás	불랄라스	비명, 외침, 절규 ibulalás, magbulalás ; (감정)발산하다, (비밀)누설하다 máibulalás ; 외치도록(발산하도록, 누설해 버리도록) 만들다	exclamation
bulas	부-ㄹ라스	번성, 무성, 강한 질책 bumulas, bulasin, bulasan ; 강한 어조로 질책하다	luxuriance, severe rebuke
bulati	불라-띠	지렁이 bulati sa bituka ; 체내 기생충 bulatihin ; 체내에 기생충을 가지고 있다	earthworm
bulból	불볼	겨드랑이 털, 음모(陰毛)	hair in armpit, pubic hair
bulkán	불깐	화산	vulcano
bulgár	불가르	저속한, 속된, 비천한 pananalitáng bulgár ; 비속어	vulgar, lowly
bulók	불록	썩은, 부패한 bulukín, bumulók ; 썩게 하다, 부패(오염)시키다 mabulók ; 썩다, 부패하다	rotten, decayed
bulóng	불롱	속삭임, 중얼거림 bulungán, bumulóng, ibulóng ; 속삭이다, 중얼거리다 magbulóng ; 내밀하게 전하다, 살그머니 퍼뜨리다	whisper, murmur
bulós[1]	불로스	완벽한, 완성된	perfect
bulós[2]	불로스	소진한, 다 써버린	consumed, used up
bulsá	불사	주머니 bulsahán ; 주머니를 달다 bulsahín, ibulsá, magbulsá ; 주머니에 넣다 mámulsá ; 손을 주머니에 넣다	pocket

bulutong	불루-똥	천연두, 얽은 자국, 두창 búlutungín ; 얽은 자국이 있는 bulutungin, magkabulutong ; 천연두에 걸리다	smallpox, pock
bulwák	불왁	분출, 세차게 뿜어져 나옴 bumulwák ; 분출하다, 세차게 뿜어져 나오다	gush
bulwág	불왁	(빌딩 사이 등)확 트인, 넓찍한, 넓은 공간 bulwagan ; 홀, 현관의 넓은 공간, 로비	wide open, wide open space
bundók	분독	산 bulúbundukin ; 산이 많은, 산으로 둘러 쌓인 mámumundók ; 등산가, 산악인 tagabundók ; 산에 사는 사람	mountain
bundól	분돌	충돌, 충각으로 들이받음	ramming with something
buni	부-니	포진(입술 주변의 물집 등)	herpes
bunlót	분롣	뿌리째 뽑음, 근절 bumunlót, bunlutín ; 뿌리째 뽑다, 근절시키다	uprooting
bunô	부노'	레슬링, 격투, 싸움 bunuín, magbunô ; 레슬링(격투)하다, 싸우다	wrestling, russle, grapple
(bunot) mabunot	마부-녿	뿌리째 뽑히다 bumunot, bunutin, mamunot ; 뿌리째 뽑다 magbunot ; (총, 칼 등)꺼내다, 꺼내들다	be pulled up by the roots
bunót	부녿	코코넛 껍질	coconut husk
bunsô	분소'	막내	the yougest

buntís	분띠스	임신한 buntisán ; 임신되다 buntisín, bumuntís ; 임신(수정) 시키다 magbuntís ; 임신하다	pregnant
buntó	분또	압력, 힘 ibuntó ; 압력(힘)을 가하다	pressure, force
buntón	분똔	쌓아 올린 것, 퇴적, 더미 buntúng-hiningá ; 한숨 buntunán, ibuntón, magbuntón ; 쌓아 올리다, 퇴적하다	heap, pile
buntót	분똘	꼬리, 뒤쪽, 후방 bumuntót ; 뒤쫓다, 뒤를 따라가다 buntután, magbuntót ; 꼬리를 붙이다 mamuntót ; 꼴찌로 도착하다, 마지막으로 들어 오다	tail, rear
(bunyág) pagbubunyág	빡부분약	폭로, 드러냄, 누설 magbunyág, ibunyág ; 알리다, 누설하다, 폭로하다	disclosure
bunyî	분위'	명성, 유명, 고귀 bunyiín, ipagbunyî ; 경의를 표하다, 높이 기리다 mabunyî ; 유명한, 존경스러운, 위대한 magbunyî ; 갈채를 보내다, 환호로 맞이하다	fame, renown
bunga	부-ㅇ아	과일, 열매, 산출물, 수확 mabunga ; 열매가 많은, 다산의, 결실이 풍부한 magbunga, mamunga ; 열매를 맺다, 산출하다, 결과를 초래하다 nagbúbúbunga ; 생산적인, 비옥한, 효과적인	fruit, yield, outgrowth
bungad	부-ㅇ앋	전면, 문지방, 입구	front, threshold
bungál	붕알	앞니가 빠진	toothless in front

bungangà	붕아-0아'	대형 동물이나 어류의 큰 식도(입)	gullet of large animals or fish, mouth
bungkós	붕꼬스	다발, 묶음, 한 벌 bungkusín, magbungkós ; 다발로 묶다, 꾸리다	bundle, bunch, batch
bunggô, bungguan	붕고', 붕구-안	충돌, 추돌, 충격 bumunggô, bungguín ; 충돌(추돌)하다 mábunggô ; 충돌을 당하다	collision, bump, impact
buô	부오'	전부의, 전체의, 모든, 절대적인 bumuô ; 구성하다, 만들어 내다, 짜다 buuín ; 구성되다, 조립되다, 짜여지다 kabuuán ; 구성, 조립, 총계, 전체, sa kabuuán ; 대부분, 주로 magbuô ; 조립하다, 통합하다 mamuô ; 응고하다, 굳어지다	whole, entire, all, absolute
buód	부욷	적요, 요약, 개요 buurín, magbuód ; 요약하다	abstract, summary
bupanda	부빠-ㄴ다	(여성용 목에 걸치거나 감는)머플러, 스카프	lady's muffler or scarf
burá	부라	지워 없앰, 말살, 삭제 bumurá, burahín, magburá ; 지우다, 삭제하다 pamburá ; 지우개	erasure
buradór	부라도르	초안, 초고 buradurín, magburadór ; 초안을 작성하다	draft
burarâ	부라라'	단정치 못한, 꾀죄죄한 kaburaraán, pagkaburarâ ; 단정치 못함, 꾀죄죄함	slovenly
buro	부-로	(1) (소금물, 식초)절인 (2) 절인 것, 피클 buruhin, magburo ;	(1)pickled (2)pickle

		절이다, 담그다	
buról	부롤	언덕	hill
burukrasya	부룩라-샤	관료정치, 관료	bureaucracy
bus	부-스, 바-스	버스 magbus ; 버스를 타다	bus
busaksák	부삭삭	가득 찬, 가득 차서 터질것 같은	very full, full to bursting
busál	부살	(동물용)입마개, 재갈 busalán, magbusál ; 입마개를 하다	muzzle
busilak	부시-ㄹ락	순수한, 매우 깨끗한, 순결한	immaculate
busóg	부속	배 부른, 물리도록 많이 먹은 Busóg na ako. ; 배 불러요. busugín(magbusóg) nang hustó ; 실컷 먹게 하다 mabusóg ; 포만감을 느끼다	full, satiated
butál	부딸	나머지, 잔여분	odd, left-over
butangero	부땅에-로	건달, 깡패, 폭력배	hoodlum
butas	부-따스	구멍, 새는 곳 bumutas, magbutas ; 구멍을 뚫다, 꿰뚫다 butasan, butasin ; ~에 구멍을 내다 butás-butás ; 구멍이 숭숭 난, 잔 구멍이 많은 mabutas ; 구멍이 생기다, 뚫리다	hole, leak
buti, kabutihan	부-띠, 까부띠-한	선함, 착함, 친절, 이익, 건전 bumuti ; 좋아(나아)지다, 회복(발전)하다 mabuti ; 착한, 훌륭한, 바른, 온화한, 이익이 되는 mabutí-butí ; 조금 더 나은(좋은), 나쁘지 않은 mabutihin ;	goodness, kindness, benefit, soundness

		선호하다, 더 좋아하다 makabuti ; 효과를 내다, 이롭게 하다 mapabuti ; 발전시키다 nápakabuti ; 대단히 훌륭한, 매우 좋은 pagpapabuti ; 발전	
butikí	부띠끼	도마뱀(작고 집 천정 등에 서식함)	house lezard
butiktík	부떡떡	많은, 풍부한, 충만한, mamutiktík ; ~로 충만(가득)하다	teeming with
butil	부-띨	알갱이, 낟알, 입자, (염주의)구슬, 곡물, 씨앗 butíl-butíl ; 입자(낟알)의, 입자로 구성된 butilin ; 곡식을 타작하다	grain, bead, seed
butlíg	부똘릭	여드름, butlíg-butlíg ; 여드름 투성이인	pimple, wen
butó¹	부또	뼈	bone
butó²	부또	(사과, 귤 등의)과일 씨	pip
butones	부또-네스	단추 butonesan, magbutones ; 단추를 달다	button for clothes
butyog	부-똑	배가 나온, 배 불뚝이의	pot bellied
buwág	부왁	파괴된, 무너진, 부서진 bumuwág, buwagín ; 넘어뜨리다, 파괴(와해)하다 mabuwág ; 넘어지다, 부서지다, 와해되다 magbuwág ; 해산하다, 없애다, (조직 등)와해시키다	demolished
buwán¹	부완	달 kabilugan ng buwán ; 보름달 liwanag ng buwán ; 달빛 bubuwanin ; 미친, 발광한, 달의 영향을 받는	moon
buwán²	부완	달, 월 May 12 buwán sa isáng taón. ; 1년은 12달이다.	month

		Búwánan ; 매달의, 월 1회의 Mágasíng búwánan ; 월간 잡지 kabuwanán ; 만삭, 결실을 맺는 달	
buwáy	부와이	불안정 mabuwáy ; 불안정한	unsteadiness, instability
buwaya	부와-야	악어	crocodile
buwenas	부웨-나스	행운	good luck
Buweno!	부웨-노	좋다!, 훌륭하다!	Good!, Fine!
buwís	부위스	세금, 관세, bumuwís ; 세금을 납부하다 pabuwisín ; 과세할 수 있는, 세금을 징수할 수 있는 magbuwís ; 과세하다	tax, tariff
buwisit	부위-싵	폐, 성가심(~신), 귀찮음(~은) bumuwisit, buwisitin ; 폐를 끼치다, 성가시게 하다	nuisance, annoy(~ing)
(buyó)ibuyó	이부요	~를 꾀어(권유하여, 유혹하여) 하게 하다 mábuyó ; 권유를 받다, 유혹되다 magbuyó ; 부추기다, 유혹하다, 동기를 부여하다	induce~ to do something
buyón	부욘	배, 복부, 올챙이배, 똥배 búyúnin ; 배불뚝이의, 배가 나온	paunch, belly

K k			
ka	까	너(ikaw의 후치형), Pulís ka.(Ikáw ay pulís) ; 너는 경찰이다.	you(postpositive form of ikaw)
kaáng	까앙	두 다리를 쩍 벌린 kaangán, kumaáng ; 가랑이를 벌리고 올라타다(서다)	astride
kabá	까바	심장의 박동, 설레임, 예감 kabahán ; 심장이 박동하다, 예감하다	palpitation, twitter, premonition
kabag	까-박	위장에 가스가 참 kabagan ; 위장에 찬 가스로 고통받다	gas pain, flatulence
kabál	까발	부적, 액막이, 면역 may-kabál ; 면역이 된, 면역성의, 예방접종을 받은	talisman, amulet, immunity
kabalyerisa	까발예리-사	마구간, 축사, 가축우리	stable
kabalyero	까발예-로	(중세시대)기사, 여성에게 정중한 남자	knight, chivalrous man
kabán	까반	상자, 옷을 넣는 큰 가방, 책을 넣는 궤	chest, trunk, ark
kabanatà	까바나-따'	(책,논문 등)장(章)	chapter
kabáng	까방	다색(多色)의, 여러 색이 섞인	multi-coloured
kabaong	까바-옹	관(棺)	coffin
kabayo	까바-요	말 bakal ng kabayo ; 편자 karera ng kabayo ; 경주마 kábayuhán ; 기병대, 말 타는 사람들의 무리 mangabayo ; 말	horse

		을 타다 mángangabayo ; 기수, 말 타는 사람 nakakabayo ; 말을 탄, 말을 타고	
kabibi	까비-비	조개 껍질	empty clam shell
kabig	까-빅	자기 쪽으로 당기는 행위, 노름에서 돈을 따기 kumabig, kabigin ; 당기다, (기회 등)잡다, 착복하다	pulling towards oneself, winning in gambling
kabilâ	까빌라'	반대 쪽(편), 다른 쪽 sa kabilâ ng ilog ; 강 건너 편에 kábilaan ; 양면의, 뒤집을 수 있는, 안팎을 다 쓸 수 있는 magkábilâ ; 양쪽 다, 둘다 각자	the other side
kabilán	까빌란	한 쪽으로 기운, 균형이 안잡힌	lopsided, unsymmetrical
kabisado	까비사-도	잘 알고(기억하고) 있는	fully aware of
kabisera	까비세-라	수도, 중심지	capital
kabít	까빝	연결된, 붙여진, 묶인 kabitán, ikabít, magkabít ; 연결하다, 붙이다, 고정시키다, 달다 pagkabitín ; 결합(연결)하다 pangabít ; 첨부물, 부속물, 부착물 pangkabít ; 쇠, 잠그개, 고정 시키는 것	connected, attached, fastened
kable	까-블레	케이블, 전선, 전신(電信) kablehán, kumable ; 전신을 보내다	cable, telegram
kabluhán	까블루한	중요, 가치, 의미 makabuluhán ; 의미있는, 가치있는, 중요한 waláng-kabuluhán ; 의미없는, 가치없는, 쓸데없는, 공허한	importance, value, worth, significance

kabuté, kabutí	까부떼, 까부띠	버섯 kabutíng-ahas ; 독버섯	mushroom
kabyáw, pagkabyáw	까비야우, 빡까비야우	제당, 사탕수수 압착하기 kabyawan ; (1) 제당소 (2) 사탕수수 제당 시기 kabyawín, kumabiyáw, magkabyáw ; 사탕수수로 제당하다	milling of sugarcane
kadkád	깓깓	펼쳐진, 펴진 kadkarín, ikadkád, magkadkád ; 펼치다, 펴다 mákadkád ; 펼쳐지다, 펴지다	unfolded, unrolled, spread out
kadena	까데-나	쇠사슬 ikadena, magkadena ; 쇠사슬로 묶다	chain
kadlô, karlô	까들로', 까를로'	퍼내기 kumadlô, kadluín ; 퍼내다	scooping liquid
kadyót	까죹	급격한 움직임, 갑자기 당김 kadyutín, kumadyót ; 급격히 움직이다, 갑자기 당기다	jerking
kagabí	까가비	어젯 밤	last night
kagaskás	까가스까스	덜커덕(드르륵) 거리는 소리 kumagaskás ; 덜커덕 거리다, 드르륵 소리가 나다	rattly sound
kagát	까갇	묾, 물기, (모기 등)쏨, 쏘기 kagatín, kumagát ; 물다, 깨물다, 쏘다 mákagát ; 물리다, 쏘이다	bite, sting
kaginsaginsá	까긴사긴사	갑자기, 불시에	all of a suudden
kagyát	까기얃	당장(의), 즉시(의)	instant(~ly), immediate(~ly)

kaha	까-하	상자, 돈궤, 현금 수납창, kahang bakal ; 금고	box, cash box, cashier's window
kahapon	까하-뽄	어제 kahapon ng hapon ; 어제 오후	yesterday
kahera(-o)	까헤-라(로)	금전 출납원	cashier
kahit, kahit na	까-힡, 까-힡 나	~일지라도, ~이지만 kahit gayón ; 그럼에도 불구하고	although, despite
kahól	까홀	짖는 소리 kahulán, kumahól ; 짖다	bark of a dog
kahón	까혼	상자, 통 kahón ng kuwalta ; 돈 보관용 상자 kahón ng mesa ; 책상 설합 ikahón, magkahón ; 상자에 넣다	box, chest
kahoy	까-호이	나무, 목재 kahuyan ; 삼림, 숲 mangahoy ; 땔감을 모으다	wood, lumber
kahulilip	까훌리-ㄹ립	비교할만한, 동등한 waláng-kahulilip ; 견줄데 없는, 비교가 되지 않는	comparable, equivalent
kahulugán	까훌루간	의미, 취지, 중요성 ipakahulugán ; 의미를 부여하다 makahulugán ; 의미심장한, 의미있는	meaning, significance
kaibigan	까이비-간	친구 kaibiganin ; 친구처럼 대하다, 친구로 상대하다 makipagkaibigan ; 친구가 되다, 친해지다 magkaibigan ; (2인)친구 관계 magkakaibigan ; (3인 이상)친구 관계 pakikipagkaibigan ; 우정	friend
kailâ	까일라'	비밀로 간직된, 알려지지 않은 ikailâ, ipagkailâ, magkailâ ;	kept secret, unknown

		비밀로 간직하다, 숨기다	
kailán	까일란	언제 kailanmán, kailanmá't ; ~할 때는 항상(언제든지) kamakailán(kailán) lamang ; 최근에, 얼마 전에, 잠시 전에 magpakailanmán ; 영원히	when
kailangan	까일라-○안	필요한, 긴요한 kailangang-kailangan ; 절대적으로 필요한, 필수의, 불가결한 kailanganin ; 필요하다, 요구되다 kumailangan, mangailangan, magkailangan ; 필요로 하다, 요하다 di-kailangan, di-kinákailangan ; 불필요한, 중요치 않은 pangangailangan ; 필요, 필요성, 필수품	necessary, imperative
kain	까-인	식사, 먹기 kainán ; 식당, 음식점 kainin, kumain ; 먹다, 식사하다 makikain ; 다른 사람들의 식사에 참석하다 magkaín ; 자주 먹다, 게걸스럽게 먹다 magpakain, pakainin ; 먹이다, 먹도록 하다 pagkain ; 음식	eating
kaít, pagkaít	까읱, 빡가읱	부인, 부정, 거절 ikaít, ipagkaít ; 허락하지 않고 두다, (승낙 등)보류하다 magkaít ; 거절하다, 부인하다	refusal, denial
kalabasa¹	깔라바-사	호박	pumpkin
kalabasa²	깔라바-사	(학교 시험의)낙제 mangalabasa ; 낙제하다	failure in school examination

kalabáw	깔라바우	(필리핀산)물소	carabao
kalakal	깔라-깔	(집합적)상품, 제품, 사업 bahay-kalakal ; 회사 kálakalán ; 상업, 거래 kalakalin ; 상업화하다, 상품화하다 kumalakal, mangalakal ; 상업에 종사하다, 거래하다, 사고 팔다 pangkalakal ; 상업의, 영리적인	commodity, business
kaladkád	깔랃깓	끌려가는 것(물건) kaladkarín, kumaladkád ; 끌다, 질질 끌다 mákaladkád ; 끌려 가다, 딸려 가다	thing that is being dragged
kalahatì	까라하-띠'	반, 절반 kalá-kalahatì ; 반반씩, 반으로 나누어서 kalahatiin ; 반으로 나누다 mangalahatì ; 반으로 줄어들다, 반이 소모되다	half, one half
kalamansî	깔라만시'	신맛의 작은 열매를 맺는 밀감 속(屬)의 나무 또는 열매	citrus tree or fruit
kalambre	깔라-ㅁ브레	경련, 쥐 kalámbrihín, kumalambre ; 경련이 나다	cramp
kalansáy	깔란사이	골격, 해골	skeleton
kalapati	깔라빠-띠	비들기	dove, pigeon
kalás	깔라스	분리된, 풀린, 떨어진 kalasín, kumalás, magkalás ; 분리하다, 풀다 makalás ; 분리되다, 풀리다	detached, loose
kalat	까-ㄹ랕	어수선하게 흩어진 물건, 잡동사니, 난잡 kalát, nakakalat ; 넓게 흩어진, 만연된, 다 알려진 kalatan, magkalat ; 흩뿌리다, 흩어 놓다 kumalat ; 알려지다, 퍼지다	litter

kalawang	깔라-왕	녹, 부식 kalawangin, magkakalawang ; 녹이 쓸다, 부식하다 mákalawangan ; 녹이 쓸어 얼룩진 kinákalawang ; 녹이 쓴, 부식한 di-kinákalawang ; 녹쓸지 않는	rust
kalbó	깔보	대머리의	bald-headed
kalkulá, kalkuló	깔꿀라, 깔꿀로	계산 kalkulahín, kumalkulá ; 계산하다	calculation
kalkulasyón	깔꿀라숀	계산	calculation
kaldero	깔데-로	주전자	kettle
kalendaryo	깔렌다-료	달력	calendar
kalesa	깔레-사	이륜마차, magkalesa ; 마차를 타고 가다	two-wheeled and horse-drawn vehicle
kaligkíg	깔릭낍	몸서리, 떨림, 오한, 냉기 mangaligkíg ; 몸서리치다, 떨다 kalikigín ; 추위(오한)를 느끼다	shiver, chill
kalingà	깔리-ㅇ아'	보호, 배려, 걱정 kalingain, kumalingà ; 보호(배려)하다 mapagkalingà ; 염려(걱정)하는	care, solicitude
kaliskís	깔리스끼스	(물고기, 뱀 등)비늘 kaliskisán, magkaliskís ; 비늘을 벗다, 허물을 벗다 makaliskís ; 비늘로 뒤덮인	scale
kaliwâ	깔리와'	왼쪽(의), 좌측(의) kaliwaín ; 왼손을 사용하다, 기만하다 kumaliwâ ; 좌회전하다, 기만하다 mangaliwâ ; 기만하다, 배	left, left-hand side

		우자에게 불충하다	
kaliwete	깔리웨-떼	왼손잡이의	left-handed
kalma	까-ㄹ마	고요(한), 조용(한), 잔잔(한), (고통, 흥분)진정된 pampakalmá ; (1) 진정제 (2) 완화하는, 경감하는	calm(~ness), pacified, soothed
kalmado	깔마-도	진정시킨, 가라앉힌, (고통)완화된	calmed, soothed
kalmót¹	깔몯	써레	harrow
kalmót²	깔몯	할퀸 상처, 할퀴기 kalmutín, kumalmót, mangalmót ; 할퀴다 mákalmót ; 할켜지다	scratch
kaloób	깔로옵	선물, 증여 kaloobán ; 의지, 기분 ipagkaloób, magkaloób ; 주다, 수여하다 pagkaloobán ; 주어지다, 기부받다	gift, offering
kalsada	깔사-다	도로, 길	street
kalsetín	깔세띤	양말	socks
kaluban	깔루-반	(칼 따위)집 ikaluban, magkaluban ; 칼집에 넣다	sheathe
káluluwá	까-ㄹ루루와	영혼, 정신	soul, spirit
kalumatá	깔루마따	(수면부족 등으로)눈 주변에 생긴 테	dark rings around the eyes
kalupkóp	깔룹꼽	쇠퇴, 덮어 씌운 것, 상감, 도금, kalupkóp ng gintô ; 금 도금 kalupkupán, magkalupkóp ; 덧대다, 도금(상감)하다	metal hoop, inlay, overlay

kalupì	깔루-삐'	지갑	wallet
kalye	까-ㄹ예	길, 도로	street
kama¹	까-마	침대	bed
kama²	까-마	작은 화단, 텃밭	garden plot, vegetable patch
kamakailán	까마까일란	얼마 전에, 최근, 몇일 전에	a short time ago, a few days ago
kamakalawá	까마깔라와	그저께	the day before yesterday
kamakatló	까마까뜰로	삼일 전에, 그그저께	3 days ago
kamag-anak	까-막 아-낙	친척 kamag-anakan ; 친척들의 무리(그룹) magkamag-anak ; 친척관계인	relatives
kamál	까말	가득 한 줌 magkamál ; 한 줌 집다	large handful
kamaó	까마오	주먹	fist
kamalig	까마-ㄹ릭	창고	warehouse
kamáy	까마이	손 bilís ng kamáy ; 날랜 손재주 gawáng(yaring)-kamáy ; 손으로 만든, 수제품의 kumamáy ; ~의 손을 잡고 흔들다 makipagkamáy ; 악수하다 magkakamáy ; 서로 손을 잡은 pangkamáy ; 수동의, 손에 의한	hand

kamay	까-마이	작동 또는 사용에 익숙해진 makamay ; 사용에 익숙해지다	accustomed to handling or operating
kambál	깜발	쌍둥이	twins
kambíng	깜빙	염소	goat
kamkám, pagkamkám	깜깜, 빡깜깜	횡령, 착복, 사유화 kamkamín, kumamkám ; 횡령(착복, 사유화)하다 ipakamkám ; 횡령을 묵인하다 makamkám ; 욕심 많은, 탐욕스러운	appropriation, usupation
kamel	까-멜	낙타, kamelya ; 암낙타, kamelyo ; 숫낙타	camel
kamí	까미	우리, 우리를(듣는 사람 제외), kamí mismo ; 우리들 자신 kamí-kamí ; 너를 빼고 우리끼리만	we, us(excluding the person addressed)
kamisa	까미-사	셔츠, 재킷	shirts, jacket
kamiseta	까미세-따	내의	undershirts
(kamít) kamitán	까미딴	획득하다, 얻다 kamitín, magkamít ; 주어지다, 획득하다, 얻다	obtain, get
kamo(← ang wikà mo)	까-모	당신이 말했듯이, 당신이 말하기를	you said, you say
kamot	까-몯	긁기 kamutin, kumamot ; 긁다 ikamot ; 긁기위해 ~를 사용하다 magkamót ; 연거푸 긁다 pagkamot ; 손톱으로 긁기	scratch

kamote	까모-떼	고구마 kamote ang ulo ; 둔한, 멍청한 kamutihan ; 고구마밭 mangamote ; 고구마를 캐다	sweet potato
kampanà	깜빠-나'	종 kompanaryo ; 종탑	bell
kampeón	깜뻬온	우승자, 챔피언	champion
kampí	깜삐	편드는, 한 쪽으로 치우친, 편애하는 kakampí ; 동맹국, 협력자 kampihan ; 동맹, 협력, 제휴 kampihán ; 편들다, 편애하다 kumampí ; 동맹을 맺다, 연합하다, 추종하다	biased
kampo	까-ㅁ뽀	야영지, 주둔지, 막사 magkampo ; 천막을 치다, 야영하다	camp
Kánada	까-나다	캐나다	Canada
kanál	까날	운하, 도랑, 홈통 kanalán ; ~에 도랑을 파다 ikanál, magkanál ; 도랑을 파다	canal, ditch, gutter
kanan	까-난	오른편(의), 우측(의) paikót sa kanan ; 시계방향으로 kumanan ; 우회전하다, 우측으로 돌다 pakanán ; 우측으로, 오른쪽으로 향하는	right, right-hand side
kandado	깐다-도	맹꽁이 자물쇠 ikandado, magkandado ; 맹꽁이 자물쇠를 잠그다	padlock
kandidato	깐디다-또	후보자, 지원자 kumandidato, magkandidato ; 선거에 입후보하다, 지원하다 ikandidato ; 후보자로 등록되다	candidate

kandilà	깐디-ㄹ라'	초, 양초 liwanag ng kandilà ; 촛불 kandilaan ; 촛불을 켜다	candle
kandili	깐디-ㄹ리	빈민 및 무능력자 구호 kandilihin, kumandili, magkandili ; 보호하다, 구제하다	care for the poor or the helpless
kanilá(전부수식), nilá	까닐라, 닐라	그들의, 그들의 것, 그들에 의해 kaniláng bahay(= bahay nilá) ; 그들의 집 para sa kanilá ; 그들을 위해 sa kanilá ; 그들에게 kaní-kanilá ; 그들 각자의	their, theirs, by them
kanina	까니-나	전에(금일 중) kakanina lamang ; 조금 전에 kaní-kanina ; 지금 막 전에	a while ago
kanino	까니-노	누구의 para sa kanino ; 누구를 위해 sa kanino ; 누구와, 누구에게 kaní-kanino ; 누구들의(복수형)	whose
kanluran	깐루-란	서쪽, 서양 kanluranín ; 서쪽의, 서양의, 서쪽에서 오는 manganluran ; 서쪽으로 가다, 죽다	the west, the occident
kanselado	깐셀라-도	취소된	cancelled
kanselahín	깐셀라힌	취소하다, 명부에서 지우다 kumanselá, magkanselá ; 취소하다, 삭제하다, 명부에서 지우다, 도려내다	cancel, write off
kanser	까-ㄴ서	암	cancer
kantá	깐따'	노래, 가요 kantáng pambatà ; 동요 kantahán, ipagkantá ; ~에게 노래를 불러주다 kantahín, kumantá ; 노	song, chant

		래를 부르다 kantahing-bayan ; 민요 mánganantá ; 가수	
kantidád	깐띠닫	양, 수량	quantity
kanto	까-ㄴ또	코너, 사거리	corner, crossroad
kantór	깐또르	남자 가수 kantora ; 여자 가수	male singer
kantót	깐똗	(동물)교미 magkantót ; 교미하다	copulation
kanugnóg	까눅녹	교외 magkanugnóg ; 인근의, 인접한	suburb
kanuló	까눌로	배반, 기만, 밀고 mag-kanuló ; 배반(기만, 밀고)하다	betrayal
kanyá(전부수식), niyá	깐야, 니야	그(여자, 남자)의 (것) kanyáng kotse(= kotse niyá) ; 그의 차 para sa kanyá ; 그를 위해, sa kanyá ; 그에게 kanyá-kanyá ; 각자 자신의 kanyahín ; 그 자신을 위해 챙기다(착복하다) kanyáng sapatos(sapatos niyá) ; 그의 신발	his, her, hers, by him(her)
kanyón	깐뇬	포, 대포 kumanyón, kanyunín ; 포격하다	cannon
kangkóng	깡꽁	뻘에서 자라는 식용의 줄기 식물	river spinach
kaón	까온	데리러(가지러) 보내진 사람 kaunín, kumaón ; 데려 오다	person sent to fetch ~
kapâ	까빠'	더듬는, 성감대를 건드리는 kapaín, kumapâ ; 더듬다, 찾기 위해 뒤지다	groping, touching a sexual organ
kapakanán	까빠까난	복지, 안녕, 행복과 번영	welfare, well-being
kapág, pag	까빡, 빠-ㄱ	~일 경우, ~하면, ~할 때는	if, when, whenever

kapagdaka	까빡다-까	즉시, 당장	at once, immediately
kapál¹, kakapalán	까빨, 까까빨란	두께, 굵기 kapalán, magkapál, pakapalín ; 두껍게 만들다 kumapál ; 두꺼워지다, 더 커지다, 더 많아지다 makapál ; 두꺼운, 짙은	thickness
kapál²	까빨	창조물, 피조물, 창조된 kumapál, kapalín ; 창조하다 Maykapál ; 창조자, 신 sangkinapál ; 창조, 천지만물	creature, created
kapalang	까빠-ㄹ랑	부정확한	inexact
kapansanan	까빤사-난	방해(물), 장애	impediment
kapangyarihan	까빵야리-한	힘, 권력, 당국 magbigáy(bigyáng)-kapangyarihan ; 권한을 주다	might, power, authority
kapás	까빠스	할 수 있는	capable
kapasidád	까빠시닫	용량	capacity
kapatás	까빠따스	십장, 감독관, 조장	foreman, overseer
kapatíd(←patíd)	까빠띧	형제, 자매, 오누이 kapatiran ; 형제 사이(관계) magkapatíd ; 두 명의 형제(자매, 오누이) magkakakapatíd ; 세 명 이상 형제	sibling
kapé	까뻬	커피, 갈색 kápíhan ; 커피 잔, 커피 숍	coffee, brown
kapeteria, kapiteryá	까뻬떼리-아, 까뻬떼랴	간이식당	cafeteria

kapit¹	까-삗	움켜 쥠, 붙잡음 kapitán ; 손잡이 kumapit ; 붙들다, 움켜쥐다, 매달리다	hold, grasp
kapit²	까-삗	붙여진, 접착된 kapitan ; ~에 접착하다 kumapit, ikapit ; 붙이다, 접착하다	stuck, glued
kapitál	까삐딸	자본, 수도 kapitalán ; ~에 자본을 투자하다 kapitalín ; ~을 자본으로 사용하다	capital
kapitalismo	까삐딸리-스모	자본주의	capitalism
kapitán	까삐딴	함장, 선장, 팀장, 육(공)군 대위, 해군 대령	captain
kapitbahay	까삣바-하이	이웃집 kapitbahayan ; 이웃, 근처 makipagkapitbahay ; 이웃과 잘 지내다 mangapitbahay ; 이웃집을 방문하다	neighbor
kapitbansâ	까삣반사'	인접국가	neighboring country
kapós	까뽀스	부족한, 적합치 않은 kapós-palad ; 불행한	insufficient, inadequate
kapritso	까쁘리-초	변덕 makapritso ; 변덕스러운	caprice
kapwà	까쁘-와'	(1) 동료, 이웃, 타인들 (2) 둘의, 두사람의 kapwa-tao ; 대인관계 makipagkapwà ; 타인들과 잘 어울리다 pakikipagkapwà ; 사교성	(1)fellow, others (2)both, the two
karaniwan	까라니-완	보통의, 평범한, 통상적인 pangkaraniwan ; 일반적으로, 대체적으로	common, ordinary, usual

kara	까-라	태도, 예절, 인격	manner, character
karátula	까라-뚤라	간판	signboard
karayom	까라-욤	바늘	needle
kardenál	까르데날	추기경, 기본적인	cardinal, fundamental
karera¹	까레-라	경주 magkarera ; 경주하다	race
karera²	까레-라	경력, 전문직업 taong de-karera ; 전문가	career, profession
karikatura	까리까뚜-라	만화	cartoon
karinderya	까린데-랴	간이 음식점	eating house
karné	까르네	고기 karníng-baboy ; 돼지고기 karníng-baka ; 소고기 magkakarné ; 정육점 주인, 도살업자	meat
karnero	까르네-로	(가축)양	sheep
karosa	까로-사	(행열용)장식수레	float in a parade
karpintero	까르삔떼-로	목수 karpinteryá ; 목공소	carpenter
kartél	까르뗄	광고지, 전단지	showbill, handbill
kartera	까르떼-라	서류가방, 지갑	portfolio, wallet
kartero	까르떼-로	우체부	mailman, postman
kasál	까살	결혼, 결혼식 kasál, ikinasál ; 결혼한, 기혼의 babaeng bagong kasál ; 신부 kásálan ; 결혼 피로연 kasalín,	wedding, marriage

		magkasál ; 결혼하다 ipakasál, magpakasál ; 결혼을 주선하다, 결혼시키다 pagpapakasál ; 청혼	
kasalukuyan	까살루꾸-안	현재, 현재의	present, the present time
kasambaháy	까삼바하이	동거인	housemate
kasarian	까사리-안	성(性), (문법)성별 kasariang panlalaki ; 남성 kasariang pambabae ; 여성 kasariang pambalaki ; 중성	sex, gender
kasera	까세-라	(셋집, 하숙집 등)여주인 kasero ; 남자 주인 mangasera ; 하숙(기숙)하다	landlady
kasi	까-시	친애하는 사람, 사랑하는 사람, 애인 magkasi ; 한 쌍의 연인	beloved, dear
kasí	까시	~때문에	because
kasilyas	까시-ㄹ랴스	화장실	toilet
kasíng (kasím, kasín)-	까싱 (까심, 까신)	~처럼, ~와 마찬가지로 kasíng-gandá ; ~처럼 예쁜	same as ~, as ~ as
kaso	까-소	소송, 경우, (문법)격, 가치, 중요성 kaso nominatibo ; 주격 kasong kriminál ; 형사사건	case, grammatical case, value
kastanyas	까스따-냐스	(과일)밤	chestnut
Kastilà	까스띠-ㄹ라'	스페인어, 스페인 사람	Spanish, Spaniard
kastilyo	까스띠-ㄹ료	성(城)	castle

kasukasuán	까수까수안	이음매, 접합부분, 관절	joint
katá	까따	우리(두 사람) Katá na umuwî. ; 이제 집에 가자.	we(two of us, you and I)
katad	까-딸	가죽	leather
katagâ	까따가'	단어	word
katál, pangangatál	까딸, 빵앙아딸	떨기, 전율 mangatál ; 떨다, 전율하다	trembling, shivering
katám	까땀	대패, 평삭기 katamín, magkatám ; 편평하게 깎다, 대패질하다	plane
katarungán	까따룽안	정의, 평등 di-makatarungán ; 정의롭지 못한, 불평등한 makatarungán ; 정의로운, 평등한	justice, equity
katás	까따스	쥬스, 즙 katasán, katasín, kumatás ; 과일즙을 만들다, 과일에서 즙을 짜내다 makatás ; 즙이 많은	juice, sap
katawán	까따완	몸, 육체, 동체 kátawanín ; (문법)자동사의 pandiwang kátawanín ; 자동사 katawanín ; 대표하다 kinatawán ; 대표자, 대리(인) ipakatawán ; 대표로 보내다, 위임하다 pangkatawán ; 육체의, 물질적인, 관능(육감)적인	body, fuselage
katkát	깥깥	(글자, 기억 등)지워진, 없어진 di-makákatkát ; 지울 수 없는, 지워지지 않는, 영구한 makatkát ; 지워지다, 잊혀지다	blotted out, erased

katedrál	까떼드랄	대성당	cathedral
kathâ	깥하'	작문, 소설, 창작, 발명 kathâ-kathâ ; 꾸며낸 이야기, 전설 kathaín, kumathâ, mangathâ ; 이야기를 쓰다, 창작하다 mángangathâ ; 저자, 작가, 발명가	literary composition, fiction, invention
kathambuhay	깥함부-하이	(장편)소설	novel
kati	까-띠	썰물, 간조 kumati ; (조수가)빠지다	low tide, ebb
katí	까띠	가려움 kumatí, mangatí, pangatihán ; 가렵다 makatí ; 가려운	itch
katinig(← tinig)	까띠-닉	자음	consonant
katipunan	까띠뿌-난	사회, 사교, 모임	society, association, gathering
katitíng	까띠띵	매우 작은, 극 소량, 입자	tiny, very small amount, particle
katníg	깥닉	연결된, 붙어 있는	joined, siding with
katók	까똑	노크, 톡톡 두드림 katukín, kumatók ; 노크하다, 톡톡 두드리다	knock, rap
katóg, nangángatóg	까똑, 낭아-ㅇ아똑	떠는, 전율하는, 진동하는 mangatóg ; 떨다, 전율하다, 진동하다	trembling, shivering, quaking

K

Katólikó(-á)	까또-ㄹ리꼬(까)	천주교 신자	Catholic
katoto	까또-또	(남자)단짝, 매우 친한 친구	chum, very close friend
katuwâ, katwâ	까뚜와', 깓와'	이상한, 기묘한, 비정상인, 이국풍의 kakatuwaán ; 기묘이한 일, 비정상	strange, queer, eccentric, outlandish
kauntî, kontî	까운띠', 꼰띠'	약간, 조금 kákauntî ; 매우 약간, 아주 조금 kákauntî kaysa ~ ; ~보다 더 적은 pinakakauntî ; 최소한의	small, little, some
kawad	까-왇	철사, 전선 kawad ng telépono ; 전화선	wire
kawal	까-왈	군인, 병사	soldier
kawalì	까와-ㄹ리'	프라이 팬	frying pan, skillet
kawan	까-완	(짐승, 곤충, 새 등)무리, 떼 magkawan ; 무리를 이루다, 떼를 형성하다	herd, flock, swarm
kawaní	까와니	종업원, 직원	employee, assistant
káwanihán	까-와니한	정부 부서, 국	bureau, government department
kawasà	까와-사'	(어려움, 고통 등)참음, 인내 di-kawasà ; 참을 수 없는, 견딜 수 없는 sa di-kawasà ; 결국, 마침내, 견디다 못해	endurance of suffering
kawáy	까와이	오라고 손을 흔드는 신호, 손짓 kawayán ; 손을 흔들어 오라고 신호하다 kumawáy, ikawáy ; 흔들다	waving of hand to call, waft

kawayan	까와-얀	대나무	bamboo
kawikaán (← wikà)	까위까안	격언, 속담	saying, maxim, proverb
kawit	까-윝	갈고리, 혹, 걸쇠 kawit-kawit ; 돌쩌귀, 경첩 ipakawit, magkawit ; 혹을(갈고리로) 채우다	hook
kay¹	까이	~에게, ~로(인명에 붙이는 전치사) kay Juan ; 후안에게	to, toward
kay²	까이	단어 어근에 붙여 경탄, 놀람, 낙담 등을 나타냄, Kay ganda! ; 얼마나 아름다운가! Kay pangit! ; 정말 못 생겼다!	prefix expressing admiration, surprise or discouragement
kayâ¹, kayá't	까야', 까알	그래서, 그렇기 때문에, 따라서	accordingly, therefore
kayâ²	까야'	의심, 놀람 등의 관용적 표현, Bakit kayâ? ; 왜 그런거야?, Kayâ palá! ; 그렇구나! Kayâ ngâ! ; 맞아!, 바로 그거야!	idiomatic expression of doubt or surprise
kaya, kakayahán	까-야, 까가야한	할 수 있음, 능력, 재능, kawaláng-kaya ; 무능력, hindî kaya ; 할 수 없는, 무능력한, may-kaya ; 할 수 있는, 능력있는 kayahin, makaya ; 할 수 있다	ability, capability
kayag	까-약	초대, 유혹 kumayag, kayagin ; 초대하다, 유혹하다 makayag ; 초대받다, 유혹되다	invitation, inducement
kayó	까요	너희들(복수 2인칭), 당신(단수 2인칭에 대한 존칭)	you

kayod, pagkayod	까욛, 빡까-욛	긁어 벗김, 비벼 문지름 kayurin, kumayod ; 긁어 벗기다 magkayod ; 비비다, 갈다, 문질러 빻다	scraping, grating
kaysá	까이사	~보다, ~에 비하여	than
kayumanggí	까유망기	(피부색)갈색, kayumangging balát ; 갈색 피부 magpakulay-kayumanggí ; (피부를)햇빛에 태우다	brown(in complexion)
keha	께-하	불만	complaint
kendi	께-ㄴ디	캔디	candy
keso	께-소	치즈	cheese
ketong	께-똥	나병, 한센병	leprosy
kibkíb	낍낍	조금씩 먹혀 없애지는, 갉아 먹히는 kibkibín, kumibkíb ; 갉아 먹다, 조금씩 먹어 없애다	eaten away little by little, gnawed away
kibô	끼보'	움직임, 동작 waláng-kibô ; 움직이지 않는, 조용한 kibuín, kumibô ; 움직이다	movement, action
kidkíd, kidkiran	낃낃, 낃끼-란	실패, 감아들이는 권축 ikidkíd, magkidkíd ; 감다	roll, spool
kidlát	끼들랕	번개, kidlát at kulóg ; 천둥번개 kumidlát ; 번개치다	lightening
kidnap	끼-ㄷ낲	유괴 kidnapín, kumidnap ; 유괴하다 mákídnap ; 유괴되다	kidnap
kilabot	낄라-볻	(추위, 공포 등에 의한)소름, 소름 돋은 피부, 공포 kakilá-	goose flesh, terror

		kilabot ; 무시무시한, 공포스러운, 악독한 kilabutan ; 소름이 끼치다 mangilabot ; 소름이 끼치다, 오싹 놀라다	
kilalá	낄랄라	알고있는, 알려진 kakilala ; 지인, 알고 있는 사람 kilalanin ; 인정하다, 인지하다 kiníkilala ; 이름 뿐인, 유명무실한 kumilala ; 반응(응답)하다 ipakilala, pakilala ; 소개하다 mákilala ; 알고 있다 magkilala ; 알려지다 magpakilala ; 보이다, 나타내다, 알리다 pagkakilalá ; 명성, 평판 pagpapakilala ; 소개	familiar, known
kilawín	낄라윈	날로 먹는 생선 또는 고기	meat or fish eaten raw
kilay	끼-ㄹ라이	눈썹	eyebrow
kilikili	낄리끼-ㄹ리	겨드랑이	armpit
kilíg	낄릭	떪, 전율, 몸서리 kiligín ; 떨다, 전율하다, 몸서리치다 kumilíg, mangilíg ; 전율을 느끼다, 흥분을 느끼다	shudder, tremble, shiver
kiling, pagkiling	끼-ㄹ링, 빡끼-ㄹ링	편애, 편파, 한 쪽으로 기욺 kilíng ; 기울어진, 편파적인 kilingan ; ~를 편애하다, ~를 편들다 kumiling, ikiling ; 편애하다, 편들다, 한 쪽 편을 들다 may-kiling ; 편견을 가진, 한 쪽으로 기운, 편파적인	inclination, partiality
kilitî, pagkakilitî	낄리띠', 빡까낄리띠'	간지러움 kilitiín, kumilitî ; 간지럽히다 makilitî ; 간지러움을 타다 makilitiín ; 간지러운, 간지러움을 타는	ticklish feeling

kilo	끼-ㄹ로	킬로그램	kilogram
kilô	낄로'	굽은, 휘어진 kiluín, ikilô ; 굽히다, 휘게하다 kumilô ; 돌다, 회전하다 kumilô sa kanan ; 우회전하다	bent, crooked, curved
kilometrahe	낄로메뜨라-헤	거리 표시판(킬로미터 단위)	kilimeter post
kilometro	낄로메-뜨로	킬로미터	kilometer
kilos	끼-ㄹ로스	움직임, 동작, 행동, 자세, 태도 kilusán ; 캠페인, 사회운동 kumilos ; 움직이다, 행동하다, 실천하다 kumilos nang naturál ; 자연스럽게 행동하다 pagpapakilos ; 실천, 행동에 옮김, 동원	motion, behavior, manner, attitude
kimkím	낌낌	손에 움켜 쥐어 있는 kimkimín, kumimkím, magkimkím ; 움켜 쥐다, 손에 꽉 쥐다	held in the fist
kimî, nakíkimî	끼미', 나끼-끼미'	소심한, 부끄럼타는, 수줍어 하는, 두려워하는 kakimián ; 소심, 부끄러움, 수줍음, 두려움 mangimî ; 부끄러워(수줍어, 두려워)하다	shy, timid, bashful, awesome
kímiká	끼-미까	화학	chemistry
kimpál	낌빨	덩어리, kimpál na asukal ; 설탕 덩어리	hump, clod
kiná	끼나	kay'의 복수형 kiná Juan at Maria ; 후안과 마리아에게	to
kináng	끼낭	빛, 광채 mawalán ng kináng ; 빛을 잃다 kumináng ; 빛나다, 번쩍이다 makináng ; 빛나는, 번쩍이는	shine, luster

kindát	낀닽	눈 깜빡임, 윙크 kindatán ; ~에게 윙크하다 kumindát ; 윙크 하다 kumindát sa dilím ; 실망하다	wink of the eye
kiníg¹, panginginíg	끼닉, 빵잉이닉	떪, 전율, 몸서리 manginíg ; 떨다, 몸서리치다	shudder
kiníg², pakiníg	끼닉, 빠끼닉	들었던 사실 makiníg ; 듣다 Makiníg ka muna. ; 우선 들어 라 pakingán ; ~에 귀를 귀울이다, 듣다 pandiníg ; 청각	what has been heard
kinis	끼-니스	매끄러움, 광택 makinis ; 매끄러운, 빛나는, 부드러운	smoothness, polish
kinse	끼-ㄴ세	15	fifteen
kinsena	낀세-나	격주로, 2주일에 한번	fortnightly, every two weeks
kintáb	낀땁	윤, 광택, 광택나는 면 kumintáb ; 광택이 나다, 번쩍거려지 다, 매끄러워지다 makintáb ; 윤이 나는, 번쩍거리는, 매끄러 운 magpakintáb ; 윤을 내다, 번쩍이게 만들다	gloss, polished surface
kintál	낀딸	날인, 봉인, 각인 ikintál ; 날인하다, 증인(證印)하다 mákintál, mápakintál ; 날인되다, 각인되다, 고정되다	impression, seal
kinyentos	끼녜-ㄴ또스	500	five hundred
kipkíp	낍낍	겨드랑이에 끼워 운반되는 kipkipín, kumipkíp ; 겨드랑이에 끼워 운반하다	carried under the armpit

kipot, kakiputan	끼-뽈, 까끼뿌-딴	좁음, 협소함, 해협 kiputan, magpakipot ; 좁게 만들다 kumipot ; (폭이) 좁아지다 makipot ; 좁은	narrowness, strait
kirót	끼롣	쑤시는 듯한 아픔, 격통 kumirót ; 욱신욱신 쑤시다, 쓰리다 makirót ; 고통스러운, 쓰라린	sharp and stinging pain
kísamé	끼-사메	천장	ceiling
kisáp	끼샆	깜빡임, 명멸함 kumisáp ; 깜빡이다, 명멸하다	blink, wink
kiskís¹	끼스끼스	정미 kiskisan ; 정미소 ipakiskís, magpakiskís ; 정미하다	milling of rice
kiskís²	끼스끼스	마찰 kiskisín, kumiskís ; 비비다, 마찰시키다	friction
kisig, kakisigan	끼-식, 까끼시-간	우아, 고상, 세련 makisig ; 우아한, 고상한, 상류의	elegance, refinement
kisláp	끼슬랖	번쩍임, 빛남 kumisláp ; 번쩍이다, 빛나다 makisláp ; 번쩍이는, 빛나는	sparkle, glitter
kita¹	끼-따	보이는, 볼 수 있는 kitang-kita ; 현저한, 잘 보이는 ipakita, magpakita ; 보여주다, 보이도록 내놓다, 전시하다 mákíta ; 보다, 발견하다 magkita ; 만나다 pakikipagkita ; 알현 pagpapakita ; 전시, (상품)실물선전	seen, visible
kita²	끼-따	수입, 소득 kitain, kumita ; 벌다, 소득을 올리다	earning, income
kitá	끼따	너는 나에 의해(이중 인칭대명사), Nakita kitá ; 너는 나에 의해 보여졌다.(나는 너를 보았다.)	you~ by me

kitid	끼-띧	좁음, 협소함 kitiran, makitirin ; 좁히다, 좁게 만들다 makitid ; 좁은, 협소한	narrowness
kiwal	끼-왈	(목재)휨, 뒤틀림, (뱀처럼)구불구불 움직임 kumiwal-kiwal ; (뱀처럼)구불구불 움직이다 makiwal ; 흔들거리는, 불안정한, (의자, 책상 등)뒤뚱거리는	warping of wood, sinuous movement
klase	끌라-세	종류, 등급, 학급, 수업 kaklase ; 급우(1인) magkaklase ; 급우들(2인 이상)	class, kind, class in the school
klerk	끌러-ㄱ	서기, 직원	clerk
klima	끌리-마	날씨, 기상	weather, climate
klitsé	끌리체	얇은 금속 판막	plate, thin metal sheet
kliyente	끌리예-ㄴ떼	소송(변호)의뢰인	client
ko	꼬	나의, 나에 의해(akin의 후치형), Lolo ko ; 나의 할아버지	my, by me
kodak	꼬-닥	카메라	camera
koléhiyó	꼴레-히요	대학, 칼리지	college
kolonisado	꼴로니사-도	식민지가 된	colonized
kolonya	꼴로-냐	식민지	colony
ko(-u-)madre, kumare	꼬(꾸)마-드레, 꾸마-레	자기 자녀의 대모를 부를 때 사용하는 호칭	godmother of one's child

komadrona	꼬마드로-나	산파, 조산사	midwife
komedya	꼬메-쟈	희극	comedy
komentaryo	꼬멘따-료	주석서, 논평, 해설, 설명 magkomentaryo ; 주석을 달다, 논평하다	commentary
kómikó	꼬-미꼬	광대, 희극배우, 코메디안 magkómikó ; 익살을 부리다, 어릿광대 노릇을 하다	clown, comedian
komida	꼬미-다	(식당에서 하는)식사	meal in a restaurant
ko(-u-)mpadre, kumpare	꼼(꿈)빠-드레, 꿈빠-레	자기 자녀의 대부를 부를 때 사용하는 호칭	godfather of one's child
kompanyá	꼼빠냐	회사	company
kompleto	꼼쁠레-또	완전한, 완벽한	complete
komplikado	꼼쁠리까-도	복잡한	complicate
komprome	꼼쁘로-메	찬성하는, 동의하는	agreeable
kompromiso	꼼쁘로미-소	서약, 맹세, 약속	commitment. engagement
komunidád	꼬무니닫	사회, 공동체	community, society
ko(-u-)munismo	꼬(꾸)무니-스모	공산주의	communism
konkreto	꼰끄레-또	콘크리트(~의), 구체적인, 확고한	concrete

konde	꼬-ㄴ데	백작 kondesa ; 백작부인	count
kondisiyón	꼰디숀	조건 sa kondisiyón na ; ~의 조건하에	condition
konsehál	꼰세할	(지역의회)의원	councilor
konsyensya	꼰셰-ㄴ샤	양심 waláng-konsyensya ; 양심없는	conscience
konserbatibo	꼰세르바띠-보	보수적인, 구습에 얽매인	conservative, old-fashioned
konsiyerto	꼰시예-르또	연주회, 콘서트	concert
ko(-u-)nsulta	꼰(꾼)수-ㄹ따	상담, 협의, 자문 kumonsulta, ikonsulta, magkonsulta ; 상담하다, 자문을 구하다	consultation
kontento	꼰떼-ㄴ또	만족한	satisfied
kontra	꼬-ㄴ뜨라	반대(~하는), 부정, 예방하는 Silá'y kontra sa akin. ; 그들은 나를 반대한다. Panig na kontra ; 반대편 gamót na kontra sa sakít ; 예방약 kontrahín ; ~를 반대하다 kumontra ; 반대하다, 어기다, 하지 않다 pakontra ; 반대입장을 취하고 있는 palakontra ; 논쟁적인, 다투기 좋아하는	no, negative, opposing, preventive
kontrata	꼰뜨라-따	계약, 약속 kontratado ; 계약된 mangontrata ; 계약하다	contract, agreement
kopon	꼬-뽄	비슷한 취미나 목적을 가진 사람들 그룹 kakopon ; 팀 동료 koponán ; 팀	a group of similar tastes or objects

kopya	꼬-삐야	복사, 사본 kumopya, kopyahin ; 복사하다, 베끼다	copy, duplicate
korék	꼬렠	정확한 magkorék, korekín ; 정정하다, 잘못된 곳을 표시하다	correct
koreo	꼬레-오	우편, 우편물, 우편제도 ikoreo, magkoreo ; 우편물로 부치다 taták-koreo ; (우편물)소인	post, mail
korona	꼬로-나	왕관, 화관 koronahan, magkorona ; 왕관을 씌우다	crown, wreath
ko(-u-)ryente	꼬(꾸)례-ㄴ떼	전류 de-koryente ; 전기의 mákoryente ; 전기 충격(쇼크)을 받다, 감전하다, 감전사하다	current of electricity
kotse	꼬-체	차, 자동차	car, automobile
krema	끄레-마	크림, 크림 색의	cream
krimen	끄리-멘	범죄, 중죄	crime, felony
kriminál	끄리미날	범죄의	criminal
Kristiyano	끄리스띠야-노	기독교도, 기독교의	Christian
krokis	끄로-끼스	스케치, 초고, 개략도, 도면 ikrokis, magkrokis ; 설계도를 그리다, 밑그림을 그리다	sketch, draft, outline, drawing
krosing	끄로-싱	(강, 호수 등)건너기, 건널목, 교차점	crossing, crossroad, intersection
krudo	끄루-도	(1) 가공되지 않은, 천연 그대로의, 정제되지 않은 (2) 원유	(1)crude (2)crude oil
krus	끄루-스	십자가, X표 Krus na Pulá ; 적십자 krusán, magkrus ; X표	cross

		시를 하다	
kubà	꾸-바'	(1) 곱사 (2) 곱사등이의, 곱사가 된	(1)hunchback (2)hunchbacked
kublí	꾸블리	숨겨진, 비밀의 kublihan ; 피난 장소, 은신처 kumublí ; 숨기다, 감추다 kumublí-kublí ; 숨다, 잠복하다 ikublí ; 가리다, 숨기다, 변장(가장)하다 mákublihán ; 덮어 감추어 지다, 보이지 않게 되다 magkublí ; 숨다 mangublí ; 은신(피난)하다	hidden from sight, secret
kubo	꾸-보	입방체 모양의 작은 집, bahay-kubo ; 오두막집	hut shaped like a cube
kubrekama	꾸브레까-마	침대 카바, 이불	bedspread, quilt
kukó	꾸꼬	손톱, 발톱	fingernail, toenail
kudlít	꾸들릳	생략부호, (점검, 대조필 등)체크 표시 kudlitán, magkudlít ; 체크 표시를 하다	apostrophe, tick
kuha, pagkuha	꾸-하, 빡꾸-하	입수, 획득, (사람)채용 kumuha, kunan ; 얻다, 획득하다 kumuha(kunan) ng larawan ; 사진 찍다 kunin ; 얻다, 가져오다, 훔쳐내다 ikuha ; ~를 위해 가져오다 ipakuha, magpakuha ; 가져오게 하다	getting, obtaining, engagement
kulambô	꿀람보'	모기장 kulambuhán ; ~에게 모기장을 쳐주다 magkulambô ; 모기장을 치다	mosquito net

kulang	꾸-ㅇ랑	부족한, 결핍된 kulang-palad ; 불운한, 불행한 kakulangán ; 부족, 결핍, 없음 kulangan ; 줄이다, 빼다, 감소시키다 kuláng-kuláng ; 약간 부족한, 불균형인, 비정상인 kulangin, magkulang ; 부족하다, 바닥나다 humigít-kumulang ; 다소 pagkukulang ; 태만, 부족, 결점	deficient, lacking
kulay	꾸-ㄹ라이	색, 빛깔, 색조, kulay-abó ; 회색, kulay-kape ; 커피색, kulay-langit ; 하늘색, 담청색, kulay-gatas ; 우유색 kulayan, magkulay ; 착색(색칠)하다 makulay ; 다채로운, 색채가 풍부한 pangkulay, pangulay ; 그림물감, 색소	color, hue
kulilíng	꾸릴링	작은 종 kumuliling ; 딸랑딸랑 울리다	small bell
kulimlím	꿀림림	어두운, 침울한, 흐릿한, (날씨)흐린, 찌푸린 kakulimlán ; 안개가 낀 상태 kumulimlím ; 어두워지다, 흐릿해지다, (날씨) 흐려지다	dark, gloomy, obscured, overcast
kulisap	꿀리-샆	곤충	insect
kulô', pagkulô'	꿀로', 빡꿀로'	끓음, 비등, 증발 kumuló ; 끓다, 증기를 발산하다 magpakuló, pakulín ; 끓이다	boiling, effervescence
kulob	꾸-ㄹ롭	꽉 막아서 열을 더 높임 kúlúban ; 압력솥	producing more heat by covering

kulób-, kulúb-	꿀롭, 꿀룹	의문대명사용 분사, kulúb-anó ; 무엇이든지, kulúb-alín ; 어느것이든지, kulúb-sino ; 누구든지	participle for interrogotive pronouns
kulóg	꿀록	천둥 kumulóg ; 천둥치다	thunder
kulóng	꿀롱	둘러싸인, 포위된, (감옥)투옥된, 새장에 갖힌 kulungán ; 가축우리, 개집, 새장 kulungín ; 둘러싸다, 포위하다 ikulóng, magkulóng ; 가두다, 구치(억류, 구금)하다	surrounded, jailed, caged
kulót	꿀롯	곱슬머리, 고수머리, 곱슬곱슬한 kulután, kulutín, magkulót ; (머리카락)컬하다, 말다	curl, curly
kultura	꿀뚜-라	문화 kultural ; 문화적인	culture
kulubót	꿀루봇	주름, 주름진 magkulubót, pakulubutín ; 주름을 만들다, 주름지게 하다 mangulubót ; 주름지다, 주름이 만들어 지다	wrinkle, wrinkled
(kumbabâ)kapakumbabaán	까빠꿈바바안	겸손, 겸양, 온순 mapagpakumbabâ ; 겸손한, 조심성 있는 magpakumbabâ ; 겸손해 하다, 겸허하게 행동하다 pakumbabâ ; 겸손하게, 황송하게	humility
kumbidá	꿈비다	초대, kumbidahín ; 초대하다 kumbidado ; (1) 초대받은 (2) 초대받은 손님	invitation
(kumbinsí) makumbinsí	마꿈빈시	확신하다 kumbinsihín, kumumbinsí ; 깨닫게 하다, 확신시키다	be convinced

kumbinsido	꿈빈시-도	확신을 가진, 신념이 있는	convinced
kumot	꾸-몯	시트, 홑이불	sheet
kumpás	꿈빠스	(음악)박자(리듬), 몸짓, 동작, 제스처 kumumpás ; 박자를 맞추다 ikumpás, magkukumpás ; 손짓(몸짓)으로 의사를 표시하다	beat, rhythm in music, gesture
kumpiyansa	꿈삐야-ㄴ사	신용, 신뢰, 확신	confidence
kumpól	꿈뽈	송이, 다발	bunch, cluster
kumpuní	꿈뿌니	수리 kumpunihín, magkumpuní ; 수리하다, 고치다 pagkakákumpuní ; 수리 작업	repair
Kumusta?	꾸무스따	안녕하세요? kumustahín ; 안부를 물어보다 ikumustá ; 안부를 전하다 magpakumustá ; 안부인사를 보내다 pakumustá ; 호의, 행복을 비는 마음	How are you?
kundangan	꾼다-ㅇ안	숭배, 존경, 경의 pakundanganan ; 숭배(존경)하다, 경의를 표하다	respect, reverence
kundî	꾼디'	~를 제외하고	except, but
kuneho	꾸네-호	토끼	rabbit
kunót	꾸놛	주름(살), 구김(살), 접힌 금, 구겨진, 주름진 magkunót ; 구기다, 주름이 생기게 하다 pakunutín, ikunót ; 주름이 생기게 하다, 찌푸리다	crease, wrinkle, pucker, creased

(kunsintí) kunsintihín	꾼신띠힌	하지 말아야 할 것을 허락하다	allow what should not be done
kunwâ, kunwarì	꾼와', 꾼와-리'	거짓으로, 가장하여, 가짜로 magkunwarî ; ~인체 하다, 가장하다, 속이다 pakunwarî ; 꾸며진, 가장된, 속이는 pagkukunwarî ; 겉치레, 가면, 거짓	in pretense, simulatedly
kung	꿍	만약, 혹시, kung hindî ; 만약 아니라면	if, in the case that
(kupad) makupad	마꾸-빧	굼뜬, 느린	sluggish, slow
kupás	꾸빠스	색이 바랜, 변색된 kumupas, mangupas ; 색이 바래다, 변색되다	faded, discolored
kupyâ	꾸삐야'	모자, 헬멧, 곡절 악쎈트	hat, helmet, circumflex accent
kurba	꾸-르바	굽은 길, 커브 길 kurbado ; 길이 굽어진	curve
kurbata	꾸르바-따	넥타이	necktie
kurkubado	꾸르꾸바-도	곱사등이의, 구부러진	humpbacked, crooked
kuripot	꾸리-뽇	인색한, 째째한, 수전노	stingy, miser
kuru-kurò	꾸루 꾸-로'	의견, 관점, 개념	opinion, viewpoint, concept

kurót	꾸롣	(두 손가락으로)꼬집음 kurutín ; ~를 꼬집다 kumurót, mangurót ; 집다, 꼬집다	pinch
kurso	꾸-르소	교과과정	course of study
kursó	꾸르소	설사 magkursó, kursuhín ; ~하다	diarrhea
kurtina	꾸르띠-나	커튼	curtain
kusà	꾸-사'	자발적으로, 의도적으로, 저절로 kusang-loób ; 의도적인 kusain, magkusà ; 자원하여 하다 pagkukusà ; 의지, 솔선	voluntarily, deliberately, automatically
kuskós	꾸스꼬스	문지르기 kuskusan ng paá ; (현관)신발 흙털개 kuskusín, ikuskós, magkuskós ; 문지르다, 딱아내다	rub, scrub
kusinà	꾸시-나'	부엌	kitchen
kusinera(-o)	꾸시네-라(로)	요리사	cook
kusinilya	꾸시니-르랴	(요리용)가스 레인지	gas stove
kusot	꾸-솓	톱밥	sawdust
kusót	꾸솓	구겨진, 쭈글쭈글한 makusót ; 구겨지다, 쭈글쭈글해지다 kustín ; 구기다, 쭈글쭈글하게 하다	crumpled
kutíng	꾸띵	새끼 고양이	kitten
kutipyó	꾸띠뽀	대머리의	bald
kutis	꾸-띠스	피부색	complexion

kuto	꾸-또	(곤충)이 hingutuhan ; 이를 잡다 kutuhin ; 이가 쓸다	louse
kutsara	꾸차-라	숟가락 kutsarang punô ; 숟가락 가득 kutsarahin, kumutsara ; 숟가락으로 떠내다 sangkutsara ; (수프용)큰 숟가락 가득	spoon
kutsarita	꾸차리-따	찻숟가락 isáng kutsaritang punô ; 찻숫가락 하나 가득	teaspoon
kutsarón	꾸차론	국자 kutsarunín, kumutsarón ; 국자로 푸다	ladle
kutsón	꾸촌	침대요, 매트리스	mattress
kutyâ	꾸띠야'	비웃음, 냉소, 조롱 mapangutyâ ; 냉소적인, 비웃는, 비꼬는 kutyaín, kumutyâ, mangutyâ ; 비웃다 조롱(경멸)하다, 놀리다 mángungutiyâ ; 냉소하는(비꼬는) 사람	mockery
kuwako	꾸와-꼬	담배 파이프	tobacco pipe
kuwaderno	꾸와데-르노	공책	notebook
kuwadra	꾸와-드라	마구간	stable for horses
kuwadrado	꾸와드라-도	정사각형(~의) kuwadraduhin ; ~으로 만들다	square
kuwadro	꾸와-드로	뼈대, 구조, 틀	frame
kuwadrupló	꾸왇루쁠로	4배(수)의, 4겹의	quadruple, fourfold
kuwago	꾸와-고	올빼미	owl
kuwalta, kuwarta	꾸와-르따, 꾸와-르따	돈 mukháng-kuwalta ; 돈을 목적으로 하는, 돈을 위한 kuwaltahín ; 현찰로 바꾸다 makuwalta, makuwarta ; 부자	money

		의, 돈이 많은	
kuwarenta	꾸와레-ㄴ따	40	forty
kuwarto	꾸와-르또	방 kakuwarto ; 함께 방을 쓰는 사람	room
kuweba	꾸웨-바	동굴	cave
kuwelyo	꾸웨-ㄹ료	칼라, 깃	collar
kuwenta	꾸웨-ㄴ따	계산서, 청구서, 중요성	account, bill, importance
kuwento	꾸웨-ㄴ또	이야기 kuwentong-bayan ; 민간 설화, 민화 ikuwento, magkuwento ; 이야기하다 magkuwentuhan ; 서로 이야기하다 pagkukuwento ; 암송, 상술(詳述), 이야기 하기	story
kuwero	꾸웨-로	가죽	leather
kuwintás	꾸윈따스	목걸이, 로자리오 묵주 kuwintasán ; ~에게 목걸이를 걸어주다	necklace, rosary
kuya	꾸-야	형, 오빠	elder brother

D d			
daán¹	다안	백, sandaán ; 일백(100) dáan-dáan ; 몇 백, 매우 많은 dadaanin ; 100페소 짜리 지폐	hundred
daán²	다안	길, 도로, 통로 daáng tuwiran ; 지름길, 최단로 daáng-bakal ; 철도 magbigáy-daán ; 양보하다, 물러서다 daanán ; (1) 접근로, 진입로 (2) ~를 통과하다, 들러서 ~를 데려다가 daanán ng tao ; 보행길 dumaán, magdaán ; 잠깐 들르다, 통과하다 Bawal ang Dumaán ; 통행금지 karapatáng-dumaán ; 통행권 magparaán, paraanín ; 길을 열어주다, 통과를 허락하다 nagdaán, nakaraán ; 지나간, 과거의, 전의, 최근의 Pakiraán pô. ; 실례합니다.(옆을 통과하거나 스쳐갈 때) pagkaraán ; ~후에, ~하고 나서 paraán, kaparaanán ; 방법, 과정, 경과 sa anóng paraán ; 어쨌든, 좌우지간	road, street, thoroughfare
dabog, pagdabog	다-복, 빡다-복	화가나서 발을 구름 dabugan ; ~에게 화를내며 발을 구르다 dumabog ; 화가나서 발을 구르다	stamping of feet in irritation
(daka) pagdaka	빡다-까	곧, 바로, 즉시, 당장에 kará-karaka ; 즉시, 당장에	instantly. Immediately

dakilà	다끼-ㄹ라'	위대한, 저명한, 숭고한, 웅장한 kadakilaan ; 숭고, 웅장, 위대, 저명 dakilain, dumakilà ; 찬양하다, 영광을 주다, 왕좌에 앉히다	great, eminent, noble
dakíp, pagdakíp	다낍, 빡다낍	붙듦, 잡음, 체포 dumakíp, dakpín ; 붙들다, 잡다, 체포하다	catching, arrest
dako	다-꼬	방향, 측면, 지역, 장소 dakong silangan ; 동쪽 sa kabiláng dako ; 한편, 다른 장소에서는 magdako, idako ; (시선, 관심, 생각 등)돌리다, 향하다	direction, side, region, spot
dakót, sandakót	다꼳, 산다꼳	한 움큼, 한 줌 dakutín ; 한 줌(한 움큼) 집다	a handful
dagâ	다가'	쥐 panghuli ng dagâ ; 쥐 덫 dagaín ; 쥐에 의해 전염되다	mouse
dagat	다-갇	바다, 해양 tabíng-dagat ; 해안 hukbóng-dagat ; 해군	sea, ocean
dagdág	닥닥	(1) 더하기, 확장, 증가, 추가 (2) 추가의, 추가적인 dagdagán, magdagdág ; 더하다, 증가(확장)시키다 idagdág ; 붙이다, 덧붙이다, 첨부하다 máparagdág ; (은행 이자)붙다, 늘어나다, (결과, 이익)저절로 생기다 pagdaragdág ; 보태기, 더하기 tandá ng pagdaragdág ; (더하기 부호)	(1)addition, extension, increase (2)additional
dagit, pagdagit	다-긷, 빡다-긷	(매, 독수리 등)위로부터 덮침, 확 잡아 챔 dagitin, dumagit ; 낚아채다, 잡아채다	swoop
dagitab	다기-땁	불꽃, 섬광, 전기 스파크	spark

daglát	다글랕	생략, 약어 daglatín ; 생략하다	abbreviation
daglí	다글리	즉시, 당장	at once, immediately
dagok	다-곡	(특히 목덜미를)주먹으로 가격 함 dagukan, dumagok ; 주먹으로 가격하다	a blow with a fist specially on the nape
dagsâ, pagdagsâ	닥사', 빡닥사'	돌진, 범람, 쇄도, 급격한 유입 dagsaán, pagdagsaán ; (사람, 물건 등)쇄도하다, 범람하다, 급격히 유입되다 dumagsâ, magdagsaán ; 밀치고 가다, 몰려(떼를 지어) 가다, 밀려들다	onrush, glut, deluge, influx
dagtâ	닥따'	송진, 고무액, 나무 즙 madagtâ ; 즙이 가득찬	resin, gummy, sap
dagundóng	다군동	(대포, 천둥, 북 등)울리는 소리, 우르르(쾅, 쿵) 하는 소리 dumagundóng ; 우르르(쾅, 쿵) 하는 소리를 내다	boom
dahan	다-한	느림, 무력함 dahan-dahan ; 천천히 dahanan ; 늦추다, 약하게 하다, 완화하다 marahan ; 느린, 부드러운, 완만한	slowness, weakness
dahás	다하스	폭력, 만행 dahasín, dumahás ; 폭력을 사용하다 marahás ; 폭력적인, 가혹한, 난폭한	force, ferocity
dahil, dahilán	다-힐, 다힐란	원인, 이유 dahil doón(diyán) ; 그것 때문에, 그런 연유로 dahil sa ~ ; ~때문에 sa anóng dahilán 무슨 이유로? magbigay-dahilán ; 정당화시키다, 타당한 이유를 대다 magdahilán ; 변명하다, 둘러대다	cause, reason

D

dahilig	다히-ㄹ릭	비탈, 경사 dahilíg ; 경사진, 가파른	slope of a hill or mountain, inclination
dahon	다-혼	잎, 나뭇잎, 풀잎 madahon ; 잎이 많은, 잎이 우거진 magdahon ; 잎이 나오다(자라다)	leaf of a plant
dahóp	다홒	(돈, 생활 필수품 등)부족한, 결핍된 kadahopán ; 결핍상태 magdahóp ; 부족하다, 결핍되다	in want
daig, pagdaig	다-익, 빡다-익	점화, 발화 magdaig ; 점화(발화)하다 magpadaig ; 점화(발화)시키다	kindling
daíg	다<u>익</u>	패배한, 진, 뒤쳐진 daigín ; ~보다 더 잘하다, 능가하다 madaíg ; 극복(능가)하다 manaíg ; 우세(지배)하다 pananaíg ; 우위, 우세, 패권	beaten, surpassed
daigdíg	다익<u>딕</u>	세계, 지구 daigdigan, sandaigdigan ; 우주 pandaigdig ; 지구의, 세계의, 국제적인	world, earth
daíng	다<u>잉</u>	한탄, 비탄, 불평, 탄원 daingán ; ~에게 탄원하다(애원하다) dumaíng ; 한탄(비탄, 불평)하다 idaíng ; 몹시 슬퍼하다, 통곡하다, 아픔을 호소하다 paladaíng ; 항상 불평하는, 성 잘내는, 까탈스러운	lamentation, complaint, supplication
daís, magkadaís	다<u>이</u>스, 막까다<u>이</u>스	서로 가까운 daisán, magdaís ; ~에게 가까이 접근하다(앉다) dumaís ; 접근하다 idaís ; ~를 타인에게 접근시키다	close together

daít	다읻	닿을 정도로 가까이 있는 daitán, idaít ; ~을 ~에게 닿을 정도로 가까이 붙이다 magdaít ; 닿을 정도로 가까이 붙어 있다	placed so close as to be touching
dalá	달라	(1) 운반된 (2) 운반되는 것, 화물 dalá-dalahan ; 여행 가방, 수화물 dalhán ; ~에게 가져가다(오다) dalhín ; ~을 가져가다(오다) ipadalá ; 보내다 magdalá ; 운반하다, 가져오다(가다) magpadalá ; 보내다, 가져가게 하다 tagadalá, tagapagdalá ; 운송인, 운반인	(1) carried, brought (2) load
dalamhatì	달람하-띠'	고뇌, 비통, 모진 고통 ipagdalamhatì, magdalamhatì ; 슬퍼(애도)하다 makidalamhatì ; 조상(조위, 위로)하다 pakikidalamhatì ; 애도, 조상(弔喪)	extreme sorrow, wrench
dalandán	달란단	귤	orange
dalang, kadalangan	다-ㄹ랑, 까달라-ㅇ안	성김, 희박, 느림 dumalang ; 성기어지다, 감소하다 madalang ; 드문, 성긴, 듬성듬성한	sparseness, slowness
dalangin, panalangin	달라-ㅇ인, 빠날라-ㅇ인	기도, 청원 dumalangin ; 간청(기도)하다 idalangin ; ~를 위해 기도하다 manalangin ; 기도하다	prayer, an earnest request
dalás	달라스	빈번, 빈도, 빠름, 신속 dalás-dalás ; 급하게, 서둘러서 dalasán ; 빈도수를 높이다 dalasín ; 서두르다, 재촉하다 madalás ; 빈번하게, 빠른, 빠르게	frequency, rapidity

dalaw	다-라우	방문, 방문자, 손님 dalawin ; ~를 방문하다, ~를 찾아 뵙다 dumalaw ; 방문하다, 잠깐들르다	visit, visitor, guest
dalawá	달라와	둘, 2 kamakalawá ; 그저께 dálawáhan, dalá-dalawá ; 둘씩, 쌍쌍이 dalawampû ; 이십, 20 samakalawá ; 모레	two
daldál	달달	잡담, 남의 험담 이야기, 수다 daldalera, -o ; 수다쟁이 dumaldál, magdaldál ; 아이처럼 혀짤배기 소리를 하다, 수다떨다 dumaldál, daldál ; 수다스러운, 말이 많은	gossip, chattering
Dale!	다-레	좋아요!, 하세요!, 다음은요? 얘기하세요!	Go ahead!
dalî	달리'	빠름, 신속, 용이, 쉬움 dalî-dalî ; 빨리 빨리, 서둘러서 daliín ; 서두르다, 빨리하다 dumalî ; 빨라지다, 신속해지다 madalî ; 빠른(빠르게), 신속한(신속하게), 쉬운(쉽게) madalíng-araw ; 새벽 malao't madalî ; 조만간 sa lalong madalíng panahón ; 가능한 빨리 magpadalî ; 가속(재촉)하다 padaliín ; 쉽게(용이하게) 하다 sandalî ; 잠깐, 순간 Sandalî lang. ; 잠깐만.	quickness, ease
dalirì	달리-리'	손가락 dalirì ng paá ; 발가락 taták ng dalirì ; 지문 daliriin ; 상세히 지적하다	finger
dalisay	달리-사이	순수한, 오점없는, 순결한, 깨끗한 kadalisayan ; 순수, 무결	pure, immaculate, clean

		점, 순결 dalisayin ; 깨끗하게(맑게) 하다, 정화시키다 dumalisay ; 정화되다, 깨끗해지다 magdalisay ; (불순물)증류하여 제거하다	
dalisdís	달리스디스	비탈 dumalisdís ; 경사지다, 기울다	slope of a hill or mountain
dálitâ	다-리따'	빈곤, 극심한 가난 marálitâ ; 매우 가난한, 처참한 magpadálitâ ; 가난하게(곤궁하게) 하다	indigence, extreme poverty
daló	달로	존재, 출석, 참석 daluhán ; (회의, 모임 등)에 참석하다 dumaló ; 출석(참가)하다	presence, attendance
daloy	다-로이	(액체류)흐름, 똑똑 떨어짐 daloy ng luhà ; 눈물의 흐름 dumaloy ; 스며 나오다, 똑똑 떨어지댜	flow, trickle
dalubhasà	달룹하-사'	(1) 전문가 (2) 전문가의, 숙달된 dálubhasaán ; 특수 전문학교, 칼리지 magpakadalubhasà ; 숙달하다, 전문가가 되다	(1)expert (2)expert, proficient
daluhong	달루-홍	돌격, 습격, 돌진 dumaluhong ; 공격하다 magdáluhungán ; 돌격(돌진, 습격)하다 mandaluhong ; 미친 듯 날뛰다, 거칠게 돌진하다	onslaught, rush
dalulong	달루-ㄹ롱	호위, 호송 dalulungan ; 호위(호송)하다	convoy
dalumat	달루-맡	사색, 깊은 생각	deep thought

D

dama	다-마	장기 놀이	game of checkers
damá	다마	느낌을 받은, 감지(지각, 인지)할 수 있는 damahín, mádamá ; 감지하다, 느끼다, 이해하다	felt, palpable, perceptible
damák	다막	손바닥, 집게뼘	palm, handbreadth
(damág) magdamág	막다막	밤 새도록, 철야의	all night, overnight
(damay) pagdamay	빡다-마이	동정의 손길(도움) damayan ; ~에게 위문하다(애도하다), ~에게 동정의 도움을 주다 dumamay ; 동정하다, 어려울 때 도와주다 makiramay ; 애도(조문)하다 madamayín ; 자비로운, 동정심 있는 pakikiramay ; 애도, 동정	sympathetic aid
dambóng	담봉	약탈, 횡령, 강탈 dambungán, dambungín, dumambóng, mandambóng ; 약탈(횡령, 강탈)하다 mandarambóng ; 악탈자, 강탈자	loot, plunder
damdám, damdamin	담담, 담다-민	느낌, 기분, 감정 madamdamin ; 감정적인, 정에 약한 kadamdamin ; (2인 사이)마음이 맞는, (취향, 성격 등)서로 비슷한, magkadamdamin ; (3인 이상)마음이 맞는 damdamín, magdamdám ; 감정을 상하다, 기분이 나쁘다 makáramdám ; 느끼다, 인지하다 makipagdamdám ; 일체	feeling

		감을 갖다, 동정하다 pakiramdám ; 느낌, 감정	
dami	다-미	양, 수량 ibayong dami ; 두 배 많은 marami ; 많은, 풍부한 karamihan ; 다수, 대부분, 군중 kasindami, magkasindami ; 동일한(같은) 수량의 kasindami nitó ; 이것 만큼 damihan, dumami ; 증가하다, 늘어나다 magparami, paramihin ; 번식시키다, 늘리다 máramihán ; 복수의, 둘 이상의	amount, quantity
damít	다밑	옷, 의상, 복장 damít pangkasál ; 결혼예복 damtán, damitán ; 옷을 입히다 madamít ; 옷이 많은 magdamít ; 옷을 입다, 복장을 갖추다	garment, dress, clothes
damó	다모	잔디, 풀 damóng-gamót ; 약초 tuyóng-damó ; 건초, 마초 damuhán ; 잔디 밭 madamó ; 잡초가 우거진	grass, pasture
damot, karamutan	다-몯, 까라무-딴	인색, 째째함, 이기심 ipagmaramót ; 주기를 아까워 하다 maramot ; 인색한, 째째한, 이기적인 dî maramot ; 자기 희생적인	stinginess, meanness, selfishness
dampâ	담빠'	오두막집, 오막살이 집	hut, cabin
dampî	담삐'	가볍고 부드럽게 어루만짐 dampián ; 가볍게 두드리다, 부드럽게 어루 만지다 magdampî, dumampî, idampî ; 부드럽게 대다(붙이다, 바르다)	light and gentle touch

danak, pagdanak	다-낙, 빡다-낙	흐름, 쏟음, 흘림 dumanak ; 흐르다, 쏟아지다 mapadanak, pandanakin ; 흘리다, 쏟다	flow, pouring out, shedding
(danas) karanasán	까라나산	경험 kawalán ng karanasán ; 무경험, 경험부족 may-karanasán ; 유경험의, 숙달된 danasin, dumanas, magdanas ; 경험하다, 겪다	experience
danay	다-나이	줄, 열, 교외 isáng danay ng mga kotse ; 일 열의 자동차 danay ng Maynila ; 마닐라 교외	row, line, suburb
Danés	다네스	덴마크의(~ 사람, ~ 어)	Danish, Dane, Danish language
dangál	당알	명예 bigyáng(magbigáy)-dangál ; 명예(영광)를 부여하다 karángalan ; 위엄, 권위, 명예, 체면 marangál ; 명예로운, 권위있는, 고상한 di-marangál ; 불명예스러운	honor
dangkál	당깔	한 뼘 dangkalín, dumangkál, madangkál ; 뼘으로 재다	a span
(daos) pagdaraos	빡다라-오스	축하연 idaos, iraos, magdaos ; 축하연을 열다, 모임을 갖다 pagkaraos ; 축하연(모임 등)이 끝나고 난 후	celebration
dapâ, nakadapâ	다빠', 나까다빠'	배를 깔고 엎드린 dapaán ; ~에 엎드리다 dumapâ ; 엎드리다 mádapâ, márapâ ; 우발적으로 넘어지다, 우발적으로 앞으로 쓰러지다	lying face down

dapat¹	다-빹	(조동사)해야 한다	should, must
dapat², karapat-dapat	다-빹, 까라-빹다-빹	~하기에 족한, 자격있는, 적절한 karapatán ; 권한, 권리, (당연한 권리로서) 요구 marapat, nárarapat ; 적절한, 타당한 marapatin ; 적절하다고 인정하다, 선택하다	worthy, qualified, proper
dapit-hapon	다-빹하-뽄	황혼	dusk
daplís	다쁠리스	빗맞은, 스치고 지나간 dumaplís, daplisín ; 빗맞다, 스치다	grazing, glancing off
dapò¹	다-뽀'	난초	orchid
dapò², pagdapò	다-뽀', 빡다-뽀'	(새가)지면 또는 나무에 내려 앉음 dapuán ; (새, 닭)횃대, 앉는 장소 dapuan ; ~에 내려 앉다	alighting as birds do
darág, pagdarág	다락, 빡다락	화가 나서 발을 구름, 거친 행동 dumarág, magdarág ; 화가 나서 발을 구르다, 거칠게 행동(말)하다	stamping of feet in anger, rough manner
dasál, pagdarasál	다살, 빡다라살	기도 ang bisà ng pagdarasál ; 기도의 힘 dásalan ; 기도소, 기도하는 장소 dasalín ; ~를 기도하다 ipagdasál ; ~를 위해 기도하다 madásalin ; 잘 기도하는, 신앙심 깊은 magdasál ; 기도하다	prayer
daskól, pagdaskól	다스꼴, 빡다스꼴	서두르고 부주의한 행동, 단정치 못한, 부주의한 daskulín, dumaskól ; 잘못 다루다 dumaskúl-daskól, daskúl-daskulín ; 불완전하게 하다, 엉성하게 하다	hurried and careless act, slipshod

dasdás	다스다스	(잔디, 나무, 머리카락 등)깎아 다듬기, 끝을 잘라 다듬기	trim
dati	다-띠	예전의(~에는), 전의(~에는), 오래된, 원래는 datihan ; 습관이 된, 적응된 dati-dati, dati-rati ; 예전에는	former(~ly), ex-, old, previously
(datig)karatig	까라-띠ㄱ	접해 있는, 인접한, 이웃한 padatigan ; 덧 붙이다 pagdatigin ; 연결하다, 서로 붙이다	adjoining, neighboring
datíng, pagdatíng	다띵, 빡다띵	도착, 도래 Maligyang pagdatíng! ; 환영 합니다! dumatíng ; 도착하다, 오다 idatíng, iratíng ; 데리고 ~로 가다 makaratíng ; 도착할 수 있다 maráratíng ; 닿을 수 있는, 접근 가능한	arrival, advent
dáúngan	다-우-ㅇ안	상륙장소, 부두	landing place, pier
dausdós	다우스도스	미끄러짐, 활주 dáusdusan ; 놀이용 미끄럼틀 idausdós ; 미끄러지게 하다 magpadausdós ; 미끄러져 내려가다	slide
daw, raw	다우, 라우	~라고 하다(했다)	it is(or was) said
dawit	다-위ㅌ	얽힘, 연루(連累), mádáwit ; 얽히다, 휩쓸리다, 연루되다	entanglement
dayà, pagdarayà	다-아`, 빡다라-아`	속임, 사기 madayà ; 속이는, 거짓의, 사기치는, 비양심적인 dayain, magdayà ; 속이다, 사취하다, 사기를 치다 mádayà ; 속다, 사기를 당하다 magdarayà ; 사기꾼, 협잡꾼	deceit, fraud
dayag	다-약	정면, 전면 karayagan ; 바로 보이는 정면, 외부, 겉보기	façade, frontage

(dayal)dumayal, dayalin	두마-알, 다야-ㄹ린	전화기의 번호를 돌리다, 전화를 걸다	dial a telephone number
dayami	다야-미	짚, 건초, 마초 mandalâ ng dayami ; 건초가리	straw, hay
dayap	다-얖	라임 나무, 라임 나무 열매(작고 심)	lime tree or the fruit
dayo, dayuhan	다-요, 다유-한	(1) 외국인, 이방인, 이주인 (2) 외국의 wikang dayuhan ; 외국어 salapíng dayuhan ; 외환 dumayo ; 이주하다 mandayuhan ; (타국으로)이주하다, 이민가다	foreigner, stranger, immigrant
debér	데베르	권리, 권한, 의무	right, obligation, duty
dekada	데까-다	십년	decade
deklarado	데끌라라-도	선언한, 공표한 deklaráhan, dumeklará ; 선언하다, 공표하다 deklarasyón ; 선언, 공표 ideklará ; ~을 선언하다	declared, stated
delegado	델레가-도	대표자, 대리(인), 파견위원 delegahán ; ~를 파견하다 delegasyón ; 파견단, 대표단	delegate
delikado	델리까-도	까다로운, 민감한, 위험한	fastidious, delicate, dangerous
demanda	데마-ㄴ다	고발, 고소 idemanda ; ~를 고소하다 demandado ; 피고인 demandante ; 고소인	legal accusation
demokrasya	데모끄라-샤	민주제, 민주주의 demokrátikó ; 민주주의의, 민주정치체제의	democracy

demonyo	데모-뇨	악마, 악령 demonyuhín ; 박해하다 makademonyo ; 악마의, 지옥의, 잔인한	devil, demon
dentista	덴띠-스따	치과의사	dentist
depekto	데뻬-ㅋ또	결점, 취약점, 흠, 오점 madefekto ; 결점이 많은, 불완전한 may-defekto ; 결점(하자)있는	defect, weakness, flaw
depende	데뻬-ㄴ데	~에 의존하다(달려 있다), Depende sa iyó. ; 너에게 달렸다.	depend on
depensa	데뻬-ㄴ사	방어, 보호 depensór ; 방어자, 보호자	depense
depósitó	데뽀-시또	예금, 보관소, 퇴적물, 보증금 depósito ng tubig ; 저수지 depósituhán ; ~에 보증금을 걸다 idepósito, magdepósito ; 예금하다, 보증금을 지불하다	deposit
deretso	데레-초	똑바른, 일직선의	straight, direct
desapio, desapyó	데사삐-오, 데사뽀	도전	challenge
desaprobado	데사쁘로바-도	인가되지 않은, 승인을 받지 않은 de(-i-)saprobahán ; ~를 인가하지 않다	disapproved
de(-i-)skarga	데(디)스까-르가	하역, 짐을 내림 de(-i-)skargahín ; 하역하다, 짐을 내리다	unload
de(-i-)skargo	데(디)스까-르고	사과, 사죄 magdiskargo ; 사과(사죄)를 요구하다	apology

de(-i-)-skompasado	데(디)스꼼빠사-도	박자가 맞지 않는	out of rhythm
de(-i-)-skontento	데(디)스꼰떼-또	불평, 불만	discontent
deskribihín, idiskribé	데스끄리비힌, 이디스끄리베	말하다, 설명하다	describe
de(-i-)-skubrihín	데(디)스꾸브리힌	발견하다, 찾아내다 madeskubre, madiskubrí ; 찾아지다, 발견되다	discover, find
de(-i-)-skuwento	데(디)스꾸웨-ㄴ또	할인, 에누리	discount
de(-i-)sénsiyá	데(디)세-ㄴ샤	품위, 예의, 고상한 언동 de(-i-)sente ; 품위있는, 고상한	decency
de(-i-)-sesperado	데(디)세스뻬라-도	자포자기의, 필사적인	desperate
de(-i-)sgrasya	데(디)스그라-샤	불운, 불행, 재난, 사고 madisgrasya ; 사고를 당하다 magkadisgrasya ; 불행한 일을 겪다 de(-i-)sgrasyada ; 여자가 순결을 잃거나 망신을 당한 de(-i-)sgrasyado ; 남자가 정당하지 않은 불운을 당한	misfortune, mishap, disgrace
de(-i-)sidido	데(디)시다-도	결정된 de(-i-)sidihín ; ~(하기)로 결정하다 magdisidí ; 결정	decided

		하다, 마음먹다 de(-i-)sisyón ; 결정, 결심	
de(-i-)-spatsado	데(디)스빠차-도	결말을 내린, 처리된 de(-i-)spatsahín ; 처리하다, 결말을 내리다, 해고하다	dismissed
de(-i-)spatsadór	데(디)스빠차도르	영업사원, 판매사원	salesman, saleswoman
de(-i-)spedida	데(디)스뻬디-다	작별, 이별 despedida-de-soltera ; 환송파티	farewell
de(-i-)stino[1]	데(디)스띠-노	운명, 숙명	fate
de(-i-)stino[2]	데(디)스띠-노	임명, 지령, 근무지 ide(-i-)stino, magdestino ; 배치시키다, 부서에 앉히다 mádestino ; 배속(임명)되다	assignment, place of assignment
detalye	데따-ㄹ예	상세, 세목 detalyado, madetalye ; 상세한 detalyehín, magdetalye ; 상술하다, 상세히 열거하다	detail
dî	디'	hindî의 약어, 않다, 아니다	short for hindî, not, no
diarekto, diyalekto	디아레-ㄱ또, 디야레-ㄱ또	지방 사투리, 방언	dialect
diamante, diyamante	디아마-ㄴ떼, 디야마-ㄴ떼	다이아몬드, 금강석	diamond
dibdíb	딥딥	가슴, 흉부 kaisandibdíb, kaisáng-dibdíb ; 부부로 맺어진 상대(남편, 신랑, 아내, 신부) dibdibín, pakádibdibín ; 가슴에 품다, 곰곰이 생각하다 dibdibin, madibdíb ; 가슴이 큰	chest, bust

dibidendo	디비데-ㄴ도	피제수, 배당금	dividend
dibisór	디비소르	제수	divisor
dibisyón	디비숀	나눔, 나누기, (군대)사단, 구획(칸)	division, partition
dibórsiyó, diborsyo	디보-르시요, 디보-르쇼	이혼 dibórsiyuhán, dibórsiyuhín ; ~와 이혼하다	divorce
dibuho	디부-호	그림, 도안, 설계도, 도형 dibuhuhan ; ~에 그림(도안)을 그리다 dumibuho, magdibuho ; 그리다, 스케치하다	drawing, design, pattern
dikít¹, pandikít	디낃, 빤디낃	풀, 아교, 접착제 dikitán ; ~에 붙이다 dikít-dikít ; 접착되어 있는, 서로 연결되어 있는 dumikít ; 붙다, 접착되다 idikít, magdikít ; 붙이다, 접착하다, 첨부하다 madikít ; 끈적거리는, 잘붙는	paste, glue
dikít², kariktán	디낃, 까릭딴	사랑스러움, 아름다움, 화려함 marikít ; 아름다운, 사랑스러운, 화려한	loveliness, prettiness, splendor
diksyunaryo	딕슈나-료	사전	dictionary
diktá	딕따	구술, 받아쓰기 diktahán, magdiktá ; 구술하다, 받아쓰게 하다 idiktá ; 구술하다, ~하도록 지시하다	dictation
diés, diyés	디에스, 지예스	10, 십	ten
die(diye-)ta	디에-따, 지예-따	식이요법 magdieta ; 식이요법을 하다	diet

dighál, pagdighál	딕할, 빡딕할	트림, 분출 dumighál, idighál ; 트림(분출)하다 magdidighál ; 자주 트림하다	belch
digmâ, digmaan	딕마', 딕마-안	전쟁, 교전, 전투 kadigmaan ; 적국, 적군 digmaín ; ~와 전쟁을 일으키다 makidigmâ, makipagdigmâ ; 전쟁하다 mandirigmâ ; 무인, 용사	war, combat
dignidád	딕니닫	위엄, 명예	dignity, honor
diín, pagdiín	디인, 빡디인	누름, 압착, 중력, 악쎈트, 강조, madiín, mariín ; 강조하는, 단호한, magbigáy-diín ; 강조하다, 중요시하다 diinán, idiín ; 누르다, 강조하다, 억양에 강세를 두다 dumiín ; 누르다	pressure, weight of gravity, accent, emphasis
diít	디읻	무인(拇印), 지문, diitán, dumiít ; 무인(지문)을 찍다	thumbmark, fingerprint
dilá	딜라	혀, 언어능력 mahabang-dilá ; 말이 많은 maiklíng-dilá ; 말 수가 적은 matamís ang dilá ; 구변이 좋은 dilaan, mandilà ; ~에게 혀를 쀼죽 내물다	tongue, power of speech
dilán	딜란	모두, 전부, 누구든지, 무엇이든지 diláng tao ; 모든 사람	all, any, whatever
dilát	딜랃	눈을 뜬, 깨우친, 배운 madilat ; 눈을 크게 뜬 dilatan, pandilatan ; (화가 나서)노려보다 dumilat, idilat ; 눈을 뜨다 mandilat ; 눈을 부릅뜨다 mádílat ; ~를 알다, ~를 깨우치다, ~에 눈을 뜨다	open-eyed, aware of, instructed

diláw	딜라우	노랑색, 노란, madiláw ; 노란 색을 띠는 dilawán, magpadiláw, padilawín ; 노랗게 만들다 dumiláw, maniláw ; 노랗게 되다	yellow
dildíl, pagdildíl	딜딜, 빡딜딜	주장, 고집, 강요 idildíl ; ~를 주장(고집)하다	insistence
dilì	딜-리'	거의 없다, 좀처럼 ~않다	rarely, seldom, hardly
dilidili	딜리디-ㄹ리	명상, 숙고, mapagdilidili ; 명상에 잠기는, 생각이 깊은 dilidilihin, magdilidili ; 명상(숙고)하다, 생각해 보다	meditation
dilíg, pagdidilíg	딜릭, 빡디딜릭	식물에 물주기, 관개 diligín, magdilíg ; 물을 주다(뿌리다), 물로 적시다 pandilíg ; 물뿌리개, 스프링클러	watering of plants, irrigation
dilím, kadilimán	딜림, 까딜리만	암흑, 어둠 madilím ; 어두운, 깜깜한 dilimán, dilmán 어둡게 하다 dilimín ; 어두움에 묻히다 dumilím, magdilím ; 어두워지다	dark, darkness
dilis, dulis	디-ㄹ리스, 두-ㄹ리스	멸치	anchovy
din, rin	딘, 린	역시, 또한	also, too
diníg, dingíg	디닉, 딩익	들리는, 청취할 수 있는 abót-diníg ; 가청거리 내의, 들리는 거리 내에 있는 dingín ; 듣다, 귀를 기울이다 makáriníg, máriníg ; 듣다, 들리다, 들을 수 있다 pandiníg ; 청각	audible, able to hear

dingal, karíngálan	디-ㅇ알, 까리-ㅇ아-ㄹ란	웅대, 장관, 호화, maringal ; 웅장한, 호화로운, 장엄한 dingalan ; 웅장하게 만들다, 호화롭게 하다	grandeur, splendor
(dingat)karing-at-dingat	까리-ㅇ앝디-ㅇ앝	갑자기, 예고없이	suddenly
dingdíng, dindíng	딩딩, 딘딩	(합판, 대나무 등 가벼운 재질)벽 dingdingán, magdingdíng ; 벽을 만들다, 구획을 만들다	wall(wood or some light material)
dipá	디빠	양팔을 뻗고 잰 길이, 파돔 dipahín ; 양팔을 뻗어 재다 dumipá, idipá ; 양팔을 넓게 뻗치다(펴다)	the length of stretched arms, fathom
diperensya	디뻬레-ㄴ샤	차이, 틀림, 불일치	difference, disagreement
diplomasya	디쁠로마-샤	외교, 외교술 diplomátikó ; (1) 외교관 (2) 외교적인	diplomacy
direksiyón	디렉숀	방향, 주소, 관리, 명령(지시)	direction, address, management, order
direkta	디레-ㅋ따	직접, 곧 바로	direct, straight
diri, pandidiri	디-리, 빤디디-리	혐오, 지겨움 mandiri ; 혐오감을 느끼다, 몹시 싫어하다 pandirihan ; ~을 혐오하다, ~을 싫어하다	loathing
diskurso	디스꾸-ㄹ소	이야기, 연설 magdiskurso ; 이야기 하다, 연설하다 idiskurso ; ~에 대해 이야기하다(연설하다)	speech

disidido	디시디-도	결정적인, 결정된, 해결된 hindî disidido ; 미결의, 결정되지 않은	decisive, decided, resolved
disimulado	디시물라-도	거짓의, 가공된 disimulahín, dumisimulá ; (감정, 의사 등)숨기다, 아닌 척 하다, 가장하다	feigned, pretended
disiplina	디시쁠리-나	규율, 자제, 복종, disiplinado ; 훈련된, 규율있는, 순종적인 disiplinahin, dumisiplina, magdisiplina ; 통제(훈련)하다	discipline, obedience
di(-e-)sisiyón	디(데)시시욘	결정, 판결 magdisisiyón ; 결정하다, 결론에 이르다 disisiyunán ; ~에 대해 결론을 내리다	decision
distánsiya	디스따-ㄴ시야	거리, 간격	distance, interval
distrito	디스뜨리-또	지역, 지구	district
Disyembre	디시예-ㅁ브레	12월	December
di(-e-)syerto	디(데)시예-ㄹ또	사막, 황야	desert, arid region
dito, rito	디-또, 리-또	여기, 이곳, dumito ; 여기에 있다, 이곳에 머무르다, pumarito ; 여기로(이리로) 오다, paroó't-parito ; 왔다 갔다, 여기 저기, pagparito ; 여기로 오는 것, Parito! ; 이리 와!, paritó ; 이리로 오고 있는, nárító, náririto ; 여기에 있는, 현재의	here
diwà	디-와'	본질, 의미, 성품, pandiwà ; 정신의, (문법)동사, waláng-diwà ; 의미없는, 무감각한	essence, meaning, spirit

diwang, pandiriwang	디-왕, 빤디리-왕	축전, 축하, 의식(儀式), 행사	celebration, ceremony, event
diwarà	디와-라'	좌절, 불행(~한 일), 불운, 과민 mádiwarà ; 과민성의, 과민한 mápariwarà ; 불운을 겪다, 좌절을 당하다	setback, misfortune, excessive attention
diwatà	디와-따'	님프, 요정	nymph, fairy
diyablo	디야-블로	악마	devil
diyán	디얀, 지얀	거기, 그 곳 Diyán ka na. ; 안녕!, 또 만나요! náriyán, náririyán ; 거기(그 곳)에 있는 pumariyán ; 거기로 가다 pariyán ; 거기로 가다, 거기로 가고 있는, 그 쪽으로	there
diyánitor	쟤-니또르	수위, 문지기	janitor
diyario, diario	디야-리오, 디아-리오	일간 신문	daily newspaper
Diyatà	디야-따'	정말이야? 확실해?	Is it true? Really?
Diyós	디요스	신, Diyosa ; 여신	God
doblado	도블라-도	두 배로 늘어 난, 겹친	doubled, folded
doble	도-블레	두 배의, 이중의 doble kara ; 위선자, 배신자 doblihín ; 배로 늘이다, 갑절로 늘이다	double
doktór	독또르	의사(남성) doktotra ; 여의사	doctor

dokumento	도꾸메-ㄴ또	서류, 문서	document
don	돈	높거나 부자인 남자에게 붙이는 경칭	sir
donya	도-ㄴ야	높거나 부자인 여자에게 붙이는 경칭	madam
doón, roón	도온, 로온	저기, 저 곳 para doón ; 그러한 이유로, 따라서 dumoón ; 저기에 있다(머물다) magkaroón ; 가지고 있다 pagkakaroón ; 가지고 있음 nároon, nároroón ; 저기에 있는 paroonán ; 어떤 장소로 가다 pumaroón ; 저기로 가다 paroón ; 저기로 가다, 저기로 가고 있는, 저 쪽으로	there
dos	도스	둘, 2	two
dosena	도세-나	1 다스(12개)	dozen
drowing	드로-윙	그림, 도안 drowingin ; ~를 그리다 drowingan ; ~에 그리다	drawing
dukhâ	둧하'	가난한, 결핍된 karukhaán ; 가난, 결핍, 부족	poor, needy
dukot	두-꼳	잡아 당김, 견인, 유괴 dukutin ; 당기다, 유괴하다	pull, kidnapping
(dukwáng) dumukwáng	두무꽝	닿기 위해 팔을 뻗다	stretch the arm to reach
duda	두-다	의심 dudoso ; 의심스러운	doubt
dugô	두고'	피 kulang sa dugó ; 빈혈의 karugó ; 혈족, 혈연관계 duguín ; 몹시 흥분하다 marugó ; 피의, 피를 흘리는 magdugó ; 피를 흘	blood

		리다 mandurugô ; 흡혈귀 pagdurugô ; 출혈	
dugtóng	둑똥	부가물, 부록 karugtóng ; 계속, 연속, 후편 karugtóng ng buhay ; 배우자 dugtungán ; 늘리다, 덧붙이다 idugtóng ; 붙이다, 추가(첨부)하다 magdugtóng ; 연결하다, 서로 붙이다, 합쳐 잇다	annex
dulà, dulâ	두-르라', 둘라'	극, 연극 pandulà ; 극의, 연극의 dulaan ; 극장 dulai(-í-)n, isadulà(-â) ; 극화(각색)하다 madulà(-â) ; 극적인, 연극같은	drama, play
dulás, kadulasán	둘라스, 까둘라산	미끄러움 dumulás ; 미끄러지다 mad(-r-)ulás ; 미끄러운 madulás ang dilà ; 말이 많은 padulás ; 뇌물, 사례금	slipperiness
dulo	두-르로	끝, 끝단, 결과 magdulo ; 끝나다, 귀착하다 pandulo ; 말단의, 종말의	end, result
dulot	두-르롣	제안, 제공, 기부 dulutan ; 제공(기부)하다	offer, offering
dulse	두-르세	후식, 디저트 dulsera ; 후식(디저트)용 접시	dessert
duluhan	둘루-한	뒤뜰	backyard
(dumal)karumal-dumal	까루-말 두-말	더러운, 지저분한 marumal ; 부끄러운, 창피스러운	dirty
dumat	두-맏	시간끌기, 지연시키기 magparumat-dumat ; 시간을 끌다, 지연시키다 marumat ; 게으른, 동작이 느린, 굼뜬	taking a long time to do something
dumí	두미	배설물, 똥, 오물 dumumí ; 배설하다, 변을 보다 pagdumí ; 배	feces, dirt

		설, 변을 봄 dum(i)hán, magdumí ; 더럽히다 magparumí ; 오염시키다, 더럽히다 marumí ; 더러운, 지저분한, 상스러운	
dumóg	두목	탐닉(열중)하는, 중독된 dumuog, dumugin ; 포위 공격하다, 에워싸다	addicted, inclined
dunong	두-농	지식, 앎 marunong ; 학식있는, 지적인, 알고 있는 karunungan ; 지혜, 지식, 재능	knowledge
(dungaw) dumungaw	두무-ㅇ아우	창문 바깥을 내다 보다 márungawan ; 우연히 창문 바깥을 내다 보다	look out a window
(dunggít) parunggít	빠룽긷	암시, 빗대어 말함, magparunggít ; 암시하다, 빗대어 말하다	allusion, innuendo
dungis	두-ㅇ이스	더럼, 오물, 오점 dumungis ; 더럽히다, 망신시키다, 굴욕을 주다 marungis ; 더러운,불결한	dirt, stain
dungô	둥오'	소심한, 수줍어 하는, 자신이 없는, 바보스러운 madungô ; 수줍어 하다	timid, diffident, stupid
durâ	두라'	침, dumurâ ; 침을 뱉다 duraán, duraán ; ~에 침을 뱉다	spit
(durog) dumurog	두무-록	부수다, 깨다, 빻다, madurog ; 분열된, 부서진, 깨진	crush, pound, grind
dusa,	두-사,	괴로움, 슬픔, 고통 magdusa ; 괴로워하다, 슬퍼하다 parusa ;	suffering, grief

pagdurusa	빡두루-사	벌, 형벌 magparusa, parusahan ; 벌 주다, 형을 가하다	
dutsa	두-짜	샤워	shower
duyan	두-얀	요람, 해먹 iduyan, magduyan ; 흔들어 움직이다, (요람, 해먹 등)흔들다 ipagduyan ; 요람(해먹, 그네)에 탄 사람을 흔들어 주다	cradle, hammock
dyipni	지-쁘니	지프니(군용 지프를 개조한 교통수단), 서민용 시내버스	jeepney

E e

ebak	에-박	(속어)똥, 변, 배설물	excrement
e(i-)ksamen	엑(익)사-멘	시험, 테스트 iksaminin ; ~를 시험하다 umiksamen ; 시험을 보다(치르다)	exam, test
ektarya	엑따-랴	헥타르(10,000 m²)	hectare
ekwadór	에꽈도르	적도	equator
edád	에닫	나이, 연령, mayór-de-edád ; 성년, menór-de-edád ; 미성년, may edád ; 중년의	age
editoriyál	에디또리알	사설(社說)	editorial, leading article
edukada(-o)	에두까-다(도)	교육을 받은, 본데 있게 자란 edukasyón ; 교육	educated, well-bred
ehe	에-헤	(차륜)굴대, 차축	axle
élise	에-ㄹ리세	프로펠라, 스크루, 추진기	propeller, screw
ehersisyo	에헤르시-쇼	운동, 체조, 훈련 mag-ehersisyo ; 운동(훈련)하다	exercise, drill
elado	엘라-도	언, 결빙한, 얼음의 eladuhin, mag-elado ; 냉장하다, 얼음으로 차게 저장하다	frozen, icy
elektrisidád	엘렉뜨리시닫	전기	elcectricity
embahada	엠바하-다	대사관 embahadór ; 대사	embassy
emperadór	엠뻬라도르	황제, 제왕	emperor

empleado	엠쁠레아-도	종업원, 직원	employee
empleyo	엠쁠레-요	고용, 직업	employment
enerhiyá	에네르히야	정력, 힘, 에너지	energy
Enero	에네-로	1월	January
ensayo	엔사-요	연습, 시연, (연극 등)리허설 mag-ensayo ; 연습(리허설)하다	rehearsal
entablado	엔따블라-도	무대, 스테이지	stage
entero	엔떼-로	전체의, 모든	entire, whole
entrada	엔뜨라-다	입장, 등장, 들어감	entry
engkanto	엥까-ㄴ또	주문, 주술 engkantuhín ; 마법을 걸다 máengkanto ; 마법에 걸리다, 홀리다	charm
epekto	에뻬-ㄱ또	효과, 작용 maepekto ; 효과적인 magkaepekto, umepekto ; 서로 작용하다, 반응하다 mag-epekto ; 효과를 내다	effect
epron	에-쁘론	앞치마	apron
erbularyo, albularyo	에르불라-료, 알불라-료	약초의(藥草醫), 한의사, 돌팔이 의사	herb doctor, quack hermitage
ermita	에르미-따	은둔, 은자의 생활 ermitanyo ; 은자, 은둔자, 속세를 버린 사람	
eruplano	에루쁠라-노	비행기 pananalakay ng eruplano ; 공습 mag-eruplano ; 비행하다, 비행기를 타고 가다(여행하다)	airplane

eskina	에스끼-나	길 모퉁이, 뒷 골목, 작은 길	street corner, narrow back street
e(i-)skuwela	에(이)스꾸웨-ㄹ라	학생 kaeskuwela ; 같은 학교 학생 eskuwelahán ; 학교	student, pupil
e(i-)spada	에(이)스빠-다	검, 칼, 무기 espadahán ; 검술	sword
Espanya	에스빠-냐	스페인 Espanyol ; 스페인어, 스페인 사람	Spain
espesyalidád	에스뻬살리닫	전문, 전공, 특수성	specialty
espinaka	에스삐나-까	시금치	spinach
espesyalista	에스뻬살리-스따	전문가 mag-espesyalista ; 전공하다, 전문으로하다	specialist
espíritu	에스삐-리뚜	정신, 영혼, 화주(火酒), 독한 술, espíritu santo ; 성령(聖靈)	spirit, spirits
espiya	에스삐-야	간첩, 첩자 espiyahan ; ~를 염탐하다 mag-espiyá ; 첩자가 되다, 감시(염탐)하다	spy
(esplika) iesplika	이에스쁠리-까	설명하다	explain
espongha	에스뽀-ㅇ하	스펀지, 해면, 분첩 esponghoso ; 해면질의, 스펀지 같은, 작은 구멍이 많은	sponge, powder puff
esporádiko	에스뽀라-디꼬	산발적인	sporadic
esposa	에스뽀-사	아내	wife
esposas	에스뽀-사스	수갑, 쇠고랑	handcuffs

E

esposo	에스뽀-소	남편	husband
espuma	에스뿌-마	(비누, 세제의)거품	foam
estabilidád	에스따빌리닫	안정, 안정성	stability
estadista	에스따디-스따	정치가	statesman
estadístiká	에스따디-스띠까	통계(학)	statistics
estádiyo	에스따-디요	육상경기장, 스타디움	stadium
estado	에스따-도	국가, 나라 Estados Unidos ; 미국	state
e(i-)stante	에(이)스따-ㄴ떼	책장, 진열장	bookshelf, showcase
estanyadór	에스따냐도르	용접공	welder
estangkado	에스땅까-도	흐르지 않는, 괴어 있는, 막힌	stagnant, checked
estapa	에스따-빠	사기, 협잡, 사취 estapadór ; 사기꾼, 협잡꾼	swindle
e(i-)stasión	에(이)스따숀	역	station
e(i-)statuwá	에(이)스따뚜와	상(像), 동상(銅像)	statue
estibadór	에스띠바도르	항만 노동자, 부두 인부, 짐꾼	longshoreman, cargo man
estopado	에스또빠-도	스튜 오리	stew
estudiyante	에스뚜디야-ㄴ떼	학생	student
estúdio	에스뚜-디오	(예술가)작업장, 스튜디오	studio

estúpido	에스뚜-삐도	어리석은, 바보같은	stupid
e(i-)storbo	에(이)스또-르보	폐, 성가심, 귀찮음, 방해 kaestórbuhán, pagka-estorbo ; 난처한(성가신) 것, 귀찮은 행위 e(i-)stórbuhín ; 귀찮게 하다, 방해하다 maestorbo ; 귀찮아 하다, 방해받다	nuisance, obstruction
e(i-)storya	에(이)스또-랴	이야기, 동화	story
estrada	에스뜨라-다	포장도로	paved road
estranghero	에스뜨랑헤-로	낯선 사람, 모르는 사람, 외국인	stranger, foreigner
estrelyado	에스뜨렐랴-도	프라이한 달걀	fried egg
estrikto	에스뜨리-ㅋ또	엄격한	strict
etiketa	에띠께-따	라벨, 가격표, 에티켓, 예절	label, price tag, etiquette
Eto!, Heto!	에-또, 헤-또	여기 있다! 이거다!	here it is, here
Europa	유로-빠	유럽, 구주 Europea ; 유럽인(여성) Eurepeo ; 유럽인(남성)	Europe
Ewan ko.	에-완 꼬	나는 모른다.	I don't know.

G g			
gaán, kagaanán	가안, 까가아난	가벼움, 쉬움 gumaán ; 가벼워지다 magaán ; 가벼운, 쉬운 magpagaán ; 쉽도록 만들다, 용이하게(단순하게) 하다 nakagágaán, nagpápagaán ; 완화시키는, 누그러뜨리는, 부드럽게 하는 pagaanín, gaanán ; 가볍게 하다, 무게를 줄이다, 단순하게(쉽게) 하다	lightness, ease
gaanó	가아노	얼마만큼, 얼마나 Gaanó ka kataás? ; 키가 얼마냐? gaanó man ; 아무리 ~할 지라도 tiggagaanó ; 각각 얼마(몇 개) 씩	how much, what quantity or amount
gabáy	가바이	계단의 난간	banisters, handrail
gabí	가비	밤, 저녁 gabí-gabí ; 매일 밤 Gabíng-gabí na ; 벌써 늦은 밤이야. Kagabí ; 어제 밤, 간 밤 kinágabihán ; 그 날 밤에 gabihín, magabihán ; 늦은 저녁이 되다, 어두움에 묻히다 gumabí ; 저녁(밤)이 되다 hatinggabí ; 한밤중, 밤 12시 magpakagabí ; 늦은 밤까지 기다리다 magpagabí ; 저녁 때(어두워 질 때)까지 기다리다	night, evening
gabók	가복	먼지, 재 magabók ; 먼지 투성이의, 먼지가 많은 magabukán ; 먼지투성이가 되다, 먼지로 더러워지다	settled dust, ashes
gakgák	각각	수다, 허튼 소리, 수다쟁이 magakgák ; 수다떨기를 좋아하는,	babble, babbler

			허튼 소리를 잘 하는	
gadgád	갇갇	(옥수수 따위)껍데기를 벗긴 gadgaran ; 탈곡기 gadgarín, maggadgád ; 껍데기를 벗기다, 탈곡하다		shelled out
gagá, paggagá	가가, 빡가가	찬탈, 강탈, (여성)겁탈, 강간 gagahán, gaghán ; 겁탈(강간)하다 gagahín ; 찬탈(강탈)하다 manggagá ; 찬탈자, 강탈(횡령)자		usurpation, rape of a woman
gagád	가갇	흉내, 모방 gagarín, gumagád ; 흉내내다, 모방하다 manggagád ; 흉내내어 조롱하다		mimicry, imitation
gagambá	가감바	거미 bahay-gagambá ; 거미집		spider
gahamán	가하만	위협하는, 겁주는		threatening
gahasà	가하-사'	격렬한, 맹렬한, 성급한 kagahasaan ; 격렬, 폭행 gahasain, gumahasà ; 습격(폭행, 강간)하다		impetuous, rash
gahís	가히스	제압된, 무력해진, 정복당한 gahisín ; 제압(정복, 강간)하다 panggagahís ; 폭행, 강간		overpowered, subdued
galà, paggagalâ	가-ㄹ라', 빡가가-ㄹ라'	여행, 방랑, 유랑 galâ ; 이리저리 돌아다니는, 방랑성의 gumalà ; 방랑(유랑)하다, 돌아 다니다 pagalà ; 방랑자, 회장(回章), 안내장 palagalà ; 여행(방랑)하기 좋아하는		travelling, wandering
galák, kagalakán	갈락, 까갈라깐	기쁨, 환희, 행복 galakín ; ~를 격려하다 magalák ; 기뻐하다, 좋아하다		joy

galakgák	갈락갈	폭소, 큰 웃음	loud laughter
galamáy	갈라마이	촉수, 촉각, 손발(손가락 발가락) magalamáy ; 부속기관(器官 ; 팔, 다리, 손, 발 등)이 많은	tentacle, hands and feet
galán	갈란	여성에게 친절한 남자, (영화 등)남자 주인공	ladies' man, leading man in a play
galang, paggalang	가-ㄹ랑, 빠가-ㄹ랑	숭배, 존경, 경의 kagalangan ; 예의바름, 공손, 정중 kagalang-galang ; 존경스러운, 훌륭한 gumalang, igalang ; 존경하다, 기리다 magalang ; 경의를 표하는, 공손한, 예의바른	reverence, respect
galáng	갈랑	팔찌 nakagaláng ; 팔찌를 차고 있는	bracelet
galángalangán	갈라-ㅇ갈랑안	손목	wrist
galapóng	갈라뽕	쌀가루	rice flour
(galasgás) magalasgás	마갈라스가스	거치른, 매끄럽지 않은	rough, not smooth
galáw, paggaláw	갈라우, 빠갈라우	움직임, 행동 galawín, gumaláw, igaláw ; 움직이다, 이동시키다, 옮기다 magaláw ; 계속 움직이는 mágaláw ; 움직여지다, 이동되다, 옮겨지다	movement, action
galawád	갈라왈	한 아름	armful

galawgáw	갈라우<u>가</u>우	간지러움 galawgawín ; 간지럽히다 magalawgawán ; 간지러움을 타다 magalawgawin ; 간지러운, 간지러움을 타는	ticklish feeling
galing (sa ~)	가-ㄹ링 (사)	(~로)부터, galing sa ibá ; 간접적인, 전해 들은 saán galing ; 어디로 부터 manggaling (sa~) ; (~로)부터 오다(유래하다)	from
galíng, kagalingán	갈링, 까갈링<u>안</u>	우수함, 장점, 유용 kagálingan ; 안녕, 복지 gumalíng ; 좋아지다, 발전하다, (병이)낫다 makagalíng ; 치료하다 magalíng ; 좋은, 편리한, 노련한, 양호한 magalíng ang kamáy ; 숙련된 magalingín ; 인정하다, 받아들이다 magmagalíng ; 큰 소리치다, 허풍떨다 pagmamagalíng ; 자랑, 오만	merit, excellence, goodness
galit	가-ㄹ릿	노염, 성, 화 kumulô sa galit ; 화가 끓어 오르다, 흥분하다 kágalitán ; 불일치, 불협화음, 법석, 소란, 내분 kagalitan ; ~를 질책하다, 야단치다 kagalit-galit, nakagágalit ; 화나게 만드는 galít ; 화난 maggagalitín ; 성미 급한, 격하기 쉬운 magkánggagalit ; 광폭해지다, 격해지다 maggalít-galitan ; 화난척 하다 pagalít ; 화를 내면서 pagkamagalitín ; 성미 급함, 민감 pagpapagalit ; 성나게 함, 약 오름, 도전	anger

g(k-)almós	갈(깔)모스	할킨 자국(상처), 할킨 생채기	scratch, wound on skin
galos	가-ㄹ로스	몸이나 얼굴에 생긴 작은 상처(할킨 자국) galusan, magalusan ; 할켜지다 galusán, magalos ; 상처 투성이인 makagalos ; 할키다	slight scratch on face or body
galugad, paggalugad	갈루-갇, 빡갈루-갇	탐험, 탐험여행 galugarin, gumalugad ; 탐험하다 manggagalugad ; 탐험가	travel for exploration
gamas	가-마스	잡초 제거 gamasán, gamasin, gumagamas ; 잡초를 제거하다	weeding of plants
gamay, kamay	가-마이, 까-마이	~에 익숙한(습관화 된)	accustomed to, used to
gambalà	감바-ㄹ라'	지연시키기 위한 방해 gambalain, gumambalà ; 방해하다 makagambalà ; 방해하여 지연시키는 원인이 되다	delaying disturbance
gamból	감볼	심하게 맞은, 심하게 멍든 gambulín, gumamból ; 마구 때리다, 쳐서 상처를 내다, 멍들이다	badly beaten up, badly bruised
gamit	가-밑	사용, 이용, 실행, 적용 kagamitán ; 장비, 장치, 도구, 기구 gamitin ; 사용(이용)하다, 적용하다 gamitín ; 실용적인, 손에 잘 맞는, 쓸모있는, 유용한 pagkakagamit ; 사용법, 용법	use, utilization, exercise, application
gamót	가몯	약, 치료 gamót na pampasiglá ; 흥분제 gamót na pampaantók ; 수면제 gamutín, gumamót ; 치료하다 maggamót ; 스스로 치료하다 magpagamót ; 의사의 진찰을	medicine, cure

		받다 manggagamót ; 의사 manggamót ; 의사 개업을 하다 igamót, ipanggamót ; ~에게 약을 투약하다	
gampán	감빤	(역할, 임무, 의무 등)이행, 수행 gampanán ; 이행(수행)하다	fulfilling (of one's duty, role, etc.)
gana	가-나	식욕, 기호, 열정, 욕구, 흥미, 수입, 이익, (기계)작동, waláng-kagana-gana ; 전혀 흥미없는 ganado¹ ; 흥미를 느낀, 열정적인, 식욕을 느끼는 ganahin, gumana ; (돈을)벌다, (기계 등) 작동하다 magana ; 식욕이 왕성한, 이익이 되는, 열정적인 pampagana ; 전채, 식욕을 도우는 음식	appetite, enthusiasm, interest, earning, profit, functioning
ganado²	가나-도	가축, 소	livestock, cattle
ganán	가난	몫, 할당, 부분, sa ganáng akin ; 나로서는, 나의 의견은	share, part, portion
ganáp	가닢	완전한(…하게), 전체적인(…적으로), 철저한(…하게) kaganapan ; 완료, 달성, 성취 ganapín, gumanáp ; 이행하다, 수행하다, 성취하다 tagapagpaganáp ; 행정관, 집행위원	complete(…ly), total(…ly), perfect(…ly)
gandá, kagandahan	간다, 까간다-한	아름다움, 사랑스러움 gandahán ; 아름답게 하다(꾸미다) gumandá ; 아름다워지다 magandá ; 아름다운, 사랑스러운 magandahán ; (아름다움에)매혹되다, 이끌리다, 유혹되다 magandahín ; ~을 아름답다고 여기다 pagandá ; 미용품(美	beauty, loveliness

		容品) pagandahan ; 미인 대회	
ganít	가닡	강인함, 딱딱함, 뻣뻣함 maganít ; 강인한, 딱딱한, 뻣뻣한	roughness, hardness, stiffness
ganitó	가니또	이렇게, 이런 방법으로 sa ganitó ; 이 정도로 ganituhin ; 이렇게 하다(만들다) magkáganitó ; 이렇게 되다, 이런 상황에 이르다	like this, in this manner
ganoón	가노온	저렇게, 저런 방법으로	like that, in that way
gansâ	간사'	거위	goose
gantí	간띠	보답, 보복, 앙갚음 gantihan ; 상호성(관계) gantihán ; 갚다, 보상하다 gantihín ; 보답하다, 갚아 주다 gantimpagál ; 보상, 보은, 배상 gumantí ; 앙갚음 하다, 되갚다 gantimparusa ; 앙갚음, 보복	reward, requital
gantimpalà	간띰빠-ㄹ라'	보상, 배상, 포상(금) gantimpalaan ; 보상하다, 배상하다	reward, premium
ganyán, ganiyán	간얀, 가니얀	그렇게, 그런 방법으로	like that, in that way
gaod	가-올	노 gauran ; 노를 젓다	oar
gapang	가-빵	기어 가기, 포복 gumapang ; 기다, 포복하다	crawling
gapas	가-빠스	풀 베기, 잔디 깎기, 벼 베기 gapasin ; 베다, 베어 들이다 panggapas ; 풀 베는 기계	cutting of grass, rice talks

gapók	가뽈	(나무 등)속이 썩은, 쉽게 부서지는	rotten inside, fragile
gapóng	가뽕	(손, 발 등)잘린, 절단된 gapungín ; 절단하다 ipagapóng ; 절단시키다	amputated
gapos	가-뽀스	수갑, 속박 igapos ; 묶다, 속박하다	manacle
garà, kagaraan	까-라', 까가라-안	우아한 옷 맵시 garaan ; 우아하게(멋있게) 하다(치장하다) magarà ; 멋있는, 우아한, 날렵한	dressiness
garahe	가라-헤	차고	garage
garantiya	가란띠-야	보증, 담보	guarantee, warrant
garapa	가라-빠	아가리가 넓은 식탁용 유리병	decanter
garapál	가라뺄	드러내 놓고 뻔뻔스러운	openly shameless
garapata	가라빠-따	진드기	tick
garapón	가라뽄	아가리가 넓은 큰 단지	large jar
gasgás	가스가스	마손(…된), 마멸(…된), 찰과상, 긁힌 상처 gasgasín, gumasgás ; 할퀴다, 긁다 magasgás ; 쓸려서 벗겨진(아픈), 마찰로 소손된	abraision, scratch, worn-out by friction(use)
gasláw	가슬라우	(기질, 말투 등)신랄함, 퉁명스러움, 비속함 magasláw ; 신랄한, 투박한, 무례한	asperity, vulgarity
gasolina	가솔리-나	휘발유	gasoline

gaspáng	가스빵	(천 등)거침, 조악 gumaspáng ; 거칠어(험해)지다 magaspáng ; 거친, 험한, 상스러운	coarseness
(gastá) gastadór	가스따도르	돈을 헤프게 쓰는 (사람), 낭비하는 (사람), 방탕자 gastahán ; ~에 돈을 쓰다 gastahín, gumastá ; 돈을 쓰다	spendthrift
gastos	가-스또스	소용 경비, 지출, 비용 gastusán ; ~에 돈을 쓰다 gastusín ; 돈을 쓰다 magastos ; 비싼 pagastos ; 경비, 지출용 금액	expense, cost
gatas	가-따스	우유 kulay-gatas ; 유백색 may gatas pa sa labi ; 어린, 젖내 나는 simputî ng gatas ; 우유처럼 하얀 gumatas, gatasan ; 젖을 짜다 magatas ; 젖이 풍부한, 젖을 많이 내는	milk
gatgát	같같	홈, 톱니모양의 자국 gatgatán, maggatgát ; 톱니 자국을 내다	groove, indentation
gatong	가-똥	연료	fuel
gawâ, paggawâ	가와', 빡가와'	움직임, 행동, 노동, 일, 생산품, 임무 gawáng-bahay ; 집에서 만든 (것) gawáng-kamay ; 수제품(…의) kagagawán ; 행위, 불량 행동에 대한 책임 may-kagagawán ; 책임있는 gawâ ; 만들어진, 생산된 gawâ-gawâ lang ; 허구의, 만들어진 gáwáin ; 맡은 일, 임무, 사업 gawín, gumawâ ; 하다, 일하다, 만들다, 생산하다 gáwáan ; 일터, 공장 maggawâ ; 제조(생산)하다 magsagawâ ; 수행(이행)하다 manggagawâ ; 일	action, work, labor, product, duty

		꾼, 노동자 pagawâ ; 주문 제작된 págawaan ; 공장 panggawâ ; 도구, 기구	
gawad	가-왇	상, 상품, 선물 kagawad ; 동료, 회원, 멤버 kágawarán ; 정부 부서, ~부, Kágawarán ng Katarungan ; 법무부 gawaran, igawad ; 수여하다, (상을)주다	award, gift
gawgáw	가우가우	전분, 풀	starch
gawì¹, gawî	가-위', 가위'	관습, 습관, 버릇, 경향 gawî ; 습관이 된, 익숙한 kagawian ; 매너리즘, 버릇	custom, habit, tendency
gawì²	가-위'	방향 sa gawì rito ; 이 방향으로 sa gawì roón ; 저 방향으로 igawì ; ~을 어떤 방향으로 옮기다	direction
gaya	가-야	흉내, 모방, 유사한, 닮은, ~처럼 kagaya(gaya) ng ~ ; ~와 유사한, ~와 닮은, ~처럼 gayahan, gayahin, gumaya ; 모방(복사)하다, 베끼다 paggaya ; 모방, 흉내	imitation, like, similar
gayák	가얄	(1) 장식, 정돈, 정장, 의도 (2) 준비된, 정장을 갖춘, 잘 꾸민 gayakán ; 장식(정돈)하다, 꾸미다 gumayák, maggayák ; 정장을 입다, 장식하다 magayák ; 장식된, 잘 꾸며진 nakagayák ; 정장을 차려 입은	(1) decoration, trimming, attire, intention (2) prepared, dressed up, ornate
gayarí	가야리	이렇게, 이런 방법으로	like this, in this way

gayón	가욘	그러함(…한), 그와 같은 (것) kung gayón ; 그렇다면, 그런 경우 gayón din namán ; 역으로도(거꾸로도) 같은 gayón man ; 그렇지만, 그럼에도 불구하고 sa gayón ; 그것에 의해, 그것으로 Gayón palá! ; 과연 그렇군!	such, like that
gayuma	가유-마	요염, 사랑의 매력, 유혹 gayumahin ; 마법을 걸다, 유혹하다 gumayuma ; 꾀다, 유혹하다 magayuma ; 유혹되다, 꾐에 빠지다	love charm, attraction
gera, giyera	게-라, 기예-라	전쟁 gerero ; 전사, 무인, 용사	war
gibâ	기바'	파괴된, 전복된 gibá-gibâ ; 대부분 파괴된 gibaín, igibâ ; 파괴(폭파)하다 magibâ ; 전복(파괴)되다	demolished
giík	기익	타작, 탈곡 panggiík ; 탈곡기	threshing of grain stalks
giít	기읱	주장, 고집 gumiít, igiít, maggiít ; 주장(고집, 강요)하다	assertion, insistence
gilagid	길라-긷	잇몸	gum of the teeth
gilalas	길라-ㄹ라스	놀람, 경악, 소스라침 kagila-gilalas ; 굉장한, 대단한, 특별한 manggilalas ; 놀라다, 경악하다	astonishment, consternation
gilid	기-ㄹ릳	변두리, 가장자리, 경계 kagiliran ; (1) 환경, 주위 상황 (2) 수평선, 지평선 gumilid ; 변두리(가장자리)로 접근하다 tagilid ; 경사, 기울어짐 tumagilid ; 경사지다, 한 쪽으로 기울다 nakatagilid ; 비스듬한, 기울어진	edge, border, margin

giling	기-ㄹ링	제분, 갈기 gilingán ; 제분기, 맷돌 gilingin, gumiling ; 맷돌로 갈다, 빻다	grinding, milling
giliw	기-ㄹ리우	애인, 연인 gumiliw ; 사랑하다 magiliw ; 연모하는, 사랑하는	darling, affection
Ginang (약어 ; Gng.)	기-낭	부인, 여사	Mrs.
gináw	기나우	추움, 냉기 ginawín ; 차가와지다, 추위를 느끼다 magináw ; 추운, 차가운	cold, chill
ginhawa	긴하-와	편안, 안락, 쉬움, 편리 makaginhawa ; 편하게 하다, 쉽게 하다 maginhawa ; 편안한, 안락한, 편리한 nakagíginhawa ; 편하게 하는, (고통, 걱정)완화시키는	comfort, ease, convenience
Ginoó (약어 ; G.)	기노오	(남자)~씨, ~님 kaginoohan ; 남자들, 신사들, 신사다움(~다운 언행) máginoó ; 신사 máginoohín ; 신사다운, 품위있는	Mr., Sir
gintô	긴또'	금, 부(富) pandáy-gintô ; 금 세공업자 gintuín ; 도금하다, 금으로 만들다	gold, wealth
gipít	기삧	힘든, 어려운, 위급상황인 kagípitán ; 위기, 긴급상황 gipítin ; gumipít ; 위급상황(어려움)에 처하게 하다 magipít ; 위급상황(어려움)에 처하다	hard, severe, in difficulty
gisá	기사	살짝 튀김, 스튜 gisado ; 살짝 튀긴 gisahín, igisâ ; 살짝 튀기	sauté, stew

G

			다, 스튜요리로 하다	
gising	기-싱	기상, 잠을 깸, 일어 남 gisingin ; 깨우다 gumising ; 깨다, 일어나다	waking up from sleeping
gitara	기따-라	(악기)기타	guitar
(gitaw) paggitaw	빡기-따우	출현, 나타남, 발생	appearance, emergence
giting	기-띵	영웅적 행위(자질) magiting ; 영웅적인, 용감한	heroism, heroic character
gitlapì	긷라-삐'	(문법)삽입사	infix
gitnâ	긷뜨나'	가운데, 중간, sa gitnâ ng ~ ; ~의 사이에(중간에) gitnaín ; 에워싸다 igitnâ ; 한가운데에 두다 panggitnâ ; 한가운데의, 중간의	center, middle
giwang	기-왕	흔듬, 동요시킴	wobbling
giya	기-야	안내자, 가이드 giyahan, igiya ; 안내하다, 이끌다 gumiya ; 가이드 역할을 하다	guide
giyagis	기야-기스	괴로워하는, 고통받는	afflicted, tortured
glorya	글로-랴	영광, 명예, 천국, 하늘 나라	glory, honor, paradise, heaven

gobenadór	고베나도르	주지사, 통치자	governor
gobyerno	고비예-르노	정부	government
goma	고-마	고무, 지우개, 타이어, 콘돔, gomang pandilíg ; 고무 호스	rubber, eraser, tire, condom
goto	고-또	소의 내장, 소의 내장을 섞어 끓인 쌀죽	cow tripe, rice porridge mixed with tripe
grabe	그라-베	심각한, 진지한, 무게있는 grabedád ; 심각함, 엄숙함, (물리) 중력	serious, grave, weighty
grado	그라-도	등급, 학년, 정도, 눈금, 척도 graduhan ; 등급을 매기다	grade, degree, scale
gradwado	그랃와-도	졸업한, 마친, 졸업생	graduated, graduate
grasya	그라-샤	우아, 품위, 은총, 은혜	grace
Griyego	그리예-고	그리스, 그리스의, 그리스 사람	Greek, Grecian
gripo	그리-뽀	수도꼭지	faucet
gris	그리-스	회색	gray color
grupo	그루-뽀	그룹, 떼, 단체	group
gubat, kagubutan	구-밭, 까구바-딴	산림, 숲, 밀림, 정글 magubat ; 야생의, 황량한, 사람이 살고 있지 않은 manggubat ; 숲을 보호하다(좋아하다	forest, jungle
gugol	구-골	지출, 소요경비 gugulan ; 지출(소비)하다	expense

guhit	구-힡	선, 줄 guhit-balangkás ; 윤곽, 외형 guhit ng palad ; 운명 guhitan ; ~에 선을 긋다 salangguhit ; 밑줄	line, stripe
guhò	구-호'	붕괴, 와해, 함몰 gumuhò ; 붕괴되다, 함몰하다, 무너지다 iguhò ; 함몰시키다, 파괴하다	collapse, ruin, cave-in
gulantáng	굴란땅	놀람, 경악 gulantangín, gumulantáng ; 놀라게 하다, 경악시키다 mágulantáng ; 놀라다, 펄쩍 뛰다	state of being startled
gulang	구-ㄹ랑	나이, 연령 may-gulang ; 어른의, 성인의 magulang ; (1) 부모, (2) 성숙한 gulangan ; 경험자의 장점을 활용하다	age
gulat	구-ㄹ랕	충격, 타격, 쇼크 gulát ; 깜짝 놀란, 겁먹은, 충격 받은 kagulat-gulat ; 깜짝 놀랄만한, 대단한 gulatin ; 겁주다, 두려워하게 하다	shock, surprise
gulay	구-ㄹ라이	야채, 채소 gulayan ; 채소 밭	vegetable
guló	굴로	법석, 소동, 당황, 패닉 gumuló, guluhín ; 소동을 일으키다, 혼란시키다, 망쳐놓다 maguló ; 당황(혼란, 무질서)한 mangguguló ; 문제아 pangguló ; 방해, 간섭, 문제를 일으키는 사람(물건)	tumult, panic, riot
gulód	굴롣	언덕(야산) 꼭대기	hilltop
gulong	구-ㄹ롱	회전, 구르기 igulong ; 구르게(회전하게) 하다 magpagulong ;	roll

		굴리다, 회전시키다 mágulungan ; 치이다 Nágulungan siyá ng auto. ; 그는 차에 치였다.	
gulóng	굴롱	수레바퀴	wheel
gulugód	굴루곧	척추, 등뼈 taong may-gulugód ; 성격이 강한 사람	spine, backbone
gumok	구-목	방향전환, 왔다갔다 함	turning around, moving to and fro
(gumon) paggumon	빡구-몬	탐닉, 타락 gumúng-gumón ; 탐닉하는, 중독된 gumumon ; 탐닉하다, 빠지다, 중독되다 magpakagumon ; 자포자기하다, ~에 탐닉하다(중독되다)	wallowing
guníguní	구니-구니	예감, 착각, 망상 guníguníhín, máguniguní ; 망상에 빠지다, 공상하다	presentiment
gunitâ	구니따'	기억, 회상, 추억 gumunitâ, gunitaín ; 기념(회상, 추억)하다 ipagunitâ ; 생각나게(깨닫게) 하다 magunitâ ; 기억하다 tagapagpagunitâ ; 기념품	memory, recollection, reminiscence
gunting	군띵	가위	scissors
gupít	구삗	이발 gúpítan ; 이발소 magpagupít ; 이발하다	haircut
gupò	구-뽀'	파멸, 폐허, 잔해 gupô ; 산산이 부서진, 완전히 파괴된	ruin, ruins
gurò	구-로'	선생, 교사 punong-gurò ; 교장	teacher, instructor

gusalì	구사-ㄹ리'	건물, 빌딩, nápakataás na gusalì ; 마천루, 고층 빌딩	building
(gusgós) magusgós	마구스고스	너덜너덜한, 누더기의	in rags
gusót	구솓	엉킴, 혼잡, 난국, 곤란 gumusót, gustín ; 어지럽히다, 헝클어 뜨리다 gusót, magusót ; 헝클어진, 어지럽혀진, 난잡한	tangle, difficulty
gusto, gustó	구-스또, 구스또	(1) 좋아함, 선호함 (2) 좋아하다, 원하다 kagustuhan ; 의지, 욕망 gustuhín ; 의도하다, 원하다 gustúng-gustó ; 대단히 원하다	(1)liking, preference (2)like, want
gutingtíng	구띵띵	까다로운	fastidious
gutom	구-똠	배고픔, 기아, 공복 gutóm ; 배고픈 gutóm na gutóm ; 매우 배고픈 gutumin ; 굶기다, 굶어 죽게 하다 paggugutom ; 굶주림, 기아, 아사	hunger
guwantes	구와-ㄴ떼스	장갑	glove
guwapo	구와-뽀	(남자)잘 생긴, 미남인	handsome
guwardado	구와르다-도	보호받고 있는, 감시받고 있는	guarded
guwárdiyá	구와-ㄹ디야	보초, 파수꾼, 경호인 may-guwárdiyá ; 밀착 감시(경호)를 받는	guard, watchman

H h			
ha?	하	(의문조사)알겠어?, Umuwî ka agád, ha? ; 빨리 돌아가거라. 알겠어?	Do you understand?
habà	하-바'	길이 habâ;긴, 가늘고 긴, 오랜 sa hinabá-habà ; 결국 habaan ; 늘이다, 연장시키다 humabà ; 늘어나다, 길어지다, 연장되다 mahabà ; 긴, 오랜 mahabà ang buntót ; 버릇없는 아이 mahabà ang dilà ; 수다쟁이 mahabà ang kamáy ; 도둑 pahabâ ; 길이 방향으로, 세로의 parihabà ; 직사각형(~의) taluhabà ; 타원형의	length
habág	하박	동정, 슬픔, 연민 kahabagán ; ~를 동정하다 mahabág ; 불쌍히 여기다, 동정하다 waláng-habág ; 몰인정한, 무자비한 mahabagín ; 자비로운, 동정적인	pity, sorrow
habang	하-방	~동안, ~하는 동안은 habang-buhay(habambuhay) ; 평생의, 일생의 habang daán ; 줄곧, 내내, 계속 habang-panahón(habampanahón) ; 항상, 영원히	while, during, as long as
habáng	하방	불균형인, 비대칭의	unsymmetrical
Habì!	하-비'	옆으로 비켜라! humabì ; 옆으로 비키다, 길을 양보하다	Get out of the way!
habilin	하비-ㄹ린	(1) 유언 (2) 위탁 보관 물품 habilinan ; 위임(위탁)받다 ihabilin, maghabilin ; 맡기다, 위탁하다	(1)ast will (2)things given for safekeeping

habilóg	하빌록	타원형의	oval
hablá	하블라	고발, 고소 ihablá ; 고발(고소)하다 máhablá ; 고발되다	accusation
habol	하-볼	추적하는 대상, (편지)추신, 요구 habulin ; 쫓다, 추적하다 maghabol ; 항의(이의를 제기, 고소)하다 tighaból ; 늦은, 뒤늦은 paghabahol ; 요구, 권리 주장	object of pursuit, postscript, demand
habong	하-봉	임시로 지은 헛간, 은신처, 임시 거처	temporary shed, shelter
habubos	하부-보스	크고 튼튼한, 튼실한, 듬직한	big and strong
hakà	하-까̀	상상, 추측, (막연한)느낌, 의심쩍음 haká-hakà ; 근거가 미약한 의견, 논리적이지 못한 의견 hakain ; 의심(추측)하다	supposition, idea, suspicion
hakbáng	하끄방	걸음, 보폭, (댄스의)스텝, 과정, 경로 hakbangán ; 넘다, 넘어가다 hakbáng-hakbáng ; 한 걸음 한 걸음, 차근차근 humakbáng ; 걸음을 옮기다, 스텝을 밟다	step, course
hakot	하-꼴	한 짐, 분량, 적재량 humakot ; 옮기다, 운반하다 tagahakot ; 운반하는 사람, 운송인	load, quantity
hadhád	핟핟	(1) 마찰 (2) 문질러 벗겨진	(1)rubbing (2)rubbed off
hadláng	하들랑	장애물, 방해물 humadláng ; 막다, 방해(훼방)하다 paghadláng ; 훼방, 방해	obstacle, hindrance

hadlikâ	하들리까'	숭고, 고결함, 기품 mahadlikâ, maharlikâ ; 숭고한, 기품있는, 귀족적인	nobility
hagak	하-각	헐떡거림, 숨참 humagak ; 헐떡거리다, 숨차다	gasp, pant
hagad	하-갇	추적자, 뒤쫓는 사람, 교통 경찰 hagarin, manghagad ; 뒤쫓다, 추적하다 paghagad ; 추적, 뒤쫓음	pursuer, traffic policeman
hagahál	하가할	모욕적인, 불경스러운	insulting, disrespectful
hagkán	학깐	입맞춤, 키스(~하다) mahagkán ; 키스를 받다	kiss
hagdán	학단	사다리, 계단 hagdanan ; (난간 등을 포함한)계단	ladder, stairs
hagikgík	하긱낄	킬킬(숨죽여 웃는) 웃음 hagikgikán, humagikgík ; 킬킬 웃다	snicker
hagilap	하기-ㄹ랖	더듬어 찾음 hagilapin ; 더듬어 찾다 hagilapin sa alaala ; 기억해 내려고 애쓰다	groping for something
haginít	하기닡	날카로운 소리, 채찍소리 humaginít ; 낑낑 소리내다, 휙 소리내다, 삐 소리내다 pahaginitín ; 날카로운 소리를 내다	cracking sound, swishing sound
hagis, paghahagis	하-기스, 빡하하-기스	던지기 hagisan, ihagis, maghagis ; 던지다 hagisan ng tuwalya ; 항복하다	throw
hagod	하-곧	문지르기, 마사지, 쓰다듬기, 일필(一筆), (글자의)한 획 hagód ; 지쳐(옹색해) 보이는 hagurin ; 쓰다듬다, 마사지하다	rubbing, massage, stroke

hagpós	학뽀스	손으로 부드럽게 문지름(쓰다듬기) hagpusín, humagpós ; 문지르다, 쓰다듬다	gentle rubbing with the hand
hain	하-인	상에 차려진 음식 magpahain ; 상을 차리다	things laid on the table for a meal
Hala!	하-라	어서 하세요! 그렇게 하세요!	Go ahead!
halakhák	할락확	큰 소리로 웃음, 너털웃음 maghalakhák ; 큰 소리로 웃다	loud laughter
halagá	할라<u>가</u>	가격, 가치, 합계 액 bigyáng-halagá ; 강조하다, 중요성을 부여하다 halagáng-gintô ; 매우 비싼, 매우 귀중한 halagahán ; ~의 가격을 매기다, ~의 가치를 평가하다 maghalagá ; (자산, 물품 등)평가(감정)하다 mahalagá ; 비싼, 귀중한, 중요한, 심각한 비싼, 귀중한, mahalagahín ; 소중히 하다, 높이 평가하다, 고맙게 생각하다	price, value, sum
halaháb	할라합	태워 그슬려진	singed
halál	할랄	(1) 투표 (2) 선거에 의한 hálalan ; 선거 mahalál ; 선거로 뽑히다(선출되다)	(1)vote (2)elective
halaman	할라-만	초목, 숲 halamanan ; 정원 halamanin ; 식물(초목)을 가꾸다 maghahalamán ; 정원사	plant, bush
halang	하-랑	(1) 울타리, 통행 차단물 (2) 대리인(교체자) haláng ; 가로질러 놓여진 halagan ; 막다, 차단하다, 교체시키다	(1)barricade, crossbeam (2)alternate

halatâ	할라따'	선명한, 인지할 수 있는, 잘 보이는 halataín ; ~를 주목하다 humalatâ ; 인지(탐지, 구분)하다 magpahalatâ ; 주목을 끌다 mapanghalatâ ; 지각력이 뛰어난(강한)	obvious, noticeable, visible
halawháw	할라우하우	아수라장인, 뒤죽박죽 섞여 있는	disorderly
halay	하-ㄹ라이	음란, 외설, 추잡, 부도덕 halayin ; 순결을 더럽히다, 능욕하다 humalay ; 모욕하다, ~에게 무례한 행위를 하다 mahalay ; 부도덕한, 추잡한, 부적절한	obscenity, impurity, immorality
Hali!	하-ㄹ리	좋아요!, 그렇게 하세요! Halika!(단수), Halikayo!(복수) ; 이리 와. Halina¹! ; 자, 가자.	All right!, Go ahead!
halík	할릭	키스, 입맞춤 halikán ; ~에게 키스하다 maghálikan ; 서로 키스하다	kiss
haligi	할리-기	기둥, 지주, 전주 haligi ng tahanan ; 아버지(가정의 기둥)	post, pillar, pole
halili, kahalili	할리-ㄹ리, 까할리-ㄹ리	교체(~자), 대리인, 대체물, 후임자 hali-halili ; 교호하는, 주기적으로 바뀌는 halinhán ; ~를 교체하다, ~를 대신하다 humalili ; 교체하다, ~의 뒤를 잇다 maghalilí ; 번갈아 나타나다, 교체하다	replacement, substitute, successor
halimaw	할리-마우	(1) 야생동물, 들짐승, 야수 (2) 흉포한, 잔인한	(1)wild beast (2)wild, ferocious

H

halimbawà	할림바-와'	사례, 본보기, 모델 kahalimbawà ; 유사한, 비슷한 halimbawaan ; 예를 들어주다 halimbawain ; 모델(본보기)로 사용하다	example, model
halimhím	할림힘	부화하기 위해 알을 품음 halimhimán ; 알을 품다	brooding eggs
halimuyak	할리무-약	향기, 방향 humalimuyak ; 향기를 발산하다 mahalimuyak ; 향기로운	fragrance
halina²	할리-나	매력, 유혹 halinahin ; 유혹하다, 황홀케하다, 매혹시키다 mahalina ; 매혹되다, 이끌리다	glamour
halíng	할링	매우 좋아하는, 광적으로 좋아하는 kahalingán ; 열중, 열광 nakaháhalíng ; 열중한, 얼빠져 있는, 혹해 있는	extremely fond of
halíp	할맆	대신, 대리, 대체, sa halíp ng~ ; ~를 대신하여 halipán, ihalíp ; 바꾸다, 교체하다 panghalíp ; (문법)대명사	stead, substitute
halò	하-르로'	혼합(~물) haluan ; 섞어서 조절하다, 조합하다 haluán ; 섞인, 혼합된 halu-halò ; 혼합된 것, 팥빙수와 유사한 혼합음료 makihalò ; 섞이다, 혼합되다, 어울리다	mixture
halos	하-르로스	거의, 대체적으로, halos pumantáy ; 거의 같은(동일한)	almost, nearly
halubilo	할루비-르로	무리 속에 섞임(휩쓸림) humalubilo ; 섞이다, 함께 어울리다	mingling with a crowd
halukay	할루-까이	파내기, 뒤집기 halukayin, humalukay ; 뒤집다 maghalukay ; 파내다, 발굴하다	digging, turning over

halukipkíp	할루낍낍	팔짱을 낀 ihalukipkíp, maghalukipkíp ; 팔짱을 끼다	with arms folded
halumigmíg	할루믹믹	습기, 습한, 축축한 kahalumigmigán ; 습도	moisture, humid, damp
halungkát	할룽깥	뒤집어 가면서 샅샅이 찾는 수색 halungkatín ; 샅샅이 뒤지다	meticulous search in a topsy-turvy way
haluyhóy	할루이호이	고통으로 내는 신음소리 humaluyhóy ; 고통으로 신음소리를 내다	moan due to pain
hamak	하-막	낮은, 비천한, 초라한 kapahamakán ; 파국, 파멸 hamakin ; 격하(경멸)하다, 얕보다 humamak, manghamak ; 창피를 주다, 경멸(비방, 모욕)하다 paghamak ; 모욕, 경멸, 비방 mapanghamak ; 모욕적인, 경멸하는	humble, mean, shabby
hamaka	하마-까	해먹	hammock
hambál, pagkahambál	함발, 빡까함발	울적(우울)한 기분 kahambál-hambál ; 우울한, 울적한, 슬픈 mahambál ; 울적한(슬픈) 기분이 들다	doleful feeling
hambáw	함바우	피상적인, 얕은	superficial, shallow
hambíng	함빙	유사한, 비슷한 hambingan, paghahambíng ; 비교 ihambíng ; 비교(대조)하다 kung iháhambíng sa~ ; ~와 비교하여	similar
hambóg	함복	자랑하는, 허풍떠는 hambóg na hambóg ; 허영심 강한	proud, boastful

		hambugero ; 허풍떠는(자랑하는) 사람 maghambóg ; 자랑하다, 허풍떨다	
hamok	하-목	주먹싸움, 육박전 makihamok ; 주먹싸움에 달려들다 maghamok ; 주먹싸움을 하다, 육박전을 벌이다	hand-to-hand fight, fighting man-to-man
hamóg	하목	이슬, 수증기 hamóg na nagyelo ; 서리 humamóg ; 이슬이 맺히다 mahamóg ; 이슬의, 이슬에 젖은	dew, vapor
hamon, paghamon	하-몬, 빡하-몬	도전, 시합(결투)의 신청 hamunin, humamon ; 도전하다, 시합을 신청하다	challenge
hampás	함빠스	타격, 때리기, 매질 hampas-lupà ; 방랑자 hampás-bató ; 무직의, 직업이 없는, 실직 상태인 hampasán ; 매질하다(응징)하다, 때리다 panghampás ng langaw ; 파리채	blow, strike, flogging
hanap	하-낲	탐색, 수색, 찾기 hanapan, hanapin, humanap ; 찾다, 수색하다 hanapbuhay ; 직업 maghanáp ; 찾다, 추적(정찰)하다	search, quest
hanay	하-나이	줄, 열, 계급 hanay-hanay ; 일렬로 늘어선(정렬된) humanay ; 일렬로 늘어서다 ihanay ; 줄 세우다, 정렬시키다 pagkakahanay ; 정렬, 연속	row, line, rank
handâ	한다'	(1) 준비된, 채비를 갖춘, 경계중인 (2) 준비된 음식 handaan ; (식사가 준비된)파티 handaán ; ~를 위해 준비하다, 미리 계	(1)ready, alert (2)prepared food

		획(고려)하다 humandâ ; 준비하다 paghahandâ ; 준비, 예비	
handóg	한독	선물, 한턱 냄 ihandóg ; 제공(헌납)하다, 바치다 maghandóg ; (넘겨)주다, 선물하다	gift, treat
hantád, nakahantád	한딸, 나까한딸	드러난, 노출된 hántaran ; 훤히 다 보이는, 전체가 보이는	exposed
hangà	항-ㅇ아'	찬탄, 놀람, 경이 hangaan, humangà ; 감탄하다, 놀라다 pahangain ; ~에게 감명을 주다, ~을 감동시키다 tagahangà ; 찬미자, 숭배자	admiration, amazement
hangád	항앝	욕망, 야망, 의지 hangarín, maghangád ; 원하다, 찾다, 추구하다	desire, ambition, intention
hangál	항알	어리석은, 바보같은 kahangalán ; 어리석음, 바보스러움	stupid, idiotic, silly
hanggá	항가	결과, 성과 kahanggá ; 근접한, 인접한 hanggahan ; 끝, 말단, 경계 humanggá ; 정점에 이르다, 끝나다	result
hanggán	항간	끝, 경계, 한계, waláng-hanggán ; 무한한, 끝없는 kahanggán ; 이웃(사람, 집)	end, boundary, limit
hanggáng	항강	~까지, hanggáng saán ; 어디까지	till
hangháng	항항	매움, 얼얼함 mahangháng ; 매운, 얼얼한	pungency
hangin	하-ㅇ인	바람, 공기 hanging-amihan ; 산들바람 hanginán ; 통풍	wind, air

		humangin ; (바람이)불다 mahangin ; 바람이 (세게)부는 mahangin ang ulo ; 젠체하는, 우쭐한	
hangos	하-ㅇ오스	숨참, 헐떡거림, 숨이 차는, 헐떡 거리는	gasp, pant, out of breath
hapág	하빡	테이블, 탁자, hapág-kainán ; 식탁, hapág-pulungán ; 회의용 테이블, hapág-sulatán ; 책상, 사무용 테이블	table
hapay	하-빠이	기울어진, 경사진, 도산한, 망한 humapay ; 기울다, 경사지다, 도산하다 humapay-hapay ; 흔들리다 pahapay-hapay ; 흔들리는, 불안정한	leaning, tilted, bankrupt
hapdî	합 디'	쑤시는 고통(통증, 아픔) humapdî ; 쿡쿡 쑤시다, 찌르다, 고통을 주다 mahapdî ; 매우 고통스러운, 쿡쿡 쑤시는 mahapdî ang bituka ; 배고픈	stinging pain
hapis	하-삐스	(심신의)고통, 번민, 슬픔 hapís ; 슬픈, 침울한 nakahahapis ; 고민스러운, 고통스러운	anguish, grief
(hapit)hapít	하삩	(옷, 바지 등)조이는, 꽉 끼는 hapitin, humapit ; 조이게(팽팽하게) 하다	tight-fitting, taut
haplós	하쁠로스	부드럽게 어루만짐(문지르기) haplusín, humaplós ; 부드럽게 어루만지다, 애무하다	gentle rubbing or massage

hapò	하-뽀'	헐떡거림, 숨참, (의학)천식 hapô ; 지친, 기운이 빠진 hapuin, mahapò ; 지치다, 헐떡거리다	panting
hapon	하-뽄	오후 dapit-hapon ; 늦은 오후(~에), 황혼 kahapon ; 어제 kináhapunan ; 그 날 오후에 hapunan ; 저녁 식사 maghapon ; 하루 종일 maghapunan ; 저녁 식사를 하다	afternoon
Hapón	하뽄	일본 Hapón, Haponés, Haponesa(여성) ; 일본 사람 wikang Hapón, wikang Haponés ; 일본어	Japan
harang	하-랑	장애, 장벽, 장애물 harangan ; (길을)막다, 방해(차단)하다 humarang ; 길을 막다, 장애물을 설치하다 panghaharang ; 노상강도 행위, 불법 억류	bar, obstacle
haráp	하랖	앞, 정면 haráp-haráp ; 서로 마주 보는 kaharáp ; 향하는, 맞은 편의 harapán, harapín ; 향(대면)하다 sa hinaharáp ; 미래에 hináharáp ; 미래 humaráp ; 모습을 드러내다, 나타나다, 맞서다 iharáp ; 제시(제출)하다 magharáp ; 소개하다, 보여주다 panghinaharáp ; (문법)동사의 미래형 panahóng panghinaharáp ; 미래시제	front, façade
hardín	하르딘	정원 hardinera, -o ; 정원사	garden
harì	하-리'	왕 kaharián ; 왕국 makaharì, pangharì ; 왕의, 왕족의	king

H

		magharì ; 통치(지배)하다	
harina	하리-나	밀가루 harinahin, magharina ; 갈아서 밀가루로 만들다	flour
harok	하-록	코 골기 humarok ; 코를 골다	snoring
harós	하로스	못된 장난, 소동 maharós ; 장난치는, 희롱거리는	mischief, frolic
hasà	하-사'	갊, 연마, 뾰족하게 함, 단련, 숙련 hasâ ; 뾰족한, 숙련된 hasaán, panghasà ; 숫돌 maghasà, ihasà ; 갈다, 연마하다, 뾰족하게 하다	whetting, practise
hasang	하-상	(생선)아가미	gill
(hasap)hasapin	하사-삔	질식시키다 mahasap ; 질식되다	suffocate
hasík	하식	씨앗을 뿌림, 파종 hasikán ; ~에 씨를 뿌리다 maghasík, ihasík ; 씨앗을 뿌리다, 파종하다	sowing seeds
hasô	하소'	느슨하게 묶인, 쉽게 풀어지는	loosely tied, easily untied
hatak	하-딱	끌기, 당기기 haták ; 팽팽한, 조여진, 숙달된 humatak ; 당기다, 잡아끌다	pulling
hatì, paghahatì	하-띠'. 빡하하-띠'	나눔, 구분, 구획 hatî ; 반으로 나누어진 kalahatì ; 반, 절반 kalahating oras ; 반 시간(30분) hatiin, humatì, maghatì ; 반으로 나누다 tigkalahatì ; 반반씩, 공평하게	division, part

hatíd	하띧	호송, 호위, hatíd-dumapit ; 소문(~의), 풍문, 잡담(~풍의) hatirán ; ~에게 데려가다(넘겨주다), hatirang-karera ; 릴레이 경주 ihatíd, maghatíd ; 호송하다, 데리고 가다 pahatíd ; 통신, 전언, 급송, 급파 páhatiran ; 전달, 통신(…수단)	escorting
hatinggabí	하띵가비	☞gabí	
hatol	하-똘	판단, 판결, 선고, (의학)처방 hatulan, humatol ; 판단(선고, 유죄 판결) 하다 paghatol ; 판단, 선고, 유죄 판결 tagahatol ; 심판자, 판정관	decision, sentence, medical prescription
hawa	하-와	전염, 감염 hawa-hawa ; 전염(감염)된 mahawa ; 전염(감염)되다 nakakahawa ; 전염성의, 전염되는	infection
hawak	하-왁	움켜 쥠, 붙잡음, 손에 잡힌 may-hawak ; 소유(관리)하다 hawakan ; ~을 붙잡다 hawakán ; 손잡이, 핸들 humawak ; 쥐다, 손으로 잡다, 다루다	hold, held in the hand
hawáy, nakahawáy	하와이, 나까하와이	공중(하늘)에 떠 다니는, 매달려 있는	floating in the air, hanging from above
hawla	하-울라	새장	bird cage
hayà, paghayà	하-야', 빡하-야'	관용, 아량 hayaan ; 내버려 두다, 간섭하지 않다	tolerance
(hayag)pahayag	빠하-약	선포, 선언, 포고 malabong pahayag ; 일반론, 개요, 통칙	proclamation

		hayág ; 눈에 뛰는, 똑똑히 보이는, 공공연한 ihayág, maghayág ; 공개하다, 나타(드러)내다 ipahayag, magpahayag ; 선언(선포)하다 mamamahayág ; 신문 기자	
Hayan!	하-얀	거기!, 거기에 있잖아요!	There!
hayáng	하양	(씨앗)뿌려진, 살포된 ihayáng ; 뿌리다, 살포하다	spread out
hayap	하-얖	날카로움, 예리함 mahayap ; 날카로운, 예리한	sharpness, keenness
hayháy	하이하이	신선한 공기, 산들바람 mahayháy ; 신선한 공기가 풍부한, 산들바람이 부는	fresh air, breeze
Hayon!, Hayun!	하-욘, 하-윤	저기! 저기를 보세요!	There!
hayop	하-욥	동물, 짐승 hayupan ; 동물원, 동물농장 makahayop ; 잔인한, 금수와 같은 maghayop ; 동물을 기르다(사육하다, 돌보다) malahayop ; 동물적인, 동물처럼 pagkakahayop ; 잔인한 행위	animal, beast
hele	헤-레	자장가 ipaghele, maghele ; (어린아이)얼러서 재우다	lullaby
henerál	헤네랄	(군대)장군	general
henyo	헤-ㄴ요	천재, 비상한 재능을 갖은 사람	genius
hepe	헤-뻬	우두머리, 두목	chief, boss

heringgilya	헤링기-ㄹ랴	주사기	syringe
hero	헤-로	가축에 찍은 소인(燒印) heruhan, maghero ; 가축에 소인을 찍다 panghero ; 소인용 인두	brand on cattle
Heto!	헤-또	여기 있다! 이거다!	Here it is!
hibáng, nahíhibáng	히방, 나히-히방	정신착란의, 헛소리하는, 미친 hibáng na hibáng ; 매우 미친 kahibangán ; 의미없는(바보스러운) 대화 humibáng, makahibáng ; 정신착란을 일으키게 하다, 미치게 만들다 mahibáng ; 정신착란을 일으키다, ~에 대해 열광하다	delirious, mad
hibî, paghibî	히비', 빡히비'	(울려고)입술을 오무림 humibî ; 입술을 오무리다	pouting of the lips
hibík, paghibík	히빅, 빡히빅	탄원, 애원, 흐느낌 hibikán ; ~에게 애원(간청)하다 humibík ; 탄원(간청, 애원)하다, 흐느끼다	supplication, pleading, sobbing
hibilya	히비-ㄹ랴	죔쇠, 혁대 장식, 버클 ihibilya, maghibilya ; 죄다, 벨트를 채우다	buckle
hibò	히-보'	아첨, 꼬드김, 유혹 hibuin, humibò ; 아첨으로 유혹하다 manghihibò ; 아첨꾼, 유혹하는 사람	flattery, temptation
hikà	히-까'	(의학)천식 hikain ; 천식으로 고통받다 magkahikà ; 천식에 걸리다	asthma
hikáb	히깝	하품 humikáb ; 하품하다	yawn

H

hikahós	히까호스	궁핍한, 결핍한, 빈곤한 maghikahós ; 가난(궁핍)해지다 paghihikahós ; 궁핍한 상태	needy, destitute
hikaw	히-까우	귀걸이 hikawan ; 귀걸이를 달아 주다 maghikaw ; 귀걸이를 차고 있다	earring
hikayat	히까-얕	설득, 권유 humikayat ; 설득(권유)하다	persuation
hikbî	히끄비'	흐느낌, 흐느껴 우는 소리 humikbî ; 흐느껴 울다 pahikbî ; 흐느끼며	sob, sound of sob
hidwâ	히드와'	반대의, 적합치 않은, 불일치하는, 변칙적인 hidwaan ; 불화, 불일치	contrary, disagreeing, anomalous
higâ, pahigâ	히가', 빠히가'	누워있는, 수평의 hígaan ; 누워 쉬는 장소(침대, 소파 등) higaán ; ~에 눕다 ihigâ ; 눕히다, 침대에 내려 놓다	lying down, horizontal
higante	히가-ㄴ떼	거인	giant
higantí	히간띠	복수, 앙갚음 ipaghigantí ; 원수를 갚다, 복수하다 mapaghigantí ; 복수심에 불타는	revenge, reprisal
higing	히-깅	윙윙(소리) humiging ; 윙윙거리는 소리를 내다	hum, buzz
higít (sa~), mahigít (sa~)	히낕 (사), 마히낕 (사)	~보다 많은, 초과하는 higít pa ; 오히려 higít sa lahát ; 무엇보다도 kahigitán ; 과잉, 초과 higitín, humigít ; 능가(초과)하다, 낫다 humigít ; 수가 더 많다, 더 무겁다 humigít sa	more (than~), over

		timbáng ; 중량을 초과하다 humigít-kumulang ; 다소, 대충	
hignáw	힉나우	고요함, 평온 mahignáw ; 고요한, 평온한	serenity, calmness
higpít	힉삗	엄격, 엄중, 가혹, 꽉 조임 mahigpít ; 엄격한, 엄중한, 가혹한, 꽉 끼어있는	strictness, severity
hihip, paghihip	히-힢, 빡히-힢	훅 불기, 붊, 취주 hihipán ; 취주악기의 입에 무는 부분 hipan ; 불어 넣다, ~에 불다 humihip ; 훅 불다	blow, puff
hila	히-라	끌기, 당기기, 견인 hilahin ; 끌다, 당기다, 견인하다	pulling, dragging
hilakbót	힐락볻	공포, 두려움, 테러 manghilakbót ; 두려움을 느끼다, 공포에 떨다	fright, terror
hilakô	힐라꼬'	(상품)싸구려로 만들어진	poorly made
hilagà	힐라-가'	북쪽 hilagang-kanrulan ; 북서쪽 hilagang-silangan ; 북동쪽 kahilagaan ; 북쪽의, 북쪽에 위치한, 북부지역 kahila-hilagaan ; 최북단의 magpahilagà ; 북쪽으로 여행하다 pahilagà ; 북쪽 방향으로 pahilagang-kanrulan ; 북동쪽 방향으로	north
hilahod	힐라-혼	발을 질질 끔, 절뚝거림 hilahód ; 발을 질질 끄는, 절뚝거리는 humilahod ; 질질 끌다, 절뚝거리다	shuffle, limping
hilamos	힐라-모스	세수하기, 얼굴 씻기 hilamusan ; 다른 사람의 얼굴을 씻겨주다	washing of face

		maghilamos ; 세수하다, 얼굴을 씻다 panghilamos ; 세숫물	
hilatà	힐라-따'	큰 대자로 드러누운 humilatà ; 큰 대자로(외설스럽게) 누워 있다	sprawled
hiláw	힐라우	날 것의, 요리하지 않은, 덜 익은	raw, uncooked, unripe
hilera	힐레-라	줄, 열, 정열, 파일 hilé-hilera ; 줄 맞추어 정열된 humilera, ihilera ; 줄 세우다, 정렬시키다, 파일로 정리하다	row, alignment, file
hilí	힐리	자장가	lullaby
hilì, pananaghilì	히-ㄹ리', 빠나낙히-ㄹ리'	질투, 부러움, 시샘 mahilì, managhilì ; 질투(시샘, 부러워)하다 mapanaghilì ; 질투(시샘)하는, 부러워하는	envy
hilík	힐릭	코 곪 humilík ; 코를 골다	snore
hilig	히-ㄹ릭	좋아함, 기호, 욕구, 편애 hiligan ; ~에 기대다 humilig ; 기울다, 경사지다 mahilig ; 좋아하는, 경향이 있는 pahilíg ; 비스듬히 기울어진	liking, appetite, desire
hilíng	힐링	요구, 청원, 요청 hilingín, humilíng ; 애원하다, 간절히 요구하다, 청원하다 hilíng-hilingín ; 끈덕지게 조르다, 성가시게 요청하다	request, claim
hiliwíd	힐리윋	경사진, 기울어진	slanting, inclined
hilo, pagkahilo	히-ㄹ로, 빡까히-ㄹ로	어지러움, 현기증 hiló, nahíhilo ; 어지러운, 현기증 나는 hiluhin ; 어지럽게 만들다 mahilo ; 어지러움을 느끼다	dizziness

hilot	히-ㄹ롤	산파, 조산원 hilutin, humilot, maghilot ; 주무르다, 안마하다	midwife
hilukâ	힐루까'	쇠약한, 기운이 없는, 약한	languished, pale
himagas	히마-가스	후식, 디저트	dessert
himagáw	히마가우	목 쉰, 쉰 목소리의	hoarse
himagsík	히막실	반란, 반역, 폭동 maghimagsík ; 반란(폭동)을 일으키다, 반항하다 naghíhimagsík ; 반역의, 반란의, 폭동을 일으키는	revolt
himalâ	히말라'	기적, 경이 kahimá-himalâ ; 기적적인, 경이로운	miracle
(himan) mahiman	마히-만	(행동)완만하고 부드러운	slow and gentle
himangláw	히망라우	외로움, 고독	feeling of loneliness
himas	히-마스	애무, 부드러운 안마 himasin, humimas ; 부드럽게 안마하다	caressing, gentle massage
(himasmás) mahimasmás	마히마스마스	의식을 회복하다	regain consciousness
himasok	히마-속	간섭, 참견 manghimasok ; 침해하다, 간섭(참견)하다 mapanghimasok ; 간섭하는, 참견하는	interference, meddling
himat	히-맡	지나친 조심, 과도한 신중 mahimat ; 지나치게 조심하는	excessive carefulness

himatáy	히마따이	☞patáy	
himay¹	히-마이	(땅콩, 옥수수 등)껍데기 벗기기 maghimay¹ ; 껍데기를 벗기다	shelling grains
himay²	히-마이	일 마친 후의 휴식 maghimay² ; 일 마치고 휴식하다	rest after work
himaymay	히마-이마이	조용, 평안, 차분, 평온	tranquility
himbíng	힘빙	깊은 잠, 숙면 mahimbíng ; 깊이 잠든, 숙면의 náhihimbíng ; 숙면을 취하고 있는	deep sleeping
himig	히-믹	곡조, 멜로디, 선율 ihimig, humimig ; 콧노래를 부르다, 흥얼거리다	tune, melody
himláy, paghimláy	힘라이, 빠힘라이	쉬기(자기) 위해 누움 himlayan ; 침대, 눕는 장소, 무덤 humimlay ; 눕다	lying down to rest or sleep
himno	히-므노	찬송가	hymn
himok	히-목	권유, 설득 himukin, humimok ; 권유(설득)하다	persuation
(himod) himuran	히무-란	핥다, 핥아 먹다	lick
himpapawíd	힘빠빠윋	공중, 하늘, 우주 sa himpapawíd ; 공중에 hukbong-panghimpapawíd ; 공군 isahimpapawíd ; 방송하다	sky, space overhead
himpíl	힘삘	정지, 정차, 주차 himpilan ; 역, 정차 장소, (군사)기지, 전진기지 humimpíl ; 정지하다, 정차하다, 잠깐 머무르다	stop, park

himulmól	히물몰	(새, 닭 등)털을 뽑음 himulmulán, maghimulmól ; 털을 뽑다	plucking of feathers
hinà, kahinaan	히-나', 까히나-안	약함, 연약함, 부드러움, 섬세함 mahinà ; 약한, 연약한, 부드러운 mahinà ang tuhod ; 신체가 약한 mahinà ang ulo ; 겁 많은, 비겁한 hinaan ; 부드럽게(약하게) 하다, (소리)줄이다 huminà ; 줄어들다, 약해(부드러워)지다, 완화되다 panghihinà ; 피로, 약화, 노후화	weakness, frailty, softness, delicacy
hinakdál	히낙달	불평, 분개	complaint, resentment
hinagap	히나-갚	생각, 관념, 개념 di-mahíhinagap ; 예측할 수 없는 hinagapin, mahinagap ; 상상하다, 느끼다, 이해하다	idea, notion
hináharáp	히나-하랖	☞haráp	
hinahon, kahinahunan	히나-혼, 까히나후-난	자제, 침착, 신중 huminahon ; 마음을 가라 앉히다, 평정심을 찾다 mahinahon ; 신중한, 조용한, 부드러운	self-control, composure, prudence
hinalà	히나-ㄹ라'	혐의, 의심 kahiná-hinalà ; 의심스러운, 수상한 hinalain, maghinalà ; 의심하다	suspicion
hinamád, paghinamád	히나맏, 빡히나맏	팔 다리를 뻗어 기지개를 켬	stretching of one's arms and legs
hinampó	히남뽀	연인에게서 받은 마음의 상처	hurt feeling toward a loved one

hinanakít	히나나낕	분개, 노함, 원한 maghinanakít ; 노(분개)하다, 마음이 상하다	resentment
hinang	히-낭	용접, 납땜 hinangin ; 용접하여 잇다 ihinang, maghinang ; 용접하다, 납땜하다	weld, solder
hináw	히나우	손발을 씻음 hínáwan ; 세숫대, 세면대 hinawán, maghináw ; 손발을 씻다	washing hands and feet
hinawà, paghihinawà	히나-와', 빡히히나-와'	포만, 물림, 과다, 지침 manghinawà ; 지치다, 물리다, 싫증나다	satiety, surfeit, boredom
hinay, kahinayan	히-나이, 까히나-얀	(언행)느림, 굼뜸, 완만함 hinay-hinay ; 천천히, 조금씩 huminay ; (말, 행동)천천히 하다	slowness
hinayang	히나-양	후회 kahiná-hinayang ; 후회스러운, 통탄할 manghinayang ; 후회하다	regret
hindî	힌디'	아니요! ~이 아니다 hindî na ; 더 이상 없다 kung hindî ; 아니라면 hindî namán ; 전혀 아니다 máaring hindî ; 아마 아니다 hindián ; 부정적으로 대답하다 magpahindî ; 거절(부인)하다	no!, not
hindót	힌돝	성교, 성행위	copulation
hinhín, kahinhinán	힌힌, 까힌히난	겸손, 정숙, 얌전 mahinhín ; 겸손한, 정숙한, 얌전한	modesty

hininga	히니-ㅇ아	호흡, 숨쉬기	breath
hinlalakí	힌라라끼	엄지	thumb
hinlalato	힌랄라-또	중지, 가운데 손가락	middle finger
hinóg	히녹	익은, 성숙한, 익어 달콤한 kahinugán, pagkahinóg ; 성숙, 원숙 mahinóg ; 익다, 성숙해지다	ripe, mature, mellow
Hintáy!	힌따이	기다려!	Wait!
(hintáy) maghintáy	막힌따이	기다리다 hintayan ; 기다리는 장소 hintayín ; ~를 기다리다 paghihintáy ; 기다림	wait
hintô	힌또'	정지, 멈춤, 중지 hintuan ; 서는 곳, 멈추는 장소 hintuán ; ~에 서다(정지하다) humintô ; 중지하다, 멈추다 ihintô ; 정지시키다, 멈추게 하다 pagkahintô ; 막힘, 멈춤, 정지상태 pahintú-hintô ; 때때로 중단되는, 간헐적인	stop, intermission
hintutulí	힌뚜뚤리	귀지	earwax
hintuturò	힌뚜뚜-로'	검지, 집게 손가락	index finger
hin(g)ukó, paghin(g)ukó	힌(힝)우꼬, 빡힌(힝)우꼬	손톱 발톱 깍기 maghin(g)ukó ; 손톱 발톱을 깍다	cutting fingernails or toenails
hinuhà	히누-하'	추리, 추측, 추정, 추론 hinuhain ; 추론하다, 연역(演繹)하다	deduction, inference
hinulí	히눌리	귀지 제거, 귀 청소 hinulián ; 귀지를 파내다	removal of earwax

H

hi(-u-)nyangò	힌(훈)야-ㅇ오'	카멜레온	chameleon
hingá, paghingá	힝아, 빡힝아	숨, 호흡작용 hiningá ; 숨, 한 호흡, 한 숨 humingá ; 숨쉬다, 호흡하다 maghingá ; (마음의)짐을 덜다, 기분을 편케 하다 magpahingá ; 쉬다, 휴식하다 pahingá ; 쉼, 휴식 pahingahan ; 휴게실 waláng-pahingá ; 쉼없이, 쉼없는	respiration, wind
hingal	히-ㅇ알	숨참, 헐떡거림 híngalin ; 쉽게 지치는 humingal ; 숨차다, 헐떡거리다	gasp, pant
hingalô	힝알로'	죽음의 고통, 고뇌 maghingalô ; 죽음을 바로 앞에 두다	agony, death pangs
hingkód, humíhingkód	힝꼳, 후미-힝꼳	절름발이의, 불구가 된 humingkód ; 절뚝거리다	lame, crippled
hinggíl sa	힝길 사	~에 관하여	regarding, concerning
hingî	힝이'	요청, 요구, 청구, 요청된 것(물건 등) hing(i)ín, humingî ; 요청하다, 요구하다, 청구하다	request, requirement, things requested
hipag	히-빡	형수, 시누이, 올케, 처제, 처형	sister-in-law
hiphíp	힢훞	빨대(대롱 등)로 마심	drinking by means of straw, etc
hipíg, paghipíg	히삑, 빡히삑	졸기, 낮잠, 선잠 humipíg ; 잠깐 낮잠을 자다	nap
hipò	히-뽀'	접촉, 만지기, 스치기 hipuan, manghipò ; 타인의 은밀한 부	touch

		분을 만지다 hipuin, humipò ; 만져보다, 촉감으로 느끼다 mahipuan ; 음란하게 만져지다(만져짐을 당하다)	
hipon	히-뽄	새우 palahipuan ; 새우 양어장	shrimp
hirám	히람	빌린, 차용된 hir(a)mán ; ~에게서 빌리다 hir(a)mín, humirám ; 빌리다 ipahirám ; 빌려주다	borrowed
hirang	히-랑	선택, 선택된 것, 피지명인 hirang, hinirang ; 선택(지명, 지정)된 hirangin, humirang ; 뽑다, 선택(지정)하다 máhírang ; 뽑히다, 선택되다, 지명받다 mahirang ; 뽑을 수 있다, 선택(지명)할 수 있다	choice, appointee
hirap	히-랖	어려움, 곤란, (재해, 불행 등)후유증, 가난 hiráp ; 지친, 피로한, 가난한 humirap ; 어려워지다, 곤란해지다 mahirap ; 어려운, 곤란한, 가난한 magpahirap ; 어렵게 만들다, 곤란하게 하다	difficulty, trouble, trail, poverty
hirasól	히라솔	해바라기	sunflower
(hirati)mahirati	마히라-띠	~에 익숙해지다(습관이 되다) hiratí ; 익숙해진, 습관이 된 hiratihin ; 습관을 들이도록(익숙해지도록) 이끌다	be accustomed to ~
hirin	히-린	숨막힘, 질식 mahirinan ; 숨막히다, 질식하다	choking
hirís	히리스	경사진, 기운 ihirís ; 경사지게(기울어지게) 하다	slant

hiro postál	히-로 뽀스딸	송금환, 우편환	money order
hità	히-따'	넓적다리	thigh
hiwà	히-와'	상처, 베인 곳, 베어낸 조각 hiwaan ; ~에 새겨서 표시하다 hiwain, humiwà ; 째다, 상처를 내다, 베어(잘라)내다 máhiwà ; 베이다, 잘리다	cut, wound, slice
hiwagà	히와-가'	신비, 불가사의 mahiwagà ; 신비한, 불가사의한, 미묘한	mystery
hiwalay	히와-ㄹ라이	분리, 별거 hiwaláy ; 분리된, 별거의, 떨어져 있는 hiwalayan, humiwalay ; ~로 부터 멀어지다(별거하다), 이혼하다 ihiwalay ; 분리하다, 별거시키다 maghiwaláy ; 갈리다, 갈라(서로 멀어)지다 hiwá-hiwaláy ; 서로 멀리 떨어져 있는	separation
hiwatig, pahiwatig	히와-딕, 빠히와-딕	암시, 넌지시 비춤 ipahiwatig ; 암시하다, 넌지시 비추다, 보여주다 pahiwatíg ; 함축(암시)적인, 비유적으로	hint, suggestion
hiyâ	히야'	부끄럼, 수치, 창피, 불명예, magbigáy-hiyá ; 존경하다 kahiyá-hiyâ ; 부끄러운, 창피한, 불명예스러운 káhiyaan ; 체면을 지키기 위한 행위 hiyaín, humiyâ, manghiyâ ; 난처케 하다, 수치스럽게 하다, 창피를 주다 mahiyâ ; 수치심을 느끼다, 수줍어하다, Huwág kang mahihiyâ. ; 마음놓고 많이 드세요. Makahiyâ ; 부끄럽게 여기다, (식물)미모사(건들면 잎이	shame, disgrace

		오그라듬.) mahiyain ; 부끄러워하는, 수줍음타는 waláng-hiyâ ; 부끄러워 할 줄 모르는, 뻔뻔한	
hiyáng, kahiyáng	히양, 까히양	(기후, 음식 등)적합한, 알맞은 kahiyangán, pagkahiyáng ; 적합, 알맞음, 적당함 magkahiyáng ; 양립하는, 잘 어울리는 máhiyáng, humiyáng ; (기후, 음식 등)적합하다, 알맞다	suited, compatible
hiyás	히야스	보석, 장식품	jewel, ornament
hiyáw	히야우	외침, 절규, 비명 humiyáw ; 고함치다, 소리치다, 외치다	scream, yell
hopyá	호삐야	단팥이 든 케이크	cake stuffed with mashed sweet beans
hototay	호또-따이	계란과 야채가 든 닭죽	chicken soup with eggs and vegetables
hoyo	호-요	(골프)구멍, 홀	golf hole
hubád	후받	(허리 윗 부분)벗은, 나체의 hubarán, hubdán ; ~의 옷을 벗기다 hubarín ; 옷을 벗다 hubú't-hubád ; 전라의, 발가벗은 maghubád ; (허리 윗 부분)벗다 maghubú't-hubád ; 발가벗다	naked from the waist up
hubô	후보'	(허리 아랫 부분)벗은, 나체의 maghubô ; (허리 아랫 부분)벗다	naked from the waist down
hubog	후-복	아치 모양, 활 모양 hubóg ; 약간 휘어진(구부러진) may	shape of arch

		magandáng hubog ; 모양이 좋은, 볼품있는 waláng-hubog ; 모양새가 안 좋은, 볼품없는 hubugin, humubog, ihubog ; 구부리다, 휘게 하다, 모양을 만들다	
hukay	후-까이	구멍, 구덩이, 우묵한 곳, hukay na patibóng ; 함정 humukay, maghukay ; 구덩이를 파다, 땅을 파내다	hole, pit, hollow
hukbó	훅보	군대, 군, hukbóng-katihan ; 육군, hukbóng-dagat ; 해군, hukbóng-panghimpapawíd ; 공군, hukbóng-sandatahán ; 군, 전군, hukbóng-lakad ; 보병 panghukbó ; 군의, 군대의, 군인의	army
huklób	후끌롭	나이 많은, 노쇠한	decrepit
hukóm	후꼼	재판관, 판사, Hukóm-Tagapamayapà ; 치안판사 húkúman ; 법원, 법정 Kátátaas-taasang Húkúman ; 대법원 Húkúman sa Paghahabol ; 상소법원 Húkumang Unang Dulugan ; 1심 법원 hukumán ; 형을 선고하다 paghuhukóm ; 공판, 재판, 심리	judge
hukóng	후꽁	곱사등이의	hunchbacked
hudyát	후지얕	경보, 신호, 암호 hudyatán ; ~에게 신호하다 humudyát ; 소리로 신호하다, 경보음을 내다 ihudyát ; 신호로 통신(문)을 보	alert, signal, password

		내다 maghudyát ; 경고를 주다, 미리 알리다	
hugadór	후가도르	노름꾼	gambler
hugas, paghuhugas	후-가스, 빡후후-가스	(몸, 옷, 그릇 등)씻기, 세척, 세탁 hugas-bigás ; 쌀뜨물 hugasan, maghugas ; 씻다, (물에)담그다, 적시다 hugasán ; 세면대, 세숫대, 빨래통 ipahugas ; ~에게 ~을 씻도록 하다	washing
hughóg	훅혹	빨래 헹구기 hughugán ; 빨래를 헹구다	rinsing clothes
hugis-	후-기스	(접두사)~모양의, ~처럼 생긴 hugis-kandilà ; 양초처럼 생긴 hugis-tao ; 사람 모양의 hugis-pusò ; 하트 모양의	shaped like~
hugis	후-기스	형상, 모양, 형태, 모형 hugisin, humugis ; 모양짓다, 형체를 만들다, 형성하다	shape, model
hugong	후-공	윙윙(소리), 웅얼거리는 소리 humugong ; 윙윙(웅얼)거리다	buzzing sound, murmur
hugot, paghugot	후-곧, 빡후-곧	칼집에서 칼을 뽑기, 선택, 채택 hugutin, humugot ; 뽑다, 선택하다, 채택하다	unsheathing, selecting, adaptation
hugpóng	훅뽕	이음매, 연결, 접합 ihugpóng ; 잇다, 연결(결합)하다	juncture
huhô, pagkahuhô	후호', 빡까후호'	누출, 쏟아짐, 산사태 huhuán ; 쏟아 붓다	leakage, overflow, landslide
hulà, paghulà	후-ㄹ라', 빡후-ㄹ라'	예측, 예언, 추측 hulaan, humulà, manghulà ; 예언(추측, 예상)하다 manghuhulà ; 점쟁이 magpahulà ; 점을 보다, 운	forecast, guess

		수를 점쳐 보다	
hulapì	훌라-삐'	(문법)접미사	suffix
huli, ang huli	후-리, 앙 후-리	붙듬, 잡음(잡은 것), 포획(~물), 어획(~물) hulihin, humuli ; 붙들다, 잡다 máhúli ; 붙들리다, 잡히다, 포획되다 manghuli ; (물고기, 새 등)많이 잡다	catch
hulí, hulihán	훌<u>리</u>, 훌리<u>한</u>	꼬리, 끝단, 후미, 후방 sa hulí ; 뒤에, 배후에 hulí ; 늦은, 마지막의 kahulihán ; 늦음, 더딤, 느림 káhulí-hulihan ; 가장 뒤쪽의, 최근의 ihulí, ipaghulí ; 끝(마지막)에 두다 máhulí ; 늦어지다, 연기되다 pagkáhulí ; 느림, 늦어짐, 뒤쳐짐	tail, end, rear
(hulilip)walán g-kahulilip	왈랑 까훌리-리립	비교할 수 없는	uncomparable
hulò, paghnhnlò	후-르로', 빡후후-르로'	합리화 mahulò ; (결론 등)추론하다, 연역하다	rationalization
hulog¹, pagkahulog	후-르록, 빡까후-르록	떨어짐, 낙하 hulog ng langit ; 하늘의 선물 mahulog ; 떨어지다, 낙하하다 magpakahulog, magpatihulog ; 의도적으로 떨어지다, 투신하다 hulugan ; ~에 투하하다, ~에 떨어뜨리다	fall, drop
hulog², kahulugán	후-르록, 까훌루<u>간</u>	의미, 뜻, 의의, 의향 magbigáy-kahulugán ; 뜻을 전달하다 magkaroón ng kahulugán ; 이해되다, 도리에 맞다	meaning, significance, intent

		kasingkahulugán ; 동의어의, 유사어의, 같은 의미의 makahulugán ; 의미있는, 뜻있는, 중요한 mangahulugán ; 뜻하다, 의미하다	
hulog³, paghuhulog	후-ㄹ록, 빡후후-ㄹ록	번역 ihulog sa ibáng wikà ; 번역하다	translation
Hulyo	후-ㄹ요	7월	July
humpáy	홈빠이	중지, 중단, 멈춤, maghumpáy ; 중지(중단)하다, 멈추다, waláng-humpáy ; 끊임없는, 계속하는, 멈추지 않는	pause, stop
hunâ, kahunaán	후나', 까후나안	노쇠, 노후, 약함, 부서지기 쉬움, humunâ ; 구조적으로 약해지다, mahunâ ; 구조상 약한(부서지기 쉬운)	decrepitude, weakness, fragility
huni, paghuni	후-니, 빡후-니	짹짹, 찍찍, 지저귐, humuni ; 짹짹(찍찍)울다, 지저귀다	chirping, twittering
hunos, paghuhunos	후-노스, 빡후후-노스	(새, 뱀 등)털갈이, 탈피, maghunos ; 털갈이(탈피)하다	molt
hunta	후-ㄴ따	대화, 대담, 좌담, maghunta ; …하다, huntahan ; 대담하는 사람들, 대담장소	conversation, talking
hunusdilì	후누스디-리'	신중, 조심, 세심, maghunusdilì ; 조심하다, 신중을 기하다	prudence
Hunyo	후-ㄴ요	6월	June
hungkág	훙깍	옴폭한, 우묵한, 속이 빈, 비어 있는	concave, hollow, empty

hupâ, paghupâ	후빠', 빡후빠'	감소, 축소, 누구러뜨림, 약하게 함 humupâ ; 감소하다, 줄어들다 pahupaín ; 세기를 줄이다, 완화시키다	diminution, mitigation
hura, paghura	후-라, 빡후-라	서약(~하기), 맹세(~하기) humura ; 서약(맹세)하다	oath, taking an oath
hurnó	후르노	오븐, 가마, 화덕 hurnuhín, maghurnó ; 굽다, 오븐으로 요리하다	oven
husay, kahusayan	후-사이, 까후사-얀	능력, 재능, 기술 husayin ; 정리하다, 잘(요령있게) 처리하다 mahusay ; 능력있는, 잘하는	efficiency, ability, skill
husgá, paghusgá	후스가, 빡후스가	형을 선고함 husgahán, humusgá ; ~에게 형을 선고하다	passing judgement
husgado	후스가-도	법원, 법정	court of justice
hustó	후스또	적절한, 정확한, 충분한, 최근의 kahustuhán ; 정확, 완전, 완벽 hustuhín ; 완성하다 hustúng-hustó ; 아주 정확한(적절한), 매우 잘 맞는 maghustó ; ~에 맞다, 적합하다 mahustó ; 완전(정확)해지다	adequate, correct, enough, up-to-date
huthót	훝홀	빨아들임, 흡수 humuthót, maghuthót ; 부당이득(폭리)를 취하다, 강탈하다	sucking
huwád	후왇	가짜의, 모조의, 위조된 humuwád, huwarín ; 위조(모방)하다, 베끼다	dummy, fake

huwág	후왁	하지마(~세요). * 부정 명령, Huwág kang kumain ; 먹지마.	do not
Huwebes	후웨-베스	목요일	Thursday
huwego	후웨-고	노름, 도박, 내기 maghuwego ; 노름(도박)하다 maghuhuwegó ; 노름꾼, 도박꾼	gambling
huwés	후웨스	재판관, 판사	judge
huwisyo[1]	후위-쇼	법정, 선고 huwísyuhín ; 판결을 내리다, 형을 선고하다	court trial, sentence
huwisyo[2]	후위-쇼	상식	common sense

H

I i

ibá	이바	다른 것(사람, 물건 등), 틀린, 다른 at ibá pa ; 기타(etc.) kakaibá ; 유일한, 독특한, 특이한 ibahín ; 틀리게 만들다, 변경(개정)하다 ibá't ibá ; 여러가지의, 다양한 ikaibá ; 구별짓다, 차별하다 mag-ibá-ibá ; 계속 변하다 máibá ; 이질감(불편)을 느끼다, 생소하다	other, another, different
ibabâ	이바바'	아래, 밑, 아랫 부분, 밑 부분 ☞babâ, sa ibabâ (ng~)(~의)밑에, (~의)아래에	under part, lower part
ibabaw	이바-바우	윗면, 표면, 윗 부분 sa ibabaw ; 위에, 더 높은 곳에 sa ibabaw ng lahát ; 무엇보다, 우선 magpaibabaw ; 표면처리를 하다, (도로)포장하다, 위에 놓다(얹다) mangibabaw ; 떠오르다, 정상에 오르다, 군림(압도)하다 nakapangíngibabaw ; 군림하는, 지배적인, 우세한 pang-ibabaw ; 합판용 박판, 미장용 덧붙임 pangibabawan ; 군림(지배, 압도)하다	top, surface, upper part
ibayo¹	이바-요	(바다, 강, 도로 등)건너 편, 반대 편 magkaibayo ; 서로 마주 보는 mangibayo ; (바다, 강, 도로 등)건너 편으로 가다(항해·여행하다)	opposite or other side
ibayo²	이바-요	겹으로 된(두 겹, 삼 겹 등), 이중의, 두배의 ibayuhin, magibayo ; 배가하다, 두배로 늘이다	fold, double, doubly

ibig, pag-ibig	이-빅, 빡이-빅	사랑, 좋아함, 애정 ibigin, umibig ; 사랑하다 kaibigan ; 친구 pagkakaibigan ; 우정 kaibig-ibig ; 사랑스러운, 반하게 하는 mag-íbígan ; 서로 사랑하다 palaibíg ; 연모(사모)하는	love, fondness, affection
ibís, pag-iibís	이비스, 빡이이비스	하역, 짐을 내림 ib(i)sán, ib(i)sín, magibís ; 하역하다, 짐을 내리다 umibís ; (탈 것에서)내리다, 하차(하선)하다	unloading
ibís², kaibsán, pagkaibís	이비스, 까이비산, 빡까이비스	(육체적, 정신적 고통, 아픔, 괴로움 등)경감, 완화 maibsán ; (고통, 슬픔, 부담 등)벗어나다, 해방되다	relief from pain, sorrow. etc.
ibô, pagibô	이보', 빡이보'	움직임, 활동, 동작 makaibô ; 움직일 수 있다, 동작 가능하다	movement, action
ibon	이-본	새 ibong-máninilà ; 맹금 ibong malayà ; 총각 ibunan ; 새장, 조류 사육장 mag-ibon ; 새를 키우다 mag-iibón ; 새장사 mangibon ; 새를 잡다	bird
(ibutod) káibuturan	까-이부뚜란	정 중앙, 한 가운데, 가장 깊은 곳	the very center, the utmost center
ikâ, pag-ikâ	이까', 빡이까'	절룩거림, 절뚝거리며 걸음 umikâ ; 절룩거리며 걷다	limp in walking
ikáw	이까우	너, 당신	you
ikay, pag-ikay	이-까이, 빡이-까이	완벽하게(철저하게) 함(마침) ikáy ; 완벽하게 마친(만들어진) ikayin, umikay ; 완벽하게 하다	doing completely or thoroughly
ikid	이-낃	(로프, 와이어 등)사리, 감은 것, 권축, 롤, 나선 용수철	roll, coil, spiral

		ikirán ; ~에 감다 ikirin, iikid, mag-ikid ; (실을)잣다, 방적하다, 감다	
iklî, kaiklián	이끌리', 까이끌리안	(길이, 시간)짧음 maiklî ; 짧은, 단시간의, 간결한 iklián, paikliín ; 줄이다, 단축(생략)하다 mangiklî ; 짧아지다, 줄어들다 pinaiklî ; 줄어든, 짧아진, 단축된 umiklî ; 줄다, 수축하다, 짧아지다	shortness
ikot, pag-ikot	이-꼴, 빡이-꼴	순환, 빙글빙글 돔, 회전 umikot ; 순환하다, 돌다 paikutin ; 돌리다, 회전시키다	turning around, rotation
i(e-)ksamen	익(엑)사-멘	시험, 테스트 i(e-)ksaminin, umi(-e-)ksamen ; 시험(테스트)하다	test, exam
iksî, kaiksián	익시', 까익시안	짧음 maiksî ; 짧은	shortness
idlíp	이들맆	겉잠, 수잠, 졸기, 낮잠 máidlíp, umidlíp ; 졸다, 겉잠 자다	nap, snooze, light sleep
igá, naigá	이가, 나이가	마른, 증발된 maigá ; 마르다, 증발하다	dry, evaporated
igaya, kaigayahan	이가-야, 까이가야-한	즐거움, 매력, 평온 kaigá-igaya ; 기쁜, 즐거운, 매력적인, 평안한 igayahin ; 끌다, 매혹(유혹)하다 maigaya ; 이끌리다, 유혹되다	delight, charm, tranquillity
igkás, pag-igkás	익까스, 빡익까스	(용수철 등)되튐, 반동 umigkás ; 되튀다, 반동하다	recoil

igi, kaigihan	이-기, 까이기-한	선함, 좋음, 우수함, maigi ; 좋은, 훌륭한	goodness, fineness, excellence
igík, pag-igík	이길, 빡이길	(돼지 등)꿀꿀거리는 소리, 그르렁 거리며 말함 umigík, mápaigík ; 꿀꿀거리다, 그르렁 거리며 말하다	grunt
igíg, pagigíg	이긱, 빡이긱	(통에 더 넣기 위해, 나무열매를 따기 위해)흔듬, 체로 침 igigín ; 흔들다, (밀가루 등)체로 치다	shaking, sifting
iglesya	이글레-샤	교회	church
igos	이-고스	무화과	fig
igsî, kaigsián	익시', 까익시안	짧음 maigsî ; 짧은 igsián ; 짧게 하다, 단축하다, umigsî ; 짧아지다, 줄어들다	shortness
igtíng, kaigtingán	익띵, 까익띵안	바짝(팽팽히) 죔 igtingán ; 팽팽히 죄다 maigtíng ; 팽팽한, 바짝 죄어진	tightness, tension
ihaw, pag-ihaw	이-하우, 빡이-하우	(고기 등)불에 굽기 ihawán ; 굽는 도구 iihaw, mag-ihaw ; 굽다 inihaw ; 불에 구워진	roasting
ihì	이-히'	소변, 오줌 umihì ; 소변보다, 오줌누다 ihián ; 소변기, 소변소 ihian, máihian ; ~에 소변보다, ~에 오줌누다	urine
ilag, pag-ilag	이-ㄹ락, 빡이-ㄹ락	살짝(홱) 몸을 피하기, 회피 ilagan, umilag ; 살짝 몸을 피하다, 회피하다 mailagan ; 막다, 격퇴하다, 피하다	dodging, evasion

ilalim	일라-ㄹ림	(밑)바닥 sa ilalim ; 바닥에 sa ilalim ng~ ; ~의 밑에 káilaliman ; 가장 깊은(낮은) 곳 ipailalim ; 종속시키다, 관리하(하위)에 두다 pailalim ; 내려가다 sumailalim, pumailalim ; 복종(굴복)하다, 따르다	bottom
ilán	일란	약간, 얼마정도, 조금 kailanán ; (문법)수사 íilán ; 단지 약간 (몇몇의), 매우 작은 수의	a few, some, a handful
Ilán?	일란	몇? Iláng tao? ; 몇 사람 Iláng piraso ; 몇 개? Kailán? ; 언제? Ílánan? ; 몇 씩?	How many?
ilandáng	일란당	분수 또는 샘에서 물의 분출	shooting up of water from a fountain
iláng	일랑	사막, 황무지	desert, waste
ilangláng	일랑일랑	솟아(날아, 떠) 오름 magpailangláng ; 솟구쳐 오르다 pumailangláng ; 솟아(날아) 오르다	soaring, rising
iláp, kailapán	일랖, 까일라빤	야생, 길들여지지 않은 상태 mailáp ; 야생의, 길들여지지 않은	wildness, undomesticated state
ilaw	이-ㄹ라우	빛, 등불, 불꽃, ilaw na pansenyas ; 횃불, 봉화, 신호용 등, ilaw sa unahán ; (차량)전조등, 헤드라이트 ilawán ; 등, 등불, 램프 ilawan, mag-ilaw ; 조명하다, 밝게 하다 umilaw ; 불이 켜지다(붙다)	light

ilay, pagkailay	이-ㄹ라이, 빡까이-ㄹ라이	(배, 비행기, 차)멀미, (음식에 의한)욕지기	nausea caused by vehicle or food
ilíng, pag-ilíng	일링, 빡일링	거절의 의미로 머리를 흔듬 umilíng ; 머리를 흔들어 반대하다	shaking of the head in denial
ilit, pag-ilit	이-ㄹ릳, 빡이-ㄹ릳	몰수, 압류, 탈취 ilitin, umilit ; 몰수(압류, 탈취)하다 máilit ; 몰수되다	confiscation, usurpation
ilog	이-ㄹ록	강 iná ng ilog ; 강의 수원지 tabíng-ilog ; 강변 wawà ng ilog ; 강 입구 ilug-ilugan ; 개울, 시내	river
ilóng	일롱	코 butas ng ilóng ; 콧구멍 galing sa ilóng ; 비음의 sarát na ilóng ; 들창코	nose
imahinasyón	이마히나숀	상상	imagination
imbabáw, kaimbabawan	임바바우, 까임바바-완	외부, 표면, 외모 mapagpa-imbabáw ; 표면상의, 피상(위선)적인	exterior
(imbák) pag-iimbák	빡이임박	보관, 저장 imbakan ; 저장고, 보관창고 inimbák ; (1) 저장된, 보관된, (2) 저장된 물건 mag-imbák ; 보관(저장, 보존)하다	coservation, storage
imbáw, pag-imbáw	임바우, 빡임바우	뜀, 도약 imbawán ; 겹쳐놓다, 위에 놓다 inimbáw, nakaimbáw ; 중첩된, 겹쳐진 umimbáw ; 뛰다, 점프하다, 뛰어 올라타다	leap, jump

imbayog, pag-imbayog	임바-욕, 빡임바-욕	(시계 추 등 매달려 있는 물체)흔들림, 진동 umimbayog ; 흔들리다, 진동하다	swing, swaying
imbento	임베-ㄴ또	발명, 발명품 imbentuhín, umimbento ; 발명하다, (이야기, 거짓말 등)꾸며내다, 조작하다	invention
(imbestigá)mag-imbestigá	막임베스띠가	조사하다	investigate
imbót, kaimbután	임봍, 까임부딴	탐욕, 욕심, 갈망, 이기심 mag-imbót, imbutín ; 욕심내다, 탐욕을 부리다, 갈망하다 maimbót ; 욕심내는, 탐욕을 부리는, 갈망하는 pag-iimbót ; 탐욕(욕심)스런 행위 waláng pag-iimbót ; 욕심(관심)없는	covetousness, eager desire, selfishness
imbulóg, pag-imbulóg	임불록, 빡임불록	솟아오름, (비행체)급상승 magpaimbulóg, umimbulóg ; 솟아오르다	soar, zoom
imbulsá, pag-iimbulsá	임불사, 빡이임불사	(빚 등)상환, 변상 imbulsahán, pag-imbulsahán ; 갚다, 상환(변상)하다	reimbursement
imík, pag-imík	이믹, 빡이믹	이야기, 담화 umimík ; 이야기하다, 대화를 나누다 waláng-imík ; 말 없는, 과묵한	talk
imíd, pag-imíd	이믿, 빡이믿	곁눈질로 봄 imirán, umimíd ; 곁눈질로 보다	looking askance
imot,	이-몯,	매우 절약(검약)함, 인색 maimot ; 절약(검약)하는, 인색한	extreme frugality,

kaimutan	까이무-딴		niggardliness
impake, pag-impake	임빠-께, 빡임빠-께	짐꾸리기, 포장 impakihin, mag-impake ; 포장하다, 짐을 꾸리다, 묶다	packing
impakto	임빠-ㅋ또	유령, 악마, 도깨비	evil spirit, spook
impatso	임빠-초	소화불량 impatsado ; 소화불량에 걸린	indigestion
impís	임삐스	공기(바람) 빠진, 펑크난 impisín, umimpís ; (타이어 등)공기를 빼다	deflated, flat
impiyerno	임삐예-르노	지옥, 저승	inferno, hell
impók, pag-iimpók	임뽈, 빡이임뽈	저축, 검약으로 모은 것 impukín, mag-impók ; 저축하다, 모으다	saving, accumulation by thrift
importante	임뽀-르따-ㄴ떼	중요한	important
iná	이나	모친, 어머니 inahán ; 숨바꼭질에서 안전하게 숨을 수 있는 장소 inahín ; (새, 짐승)암컷, inahíng-manók ; 암닭 mag-iná ; 모자(모녀)관계 makainá ; 어머니를 매우 좋아하는	mother
ináamá	이나-아마	대부	godfather
ináanák	이나-아낙	대자	godchild
inam, kainaman	이-남, 까이나-만	좋음, 아름다움, 산뜻함 mainam ; 좋은, 훌륭한, 깨끗한, 존경할만한, 온화한 pinakamainam ; 일등급의, 최고급의	goodness, prettiness, neatness

inambayan, ináng-bayan	이남바-얀, 이낭 바-얀	모국	mother country
inampalán	이남빨란	배심, 심사원	jury
inanák	인아낙	자손, 후예	descendant
ináng, ináy	이낭, 이나이	엄마(자신의 모친에 대한 호칭)	mama(appellation for one's mother)
inat, paginat	이-낱, 빠기-낱	기지개를 켬, 팔 다리를 쭉 뻗음 mag-inát, uminat ; 기지개를 켜다, 팔 다리를 쭉 뻗다	stretching of one's arms and legs
indayog	인다-욕	리듬, 음률, 운률	rhythm
in-in, inín	인인, 이닌	충분히 익혀진 in-inín ; 충분히 익혀지게 하다 mag-in-in, mag-inín ; 잠을 깬 상태에서 침대에 얼마동안 누워 있다	fully cooked
iníp, kainipán	이닙, 까이니빤	권태, 지루함, 성마름, 조급함 kainíp-iníp ; 지루한, 따분한, 흥미없는 mainíp ; 지루해 하다, 좀이 쑤시다	boredom, impatience
inís[1], pagkainís	이니스, 빡까이니스	질식, 기절 inisín, uminís ; 질식시키다, 숨막히게 하다 mainís ; 질식하다, 숨막히다	asphyxia
inís[2], kaínísan	이니스, 까이-니-산	싫증, 혐오, 반감 inisín, uminís ; 괴롭히다, 화나게(불쾌하게) 하다 mainís ; 불쾌함을 느끼다, 화나다, 혐오감을 갖다 nakakainís ; 불쾌한, 혐오스러운, 싫증나는	disgust, antipathy

init, kainitan	이-닏, 까이니-딴	열, 온기, 열정 iinit, magpainit, painitin ; 데우다, 열을 가하다, 뜨겁게 만들다 magpainít ; 자신의 몸을 따뜻하게 하다 mainit ; 더운, 뜨거운, 따뜻한 tag-init ; 여름 uminit ; 더워지다, 따뜻해지다 uminit nang labis ; 과열되다	heat, warmth, ardor
inlá	인라	눈동자	pupil of eye
inodoro	이노도-로	화장실 변기	toilet
inog, pag-inog	이-녹, 빡이-녹	회전, 선회, (팽이 등)빙글빙글 돔 painugin ; 회전시키다, 돌게하다 uminog ; 회전하다, 돌다, 선회하다	rotation, gyration, spinning
inóm, pag-inóm	이놈, 빡이놈	마시기, 음주 inúman ; 마시기 위한 용기(컵 등) ínúmin ; 마실 것, 음료 inumín, uminóm ; 마시다	drinking
(inót)inút-inót, painút-inót	이놑이놑, 빠이놑이놑	조금씩, 점차적으로 mag-inút-inót ; 조금씩 하다(움직이다)	little by little
insayo, pag-iinsayo	인사-요, 빡이인사-요	리허설, 예행 연습 insayuhin, mag-insayo ; 예행 연습하다	rehearsal
(insulá) insulahín	인술라힌	절연(단열, 차단)하다 mag-insulá 절연(단열, 차단)하다	insulate
intindí, pagkaintindí	인띤디, 빡까인띤디	이해, 납득 intindihín ; 주의(주목)하다 maintindihán ; 이해하다 pag-iintindí ; 돌봄, 보살핌, 보호	understanding

intramuros	인뜨라무-로스	(벽)담 내부의, 성곽 도시	inside the walls, the Walled City
Intsík	인칙	중국의	Chinese
inutil	이누-띨	쓸모없는, 도움이 안되는, 무기력한	useless, impotent
inyó (전부수식) ninyó	인요, 닌요	(복수 2인칭)너희들의(~ 것), (단수 2인칭 존칭)당신의(~ 것), 너희들(당신)에 의해, sa inyó ; 너희들에게, 당신에게 para sa inyó ; 너희들(당신)을 위해 inyóng paraiso(= paraiso ninyó) ; 너희들의 천국	your, yours, by you
ingat, pag-iingat	이-ㅇ앝, 빡이이-ㅇ앝	주의, 조심 ingat-yaman ; 회계원, 출납관 ingatan, mag-ingat ; 조심(주의)하다, 돌보다, 보호하다 maingat ; 조심하는, 신중한 tagapag-ingat ; 관리인, 지키는 사람	carefulness
ingay, kaingayan	이-ㅇ아이, 까잉아-얀	소리, 소음, 소란 mag-ingay ; 소리를 내다, 시끄럽게 하다, 외치다 maingay ; 시끄러운, 소음이 많은 umingay ; 시끄러워지다	noise, fuss, ado
inggít, kainggitán	잉깉, 까잉기딴	질투, 부러움, 시샘, 악의, 심술 mainggít ; 부러워하다, 질투(시샘)하다 nakaíinggít ; 부러운, 탐나는, 질투심 나는 naíinggít ; 부러워하는, 질투(시샘)하는	envy, spite
inggreso	잉그레-소	입금, 수입, 수령	ledger entry, receipts, income

ingil, pag-ingil	이-ㅇ일, 빡이-ㅇ일	으르렁 거림(… 거리는 소리) umingil ; 으르렁 거리다	snarl
ingít, pag-ingít	잉읻, 빡잉읻	훌쩍거림, 흐느낌, umingít ; 훌쩍거리다, 흐느끼다	snivel, whimper
Inglatera	잉글라떼-라	영국 Inglés ; 영국의, 영국사람, 영어	England
ipis	이-삐스	바퀴벌레	cockroach
ipit	이-삗	머리핀, 핀셋, 족집게 ipitin ; 죄다, 압착하다, 꽉 쥐다 máipit ; 압착되다, 으깨지다, 핀으로 꽂아지다	hair pin, tweezers
ipon, ang naipon	이-뽄, 앙 나이-뽄	모으기, 축적, 모아진 것, 축적된 것 kaipunan ; 모으기, 수집 하기 ipunin ; 모으다, (가축)몰아서 모으다 mag-ipon ; 모으 다, 소집하다, 절약하다	accumulation, what has been accumulated
ipuipo	이뿌이-뽀	회오리 바람	whirlwind
iral, pag-iral	이-랄, 빡이-랄	우월, 우세, 탁월, 현존 magpairal, pairalin ; 실행시키다, 효력을 갖게 하다 mapaííral ; 강력한, 유력한, 적절한, 적용될 수 있는 pagpapairal ; 실행, 적용, 집행 umiral ; 존재하다, 효력을 갖고 있다, 우세(탁월)하다	existance, prevalence
irap, pag-irap	이-랖, 빡이-랖	냉소적인(적의가 있는) 표정(눈길), 무뚝뚝한 눈길 mag-írápan ; 서로 냉소하다(조롱하다) pairáp ; 무뚝뚝한, 적의가 있는, 화난 umirap ; 조롱하다, 노려보다	fierce or scornful look(glance)
iríng, pag-iríng	이링, 빡이링	경멸, 멸시, 오만 iringín ; 경멸(멸시)하다 mapang-iríng ; 경	disdain

		멸적인(거드럭거리는) 경향이 있는	
irit, pag-irit	이-릿, 빡이-릿	날카로운 소리, 외침, 비명, 호각 신호 umirit ; 호각을 불러 신호하다, 외치다, 비명을 지르다	scream, shriek, signal whistle
irog	이-록	연인, 애인 mairog ; 좋아하는, 사랑하는 kairug-irog ; 사랑스러운, 반하게 하는, 가장 친애하는 mairugín ; 애정이 깊은, 사랑으로 충만한, 연애하는 pag-irog ; 애정, 연모	darling, beloved
isá	이사	하나, 1 labíng-isá ; 11 bawa't isá ; 각각, 각자 ang isá sa isá ; 개별적으로, 하나하나 isá-isá ; 한번에 하나씩 isá pa ; 하나 더 isá't isá ; 모든 사람, 누구나 kaisá ; 하나로 합쳐진, 한마음인, 일치하는 kaisahán ; 통일, 일치, 단결, 단일성 kaisáisá ; 유일한, 하나 뿐인 íisá ; 오직 하나 mákaisá ; 동의하다, 일치하다 mag-isá ; 혼자이다, 혼자 하다., nag-íisá ; 외로운, 쓸쓸한 pag-iisá ; 고독, 외로움, 사생활 pag-isahín ; 합치다, 연합(통합)하다, 하나로 하다 tig-isá ; 하나씩, 한 개	one
isdâ	이스다'	생선, 물고기, 어류 tiník ng isdâ ; 생선뼈 mag-iisdâ ; 생선장수 mag-isdâ ; 생선을 거래하다 mangingisdâ ; 어부 mangisdâ ; 고기를 잡다, 낚시하다 paláisdaan ; 양어장	fish
isip, kaisipán,	이-싶, 까이시빤,	마음, 지성, 생각, 양식, 사려분별 abót ng isip ; 생각이 미치	mind, thought,

pag-iisip	빡이이-싶	는 범위 bukás ang isip ; 마음이 넓은, 관대한 sa pag-iisip ; 정신적으로, sirâ ang isip ; 미친 isaisip ; 마음에 간직하다, 향유하다 isipin, umisip ; 숙고하다, 깊이 생각하다 mag-isip ; 생각해 내다, 검토(의도)하다 palaisíp ; 생각이(사려) 깊은	mentality, judgment
isla	이-슬라	섬	island
ismíd, pag-ismíd	이스밑, 빡이스밑	냉소, 비웃음, 조롱 ismirán, umismíd ; 비웃다, 조롱(경멸)하다 mapang-ismíd ; 잘 비웃는, 조롱하는 경향이 있는	sneer
isod, pag-isod	이-솓, 빡이-솓	(벤치 등에서)앉은 채 엉덩이로 움직이기 umisod ; 엉덩이로 움직이다	moving along on one's buttock
istorya	이스또-랴	역사, 이야기	history, story
itaás	이따<u>아</u>스	☞taás	
iták	이딱	날이 넓은 큰 칼(나무 가지치기, 사탕수수 자르기 등)	machete
Itáy	이따이	아버지(자신의 아버지를 부를 때 호칭)	Father
itím, kaitimán, pagkaitím	이띰, 까이띠만, 빡까이띰	검정, 흑색 umitím ; 검어지다, 어두워지다 itimán ; 검게(어둡게) 하다 mag-itím ; 검은 옷을 입다 maitím, itím ; 검은, 어두운 maitím ang budhî ; 배신자 maitím ang butó ; 나쁜 사람, 악인	black, black color
itlóg	이뜰록	계란 mag-iitlóg ; 계란장사 maitlóg ; 계란이 많은 paitlugan ; 계란을 낳는 둥지 umitlóg ; 계란을 낳다	egg

itó	이또	이것 ganitó ; 이렇게, 이것처럼 Náitó. ; 여기. 여기에 있어요. Nitó ; 이것의	this
iwà, pag-iwà	이-와', 빡이-와'	(칼 따위로)찌르기 iwaan, mang-iwà ; 찌르다	stab
iwan	이-완	떠나다, 포기하고 가다, 비우고 떠나다 iwanan, mag-iwan ; 맡기다, 위탁(위임)하다 magpaiwan ; 머무르다, 체류하다 maiwan ; 남겨지다, 버림받다 mang-iwan ; 버려두고 가 버리다	leave, abandon, vacate
(iwang) iwangan	이와-ㅇ안	항문을 닦다	wipe the anus
iwas, pag-iwas	이-와스, 빡이-와스	회피, 도피, 탈출 umiwas, iwasan ; 피하다, 도망가다, 탈출하다 maíiwasan ; 회피할 수 있는	avoidance, evasion
iyák, pag-iyák	이얔, 빡이얔	울음소리, 흐느낌 umiyák ; 울다 máiyák, mápaiyák ; 울음을 터뜨리다, 울기 시작하다	cry, crying, weeping
iyág, kaiyagán	이얔, 까이야간	육욕, 색욕, 호색 maiyág ; 호색한, 음탕한, 섹시한	lust, sensuality
iyán	이얀	그것 iyáng-iyán ; 바로 그것 ganyan ; 그렇게, 그것처럼 niyán ; 그것의	that
iyó(전부수식), mo	이요, 오	너의, 너의 것 sa iyó ; 너에게 para sa iyó ; 너를 위해 iyóng lapis(= lapis mo) ; 너의 연필	your, yours
iyók, pag-iyók	이욬, 빡이욬	닭 우는 소리	cry of poultry

Ll			
laab, laáb	라-압, 라압	불길, 불꽃 maglaab ; 확 타오르다 palaabin ; 타오르게 하다, 불길이 치솟게 하다	flame
laán, inilaán, nakalaán	라안, 이닐라안, 나까라안	~를 위해 예약된, 운명 지어진, 예정된, 의도된 ilaán, maglaán ; 바치다, 헌신하다, 부양하다, 준비(마련)해 두다 laáng-laguhín ; 비축물 paglalaán ; 헌신, 강한 애착, 비축	reserved for, destined for, intended for
labá, paglalabá	라반, 빡라라바	세탁 labada ; 세탁물 labanderia ; 세탁소, 세탁하는 장소 maglabada ; 세탁하여 다림질하다 maglalaba, labandera(-o) ; 세탁하는 사람 labhán, maglabá ; 세탁하다 magpalabá, palabhán ; 세탁을 시키다	washing of clothes
lababo	라바-보	빨래 통, 세면대, 싱크대	washbasin, sink
labág	라박	반대하는, 거역하는, 어기는 labagín, lumabág ; 반대하다, 어기다, 위반(침해)하다 pagkakálabág, paglabág ; 위반, 어김, 침해	against, contrary to, violating
labaha	라바-하	면도날, 면도칼	razor
laban, labanán	라-반, 라바난	싸움, 전투, 격투, 논쟁, 경쟁 laban ; 반대(반항)하는, 양립하지 않는, 적대적인 laban sa~ ; ~에 대항하여 waláng-laban ; 무방비의 kalaban ; (1) 적, 경쟁자 (2) 서로 싸우는, 경쟁자의, 적	fight, engagement, duel, race

		의 있는 labanán ; 반항하다, 싸우다 maglaban ; 서로 싸우다, 경쟁(논쟁)하다 lumaban ; 전투(대립, 대항, 도전)하다	
labanós	라바노스	무	radish
labangán	라방안	구유, 여물통	trough
labás	라바스	외부, 밖, (연속 간행물, 연재물의)1회분, 발행물, (초판, 재판의)판(版) sa labás ; 바깥에, 외부에 labás sa panganib ; 위험을 벗어난, 안전한 labás-masok ; 나가고 들어감 ilabás, maglabás ; 꺼내다, 들어내다, 내놓다 Labás!, Lumabás ka! ; 나가거라! 나오너라! lábasan, pálabasan ; 출구, 배출구 labasín ; ~를 가지러 나가다 lumabás ; 나가다, 나오다, 등장하다, 입증하다 makalabás ; 새어나가다, 누출되다, 알려지다 manlalabás ; 배우 palabás ; 영화, 연극, 공연, 야외극 palabasín ; 유출시키다, 내보내다, 방면되다, (영화)상영하다 tagalabás ; 국외자, 외부인, 한 패가 아닌 자	the outside, installment, issue, edition
labì	라-비'	입술, (컵, 그릇 등)가장자리 labián ; 입술이 두꺼운 labian, lumabì ; 입을 삐죽거리다, 입을 오므려 거부의사를 표하다	lip, brim
labí	라비	남은 것, 찌꺼기, 생존자, 유물, 유풍, (난파선, 타버린 건물 등)잔해 labí ng aso ; 남자와 도망갔다가 되돌아온 딸	remains, survival, wreckage, ruins

		nálalabí ; 남아 있는, 나머지의, 찌꺼기의	
labis	라-비스	잉여, 과잉, 나머지, 너무 많은, 과잉된, 남은 kalabisan ; 과잉, 여분 lumabis ; 넘다, 초과하다, 도를 지나치다, 넘치다 magpalabis, palabisin ; 과장하다, 과대하게 보이다 palabis ; (돈, 시간, 물건 등)여분의 것 pagmalabisán ; 남용(악용)하다, 이득을 취하다 pagmamalabís ; 과용, 남용 waláng-labis, waláng-kulang ; 정확한, 남지도 모자라지도 않은	surplus, excess, excessive, too much
labnáw	라브나우	(액체의)묽음, 희석된 상태 labnawán, palabnawín ; 묽게하다, 희석하다 malabnáw ; 묽은, 희석된	thinness, diluted condition
labnót	랍놑	뿌리째 뽑혀진 labnután ; ~에서 뽑아내다 labnutín ; 비틀어 잡아 당기다, 홱 잡아 당기다	plucked out
labò, kalabuan	라-보', 깔라부-안	흐릿함, 선명치 못함, (말씨)어눌함 lumabò ; 흐릿해지다, 희미해지다, 침침해지다 malabò ; 흐릿한, 어렴풋한, 침침한	obscurity, unclearness
labóng	라봉	죽순	bamboo shoot
(laboy) palaboy	빨라-보이	부랑자, 룸펜, 방랑자 lumaboy, maglaboy ; 빈둥거리다, 놀고 지내다 palabuyin ; (동물)방목하다	bum, vagrant
labulabo	라불라-보	말다툼, 치고받기, 난투 maglabulabo ; 드잡이(난투)하다	brawl, melee, free-for-all fight

lakad	라-깓	걷기, 행진, 심부름 lakád ; 맨발의, 걸어서, 걷고 있는 May lakad akó ; 갈곳(약속)이 있어. lakad-kalabáw ; 느린 움직임 kalakad ; 동반자, 함께 걷는 사람 lakarin ; (구간, 거리를) 걷다 lumakad ; 걷다, 움직이기 시작하다 걷다 maglakad ; 사업을 하다 maglakád ; 걷다, 걸어서 가다 magpalakad ; (사업)관리하다, 경영하다 nilálakad ; 임무, 심부름 palakad, pamamalakad ; 정책, 규정, 심부름	walk, march, mission, errand
lakás	라까스	힘, 활기, 체력 lakás-loób ; 용기 kalakasán ; 힘, 생명력, 활기 pálakasan ; 운동경기 lak(a)sán, ilakás ; 강하게 만들다, 소리를 높이다 lumakás ; 강력해지다, (건강)회복하다 malakás ; 강한, 강력한, 효력있는, 억센, 큰 소리로 magpalakás, palakasán ; 튼튼하게 하다, 보강하다 pampalakás ; 강하게 만드는, 보강해주는	strength, vigor
la(-u-)kayo	라(루)까-요	어릿광대 magla(-u-)kayo ; 어릿광대 짓을 하다	clown
lakbáy, paglalakbáy	락바이, 빡라락바이	여행, 항해 kalakbáy ; 여행동료 lakbayín, maglakbáy ; 여행하다 makapaglakbáy ; 여행(이동)할 수 있다 maglalakbáy, manlalakbáy ; 여행가 mapaglakbáy ; 순회(여행, 이동)하는	travel, voyage

lakdáw, paglakdáw	락다우, 빡락다우	한 걸음, 넘어감, 건너 뜀, 빠뜨림, 생략 lumakdáw, lakdawán ; 넘어가다, 건너 뛰다, 빠뜨리다, 생략하다 palakdáw-lakdáw ; 건너 뛰는, 뛰어 넘는, 빠뜨리는	step, stepping over, omission
lakí	라끼	크기, 사이즈, 수량, 정도, 넓이, 용적 ilakí ; 자라도록(커지도록) 하다 ipaglakí ; 자랑하다, 허풍떨다 lakihán, lakhán ; 크게(확대)하다, 늘리다 lumakí ; 자라다, 커지다, 발전하다 pagpapalakí ; 확대, 확장, 증대 magkasinglakí ; 같은 크기의 magmalakí ; 자랑하다, 뽐내다 malakí ; 큰, 넓은, 다수의 nápakalakí ; 거대한, 매우 큰, 특대의 pagmamalakí ; 자랑, 자부심	size, amount, area, volume
lakíp	라낍	(편지 등)봉입, 동봉 kalakip ; 동봉된, 봉입된, 포함되어 있는 kalakip nitó ; 이것과 함께 kalakip niyán ; 그것과 함께 lakipan ; 동봉하다, 포함시키다	enclosure
laklák	락락	(개, 고양이 등 액체류를)핥아 먹음, 꿀꺽꿀꺽 마시기 lumaklák, laklakín ; 핥아 먹다, 꿀꺽꿀꺽 마시다	lapping up, gulping
lakò	라-꼬'	행상품, 도부상의 판매 품목 ilakò, maglakò ; 행상하다, 도부치다, 외치며 팔러 돌아다니다 maglalakò, manlalakò ; 행상인, 도부상	goods being peddled

laktáw, paglaktáw	락따우, 빡락따우	☞lakdáw, paglakdáw	
ladlád, nakaladlád	랃랃, 나까랃랃	펼쳐진 iladlád, magladlád ; 펴다, 펼치다, 풀다	unfolded
ladrilyo, laryó	라드리-ㄹ료, 라료	벽돌	brick
(lagà)lagaán	라가안	음식을 끓이는 용기 ilagà, maglagà ; 끓이다, 끓여서 요리하다 nilagà ; (1) 끓여진, 끓여서 익혀진 (2) (음식)스튜	boiling utensil
lagak	라-각	예금, 위탁관리품, 보증금, (양도)저당 maglagak ; 예금하다, 위탁관리하다, 보석금을 내다	money deposit, bond, mortgage
lagalág	라갈락	여행경험이 많은, 방랑하는, 유목민의, 방랑자 maglagalág ; 방랑하다, 여기저기를 떠돌아 다니다	well-traveled, vagrant, nomadic, wanderer
laganap	라가-낲	널리 보급된, 만연된, 통상적인, 유행하는 lumaganap ; 널리 퍼지다 magpalaganap, palaganapin ; 공표하다, 널리 퍼뜨리다 malaganap ; 통용되고 있는, 현행의	widespread, general, common, popular
lagapák, lágapakan	라가빡, 라-가빠깐	부디치거나 떨어져서 깨어지는 소리, (시험)낙제 lumagapák ; 쨍그랑(와르르) 소리내다(깨지다), 낙제하다	crash, clatter, failure in examination
lagarì	라가-리'	톱 parang lagarì ; 들쭉날쭉한 pálagarián ; 목재소 maglagarì, lumagarì ; 톱질하다, 톱으로 자르다 pinaglagarin ; 톱밥	saw

(lagas)lagás, nalagas	라가스, 날라-가스	(낙엽, 꽃잎 등)떨어진, (머리카락, 털 등)빠진, 낙오한 malagas ; 떨어지다, 빠지다, (전쟁터의 병사)낙오하다 taglagás ; 가을	fallen down, fallen out, (soldier)fallen
lagaslás	라가스라스	(시냇물)졸졸 물흐르는 소리 lumagaslás ; 졸졸 소리내며 흐르다	babble
lagaták	라가딱	지붕에서 빗물이 새어 떨어짐	leaking and dripping of rain through roof
lagáy	라가이	위치, 장소, 상태, 조건, 상황, 뇌물 lagáy ng loób ; 마음 가짐, 기분 lagáy na loób ; 마음의 평정, 확신 kalágayan ; 조건, 상태, 위치, 상황 mahirap na kalágayan ; 진퇴양난 ilagáy ; 두다, 놓다, 위치시키다 ipalagáy ; ~로 간주하다, ~로 생각하다 ipinalálagáy ; 추측될 수 있는, 예상되는 ipagpalagáy ; 가정하다, 예로 들다, 당연하다고 생각하다 lagyán ; ~에 두다(놓다), 첨가하다 lalagyán ; 담는 통, 그릇, 용기 maglagáy ; 두다, 놓다, 뇌물을 주다 málagáy ; 놓여지다, 어떤 위치에 처지다 magpalagáy ; 생각하다, 의견을 내다 palagáy ; 의견, 견해, 생각, 판단 masamáng-palagáy ; 강박관념, 편견, 그릇된 의견 palagáng-loób ; 상호간의 신뢰 (믿음)	situation, condition, status, bribe

L

lagkít, kalagkitán	락낃, 깔락끼딴	끈적거림, 점착성 malagkít ; 잘 붙는, 끈적거리는, 점착성이 있는	stickiness
lagdâ	락다'	서명, 법원의 판결, 규정 waláng-lagdâ ; 익명의, 무명의 ilagdâ, lagdaán, lumagdâ ; 서명하다, 배서하다, 서명하여 동의를 나타내다	signature, decision of court, rule
lagì, palagì	라-기', 빨라-기'	항상, 항구적으로, 영원히 lumagì, mamalagì ; 머무르다, 살다, ~ 상태로 남아있다 magpamalagì ; 확립하다, 제정하다, 확고히 굳히다 palagian ; 규칙적인, 습관적인, 안정적인 pamálagián ; 지속되는, 영구적인 pamalagì ; 영구적인 위치나 상황 pamalagiin ; 안정시키다, 견고하게 하다 pamamalagì ; 보존, 유지, 안정화, 영구화	always, constantly, forever
lagibás	라기바스	썩은, 신선하지 않은	stale
lagím, kalagimán	라김, 깔라기만	우울, 침울, 슬픔, 두려움, 황폐, 폐허 malagím ; 우울한, 슬픈	gloom, dread, desolation
lagís, paglalagís	라기스, 빡랄라기스	숫돌에 갈기, 연마 ilagís ; 숫돌에 갈다, 연마하다 lágisan ; 숫돌	honing, whetting
laglág	라글락	떨어진 lumaglág, malaglág ; 떨어지다, 벗겨지다 magpalaglág ; 유산시키다 pagkalaglág ; 사고에 의한 유산 pagpapalaglág ; 의도적인 유산	fallen

lagmák	락막	엎어진, 엎드린 pasalagmák ; 엎드린 자세로	prostrate
lagnát	락낱	열, 발열 lagnatín ; 열이 나다 nilálagnát ; 열이 있는, 열병의	fever
lago	라-고	(1) 전체적인 길이 (2) 작은 호수	(1)whole length (2)small lake
lagô, kalaguán	라고', 깔라구안	번성, 잘 자람, 대폭적인 발전 lumagô ; 발전(번성)하다, 무성하게 자라다 malagô ; 번성한, 울창(무성)한	luxuriant growth
lagók	라곡	삼킴, 꿀떡꿀떡 마심 lagukín, lumagók ; 삼키다, 꿀떡꿀떡 마시다	gulp, swallow
lagom, kalaguman	라-곰, 깔라구-만	받아들임, 동화, 흡수 lagumin, lumagom ; 받아들이다, 동화시키다, 흡수하다, 요약하다 paglagom ; 합병, 합동, 독점, 전매, 요약	assimilation, federation
lagós	라고스	관통한, 꿰뚫은 lagusan ; 지하도, 터널 lumagós, maglagós ; 관통하다, 꿰뚫다	pierced through
lagót	라곧	끊어진, 짤린, 끊긴 lagutín, lumagót ; 끊다, 자르다	snapped off, cut off
lagpák, paglagpák	락빡, 빡락빡	쿵 떨어짐(~지는 소리), (시험)낙제 lagpakán ; ~위에 떨어지다 lumagpák, maglagpák ; (둔탁하게)쿵 떨어지다, 낙제하다	thud, crash, failure
lagpás	락빠스	넘어선, 초월한, 시험에 합격한 lagpasán ; 넘어서다, 초월하다, 합격하다	surpased, successful in exam

lagpî, naglagpî	락삐', 낙락삐'	(나뭇가지 등)찢어진, (진행중인 일 등)중단된 lagpiín ; 찢다, 중단시키다	torn off, disrupted
laguna	라구-나	개펄, 석호	lagoon
lagunlón	라군론	함께 모아진, (커튼, 옷장의 옷 등)한 쪽으로 밀쳐진	drawn together, drawn aside
lagyô, hilalagyô	라교', 힐랄라교'	본질, 정신, 참뜻, 이름 kalagyó ; 동명이인 palagyô ; (문법) 주격의 kaukuláng palagyô ; 주격	essence, spirit, name
lahad	라-한	손바닥을 폄 ilahad, maglahad ; 제시하다, 내놓다, 보여주다 paglalahad ; 공개, 설명, 해설	opening of the hand
lahát	라핟	모든, 전부, 모든 것(~ 사람) halos lahát ; 거의 대부분, 주로 higít sa lahát ; 무엇 보다도 lalò sa lahát ; 최대의, 최고의 kalahatán ; 일반적임, 대부분, 전체 sa kalahatán ; 일반적으로 láhatan ; 전체적으로, 통째로, 일체가 되어 lahatín ; 모두를 포함시키다 lahát-lahát ; 모두 함께, 통틀어서 panlahát ; 해박한, 다방면에 걸친, 만능의, 공용의, 보편적인	all, everyone (~body, ~thing)
lahì	라-히'	인종, 종족, 혈통 kalahì ; 같은 종족의 사람 pagkalahì ; 혈통, 기질, 기풍 panlahì ; 인종의, 종족의	race, breed, lineage
lahò,	라-호',	(해, 달의)식(蝕), 소실, 소멸 paglalahò ng araw ; 일식	eclipse, disappearance

paglalahò	빡랄라-호'	maglahò ; 사라지다, 없어지다	
lahók	라혹	(1) 혼합(~물),(2) 대회 참가 kalahók ; 경연대회 참가자, 혼합물의 성분 ilahók, maglahók ; 첨가하다, 섞다 lahukán ; 혼합된, 섞인 paglahók ; 참가	(1)mixture (2)entry in contest
lait, paglait	라-일, 빡라-일	모욕, 경멸, 비방 kalait-lait ; 비열한, 경멸할 만한 laitin, lumait, manlait ; 욕하다, 비방하다	insult, blasphemy
lala	라-ㄹ라	천, 직물 lalahin, lumala, maglala ; 천을 짜다, 섞어 짜다	weave
lalâ, malalâ	랄라', 말랄라'	(병, 부상, 아픔 등)심각한, 중한 lumalâ ; 악화되다 magpalalâ, palalaín ; 악화시키다, 부추기다 pampalalâ ; 악화시킴	serious, acute
lalaki(-e)	랄라-끼(께)	남자, 남성 bagay sa lalaki ; 남자다운, 남자용의 manlalaki ; 남자와 내연의 관계를 갖다 maglalaki ; 남자답게 행동하다, 남자의 역할을 하다 pagka-lalaki ; 남자임, 사내다움 panlalaki ; 남성의, 남자용의, (문법)남성의	man, male
laládd	랄랃	바람, 조류, 물의 흐름 등에 의해 떠 밀려간	carried away by flood, current or wind
lalamunan	랄라무-난	목구멍, 식도	throat
laláng	랄랑	창조, 창조물 lalangín, lumaláng ; 창조하다 Ang Lumaláng ; 조물주, 신 nilaláng ; 창조된, 만들어진	creation, creature

lalawigan	랄라위-간	지방, 지역 kalalawigan ; 같은 지방 출신의 사람 lalawiganín ; (언어, 관습 등)지방적인, 지역주의 panlalawigan ; 지방의, pámahalaáng panlalawigan ; 지방 정부	province
lalim	라-ㄹ림	깊이, 심도 kálalim-laliman ; 가장 깊은(낮은) 곳 laliman, magpalalim ; 깊게 하다 malalim ; 깊은, 심오한 lumalim ; 깊어지다	depth
lalò	라-ㄹ로'	더, 더욱 lalo't lalò ; 더욱 더 lalò na ; 특별히 lalò pa ; 훨씬 더 lalò sa lahát ; 무엇보다, 주로 laluan, lumalò ; 초과하다, ~보다 많다 lumalò(laluan) nang higít ; 가리다, 가치없이 보이게 하다, ~보다 중요하다(낫다)	more
lalós	랄로스	모두, 함께 lalusín ; 예외없이 모든 것을 시행하다(완수하다)	all together
lamán	라만	고기, 살, 내용물, 속심(俗心), 세속적 욕망 kawalán ng lamán ; (텅)빔, 공허 dugó't lamán ; 자신의 피와 살, 자신의 가족 alisán ng lamán ; (짐 등)풀다, 꺼내다 mag-alís ng lahát ng lamán ; 비우다, 쏟아내다 mawalán ng lamán ; 비워지다 kalamanán ; 본질, 실체, (과일)과육 lam(a)nán ; 채우다, 채워 넣다 maglamán ; 수용하다, 받아들이다, 살찌우다 malamán ; 살이 많은, 육질이 풍부한, 정욕(색정)의 nilálamán ; (책, 편지 등)내용, 내용물	meat, flesh, contents, worldliness

lamang, lang	라-망, 랑	오직, 단지, 유일한, 단순히	only, just, merely
lamáng, kalamangán	라망, 깔라망안	유리, 이점, 앞섬, 우세, (이긴)득표 차 ipalamáng ; ~를 위해 ~를 포기하다 mapagpalamáng ; 자기희생(헌신)적인 lumamáng, malamangán ; 유리(우세)하다, 앞서있다 malamáng ; 할 것 같은, 하는 경향이 있는, 아마, malamáng na hindî ; 가장 있음직하지 않은, 가장 가망없는 palamáng ; 핸디캡, 유리 palamangín ; ~에게 핸디캡을 붙이다	advantage, lead, majority
lamay, paglalamay	라-마이, 빡랄라-마이	장례식의 철야(밤샘) lamay, paglamay ; 야간 초과근무 lamayán ; 사망자를 위한 밤샘 maglamay ; 장례식 밤샘에 참가하다, 밤 새우다	night vigil for the dead, wake
lambâ, kalambaán	람바', 깔람바안	(잔디, 머리카락 등)지나치게 자람 malambâ ; 지나치게 자란	overgrowth
lambák	람박	계곡	valley
lambát	람밭	고기잡는 그물 lambát-lambát ; 그물이 쳐진, 그물처럼 만들어진 lambatín ; 덫으로 잡다, 그물로 잡다	fishing net
lambíng¹, paglalambíng	람빙, 빡랄람빙	애무, 애정 표현, 사랑스러움 lumambíng, maglambíng ; 애무하다, 사랑스럽게 대하다 malambíng¹ ; 애정깊은, 사랑에 넘친	caress, affection

lambíng², kalambingán	람빙, 깔람빙안	음조 또는 선율의 부드러움 lambingán ; (음악, 대화, 노래)부드럽게 하다 malambíng² ; 선율이 아름다운, 곡조가 좋은	tenderness of tone or melody
lambóng	람봉	검정색 장막, 관을 덮는 보, 덮개, (스커트 등의)플레어 lambungán ; 망토(덮개)로 덮다 lumambóng ; 펼치다, (종, 나팔꽃 모양)벌리다	pall, shroud, veil, flare
lambót¹, kalambután	람봍, 깔람부딴	부드러움, 연함, 상냥함 lumambót ; 부드러워지다, 상냥해지다 lambután, magpalambót ; 부드럽게 하다, 연하게 만들다 malambót ; 부드러운, 연한, 흐물흐물한, 나긋나긋한, 잘 휘는	softness, gentleness
lambót², panlalambót	람봍, 빤랄람봍	(신체의)허약함 panlalambót ng katawán ; 신체의 무기력 malambót ; (신체)무기력한, 허약한, 활발치 못한	weakness
lamíg, kalamigán	라믹, 깔라미간	추위, 차가움, 냉랭함 lumamíg ; 추워지다, 차가워지다 magpalamíg ; 추위에 노출시키다, 기분을 상쾌하게 하다 malamíg ; 추운, 차가운, 서늘한 manlamíg ; 냉담하다, 무관심하다 palamigan ; 냉각기, 냉장고 palamigín ; 차게 하다, 냉각시키다 taglamíg ; 겨울	coldness, low temperature
lamlám	람람	(빛)어둑함, 어스레함, (눈)침침함, 활기없음, 무력함 lumamlám ; (빛)약해지다, 밝기가 떨어지다 malamlám ; 활기없는, 늘쩍지근한 magpalamlám ; (빛)약하게 하다, 광도를 줄이다	(light, eye)dimness, lifelessness

lamók	라목	모기 pamatáy-lamók ; 모기약 isip-lamók ; 마음이 약한 nilálamók ; (1) 모기가 우글거리는 (2) 저조한 판매실적	mosquito
lamóg	라목	너무 많이 만지거나 두들겨서 물러진, 으스러진 lamugín, lumamóg ; 으스러뜨리다, 물러질때 까지 짓누르다	softened by too much handling, squashed
lamon, paglamon	라-몬, 빠라-몬	게걸스럽게 먹음, 대식, 폭식 lamunin, lumamon ; 게걸스럽게 먹다, 폭식하다	voracious eating
lámpará	라-ㅁ빠라	등, 등불, 램프	lamp
lampás	람빠스	넘어서는, 초과하는, 더 큰, 더 높은 lampás-baywáng ; 허리보다 높은 lampás-tao ; 사람 평균키보다 높은 lampás-tuhod ; 무릎 보다 높은 masyadong lampás ; 너무 과도한 ilampás ; 지나치게 하다, 넘치게 하다 lampasán ; 지나치다, 그냥 통과하다 lumampás ; 초과하다, 한계를 넘어서다, 범위를 넘다 maglampás ; 지나가다, 통과시키다, 무시하다, 빠뜨리다 palampasín ; (요리)너무 굽다(삶다) Pinalampás ang lutó. ; 너무 구웠다.	over, excessive, exceeding
lampaso	람빠-소	자루걸레 maglampaso ; 자루걸레로 닦다, 문질러 닦다	mop
lampín	람삔	기저귀 lampinán ; ~에게 기저귀를 채우다	diaper
lampós	람뽀스	(계절, 시간 등)지나 간	passed, past

lamukós, nilamukos	라무꼬스, 닐라무-꼬스	(종이 등)손에 의해 구겨진(찌부러 진) lamukusin, lumamukos ; 손으로 구기다(찌부러 뜨리다)	crumpled or crushed by the hand
lamuráy	라무라이	토막토막 난, 난도질 된 lamulayin, lumamuray ; 토막토막 내다, 난도질 하다	mangled to pieces
lamuyot	라무-욜	사주, 유혹, 부추김, 설득, 권유 lamuyutin ; 사주하다, 유혹하다, 부추기다, 권유하다	seduction, persuasion
lamyós, paglalamyós	라묘스, 빡랄라묘스	애무, 껴안고 키스함, 페팅	caressing, petting
landás	란다스	길, 소로, 오솔길, 궤도, landás na matinik ; 어려움, 곤란	pass, trail, orbit
landî	란디'	(여자가)호색의, 관능적인, 농탕치는 kalandián, paglalandî ; 호색, 관능, 농탕, 육욕 maglandî ; 희롱하다, 농탕치다, 불장난하다	flirtatious, sensuous
lansák	란삭	터놓고 대하는, 솔직한 lansakín ; 터놓고 대하다, 솔직하게 대하다 palansák ; (문법)집합의 Pangngalang palansák ; 집합명사	open, frank
lanság	란삭	(기계 등)제거된, 분해된, (조직, 모임 등)와해된, 파괴된 lansagín ; 제거하다, 와해시키다, 해체하다	dismantled, disorganized
lansangan	란사-ㅇ안	길, 도로 lansangang-bayan ; 간선도로, 큰길 taong-lansang ; 일없이 어정거리는 사람	street, road
lanse(-i-)ta	란세(시)-따	접을 수 있는 포켓용 칼	pocketknife

lansones	란소-네스	포도송이 모양의 노란색 과일이 열리는 나무	tree with yellow and grape-like fruit
lantá	란따	시든, 싱싱하지 않은 lantáng bulaklák ; 늙고 추한 여인 lantahín, lumantá ; 시들게 하다, 쇠약하게 하다 malantá ; 시들다, 생기를 잃다, 쇠약해지다	withered
lantád, nakalantád	란딷, 나까란딷	완전히 드러난, 공개된, 두드러진 두드러지게 보임, 공개, 널리 알려짐 ilantád, lumantád, maglantád ; 공개하다, 내 보이다, 노출시키다 malantád ; 공개되다, 노출되다 pagkakálantád ; 공개, 노출, 폭로	in full view, exposed, prominent
lantáy	란따이	순수한, 합금이 아닌, 섞이지 않은, (문법)원급의, lantáy na pang-uri ; 형용사 원급	pure, unalloyed, (gramm.)positive
lantód	란똗	(여성)의상이 품위가 없는, 호색한, 농탕스러운	undecently dressed, flirtatious
lang	랑	☞lamang	
langaw	라-ㅇ아우	파리 langaw at gatas ; 추남과 미녀로 맺어진 부부 langawin ; 파리가 우글거리다, 파리로 뒤덮이다	housefly
langkág	랑깍	속이 빈, 공동의, 부피는 크지만 가벼운	empty, hollow, bulky but light

langkáp	랑깝	서로 연결된, 합병한, 편입한	joined with, incorporated
langgám	랑감	개미 langgamín ; 개미가 많다(우글거리다)	ant
langgás, paglalanggás	랑가스, 빡랄랑가스	소독제로 상처를 소독함 langgasán ; 소독제로 상처를 소독하다 panlanggás ; 상처 소독제	washing of wound with antiseptic
langháp, paglanghháp	랑합, 빡랑합	호흡, 흡입, 숨쉬기 langhapín, lumangháp ; 숨을 쉬다, 호흡하다, 흡입하다	inhaling, breathing in
langíb	랑입	상처의 딱지 magkalangíb, maglangíb ; 딱지가 앉다	scab of wounds
langís	랑이스	기름, langís at tubig ; 라이벌 관계, 함께할 수 없는 사람들, parang langís ; 항상 정상에 있는, 뛰어난 langisán, lumangís, maglangís ; 기름을 바르다(치다), 매끄럽게 하다	oil
langit	라-ㅇ잍	하늘, 천국 langit-langit ; 닫집(~모양의 덮개) langit at lupà ; 서로 정반대의 것 langit ng buhay ; 완전한(최고의) 행복 hulog sa langit ; 하늘이 준 선물 parusa ng langit ; 천벌 Maawaing langit! ; 이런!, 아이고! langitin ; 우상시(화)하다 makalangit ; 하늘의, 천체의, 천국의	sky, heaven
langó	랑오	술 취한, 비틀거리는 maglalangó ; 술고래, 모주꾼 maglangó ; 술 취하다	drunk, tipsy
langóy,	랑오이,	수영, 헤엄치기 lánguyán ; 수영장, 수영경기 languyín ; 수영	swimming

paglangóy	빡랑오이	해서 가다 lumangóy, maglangóy ; 수영하다, 헤엄치다	
laon	라-온	장 시간, 오랜 시간 malaon ; 오랫동안, 오랜, (시간)긴 Malaon na. ; 오래 전에 malaunan ; 오래 걸리다, 장 시간 지속하다	long time
lapad	라-빧	넓이, 폭, 광활함 lapád ; 넓고 편평한 laparan, magpalapad, palaparin ; 넓히다 malapad ; 넓은, 광활한	width, breadth, wideness
lapág	라빡	바닥면, 지면, 아래, 밑 ilapág, maglapág ; 내리다, 떼어내다 lumapág ; 아래로 내려오다 palapág ; (1) 아래로 향해, (2) (건물의)층	floor level, ground level, below space
lapáng	라빵	(고기 따위)큰 덩어리 lapangín ; 큰 덩어리로 자르다	hunk
lapa(-o-)ngga	라빠(뽀)-ㅇ가	(성 행위)전희	sexual foreplay
lapastangan	라빠스따-ㅇ안	예의없는, 무례한, 모욕적인, 신성모독의 lapastangin ; 신성을 더럽히다, 모독하다, 범하다, 어기다	disrespectful, sacrilegious
lapat	라-빹	꼭 맞는, 잘 조절된 ilapat ; 죄다, 단단하게 하다, 정확히 맞추다 lapatan, maglapat ; (법, 의식 등)집행하다, 맞추어 조절하다 paglapatin ; 간격을 줄이다, 가까이 붙이다, 연결하다 palapatin ; 평평하게 하다, (옷)다리다, 펴다	close-fitting, well-adjusted
lapì, panlapì	라-삐', 빤라-삐'	(문법)접사, gitlapì ; 삽입사, hulapì ; 접미사, unlapì ; 접두사	affix
lápida	라-삐다	묘석, 비석	gravestone

lapirót	라삐롣	(손에 의해)짓구겨진, 찌부러진, 으깨진 lapirutin, lumapirot ; 으깨다, 짓구기다, 찌부리다	mussed, squashed
lapis	라-삐스	연필	pencil
lapisâ	라삐사'	반죽된 lapisaín ; 반죽하다	kneaded
lapisák	라삐삭	(계란, 과일 등)으깨진 lapisakín ; (즙을 만들기 위해)으깨다	crushed
lapit, kalapitan	라-삘, 깔라삐-딴	가까움, 접근, 인접 kalapít ; 인접한, 이웃의 kalapít-bansâ ; 인접국가 ilapit, maglapit ; 가까이 두다, 접근시키다 lapitan, lumapit ; 접근하다, 가까이 가다 magkalapit ; 서로 가까이 있는, 서로 인접한 malapít ; 가까운, 인접한 nalapít ; 접근하는, 다가오는	nearness
lapnós, nalapnós	라쁘노스, 날라쁘노스	(피부가 타거나 데어서, 또는 짐승 가죽)벗겨진 malapnós ; 벗기다	peeled off
lapot, kalaputan	라-뽇, 깔라뿌-딴	(액체의)농도, 점성 laputan, magpalapot, palaputin ; 진하게 하다, 걸쭉하게 하다 lumapot ; 농축(응축)되다, 진해지다, 굳다 malapot ; 진한, 걸쭉한, 밀도가 높은, 짙은	thickness, viscosity
lapulapo	라뿔라-뽀	농어와 비슷한 열대산 식용어	grouper fish
(larang) larangán	라랑안	(학문, 예술, 활동, 연구 등)분야, 전선(前線), 무대	field, domain, front line, stage

larawan	라라-완	사진, 그림, 삽화, 영상, 초상화, 형상 may mga larawan ; 그림으로 설명된 ilarawan, maglarawan ; 그리다, 묘사하다, 설명하다, 나타내다 mákalarawan ; 상징하다, 전형이 되다 mailarawan ; 연기하다, ~의 역을 맡아하다, 나타내다 málarawan ; 비추어지다, 반사되다 nakalarawan ; 그림을 넣은(~으로 나타낸) naglálawan ; 설명하는, 묘사하는, 비유적인 paglarawan ; 그리기, 묘사, 서술, 반영	picture, photo, illustration, portrait, effigy
larô	라로'	경기, 운동, 시합, 놀이, 내기 laróng-batà ; 어린이들 놀이 parehong larô ; 스포츠맨쉽, 정정당당함 kalarô ; 놀이친구, 경기동료 láruan, pálaruan ; 운동장, 놀이터 laruán ; 장난감 laruáng-kabayo ; 장난감 말 laruín ; ~를 가지고 놀다 larú-laruín ; 만지작 거리며 놀다, 가지고 놀다 makipaglarô ; 놀이(경기)에 참가하다 maglarô ; 놀다, 놀이를 하다, 장난치다 malarô ; 장난의, 재미있는, 놀기 좋아하는 manlalarô ; 선수, 경기 참가자	sport, game, gambling
lasa	라-사	맛, 풍미, 향미 lasahin ; 맛을 보다, 음미하다 lumasa, magkalasa ; ~ 맛이 나다 magpalasa ; 맛이 나게 하다, 풍미를 곁들이다 malasa ; 맛있는, 풍미가 있는 pampalasa ; 양념, 조미료 panlasa ; 미각	taste, flavor

lasáp	라삽	좋은 맛, 풍미 lasapín, lumasáp ; 음식 맛을 즐기다 makálasáp ; 경험하다, 겪다 malasáp ; 맛을 볼 수 있다, 경험할 수 있다	good flavor
lasì	라-시'	구기기, 썰기, 토막내기, 찢기 lasiin, maglasì ; 썰다, 토막내다	crumpling, shredding, breaking
lasíng	라싱	술취한 lasenggo, maglalasing ; 술고래, 모주꾼 lásíngan ; 주연, 떠들썩한 술잔치 malasíng ; 취하다 nakalalasíng ; 취하게 하는	drunk
laso	라-소	리본, 휘장, 배지, 나비넥타이	ribbon, badge, bow
lasóg	라속	떼어 놓아진, 찢겨 갈라진	pulled or torn apart
lason	라-손	독 may-lason ; 독(성)이 있는 lasunin, lumason ; 독을 넣다 maglason ; 독으로 자살하다 nakakalason ; 독(성)이 있는 manlason ; 독살하다 manlalasom ; 독살자	poison
laswâ	라스와'	외설한 표현 malaswâ ; 외설한, 추잡한, 저속한, 속된	lewd expression
lata	라-따	캔, 깡통, 주석, de-lata ; 캔으로 만들어진	can, tin
latâ	라따'	부드러움, 연약함 malatâ ; 연약하고 부드러운	softness, flabbiness
latag	라-딱	(카펫 등)바닥에 펼쳐진 것, 층, 켜, 덮개 ilatag, maglatag ; 펼쳐놓다, 덮다	thing spread on the floor, layer, mantle

lathalà	랕하-ㄹ라'	공고, 발표문, 통지서, 기사 ilathalà, maglathalà ; 출판(발간, 인쇄)하다 lathálaan ; 통신 매체 pagkakálathalà ; 출판, 발간	announcement, article
latì	라-띠'	습지, 소택지, 늪 malatì ; 습지의, 땅이 무르고 습한	marsh, swamp
látigo	라-띠고	채찍 latiguhín, lumátigo ; 채찍질하다	whip
lawà	라-와'	호수, 연못	lake, pond
lawak	라-왁	넓은 공간, 광활한 지역, 구역, 범위, 연구 분야 lumawak ; 넓어지다, 확장되다, 늘어나다 malawak ; 넓은, 광활한, 넓게 펼쳐진	expanse, area, field of research
laway	라-와이	침, 타액 lawayan ; 침으로 적시다, 침을 바르다 maglawáy ; 침을 흘리다	saliva
lawig, kalawigan	라-윅, 깔라위-간	긴 시간, 오랜 기간 lumawig ; (시간)늘어나다, 연장되다 palawigin ; 연장하다, 늘이다, 오래 끌다	long duration of time
lawít	라윋	매달려 있는 ilawít, magpalawít ; 매달다, 늘어 뜨리다 lumawít ; 매달리다, 늘어지다 palawít ; 매달린 것, 늘어뜨린 장식, 펜던트	suspended
layà, kalayaan	라-야', 깔라야-안	자유, 해방, 독립, kalayaan sa pananampalataya ; 신앙의 자유 lumayà ; 자유로워지다, 해방되다, 독립하다 magpalayà, palayain ; 자유롭게 놓아주다, 해방하다 malayà ; 자유로운, 해방된, 독립한 nakalálayà ; (범인 등)자	freedom

L

		유로운, 잡히지 않은 pagkápalayà ; 해방, 자유 pagpapalayà ; 해방, 석방, 방면	
layag	라-약	항해, 범주 lumayag ; 항해하다, 배를 타고 나가다 maglayág ; 순항하다, 배를 타고 여행하다 paglalayág ; 순항, 항행, 선박 여행	sail
layág	라약	폐경, 갱년기 layagín ; 폐경기에 접어들다 layagin ; 정상적인 월경을 건너 뛰다	menopause
(layas)Layas!	라-야스	물러 가거라! 가 버려라! layasan ; ~로 부터 달아나다 lumayas ; 달아나다, 도망가다 maglayás ; 여기저기를 여행하다(돌아 다니다) magpalayas, palayasin ; 쫓아 버리다, 추방하다, 보내다, 내쫓다	Go away!, Begone!
layaw	라-야우	부모의 간섭으로 부터 해방 layáw ; 버릇없는, 방자한 magpalayaw, palayawin ; 버릇없게 기르다, 응석을 받아주다 palayaw ; 꼭 껴안아 줌, 별명, 애칭 palayawan ; ~에게 별명을 붙이다	freedom from parental control
layò, kalayuan	라-요', 깔라유-안	거리, 간격 lumayô ; 피하다, 멀리하다 ilayô, maglayô ; (딴데로)돌리다, 전환하다, 움추리다, 거두어 들이다 layuán ; 추방하다, 쫓아내다	distance

layog	라-욕	높이, 고도, 해발 malayog ; 높은, 솟아 오른	elevation, altitude
layon, láyúnin	라-욘, 라-유-닌	의도, 목적, 목표, (문법)목적어 Túwírang layon ; 직접 목적어 Di-túwírang layon ; 간접 목적어 palayón ; (문법)목적격의 Kaukuláng palayón ; 목적격	intention, object, objective
lebadura	레바두-라	효모, 누룩, 이스트	yeast
leég	레엑	목	neck
legál	레갈	법률상인, 합법의 gawíng legál ; 공인하다, 합법화하다 pagkalegál ; 적법, 합법, 정당함	legal
lengguwahe	렝구와-헤	언어, 말	language
león	레온	사자	lion
lepard, leopardo	레-빠르드, 레오빠-르도	표범	leopard
le(-i-)tson	레(리)-촌	통구이한 고기(돼지, 닭 등)	barbecued pig
leyenda	레예-ㄴ다	전설, 설화	legend
liáb	리압	불길, 불꽃, 화염 magliáb ; 타오르다, 불길에 싸이다	blaze, flame
libák, paglibák	리박, 빡리발	모욕, 무례, 조롱, 비웃음 libakín, lumibák ; 조롱하다, 비웃다, 놀리다	insult, ridicule
liban	리-반	결석(~한), 부재(~중인) liban sa~ ; ~을 제외하고 iliban,	absence, absent

L

		magpaliban ; 지연시키다, 미루다, 연기하다 libanan ; 빠뜨리다, 뛰어 넘다, 거르다 lumiban ; 결석하다, 부재중이다 pagliban ; 결석, 부재 máliban kung~ ; ~하지 않으면, ~을 제외하고 pagpapaliban ; 연기, 지연	
libáng, kalibangán	리방, 깔리방안	여흥, 오락, 즐거움, 취미 libangín, lumibáng ; 즐겁게 하다, 기쁘게 하다 maglibáng ; 즐기다, 여흥을 갖다 malibáng ; 재미있어 하다, 환대받다	amusement, entertainment, hobby
libíng, paglilibíng	리빙, 빡릴리빙	매장 ilibing, maglibíng ; 매장하다, 무덤에 묻다 ilibíng sa limot ; 잊다, 망각하다 libingan ; 무덤, 묘지, 공동묘지 málibíng ; 묻히다, 매장되다	burial
libís	리비스	경사면, 비탈, 언덕의 중턱 palibís ; 아래로 경사진	slope, hillside
liblíb	립립	은익된, 외떨어진, 격리된	hidden, secluded, remote
libo	리-보	천 sanlibo ; 1,000 sampunlibo ; 10,000 sandaanlibo ; 100,000 sanlibunlibo ; 1,000,000 libong-angaw ; 10억	thousand
libog, kalibugan	리-복, 깔라부-간	육욕, 색욕, 호색 malibog ; 음탕한, 호색한, 외설적인 malibugan ; 색정을 품다	lust
(libot)palibot	빨리-볻	주변, 주위의 상황, 환경 sa palibot ; 빙 둘러싼, 사방에 libutan ;	surroundings,

		둘러싸다, 에워싸다 libutin, lumibot, maglibót ; 돌아다니다, 여행하다, 순회하다 palibut-libot ; 계속(구석구석) 돌아다니는	environment
libre	리-브레	무료의, 면제된 ilibre ; 한 턱 내다, 접대하다 magpalibre ; 면제시키다, 자유롭게 하다	free, exempt
libreta	리브레-따	은행통장, 예금통장	bankbook
libró	리브로	책, 도서, tenedór-de-libró ; 회계관, 장부계원	book
likas, paglikas	리-까스, 빡리-까스	집단적 이동, 탈출 lumikas ; 피난하다, 이주(이동)하다 palikasin ; 피난(이주, 이동)하게 하다	exodus
likás	리까스	자연적인(~산의), 천연적인, 고유의, 선천적인 kalikasan ; 자연, 자연계의 천지만물 pagkalikás ; 자연, 당연, 타고남, 선천성	natural, congenital, inherent
likaw	리-까우	(밧줄, 철사 등)사리, 감은 것, 코일 ilikaw, maglikaw ; 사리다, 감다, 둘둘말다	coil, roll
likhâ	릭하'	(1) 창조, 창조물, 창작품 (2) 창조된 Ang Lumikhâ, Ang Maylikhâ ; 창조자, 신 likahín, lumikhâ ; 창조(창작, 고안)하다 mga nilikhâ ; 창조물, 피조물 mapanlikhâ ; 독창(창의)적인, 발명 재능이 풍부한 sanglinikhâ ; 삼라만상, 천지만물 pagkamapanlikhâ ; 독창성, 창작력 paglikhâ ; 창조, 창작 tagalikhâ ; 제작(연출, 창작)자	(1)creation (2)created

likidó	리끼도	액체, 유동 물질	liquid
likmík	릭밀	썩는 냄새나는 쓰레기(오물) kalikmikán ; (쓰레기, 오물 등에 의한)썩는 냄새 malikmík ; 썩는 냄새나는 malikmikán ; 오물 썩는 냄새로 욕지기를 느끼다	foul smelling dirt or rubbish
likô	리꼬'	(도로)굽음, 우회로, 방향 전환 likú-likô ; 굽은, 휘어진, (도로)꾸불꾸불한 lumikô ; 우회하다, 벗어나다, 방향을 바꾸다 palikú-likô ; 꾸불꾸불한, 지그재그형인	curve, detour, change of direction
likód	리꼳	뒤, 이면, 배후 likód-bahay ; 뒷뜰 likurán ; 뒤, 후방, 배경 manalikód ; 용변을 보고 있다 palikód ; 뒤로, 후방을 향해 pálikuran ; 공중변소 panlikód, panlikurán ; 뒤의, 다음의 tumalikód ; 등을 돌리다, 포기하다	back, reverse side
likom, paglilikom	리-꼼, 빡릴리-꼼	모음, 수집, 접기, 감아 드림 likumin, lumikom, maglikom ; 모으다, 수집하다, 회수하다	collecting, folding, rolling
likót, kalikután	리꼳, 깔리꾸딴	계속 움직임, 장난, 들떠있음 likutín, lumikót ; 함부로 만지다, 손상이 갈 정도로 마구 주무르다 malikót ; 계속 움직이는, 장난치는, 들떠있는	incessant motion, mischief, restlessness
liksí, kaliksihán	릭시, 깔릭시한	신속, 민첩, 예민 maliksí ; 신속한, 민첩한, 예민한	quickness, agility

liksiyón, liksyón	릭시욘, 릭숀	수업, 배우기, 교훈	lesson
(likwád)palikwád-likwád	빨릭왇릭왇	망서리는, 더딘, 회피하는	hesitating, evasive
lider	리-더	지도자, 통솔자 liderato ; 통솔력	leader
ligalig, kaligaligan	리가-ㄹ릭, 까리갈리-간	문제점, 혼란, 걱정, 번민, ligalíg ; 난처한, 당황한 ligaligin, lumigalig ; 괴롭히다, 애먹이다, 혼란시키다, 방해하다 maligalig ; 걱정되다, 혼란스럽게 되다, 방해받다 panligalig ; 문제아	trouble, perturbation, bother
ligamligám	리감리감	미지근한 온도 maligamligám ; 미지근한	lukewarm temperature
ligaw, pagligaw	리-가우, 빡리-가우	구혼, 구애, 청혼 ligawan, lumigaw ; 구혼(구애, 청혼)하다 manliligáw ; 구혼자, 구애자	wooing, courtship
ligáw	리가우	야생의, 길들여지지 않은, 경작되지 않고 자란 iligáw ; 미혹시키다, 그릇인도하다 magligáw ; (바른 길·생각 등)벗어나게 하다, 속이다, 꾀다 máligáw ; 방황하다, 길을 잃다, 미혹되다	wild, undomesticated, uncultivated
ligawligáw	리가우리가우	간지러움 maligawligáw ; 간지러운	ticklish feeling
ligaya, kaligayahan	리가-야, 깔리가야-한	행복, 기쁨 lumigaya ; 기운이 나다, 행복해지다 magpakaligaya ; 행복해지기 위해 열심히 노력하다 maligaya ; 행복한, 기쁜, 즐거운	happiness

ligid, paligid	리-긷, 빨리-긷	원주, 회전, 환경, 주변, ligíd ; 둘러(에워)싸인 lumugid ; 회전하다, 순회하다, 돌아다니다 pumaligid ; 에워(둘러)싸다, 포위하다	circumference, revolution, surroundings
ligò	리-고'	목욕 maligò ; 목욕하다 paliguan ; 욕실	bath
ligpít, nakaligpít	릭뼅, 나까릭뼅	제쳐 놓아진, 치워진 iligpít ; 제쳐 놓다, 치우다, 유괴하다 lumigpít ; 은퇴하다, 물러가다, 칩거하다 pagliligpít ; 은퇴, 퇴거, 은거	put away, laid aside
ligtâ	릭따'	부주의에 의한 누락(생략) mákaligtaán ; 부주의로 누락(생략)하다, 빠뜨리고 보다	inadvertent omission
ligtás	릭따스	구조된, 위험에서 벗어난, 자유롭게 된 kaligtasan ; 구제, 구난, 안전, 피난처 iligtás, maglígtás ; 구조(구원)하다, (고통, 부담 등으로 부터)해방시키다 makaligtás ; 탈출하다, 벗어나다, 살아남다 pagliligtás ; 구출, 구조, 구제	saved, out of danger, freed
ligwák, pagkaligwák	릭왁, 빡깔릭왁	(액체)흘림, 엎지르기 lumigwák ; 흘리다, 엎지르다	spilling
liha	리-하	사포, 샌드페이어 lihahin, magliha ; 사포로 문지르다	sandpaper
liham	리-함	편지, 서신 iliham ; 편지를 쓰다, 서신을 작성하다 lihaman ; ~에게 편지를 쓰다	letter, written message

lihim	리-힘	비밀(~의) kalihim ; 비서 ilihim ; 숨기다, 비밀로 하다, 감추다	secret
lihís	리히스	우회한, 편향된, 그릇된 lihisan ; 비켜가다, 회피하다, 우회하다 lumihís ; 상궤를 벗어나다, 빗나가다, (딴 데로)돌리다 palihisín ; 벗어나게 하다, 돌아가게 하다, 빗나가게 하다	devious, deflected, incorrect
liít, kaliitán	리잍, 깔리이딴	작음, 소량, 부족 liitán ; 줄이다, 축소하다, 작게 만들다 lumiít ; 작아지다, 줄어들다, 축소되다 maliít ; 작은, 소형인, 사소한 maliitín ; 축소하다, 하찮게 보다, 얕보다, 저평가하다 manliít ; 위축되다, 움추리다	smallness, littleness, inadequacy
lilim	리-ㄹ림	응달, 그늘, 그림자 makalilim ; 그늘지게 하다, 그림자를 드리우다 malimlim ; 그늘의, 그늘진 maliliman ; 그늘에 덮이다, 그늘에 가려지다	shade, shadow
lilo	리-ㄹ로	(1) 배반자, 배교자 (2) 배신한, 불충한 kaliluhan ; 배신, 배반 maglilo ; 거역(배신행위)하다 paglililo ; (부부 간의)배신, 신의 부족	(1)renegade, traitor(2)disroyal, unfaithful
lilok	리-ㄹ록	조각, 조각 작품 lumilok, maglilok ; 조각하다 manlililok ; 조각가	sculpture
limá	리마	다섯, 5 kalimá ; 1/5 ikalimá ; 다섯번째 labinlimá ; 15 limampû ; 50 limándaán ; 500 límáhan ; 5개 한 벌, 5인조	five

L

		limahín ; 5개로 만들다 makálimá ; 다섯 번 paglimahín ; 5로 곱하다, 5개로 만들다	
limang, pagkalimang	리-망, 빡까리-망	계산 착오, 오산 malimang ; 계산에 착오를 일으키다, 오산하다	miscount
limás, paglilimás	리마스, 빡릴리마스	(배)바닥에 괸 물을 퍼냄 limasín, lumimás, maglimás ; 물을 퍼내다	bailing water out of a boat
limbág, pagkálimbág	림박, 빡까-림박	인쇄, 출판 ilimbág, limbagín, maglimbág ; 인쇄하다 manlilimbág ; 인쇄공 nakalimbág, limbág ; 인쇄된 pálimbagan ; 인쇄소	printing, edition
(limbáng) kalimbangán	깔림방안	(부정한 마음으로)여자에게 구애함, 장난삼아 하는 연애 limbangín ; 농락하다 malimbáng ; 부정한 마음으로 구애하는, 농락하는	insincere courting, flirtation
limì, paglilimì	리-미', 빡리리-미'	숙고, 주의, 조심 limiin, maglimì ; 숙고하다, 주의(조심)하다	reflection, attention
limit, kalimitan	리-밑, 깔리미-딴	자주 일어남, 빈번, 촘촘함, 조밀도 limitan ; 자주 하다, 촘촘하게 놓다 malimit ; 자주 일어나는, 빈번한	frequency, closeness
limós	리모스	의연금, 정기적으로 내는 의연금 limusán, maglimós ; (돈, 금품)기부하다, 의연금을 내다 magpalimós ; 의연금(기부금)을 요청하다 magpapalimós ; 거지	alms, stipend

limot	리-몯	망각 kalimutan, limutin, lumimot ; (의도적으로)잊다, 망각하다 mákalimutan, malimutan ; (무심코)잊다, 깜빡하다, 무시하다 malimutín ; 잘잊는, 건망증이 심한	oblivion
(limpiyá) limpyahín	림삐야힌	(신발 등)딱다, 윤을 내다	clean, polish
linamnám	리남남	맛, 풍미 malinamnám ; 맛있는, 풍미가 있는	flavor, deliciousness
lináng	리낭	농장, 경작지 kalinangán ; 경작, 재배 maglináng ; 경작하다, 재배하다	farm, field under cultivation
linaw, kalinawan	리-나우, 깔리나-완	액체의 맑음, 인쇄물의 읽기 쉬움 linawin ; 맑게 하다 maglinaw ; 맑아지다 malinaw ; 맑은, 읽기 쉬운	clearness of liquid, legibility
lindól	린돌	지진 lumindól ; 흔들리다, 진동하다	earthquake
linis, kalinisan	리-니스, 깔리니-산	깨끗함, 청결, 산뜻함, 순수함 ipalinis ; 청소시키다 linisin, maglinis ; 청소하다, 깨끗하게 하다 malinis ; 깨끗한, 산뜻한, 순수한	cleanness, neatness, purity
linláng, panlilinláng	린랑, 빤릴린랑	사기, 협잡, 엉터리 linlangín, luminláng ; 속이다, 사기치다 málinláng ; 사기당하다, 계략에 말려들다 manlilinláng ; 사기꾼, 협잡꾼	deceit, fraud, quackery
linolyo	리노-ㄹ료	장판, 리놀륨	linoleum

lintâ	린따'	거머리	leech
linya, líneá	리-냐, 리-네아	선, 줄, 열 iliniya ; 정열시키다, 나란히 세우다 líniyahán ; ~에 선을 긋다 lumiya ; 줄 서다, 정열하다 nakaliniya ; 줄 세워진, 정열된	line, column
(lingâ)magpalingá-lingá	막빠링아 링아'	한 쪽 끝에서 다른 쪽 끝까지 훑어 보다	look from side to side
(lingál)palingál-lingál	빨링알 링알	(배)좌우로 흔들리는, 옆질하는	rolling sideways
(lingát) pagkalingát	빡깔링앝	부주의, 태만, 소홀 malingát ; 알지 못하는, 부주의한	inadvertence
lingkáw	링까우	낫	sickle
lingkís	링끼스	칭칭 감김, 꽁꽁 동여맨 lumingkís, lingkisín ; 칭칭 감다, 꽁꽁 동여 매다	tightly bound by winding
lingkód	링꼳	고용인, 하인, 봉사자 maglingkód ; 봉사하다, 협조하다 palingkuran ; 봉사, 돌봄, 서비스	servant
linggít, kalinggítán	링긷, 깔링기딴	작음, 소량 linggitán ; 작게 만들다, 소형화하다 malinggít ; 자그마한, 작은	littleness, smallness
Linggó	링고	일요일	Sunday

linggó	링고	주, 1주간 pagkaraán ng isáng linggó ; 1주일 후 lingguhan ; 주 1회의, 1주간의, 주간지 linggú-linggó ; 매주의	week
lingguwista	링구위-스따	언어학자, 여러 언어에 능한 사람	linguist
lingíd	링읻	비밀의, 감추어진 ilingíd, malingíd ; 비밀로 간직하다, 감추다	secret, hidden
lingón, paglingón	링온, 빡링온	뒤 돌아봄 lingunín ; ~을 뒤돌아 보다 lumingón ; 뒤돌아 보다	looking back
lingos, paglingos	리-ㅇ오스, 빡리-ㅇ오스	주변을 둘러 봄 lumingos ; 둘러 보다 magpalingus-lingos ; 계속 둘러보다	looking around
lipád, paglipád	리빧, 빡리빧	날기, 비행 lumipád ; 날다, 이륙하다 lumipád-lipád ; 하늘을 떠 돌다, 공중을 맴돌다 manlilipad ; 조종사 páliparan ; 비행장	flight
lipanà	리빠-나'	넓게 흩어진, 확산되어 있는	diffused, widespread
(lipas)lipás	리빠스	경과한, 지나버린, 시대(유행)에 뒤진 lumipas ; 경과하다, 흘러가 버리다, 사라지다 paglipas ; 경과, 통과	lapsed, old-fashioned
lipat, paglipat	리-빧, 빡리-빧	이동, 이전, 이사 ilipat, lumipat ; 옮기다, 이사(이주)하다, 갈아타다 maglipat, ilipat ; 옮기다, 양도하다, 이주시키다 paglilipat ; 이전, 이서, 양도 paglilipat-kamáy ; 소유권 이전 palipát ; (문법)타동사의 pandiwang-palipát ; 타동사	transfer, move

lipol, paglipol	리-뽈, 빠리-뽈	구제, 절멸, 소멸 lipulin, lumipol ; 근절하다, 절멸시키다, 완전히 제거하다	extinction, destruction
lipon	리-뽄	군중, 북적임, 모임, 집회 kalipunan ; 사람들의 집합, ~족, 패거리 lípunan ; 사교계, 단체 panlípunan ; 사회적인, 사교계의, 상류사회의 makipaglipón ; 대담(교제)에 참가하다 maglipón ; 대화(교제)하다	crowd, gathering, assembly
lipós	리뽀스	가득 찬, 충분한, 뒤덮인 lipós ng hiyâ ; 부끄러움으로 뒤덮인, lipós ng ligaya ; 행복으로 가득 찬	full of, covered with
lipumpón	리뿜뽄	모임 magkalipumpón ; 모이다, 모여 들다	gathering
(lirip)liripin	리리-삔	주의깊게 생각하다(고려하다), 이해하기 위해 노력하다 paglilirip ; 신중한 조사, 깨달음, 납득	study carefully, try to understand
(lisan)paglisan	빠리-산	출발, 떠남 lisanin ; 떠나다, 방치하다, 포기하다, 피난(소개)시키다 lumisan ; 떠나다, 출발하다	departure
lisensiyá	리센시야	허가, 면허, 운전면허증 lensinsiyahán ; 면허(허가)를 받다	license, driving license
listá	리스따	목록, 표, 명부, 리스트 ilistá, maglistá ; 목록을 만들다, 명부에 올리다 pagpapalistá ; 기재, 등록	list
litáw, nakalitáw	리따우, 나까리따우	잘 보이는, 선명한, 잘 알려진, 인지할 수 있는 lumitáw ; 나타나다, 출현하다, 모습을 드러내다 paglitáw ; 모습, 출현, 발생	visible, obvious, well-known, noticeable

litis, paglilitis	리-띠스, 빡리리-띠스	재판, 심리 litisin, naglitis ; 조사하다, 심문하다, 재판하다	trial in court
litó, nalílitó	리또, 날리-리또	당황한, 혼란스러운, 난처한 kalituhán ; 당혹, 난처, 곤란 lituhín, lumitó ; 혼동(혼란)시키다, 당혹케하다 malitó ; 혼동하다, 난처해(혼란스러워)지다	confused, perplexed, at a loss
li(-e-)tsugas	리(레)추-가스	상추	lettuce
liwag, kaliwagan	리-왁, 깔리와-간	행동의 느림 maliwag ; 행동이 더딘(느린), 시간이 오래 걸리는	slowness in acting
liwalas	리와-ㄹ라스	(방, 집 등)넓음, 통풍이 잘됨, 시원함 maliwalas ; 넓은, 통풍이 잘되는, 시원한	spaciousness, freshness, breeziness
liwanag, kaliwanagan	리와-낙, 깔리와나-간	빛, 밝음, 조명 ipaliwanag ; 설명하다, 분명히 하다 lumiwanag ; 밝히다, 밝게 하다 maliwanag ; 밝은, 선명한, 분명한 paliwanag ; 설명, 해명	light, shine, illumination
liwaywáy	리와이와이	새벽, 여명, bukáng-liwaywáy ; 동틀녘, 새벽	dawn
liyág	리약	연인, 애인 lumiyág ; 끔찍이 사랑하다 pagliyág ; 정열적인 사랑	darling, beloved
liyeno	리예-노	(차에 사람이)가득찬	full
lobo	로-보	(1) 늑대 (2) 풍선	(1)wolf (2)baloon

loko	로-꼬	미친(~ 사람) kalokohan ; 바보스러움, 어리석음 lokohin, lumuko ; 놀리다, 속이다, 바보 취급하다 manloloko ; 속이는 사람, 정직하지 않은 사람	mad, insane, madman, madwoman
lola	로-ㄹ라	할머니	grandmother
lolo	로-ㄹ로	할아버지	grandfather
longganisa	롱가니-사	돼지고기 소시지	pork sausage
loób¹, kaloobán	로옵, 까로오반	의지, 의도 lakás ng loób ; 용기 lagáy ng loób ; 기분, 마음가짐 samaan ng loób ; 불쾌한 기분 utang na loób ; 은혜 walâ sa loób ; 무관심한 kagandahang-loób ; 친절, 선의, 우대, 호의, 아량 kapalagayang-loób ; 친밀한, 절친한 kusang-loób ; 기꺼이, 자발적으로, 자진해서 isaloób ; 마음에 간직하다 sáloobín ; 마음의 자세, 기질, 의향	will, volition
loób², kaloób	로옵, 까로옵	선물, 선사품, 증여 ipagkaloób ; ~를 주다(부여하다) magkaloób ; 선물하다, 증여하다 mapagkaloób ; 관대한, 아량있는	gift, dornation
loób³	로옵	내부, 내면, 안쪽, 안 sa loób ; 안에, 내부에 loób ng Mandaluyong ; (속어)정신병원 ipaloób ; 삽입하다, 용기에 넣다 looban ; 구내(構內), 울타리친 구역 내부 paloób ; 안쪽	inside, interior

			으로, 내부를 향해 panloób ; 내부의, 안쪽의 tagaloób ; 안에 있는 사람, 회원	
loób⁴, panloób, looban	로옵, 빤로옵, 로오-반		강도 행위, 강도질 lobán, manloób ; 강도질하다, 훔치다, 약탈하다 manloloób ; 강도, 약탈자	robbery, burglary
loók	로옥		만, 내포, 항구	bay, gulf, harbor
lote	로-떼		한 구획의 토지, 땅, 부지	lot
loteria	로떼리-아		제비, 추첨, 복권	lottery
lubag	루-박		(감정)진정, 가라앉힘, (바람, 폭풍 등)휴지, 중단 lubág ; 침착한, 평온한, 가라앉은 lumubag, maglubag ; (감정)침착해지다, 가라앉다, (날씨)평온해지다 magpalubag, palubagin ; 달래다, 진정시키다, 가라앉히다	calming, cessation
lubáy, paglulubáy	루바이, 빡루루바이		긴장을 품, 휴식, 쉼 kalubayán ; 이완(弛緩), 부드러움 lumubáy ; 이완하다, 평온해지다 malubáy ; 평온한, 이완된, 느긋한 waláng-lubáy ; 고집하는, 완고한	relaxation
lubhâ, kalubhaán	룹하', 깔룹하안		심각함, 중대함, 극히, 과도하게 lumubhâ ; 더욱 나빠지다, 악화되다 malubhâ ; 치명적인, 돌이킬 수 없는 pinakalubhâ ; 최악의, 더 이상 나쁠 수 없는	seriousness, extremely, exceedingly
lubid	루-빈		밧줄, 로프	rope

lubóg	루복	(물속에)가라앉은, (배의)흘수 ilubóg ; 물속에 잠그다(가라앉히다), 물에 담그다 lumubóg ; 가라앉다, (해가)지다 paglubóg ; 가라앉음, 쇠퇴, paglubóg ng araw ; 일몰	submerged, draft
lubós	루보스	완전한(~하게), 전체적인(~적으로), 절대적인(~으로) lubusín ; 완벽하게 하다 malubós ; 완전해지다, 완벽해지다	complete(~ly), entire(~ly), absolute(~ly)
lukad, paglukad	루-까드, 빡루-깐	코코넛의 육질을 긁어 냄 lukarin ; 코코넛의 육질을 긁어 내다	removing the coconut meat
(luklók) luklukan	룩루-깐	왕위, 왕좌, 명예로운 자리	throne, seat of honor
lukóng	루꽁	(접시, 그릇 등)가운데가 옴폭함 malukóng ; 가운데가 옴폭한	concavity
lukot	루-꼳	주름, 구김살 lukót ; 주름진, 구겨진 lukurin, lumukot ; 주름지게 하다, 구기다 lukút-lukót ; 심하게 구겨진	crease, wrinkle
luksâ, nakaluksâ	룩사', 나깔룩사'	상(喪)중인, 상복을 입고 있는 magluksâ ; 상중에 있다, 상복을 입고 있다	in the mourning
luksó, pagluksó	룩소, 빡룩소	뜀, 뛰어 오름, 도약 luksuhán ; 뛰어 넘다	jump, leap

lugár, lugál	루가르, 루갈	장소, 위치, 지점 bigyáng-lugár ; ~에게 기회를 주다 bigáy-lugár ; 주어진 기회(찬스) lumugár ; 자리를 차지하다	place, site
lugás	루가스	(곡식 등)바닥에 떨어진, (머리 카락)빠진 malugás ; 떨어지다, 빠지다	fallen off, fallen out
lugaw	루-가우	쌀 죽, 흰 죽	rice porridge
lugi	루-기	재정적 손실 lugíng-lugí ; 재정적 손실이 큰 malugi ; 사업거래에서 손해를 보다	financial loss
lugód	루곧	기쁨, 즐거움 kalugúd-lugód ; 매우 기쁜, 즐거운, 유쾌한 malugód ; 즐거워하다, 기뻐하다	pleasure, enjoyment
luhà	루-하'	눈물 iluhà ; ~때문에 눈물을 흘리다(울다, 슬퍼하다) luhaán ; 눈물을 흘리는 lumuhà ; 눈물을 흘리다, 울다	tear
luho	루-호	호화, 사치 maluho ; 호화스러운, 사치스러운	luxury
luhód, pagluhód	루혼, 빡루혼	무릎 꿇기, 무릎 꿇고 손에 하는 키스 lumuhód ; 무릎 꿇다	kneeling, kneeling and kissing on hand
lulà, pagkalulà	루-르라', 빡까루-르라'	멀미, 욕지기, 어지러움, lulâ ; 어지러운, 멀미하는	travel sickness, nausea, dizziness
lulan	루-르란	화물, 짐, 적재량 malulan ; 적재되다, 실리다 nakalulan ; 타고있는, 적재된, 실려있는	cargo, load, capacity og a vehicle

L

lulón¹, paglulón	룰론, 빡룰론	삼킴 lulunín, lumulón ; 삼키다	swallowing
lulón²	룰론	(종이, 카펫 등)두루마리, 둘둘말은 종이, 롤 ilulón ; 말다, 감다	roll of paper, carpet and the like
(lulóng) mapalulóng	마빠룰롱	싫은 일을 하도록 강요받다, 위험에 처해지다	be pushed into something against one's will
(lulos)lumulos	루무-ㄹ로스	어려운 상황을 용감하게 극복하다	get through a difficult situation bravely
lulót	룰롵	너무 익은, 시들은	overripe, withered
lumà	루-마'	낡은, 중고품의, 예전의 makalumà ; 골동품의, 고대풍의, 구식인	old, second hand, former
lumanay	루마-나이	점잖음, 부드러움, 온순 malumanay ; 점잖은, 부드러운, 순한	gentleness, mildness
lumbalumbá	룸바룸바	돌고래	dolphin
lumbáy, kalumbayán	룸바이, 깔룸바얀	슬픔, 우울, 침울, 쓸쓸함 malumbáy ; 슬픈, 우울한, 침울한, 풀이 죽은, 쓸쓸한	sadness, dumps, loneliness
lumó, panlulumó	루모, 빤루루모	우울, 동정심 manlumó ; 우울해 하다	feeling of depression or sympathy
lumón	루몬	(과일)매우 잘 익은	very ripe

lumpiyá	룸삐야	고기, 야채, 생선 등을 넣어 튀긴 두루말이 음식		rolled food with meat, vegetable, fish, etc
lumpó	룸뽀	중풍에 걸린, 불구가 된, 마비된 malumpó ; 중풍에 걸리다, 마비되다		paralyzed, crippled
lunademyél	루나데멜	밀월, 신혼 기간, 신혼 여행, 허니문 maglunademyél ; 신혼여행을 하다, 밀월을 즐기다		honeymoon
lunas, panlunas	루-나스, 빤루-나스	치료, 치료약, 구제책, 해결책, may lunas pa ; 치료할 수 있다 lumunas, lunasan ; 치료하다, 구제하다		remedy, correction
lundág, paglundág	룬닥, 빡룬닥	뛰어 오름, 도약, 점프 lumundág ; 뛰어 오르다(내리다) lundagán, lundagín ; 뛰어 넘다, 건너 뛰다		jump, leap
Lunes	루-네스	월요일		Monday
luningníng	루닝닝	섬광, 반짝임 maluningníng ; 반짝이는, 섬광을 일으키는		sparkle, shine
lunók	루녹	삼킴 lumunók, lunukín ; 삼키다 lumunók nang malakí at dalí-dalì ; 꿀떡꿀떡 삼키다		swallow
(lunod¹) pagkalunod	빡까루-논	물에 빠짐, 익사 lumurin ; 물에 빠뜨리다, 익사시키다 malunod ; 물에 빠지다, 익사하다		drowning
(lunod²) kanluran	깐루-란	서쪽 kanluranín ; 서쪽의, 서양의		west

lunos, pagkalunos	루-노스, 빡까루-노스	동정, 불쌍히 여김 nakalulunos ; 동정이 가는, 불쌍한, 애처러운	pity, compassion
lunsád, paglunsád	룬삳, 빡룬삳	탈것(말, 차량, 배 등)에서 내림, 하선 ilunsád ; 짐을 부리다(내리다), 하역하다 lumunsád ; 내리다, 하선하다, 상륙하다	getting off from the vehicle
luntî	룬띠'	녹색의, 초록의 kaluntián ; 녹색, 초록색 luntián ; 녹색을 띈	green
lungkót, pagkalungkót	룽꼳, 빡까룽꼳	슬픔, 비애, 비탄, 우울 kalungkút-lungkót ; 매우 슬픈, 통탄스러운 ikalungkót ; 슬프게 하다, 우울하게 만들다, 후회하다 lumungkót ; 슬퍼하다, 슬퍼지다 malungkót ; 슬픈, 우울한, 침울한	sadness, grief, sorrow
(lungì) mápalungì	마-빨루-ㅇ이'	불행한 일을 당하다	meet with misfortune
lungsód, lunsód	룽솓, 룬솓	시, 도시, punung-lungsód ; 수도	city
lupà	루-빠'	지구, 땅, 흙, 육지, 국토, 나라 lupang-tinubuan ; 고국, 조국, 고향 kama ng lupà ; 작은 땅, 소구획 katawáng lupà ; 지구 guhò ng lupà ; 산사태 lupang payapà ; 무덤 sa ilalim ng lupà ; 지하의, 땅속의 kalupaán ; 이 세상, 속세, 세속적임 lupaín ; 땅, 토지, 소유지, 부동산 makalupà ; 물질적인, 속세의, 세속적인 maylupà ; 지주, 땅주인 panlupà ; 땅의, 대지의, 지상의	earth, soil, ground, land, country

lupagî, nakalupagî	루빠기', 나까루빠기'	바닥에 주저 앉은 lumupagî ; 바닥에 주저 앉다	squatting
lupaypáy	루빠이빠이	기진맥진한, 기력없는, 좌절한 manlupaypáy ; 축 처지다, 쇠하다, 약해지다	prostrate, frustrated
lupî	루삐'	접기, 접은 금, (옷, 천 등)가두리, 감침질, 접혀진 ilupî, maglupî ; 가장자리를 감치다	fold, hem, folded
lupíg	루삑	정복당한, 예속된 lumupig, lupigin ; 정복하다, 이기다	conquered
lupít, kalupitán	루삗, 깔루삐딴	잔인, 야만성, 가혹 lumupít ; 잔인해지다, 야만스러워지다 malupít ; 잔인한, 야만스러운 pagmamalupít ; 학대, 잔학행위	cruelty, savageness
lupon	루-뽄	위원회, 위원, 회의	committee, board
lusak	루-삭	습지, 늪, 진창	mire
lusáw	루사우	녹은, 액체화 된, 묽어진	melted, liquified, diluted
lusob, paglusob	루-솝, 빡루-솝	공격, 습격, 침입 lumusob, lusubin ; 공격(습격, 침입)하다	attack, assault, invasion
lusóg, kalusugán	루속, 깔루수간	건강, 번영, 발전 malusóg ; 건강한, 튼튼한 nakapagpápalusóg ; 건강에 좋은, 영양이 풍부한 pampalusóg ; (1) 건강을 위한 (2) 건강에 이로운 것	health, progressiveness
lusong, paglusong	루-송, 빡루-송	하강, 내리막 길 palusóng ; 내려가는, 하강하는	descent

lusót	루솓	좁은 곳(힘든 상황)을 통과하는 lumusót ; 통과하다, 빠져 나가다	passing through a narrow place
(lutang) nakalutang	나까루-땅	물에 뜨는, 부유하는 lulutang-lutang ; 물에 떠다니는, 표류하는 lumutang ; 물에 뜨다, 부유하다 palutang ; 부이, 물에 뜨는 것	floating
lutás	루따스	(문제)풀린, 해결된, 종결된, hindî pa lutás ; 미정(미결)의 kalutasán ; 해결, 종결 lumutás, lutasín ; 풀다, 해결하다, 종결하다	solved, finished
lutò	루-또'	(1) 요리(법) (2) 요리된, 구워진 ilutò, lutuin, maglutò ; 요리하다 ipalutò, magpalutò ; ~를 요리시키다 tagapaglutò ; 요리사	(1)cuisine (2)cooked, done
lutóng	루똥	바삭바삭함, 딱딱하고 부서지기 쉬움 malutóng ; 바삭바삭한, 잘 부서지는	crispiness
luwâ	루와'	트림, 토해낸 것 iluwâ, lumuwâ, magluwâ ; 트림하다, 토해내다	belch, disgorged thing from the mouth
luwág, kaluwagán	루왁, 깔루와간	(공간)넓음, (옷)느슨함, 편안함 luwagán, magpaluwág ; 여유롭게(느스케) 하다, 완화시키다 lumuwág ; 느슨해(여유로워)지다, 완화되다 maluwág ; 느슨한, 넓찍한, 여유로운, 편한	spaciousness, slackness, ease

luwalhatì, kaluwalhatian	루왈하-띠', 깔루왈하띠-안	찬미, 영광, 훌륭함 luwalhatiin ; 찬미(칭송)하다, 영광을 주다 maluwalhatì ; 영광스러운, 명예로운	glory, splendor
luwáng	루왕	폭, 넓이 lumuwáng ; 넓어지다, 느슨해지다 luwangán, paluwangín ; 넓히다, 넓게 하다 maluwáng ; (공간)넓은, (폭)넓은	width
luwás¹, pagluwás	루와스, 빡루와스	시골에서 도시(시내)로 나감 lumuwás ; …나가다	trip to town
luwás², pagluluwás	루와스, 빡루루와스	수출 iluwás, magluwás ; 수출하다	export
luwát, kaluwatán	루왙, 깔루와딴	오랜 시간 magpakaluwát ; 지체하다, 천천히 가다 maluwát ; 시간이 오래 걸리는, 오래 지체되는	long time
luya	루-야	생강 luyahan ; 생강 재배지	ginger

M m			
maáng	마앙	무지한, 무식한, 모르는	ignorant
makatà	마까-따'	시인 magmakatà ; 시인이 되다	poet
makdô	막도'	맥도날드 음식점	McDonalds
mákina	마-끼나	기계, 모터 makinarya ; 기계류, 기계장치 makinista ; 기계공 (…기술자)	machine, motor
makinilya	마끼니-ㄹ랴	타자기 taga-makinilya ; 타자수 makinilyado ; 타자로 쓰여진	typewriter
maktól, pagmamaktól	막똘, 빡마막똘	불평, 불만, 투덜거리는 소리, 부루퉁 함 magmaktól ; 불평하다, 투덜거리다, 부루퉁하다	grumbling, sulk
madlâ	마들라'	국민, 대중, 공공, 공동체, 지역 사회(~의 모든 사람), madláng-tao ; 모든 사람, 누구든지, palagáy ng madlâ ; 여론	people, the public, the community
madre	마-드레	수녀	nun
madrina	마드리-나	대모, 후원자(여성)	godmother, female sponsor
maestra	마에-스뜨라	선생(여), maestro ; 선생(남)	teacher
Magkano?	막까-노	(가격)얼마?	How much?
maging	마깅	~이 되다, naging ; 되었다(과거시제), nagigíng ; 되고있다(현재시제), magigíng ; 될 것이다(미래시제)	become

magulang	마구-ㄹ랑	부모	parent
mahál¹	마할	애인, 연인, 사랑하는 사람 mahál, minálmahál ; 사랑하는, 아끼는 Mahál kitá ; 당신을 사랑합니다. magmahál, mahalín ; 사랑하다 pagmamahál ; 사랑	dear, beloved
mahál², kamáhálan	마할, 까마-하-ㄹ란	비싼, 귀중한	expensive, costly
mahál³	마할	귀족의, 고상한, 고귀한, 위대한 kamáhálan ; 존엄, 위엄, 고관의 명칭(각하, 전하 등)	noble
maharlikâ	마하를리까'	귀족의, 귀족적인	noble, aristocratic
mahistrado	마이스뜨라-도	행정장관, 치안판사	magistrate
maís	마이스	옥수수, binusáng maís ; 팝콘, inihaw na maís ; 구운 옥수수	maize, corn
malák	말락	지식, 앎, 자각	knowledge, consciousness
Malakanyáng	말라까냥	말라카냥(대통령 관저)	residence of president
malas¹	마-ㄹ라스	불운, 불행(~한) kamalasan ; 불운, 불행	bad luck, unlucky
malas²	마-ㄹ라스	응시하는 시선 malasin, magmalas ; 응시(관찰, 주시)하다	intent look
malasakit	말라사-낄	관심, (진심어린)걱정, 염려, 흥미 ipagmalasakit ; 관심(걱정, 염려)을 표명하다 mapagmalasakit ; 관심을 갖은, 걱정(염려)하는	solicitude, concern, interest

malasado	말라사-도	(계란)반숙한, (스테이크 등)중간으로 구운	soft-boiled, medium rare
malastigà	말라스띠-가'	계속되는 같은 음식에 물림	satiation from the same food always
malát, namámalát	말랕, 나마-말랕	목이 쉰, 허스키한 pamamalát ; 쉰(허스키한) 목소리	hoarse, husky
malay	마-ㄹ라이	의식, 앎, 이해, 알고 있음 kawaláng-malay ; 무지, 순진 waláng-malay ; 순진한, 의식이 없는, 인식하지 못하는 kamalayán ; 인식, 지각, 알고 있음 malay-tao ; 의식, 자각 kawalán ng malay-tao ; 무의식 waláng malay-tao ; 의식이 없는 mámalayan ; 알게 되다, 알고 있다, 깨닫고 있다	consciousness, understanding
maleta	말레-따	여행가방, 슈트케이스 maletín ; 소형 여행가방	suitcase
malî	말리'	잘못된, 실수한, 틀린 pamalî ; 잘못되어, 틀리어 kamálían, malî ; 결점, 잘못, 실수, 불완전 ipagkámalî ; 혼동하다, 헷갈리다, 잘못알다 magkámalî, mámalî ; 잘못하다, 실수하다, 틀리다	erroneous, false, untrue
malikaskás	말리까스까스	껍질을 벗기는	peeling off(skin)
maliputô	말리뿌또'	키가 작은 사람	short person
malisya	말리-샤	악의, 적의, 원한 malisyoso ; 악의있는, 심술궂은	malice, spite

(maliw) pagmamaliw	빡마마-ㄹ리우	사라짐, 끝, 열정(세기)의 감소 waláng-maliw ; 끊임없는 magmaliw ; 열정이 줄어들다, 사라지다, 끝나다	disappearance, end, diminishing of fervor
malmâ	말마'	(병 등)중대한, 심각한, 악화된	grave, serious, aggravated
Mamá	마마	엄마	Mammy
mamà	마-마'	모르는 남자에 대한 호칭	appellation for an unknown man
mamák	마막	볏짚	rice straw
mamadór	마마도르	젖병	nursing bottle
mámayâ	마-마야'	나중에, 후에, 곧, *금일 이내 mámayáng gabí ; 오늘 밤 ipagpamamayâ ; 연기 하다, 미루다 *금일 이내 pagpapamamayâ ; 연기, 미룸 * 금일 이내	later, soon
mameluko	마멜루-꼬	바지와 상의가 붙어 있는 어린이용 덧옷	children's overall
mamiso	마미-소	개당 1페소 가격인	1 peso each
man	만	~일지라도, 역시, 또한, man namán ; 역시 그렇다(마찬가지다) man lamang ; (부정)전혀, 조금도, (긍정)적어도, 뭔가	even though, even if, also
mana	마-나	상속, 유산 ipamana, magpamana ; 유산으로 남기다 magmana, manahin ; 상속하다, 물려받다 pamana ; 유산,	inheritance

		상속물, 유증 tagapagmana ; 상속인	
(maná) maná pa'y	마나 빠이	바라건대, 되도록이면	preferably, it would be better
manaan	마나-안	개당 100페소 가격인	100 peso each
manaká-nakâ	마나까 나까'	이따금, 때때로	occasionaly, from time to time
manang	마-낭	연장자(여자)에 대한 호칭, 심취한(열성적인) 여자	elder sister, devotee
manaog	마나-옥	☞panaog	
manatili(← tili)	마나띠-ㄹ리	머무르다, 살다 panatilihin ; 계속하다, 유지하다	stay
mánedyér	마-네제르	관리자, 매니저	manager
mandalâ	만달라'	볏단 낟가리, 건초더미	stack of rice, large pile of hay or straw
mandamyento	만다몌-ㄴ또	명령, 지휘, 지시	command, order
mando	마-ㄴ도	명령, 지시	command, order
maneho, pagmamaneho	마네-호, 빡마마네-호	관리, 차량 운전 magmaneho ; 차를 운전하다, 관리하다	management, driving
manhík (← pumanhík)	만힉	윗층으로 올라가다, ☞panhík, manhík-manaog ; 오르내리다	go upstairs

manhíd, pagkamanhíd	만힏, 빡까만힏	마비, 무감각 magpamanhíd ; 마비시키다, 무감각하게 만들다 manhíd ; 무감각한, 마비된 mamanhíd ; 마비되다, 무감각해지다 pampamanhíd ; 국부마취	numbness
manî	마니'	땅콩 mánian ; 땅콩농장	peanut
manibago	마니바-고	생소하다, 익숙치 못하다	be unfamiliar with, be unaccustomed
manibaláng	마니발랑	거의 다 익은(성숙한)	almost ripe
manibela	마니베-라	(배의)조타륜	steering wheel
manikà	마니-까'	인형	doll
manigò	마니-고'	훌륭한, 번창하는, 행운의 Manigong Bagong Taón. ; 번영하는 새해가 되기를 기원합니다.	fine, prosperous, fortunate
Manila, Maynilà	마니-ㄹ라, 마이니-ㄹ라'	마닐라, 필리핀 수도 Manilyena, -o ; 마닐라 주민, 마닐라에서 태어난 사람	Manila
maningaláng-pugad	마닝알랑 뿌-갇	(사춘기 소년)여자애들에 관심을 갖기 시작하다	begin to have interest in girls
maniobra, manyobra	마니오-브라, 마뇨-브라	(군대, 함대)기동, 작전, 전개	maneuver
manipesto	마니뻬-스도	선언서, 성명서, 포고문, 공고, 적하목록	manifesto, manifest

manmán, pagmanmán	만만, 빡만만	스파이 행위, 정찰, 세밀한 조사 manmanán, magmanmán ; 세밀히 관측(조사)하다, 정찰하다	spying, reconnaissance
mano	마-노	한 줌, 종이 1첩(24장), 우회전, (게임)먼저 시작하는 사람, 연장자의 손에 키스함 magmano ; 연장자의 손에 키스하다	handful, quire, right turn, first player, kissing an elder's hand
manók	마놀	닭, 가금 inahíng manók ; 암탉 magmamanok ; 양계업자 magmanók ; 양계업을 하다, 닭을 기르다 manukan ; 양계장	chicken, fowl
manong	마-농	연장자(남자)에 대한 호칭, 심취한(열성적인) 남자	elder brother, devotee
mansanas	만사-나스	사과	apple
mansera	만세-라	쟁기 손잡이	plow handle
mansó	만소	길들여진, 유순한 mansuhín ; 길들이다, 유순하게 만들다	tame, meek
mantél	만뗄	식탁(테이블)보 mantelán ; 테이블보를 씌우다(덮다)	tablecloth
mantikà	만띠-까`	지방, 기름, 식용유 mamantikà ; 기름진, 지방이 많은	lard, cooking oil
mantikilya	만띠끼-ㄹ랴	버터 mantikilyahán ; ~에 버터를 바르다	butter
mantiní	만띠니	생계, 양육, 부양, 유지 mantinihán ; ~를 부양하다(지원하다) mantinihín ; 유지하다, 보존하다, 버티다, 지지하다	subsistence, support
mantsa	마-ㄴ차	더럼, 얼룩, 오점, 치욕, 오명, 불명예 magkamantsa ; 얼룩지다, 더러워지다 magmantsa ; 얼룩지게 하다, 더럽히다	blot, stain, stigma

manugang	마누-강	사위, 며느리	child-in-law
manu-mano	마-누 마-노	백병전의, 드잡이의, 맞붙은, manu-mano labanán ; 백병전	hand-to-hand, close together
manuskrito	마누스끄리-또	원고	manuscript
manwál	만왈	설명서, 참고서, 소책자	manual
manyapa't	만냐빹	단지 ~ 때문에, 단지 ~한 이유로	just because
manyari	만야-리	~때문에 ~한 이유로	because
manyobra	마뇨-브라	☞maniobra, manyobra	
mangkók	망꼭	큰 그릇, 받침접시	big bowl, saucer
manggá	망가	망고	mango
manggás	망가스	소매	sleeve
manggo	마-ㅇ고	손잡이, 자루, (총)개머리, (나무 등)줄기	handle, butt of gun, stem
manghâ, pagkamanghâ	망하', 빡까망하'	크게 놀람, 경악 kamanghá-manghâ ; 놀랄 정도의, 굉장한 mámanghâ ; 깜짝 놀라다, 경악하다 manghaín ; 놀라게 하다, 경악시키다	amazement, great surprise
manginain	망이나-인	(가축)풀을 뜯다, 목초를 먹다	graze
mangmáng[1]	망망	모르는, 무식한, 배우지 못한 kamangmangán ; 무식, 배움의 부족, 문맹	ignorant, uneducated

mangmáng²	망망	고열로 헛소리 하는, 고열로 정신착란을 일으킨 magmangmáng ; 고열로 헛소리 하다, 고열로 정신착란을 일으키다	delirious from high fever
mapa	마-빠	지도 imapa, magmapa, mapahin ; 지도를 만들다	map
mapaklá	마빠끌라	(맛)매운, 쓴, 자극적인	acrid
marahil	마라-힐	아마, 혹은, 어쩌면	maybe, perhaps
marka	마-르까	상표, 표시, 점수	brand, mark, grade
marikita	마리끼-따	무당벌레	ladybird
marinero, marino	마리네-로, 마리-노	선원	mariner
mariposa	마리뽀-사	나비	butterfly
marmól	마르몰	대리석, 대리석의, 대리석으로 만든	marble, made of marble
marpíl	마르삘	상아	ivory
Marso	마-르소	3월	March
Marte	마-르떼	(천문학)화성	Mars
Martes	마-르떼스	화요일	Tuesday
martilyo	마르띠-ㄹ료	망치, 햄머 magmartilyo ; 망치로 두드리다, 망치질하다	hammer
martír	마트띠르	순교자, 희생자 martirín ; (신앙·주의때문에)죽이다, 박해하다 martiryo ; 순교, 희생	martyr

mas	마스	더욱, 그 위에	more
masa	마-사	가루 반죽, 빻아서 섞은 것 ipagmasa ; 빻거나 갈아서 섞다 magmasa, masahin ; 반죽하다, 개다	dough, mash
masahe	마사-헤	안마, 마사지 magmasahe, masahihin ; 안마(마사지)하다 masahista ; 안마사, 마사지사	massage
máskara	마-스까라	가면	mask
maskí (na)	마스끼 (나)	~일지라도	even if
masetera	마세떼-라	화분	flowerpot
masíd, pagmamasíd	마싣, 빡마마싣	응시, 주시, 관찰, 빤히 쳐다봄 magmasíd, masdán ; 응시(주시)하다, 빤히 쳐다보다 mapagmasíd ; 관찰력이 예리한, 주의력이 깊은 pangmasíd ; 관찰력	stare, observation
masyado	마샤-도	과대한, 심한	excessive, too much
matá	마따	눈, 시각 abót ng matá ; 가시거리 내 matá ng bagyó ; 태풍의 눈, matáng-matá lamang ; 나안 ipamatá ; 눈을 뜨게 하다, 깨닫게 하다 malikmatá ; 신기루, 허상 matahán ; 눈이 큰 pilikmatá ; 속눈섭	eye, sight
matadero	마따데-로	도살장	slaughterhouse
matapobre	마따뽀-브레	가난하거나 신분이 낮은 사람을 멸시하는 사람	people who despises the poor or masses

matrikula	마뜨리-꿀라	수업료 magmatríkula ; 대학에 입학하다(등록하다)	tuition fee
matsora	마초-라	(동물, 가금류)생식력(번식력)이 없는	infertile
matyág, pagmamatyág	마띠약, 빡마마띠약	망보기, 감시 magmatyág, matyagán ; 감시하다, 지켜보다, 유심히 바라보다	surveillance
mawò	마-워'	꽃가루, 화분	pollen
may	마이	있다, 존재하다, 가지고 있다, may- ; 가지고 있는, may-bahay ; 집을 소유하고 있는	there is(are), have(has)
maya	마-야	참새	sparrow
mayaw	마-야우	조화, 화합, 일치, 질서 di-magkámáyaw ; 조화(일치)하지 않는, 불협화음의, 시끄러운	harmony, order
Mayo	마-요	5월	May
mayoria	마요리-아	대다수, 대부분	majority
mayroón	마이로온	☞may	
mekániko	메까-니꼬	기계공, 수리공, 정비사	mechanic
medalya	메다-ㄹ랴	메달, 훈장	medal
medida	메디-다	줄자	tape measure
medyas	메-쟈스	양말	socks, stockings
medyo	메-죠	얼마쯤, 어느 정도, 다소 medyú-medyó ; 얼빠진, 아둔한, 어리석은	half, semi-, somewhat

mehora	메호-라	재산의 증식, 부의 증가(향상)	improvement on property and the like
melokotón	멜로꼬똔	복숭아, 복숭아 나무	peach
memeng	메-멩	(유아어)자장자장, 자거라	sleep, go to sleep
menór	메노르	미성년의, 연소한 menór-de-edád ; 미성년자 pagkamenór de edád ; 미성년기	minor, junior
menos	메-노스	덜한, 더 적은 menos-gastos ; 덜 비싼 menosin ; 과소 평가하다, 싸게 어림하다	less
mensahe	멘사-헤	전언, 서신, 메시지 mensahero ; 메시지 전달자	message
meryenda	메리예-ㄴ다	처참, 점심과 저녁 사이에 먹는 간편 음식	snack between lunch and dinner
mesa	메-사	테이블, 식탁, ihandá ang mesa ; 식탁에 음식을 차리다	table
me(-i-)stisa(-o)	메(미)스띠-사(소)	혼혈아 mestisang-Koreano ; 한국계 혼혈아(여자)	mestiza, mestizo, half-breed
metál	메딸	금속 metáliko ; 금속(성)의	metal
metro	메-뜨로	미터	meter
mga(← mangá)	망아	복수 관사(둘 이상), 약, 대략 mga batà ; 어린이들 mga sampúng piraso ; 약 10개 mga alas tres ; 약 3시경	plural particle, about, approximately

mil	밀	천, 1000	one thousand
milago	밀라-고	기적, 불가사의, 경이 magmilago ; 기적을 행하다 milagroso ; 기적같은, 경이로운	miracle
militár	밀리따르	군의, 군대의, 군인	military, soldier
milya	미-르랴	마일 milyahe ; 마일수	mile
milyón	밀론	백만, milyonaryo ; 백만장자	million
mina, minahán	미-나, 미나한	광산, 광물, 지뢰, magmimina, minero ; 광부, 광산업자	mine
ministeryo	미니스떼-료	정부 부서, 부, 성	ministry
ministro	미니-스뜨로	정부 각료, 장관	minister
minoría, minoryá	미노리-아, 미노랴	소수파, 소수자의 무리	minority
minsán	민산	한 번, 일회, 한 차례, 한 때, 이전에 minsan pa ; 한번 더 paminsan-minsan ; 때때로, 이따금 míminsán ; 오직 한 번(차례)	once
mintís	민띠스	불발한, 터지지 않은, 맞치지 못한, 부정확, 실패, waláng mintís ; 실수 않는, 빠지지 않고, 항상	dud, not exploded, missed, inaccuracy, failure
minuto	미누-또	분(시간 단위)	minute
mirasól	미라솔	해바라기	sunflower

mirón	미론	방관자, 구경꾼	bystander, spectator
misa	미-사	(천주교)예배 misál ; 기도서	mass
misáy	미사이	수염	moustache, beard
misis	미-시스	아내	wife
mismís	미스미스	음식 찌꺼기, 잔반(殘飯)	remnants of food after a meal
mismo	미-스모	자신, 본인, 바로 ~의, 바로 그~	self, very, actual
mistulà	미스뚜-ㄹ라'	진짜인, 순수한, 동일한, 매우 닮은	real, pure, identical, very much alike
mithî, mithiín	밑히', 밑히인	이상, 궁극적 야망, 대망 magmithî, mithiín ; 열망(갈망)하다, 간절히 원하다	ideal, ultimate ambition
miting	미-띵	회의, 모임	meeting
mito	미-또	신화, 전설 mitolohia ; (집합적)신화, 신화집	myth
mitra	미-뜨라	(천주교)주교관(冠), 주교의 직	bishop's miter, a bishopric
mitsá	미차	(양초 등)심지, (목공)장부 magmitsá, imitsá ; 장부촉이음으로 잇다	wick, tenon
miyembro	미예-ㅁ브로	회원, 단원	member
miyentras	미예-ㄴ뜨라스	그 동안에, 그럭저럭하는 사이에	while, in the meantime

Miyérkulés	미예-르꿀레스	수요일	Wednesday
mo	모	(소유격)너의, (조격)너에 의해	your, by you
moda	모-다	유행, 패션, 스타일 de-moda ; 유행하는 lipás na sa moda ; 유행이 지난 sunód sa moda ; 유행을 따르는, 멋진 modista ; 양장점	fashion, style
modelo	모데-르로	모델, 패션 모델, 모형	model
moderno	모데-르노	현대(식)의, 신식의	modern
modo	모-도	태도, 행동, 예의, (문법)법(法), modo imperatibo ; 명령법	manners, conduct, mood
molde	모-르데	형, 금형, 주형, 거푸집 imolde, magmolde, moldihín ; 틀에 넣어 만들다, 주조하다	mold
momya	모-미야	미라, 마른 시체	mummy
mongha	모-ㅇ하	수녀	nun
monghe	모-ㅇ헤	수사(修士)	monk
morál	모랄	도덕, 교훈, 윤리 moralidád ; 도덕성, 윤리성, 선악	moral
mortál	모르딸	죽을 운명인, 치명적인, 파멸적인, 중대한	fatal
moskitero	모스끼떼-로	모기장	mosquito net
motorsiklo	모또르시-끌로	오토바이	motorcycle
muál, muwál	무알, 무왈	(입에 음식이)가득찬	full, filled

muáng, muwáng	무앙, 무왕	지능, 지혜, 이해(력) waláng-muáng ; 무식한, 알지 못하는,	intelligence
mukhâ	묵하'	얼굴, 전면, 정면 bukás ng mukhâ ; 모습, 용모 dalawáng-mukhâ ; 두 얼굴의, 믿을 수 없는 kamukhâ ; 닮은, 비슷한 magkamukhâ ; 동일하게 보이다, 같다 magmukhâ ; ~처럼 보이다, ~인 것 같다 mukhâ ; ~처럼 보이는, ~것 같은 mukháng gustó ; 좋아하는 것 같은 mukháng-anghel(baboy) ; 천사같은(돼지같은)	face, front, façade
mukmók	묵목	실쭉함, 뚱함, 부루퉁함 magmukmók ; 실쭉하다, 부루퉁하다, 화내다	sulkiness
muktâ	묵따'	지식, 앎 waláng-kamuktá-muktâ ; (어떤 사안에 대해)전혀 모르다	knowledge
muhì, pagkamuhi	무-히', 빡까무-히'	강하게 느끼는 성가심(귀찮음), 혐오 kamuhí-muhî, nakamúmuhî ; 싫은, 귀찮은, 혐오스러운 mamuhî ; 귀찮아하다, 혐오감을 느끼다	intense annoyance, abhorrence
mu(-o-)hón	무(모)혼	경계표, 구역표시석(石)	landmark, boundary stone
mula	무-ㄹ라	노새	mule

mulâ, pinagmulán	물라', 삐낙물란	원천, 근원, 출처, 유래, 기원 mulâ noón ; 그때부터, mulâ ngayón ; 지금부터 mulâ pa nang ~ ; ~부터 지금까지 계속해서 mulâ rito ; 여기부터 mulá't mulâ ; 시작부터 magmulâ ; 유래하다, ~부터 오다, ~부터 유출되다, (~의)자손이다 magpasimulâ ; 시작하게 하다, 착수시키다 magsimulâ ; 시작하다, 착수하다 panimulâ ; 시작단계인, 기초적인, 초보의, 예비적인	source, derivation
mulagat, nakamulagat	물라-같, 나까물라-같	눈을 부릅뜨고 바라보는 mágmulagat ; 멍하게 바라보다, 눈을 부릅뜨고 바라보다	staring with wide opened-eyes
mulalâ	물랄라'	바보스러운, 멍청한, 순진한, 아무 것도 모르는	silly, innocent
mulat	무-ㄹ랃	눈을 뜸 mulát ; 눈을 뜬, 깨우친, 배운 kinamulatan ; 지식, 배움, 기술 imulat ; (눈을)뜨다 mulatan ; (어릴 때)가르치다, 훈련시키다	opening the eyes
mulí	물리	미세하게(곱게) 갈아진 magmulí, mulihín ; 미세하게(곱게) 갈다 mulihan ; 분쇄기, 맷돌	ground fine
mulî	물리'	다시, 한번 더 mulî't mulî ; 거듭 반복하여	again, once more
mulinilyo	물리니-ㄹ료	(커피, 카카오 등)분쇄기	grinder
mulino	물리-노	풍차	windmill

(mulós) mamulós	마물로스	(곡식, 가루 등이 자루나 용기에서)새어 나오다	be spilled
multa	무-ㄹ따	벌금, 과태료 magmulta ; 벌금을 내다 mámultahán ; 벌금을 부과 받다, 과태료에 처해지다	fine, penalty
multó	물또	유령, 귀신, 도깨비 pinagmumultuhán ; 귀신이 붙은, 도깨비가 나오는	ghost
mumog	무-목	양치질, 입을 헹굼 magmumog ; 양치질하다, 입을 헹구다	gargle
muna	무-나	우선, 먼저, 미리	first, ahead of time, beforehand
muna(-u-)kalà	무나(누)까-ㄹ라'	계획, 예정 magmunakalà ; 숙고하다, 고려하다, 미리 계획하다	plan
mundiyál	문디얄	세계적인, 전 세계에 미치는 gera mundiyál ; 세계 대전쟁	worldwide
mundó	문도	세계, 지구 kamunduhán ; 세속, 세속적 생각이나 사물 sanáy sa kamunduhán ; 속세에 물들은 makamundó ; 현세의, 세속적인	world, earth
muni	무-니	생각, 관념, 의견 magmuni-muni ; 숙고하다, 사색하다, 추론하다 pagmumuni ; 추론, 합리화, 합리적 설명	thought, idea
muninì, pagmumuninì	무니-니', 빡무무니-니'	풍부, 많음, 떼, 집결 namúmuninì ; 많은, 다수의, 우글거리는, 떼지어 있는	abundance, swarm, concentration

muníng	무닝	(소아어)고양이	pussycat
munisipyo	무니시-뽀	지방 자치체(시, 읍 등), 시청, 읍 사무소	municipality
munsík	문실	극소량의, 매우 작은	very small, tiny
muntî	문띠'	작은, 소량의 kauntî ; 소량, 조금, 약간 kauntî man ; 최소의, 최저의	small, little
muntík na	문띡 나	거의, 하마터면	almost, on the verge of
mungkahì	뭉까-히'	신청, 제안, 제의, 계획 imungkahì, magmungkahì ; 신청(제안, 제의)하다	proposal, suggestion, offer
mungláy	뭉라이	조각조각 찢어진(부서진)	torn to shreds, smashed to pieces
mungot	무-옷	찡그린 얼굴, 우거지상, 불쾌한 얼굴	frown
muók, pagmumuók	무옥, 빡무무옥	드잡이 격투, 싸움 백병전 magmuók ; 싸움(전투, 드잡이 격투)에 참가하다	scuffle, fight, hand-to-hand fight
muóg	무옥	성채, 보루, 요새 muóg sa buról ; 누벽, 성벽, 방어물	fort, bastion
mura¹	무-라	싼, 값싼 ipagmura ; 싸게 팔다, 염가로 팔다 makámúra ; 싸게 사다 mámurá ; 가격이 내려가다, 싸지다 mumurahin ; 싼, 싸구려인	cheap, inexpensive
mura², pagmumurá	무-라, 빡무무라'	꾸짖음, 질책, 비난 magmurá, murahin ; 꾸짖다, 호통치다, 비난하다 magmurahán ; 말다툼하다, 큰 소리로 싸우다	scolding, reproach

		murahán ; 시끄러운 말다툼	
murà	무-라'	익지 않은 코코넛, 덜익은, 미성숙한 kamuraan ; 미성숙, 덜 익은 상태	young coconut, unripe, immature
murado	무라-도	자주색의	purple
musang	무-상	살쾡이	wild cat
musangsáng	무상상	(꽃)활짝 핀, 만개한 mamusangsáng ; 피어나다, 퍼지다	fully open
múskulo	무-스꿀로	근육 mu(-a-)skulado ; 근육의, 근육이 억센	muscle
museo	무세-오	박물관	museum
músika	무-시까	음악 músiko ; 음악가	music
musmós	무스모스	정신적으로 미숙한, 순진한, 단순한 kamusmusán ; 단순, 순진, 미성숙	immature, innocent, simple
mustasa	무스따-사	겨자, 갓	mustard
mutà	무-따'	눈곱	eye mucus
mutsatsa	무차-차	식모	housemaid
mutsatso	무차-초	잡일꾼	houseboy
mutso	무-초	풍부한, 부유한	plenty, wealthy
mutyâ	무띠야'	부적, 진주, 보석(매우 귀중한 것) minumutyâ ; (1) 아끼는, 사랑하는, 매우 귀중한 (2) 연인, 애인	amulet, pearl, jewel

N n			
na	나	지금, 이미, (문법)연결어 Kumain na akó. ; 이미 먹었어. mahál na bahay ; 비싼 집	now, already, (gramm.)ligature
nakaw	나-까우	도난품, 몰래하기, 비밀리에 함 magnakaw ; 훔치다, 도둑질하다 magnanakaw ; 도둑 panakáw ; 내밀한, 비밀의, 남의 눈을 피하는 pagnanakaw ; 도둑질, 강도질, 절도	stolen item, stealth
naknák, pagnanaknák	낙낙, 빡나낙날	종기, 농양 magnaknák ; 종기(농양)을 형성하다	abscess
Nakú!	나꾸'	(놀람, 당황)이런!, 어이구!, 맙소사!	Oh my!
nagwas	나-ㄱ와스	허리 아래 쪽만 입는 슬립, 스커트 속에 입는 페티코트	half-slip, underskirt
naik	나-익	교외, 시내 외곽의 농촌 지역	suburb, surrounding countryside
nais	나-이스	소망, 희망, 바람 kanais-nais ; 바람직한, 희망이 있는 magnais, naisin ; 소망(희망)하다, 바라다 mapagnais ; 원하는, 열망하는, 희망하는 pagnanais ; 원함, 좋아함, 선호함	desire, wish
namán	나남	정말로, 역시, 또한	really, too, also
namin	나-민	☞amin(전부수식), namin(후부수식)	
namnám,	남남,	맛, 풍미 malinamnám ; 맛있는, 풍미가 있는 namnamín ;	taste, savor

linamnám	리남남	맛을 보다	
nanà	나-나'	고름 magnanà ; 고름이 생기다, 고름을 짜내다 pagnananà ; 곪음, 화농	pus
Nanay	나-나이	어머니(모친)을 부르는 호칭	term of address for one's mother
nang	낭	~할(일) 때, ~하기 위해	when, so that
nars	나르스	간호사	nurse
nasa(← sa)	나-사	~에, ~에서, * 위치를 나타내는 전치사	in, at
Nasaán? (← Saán?)	나사안	어디에, 어디에서, * 위치를 묻는 의문사	Where is (located)?
nasnás	나스나스	닳아빠진, 너덜너덜해진	frayed
natin	나-띤	☞atin, natin(후부수식)	
Nawa!	나-와	부디 ~하기를(되기를) 바랍니다!	I wish!, May it be so!
(nawà) kanawa-nawà	까나-와 나-와'	물론, 당연히	naturally, as a matter of fact
nawnáw, pagnanawnáw	나우나우, 빡나나우나우	발아, 발생, 싹이 틈	germination, taking root
nayon	나-욘	마을, 부락, 촌락 kanayon ; 같은 부락 사람 kanayunan ; 마	village, barrio

		을 중심지	
nebera	네베-라	냉장고, 아이스 박스	refrigerator, ice box
neblina	네블리-나	안개, 연무	fog, mist
negosyo	네고-쇼	상업, 장사, 비즈니스 magnegosyo ; 사업을 하다, 장사하다 negosyante ; 사업가, 장사꾼, 비지니스맨 negósiyohín ; 거래를 위해 흥정하다	trade, business
Negrito	네그리-또	검은 피부의 필리핀 토착인종	dark-skinned race in the Philippines
Nenè	네-네'	어린 여자아이를 부르는 호칭	term of address for young girl
nerbiyo	내르비-요	신경, 신경 섬유 nerbiyoso ; 신경의, 신경질적인	nerve, nerve fiber
neto	네-또	순익, 순수입 netuhin, numeto ; 순수입을 올리다, 순익을 얻다	net profit, net income
ni¹, niná(복수)	니, 니나	인명(人名)에 붙이는 소유격 관사 pera ni Juan ; 후안의 돈	(name)'s, of
ni²	니	hindî ~ ni~ ; ~도 아니고 ~도 아니다 ni ~ ni ~ ; ~뿐만 아니라 ~도 아니다	not ~ either, neither ~ nor
nibél	니벨	수평, 평면, 수평기 nibelado ; 수평으로 조절된(맞추어진) nibelahín ; 수평으로 맞추다, 평평하게 하다	level
(niíg)paniniíg	빠니니익	단 둘이서 하는 대화 makipagniíg, magniíg ; 사이좋게 얘기하다	tete-a-tete

nilá(후부수식)	닐라	☞kanilá, nilá	
nilay-nilay	니-ㄹ라이 니-ㄹ라이	명상, 숙고, 회상 magnilay-nalay ; 명상하다, 깊이 생각하다, 숙고하다 mapagnilay-nilay ; 명상적인, 묵상에 잠기는	meditation, reflection
ninang	니-낭	대모	godmother
ninong	니-농	대부	godfather
ninyó (후부수식)	닌요	☞inyó(전부수식), ninyó	
ningas	니-ㅇ아스	불길, 불꽃 magningas ; 불이 댕기다, 타오르다, 불타기 시작하다 pagniningas ; 점화, 발화 pagningasin ; 불붙이다, 점화시키다	flame
ningníng, kaningníngán	닝닝, 까닝닝안	빛남, 반짝임, 광휘, 광택 magningníng ; 반짝이다, 빛나다 maningníng ; 반짝이는, 빛나는, 타는 듯한	shine, brilliance, luster
nipís	니삐스	얇음, 가늚 manipís ; 얇은, 가는, 얄팍한 nipisán ; 가늘게(얇게) 만들다 numipís ; 가늘어지다, 얇아지다	thinness
nisnís	니스니스	닳아서 너덜너덜한, 닳아서 올이 드러나 보이는 manisnís ; 닳아서 너덜너덜해지다	threadbare
niyá(후부수식)	니야	☞kanyá, niyá	
niyebe	니예-베	눈 magniyebe ; 눈이 내리다 maniyebe ; 눈 내리는, 눈 덮인, 눈처럼 흰	snow

niyóg	니욕	야자나무와 열매(코코넛), gatâ ng niyóg ; 코코넛 즙, langís ng niyóg ; 코코넛 기름	coconut
nobela	노베-ㄹ라	소설	novel
nobya	노-비야	약혼녀, 신부	fiancee, bride
Nobyembre	노비예-ㅁ브레	11월	November
nobyo	노-비요	약혼남, 신랑	fiance, bridegroom
(nombrá) nombrado	놈브라-도	지명된, 임명된 magnombrá, nombrahán ; 지명(임명)하다 nombramyento ; 지명, 임명, 임관	appointed, nominated
nómina	노-미나	임금대장, 종업원 명부	payroll
nominado	노미나-도	임명된 nominahán ; 임명하다	nominated
nones	노-네스	홀수, 기수, nones at pares ; 홀수와 짝수	odd
noó	노오	이마, kunót-noó ; 이마의 주름	forhead
(noód) pánoorín	빠-노오린	광경, 구경거리, 쇼 mánonoód ; 구경꾼, 관객 manoód ; 지켜보다, 주시하다, 관전(구경)하다	spectacle, sight, show
noón, noó'y	노온, 노오-이	그 때, 그 당시 noón din ; 그 즉시 noón pa ; 지금까지로서는 noón pa man ; ~때 조차도, 그 당시에도 noóng araw ; 예전에, 오래 전에 noóng unang panahón ; 옛날에	then, at that time
nota	노-따	(음악)음표, 성적, 등급	note, grade

notaryo	노따-료	공증인	notary
notas	노-따스	주석, 주해, 해설	annotation, comment
notisya	노띠-샤	주의, 통지, 공고	notice
Notsebuwena	노체부웨-나	성탄 전야, 크리스마스 이브 magnotsebuwena ; 성탄 전야를 온 가족이 함께 보내다	Christmas eve
(nugnóg) kanugnóg	까눅녹	인접된, 주변의	adjoining, suburban
nulipiká	눌리삐까	무효로 하다, 폐기(취소)하다	nullify
nulo	누-ㄹ로	효력없는, 무효의, 존재하지 않는 nuluhin ; 무효로 하다, 폐기(취소, 파기)하다	null, annulled
numeradór	누메라도르	(분수의)분자	numerator
númeró	누-메로	수, 숫자, 번호 pambuóng-númeró ; 정수(整數) magnúmeró, númeruhán ; 번호를 매기다	number
nunò¹, ninunò	누-노', 니누-노'	조상, 선조, 조부(祖父) nunò sa tuhod ; 고조부, nunò sa talampakan ; 증조부 kanunu-nunuan ; (집합적)조상, 가계, 혈통	ancestor
nunò²	누-노'	장난꾸러기 아기도깨비	hobgoblin
nunót	누놑	쇠퇴한, 기력이 빠진, 약해진	weakened, softened

nuwebe	누웨-베	아홉, 9	nine
nuwés	누웨스	견과(호두, 밤 등), nuwés de nogal ; 호두	nut
(nuynóy) pagnuynóy	빡누이노이	심사숙고, 깊은 사고 magnuynóy ; 깊이 생각하다, 심각하게 고려하다	serious thought, reflection

Ng ng			
ng	낭	(문법)보통명사의 소유격(~의)·목적격(~을)·조격(~에 의해) 관사로 사용, saging ng batà ; 그 아이의 바나나, Kumain ang batà ng saging. ; 그 아이는 바나나를 먹었다. Kinain ng batà ang saging. ; 그 바나나는 아이에 의해 먹혀졌다.	of, by
ngâ	ㅇ아'	정말로, 과연, 확실히	really, indeed, truly
(ngabngáb) pagngabngáb	빡ㅇ압ㅇ알	(뼈에서)고기를 물어 뜯음 ngabngabín ; 고기를 물어 뜯다	biting off meat
ngakngák, pagngakngák	ㅇ악ㅇ알, 빡ㅇ알ㅇ알	소리내어 욺 ngumakngák ; 소리내어(큰 소리로) 울다	loud crying
ngalan	ㅇ아-ㄹ란	이름, 명성, 명칭 sa ngalan ni ~ ; ~의 이름으로 kangalan, kapangalan ; 이름이 같은 사람, 동명이인 ipangalan ; 이름을 붙이다 pangalan ; 이름 mabuting pangalan ; 인격, 좋은 평판 pangngalan ; (문법)명사	name, reputation, denomination
(ngalandakan) mangalandakan	망알란다-깐	자랑하다, 자만하다, 자랑스럽게 얘기하다	boast, speak of with pride
ngalangalá	ㅇ알랑알라	입천장, 구개	palate
ngalay	ㅇ아-ㄹ라이	(팔, 다리 등의 근육)저림, 마비, 지침 ngaláy ; 마비된, 지친	numbness, fatigue

			mangalay ; 저리다, 마비되다	
(ngaligkíg) mangaligkíg	망알릭낑		오한(감기)으로 몸을 떨다	shiver from the cold
ngalíngali	ㅇ알리-ㅇ알리		거의 ~할 뻔하다	almost, on the verge of
(ngalirang)nan gángalirang	낭아-ㅇ알리랑		바싹 마른, 너무 건조한, 매우 야윈	dried up, overdried, very thin
ngalit, pangngangalit	ㅇ아-ㄹ릳, 빵ㅇ앙아-ㄹ릳		이를 갊, 분노 mangalit ; 이를 갈다	grinding of the teeth, fury
ngalitngít	ㅇ알릳ㅇ읻		이를 가는 소리, 음식 씹는 소리	sound of gnashing or crunching
ngalngál	ㅇ알ㅇ알		울부짖는, 푸념하는, 투덜대는	wailing, grumbling
ngalóg, pangangalóg	ㅇ알록, 빵앙알록		(지치거나 공포 등으로 무릎을)후둘후둘 떪 mangalóg ; 후둘후둘 떨다	trembling
ngalót	ㅇ알롣		씹어서 부서진 magngalót ; 우적우적 씹다 ngumalót ; 우두둑 깨물다	crunched
(ngalubakbák) mangalubakbák	망알루박박		(짐승 가죽, 나무 껍질 등)벗겨지다, 떨어지다, 분리되다	become detached
ngalukabkáb	ㅇ알루깝깝		(나무 껍질, 페인트 칠 등)벗겨짐, 떨어짐	peeling off

ngalubngób	ㅇ알롭ㅇ옵	바삭바삭한 음식물 씹는 소리		noise of crunching brittle food
(ngaluktíng)pa ngangaluktíng	빵앙알룩띵	추위로 이가 딱딱 부딪침		chattering of the teeth due to cold
ngalumatá	ㅇ알루마따	수면부족으로 눈 아래가 검으스레한		with dark rings under the eyes
ngalumbabà	ㅇ알룸바-바'	시름에 잠긴 모습(손바닥으로 턱을 괴고 있는 모습)		pensive look
ngamay	ㅇ아-마이	(손의)저림, 마비		numbness(of the hands)
(ngambá) pangambá	빵암바	의혹, 불신, 불안, 걱정, 염려 mangambá, ipangambá ; 불안해하다, 걱정하다, 염려하다		doubt, apprehension
(nganay) panganay	빵아-나이	첫 째 자녀, 장자, 장녀 manganay ; 첫 째 아이를 낳다		first-born child
(nganib) panganib	빵아-닙	위험, 위기, 난국 mapanganib ; 위험한, 곤경에 처한 isapanganib, magsapanganib ; 위협하다, 위험에 빠뜨리다, 곤경에 빠뜨리다 manganib ; 위험에 처하다 panganganib ; 사고나 위험에 노출된 상태 panganiban ; ~를 조심(주의)하다, ~를 위험한 존재로 생각하다		danger, crisis
nganínganí	ㅇ아니-ㅇ아니	염려, 걱정		apprehension

Ng

ngangá	ㅇ앙<u>아</u>	입을 벌린, ngangá sa hangin ; 희망없는	agape
ngángayón	ㅇ아-ㅇ아욘	바로 지금	right now
(ngapâ)ngumapá-ngapâ	ㅇ우마빠 ㅇ아빠'	어둠 속에서 더듬다, 도움 받을 곳이 없다 , 서툴게 행동하다 ngumapá-ngapâ at magkámalí-malî ; 허둥대면서 실수만 하다	grope in the dark, be without help, act clumsily
ngapós	ㅇㅇ아뽀스	부족한, 모자라는 mangapós ; 부족해지다, 모자라다	lacking, short of
(ngasiwà) pangangasiwà	빵앙아시-와'	관리, 경영, 통치, 지배 mangasiwà ; 관리(경영)하다, 돌보다, 감독하다 pangasiwaan ; 조종하다, 관리(경영)하다, 처리하다 tagapangasiwà ; 경영자, 관리자, 사장	administration, management
ngasngás	ㅇ아스ㅇ<u>아스</u>	소문, 추문(스캔달) ngumasngás ; 험담하다, 험담하여 추문을 퍼뜨리다	scandal caused by gossip
ngatál, pangangatál	ㅇ아딸, 빵앙아딸	떪, 전율 * 목소리, 추위에 의한 신체 등 mangatál ; 떨다, 전율하다	trembling, shaking
(ngatngát) ngumatngát	ㅇ우맡ㅇ<u>앝</u>	쏠다, 물어 뜯다	gnaw, bite away bit by bit
ngawâ, pagngawâ	ㅇ아와', 빡ㅇ아와'	지껄임, 재잘거림 mangangawâ ; 지껄이다, 재잘거리다	babbling
ngayáw	ㅇㅇ아야우	부정(거부)하는 몸짓	act of refusing

ngayón	ㅇ아욘	지금, 현재, 오늘, mulâ ngayón ; 지금부터, hanggáng ngayón ; 지금까지, ngayón din ; 지금 즉시 ngángayón ; 바로 지금, 목하, 오직 지금	now, present, today
ngayupapâ	ㅇ아유빠빠'	복종, 황송해 함, 항복 mangayupapâ ; 황송해 하다, 겸손하다	humble submission
ngibit	ㅇ이-빝	입을 삐죽 내밈, 얼굴을 찡그림 ngibitan ; ~에게 입을 삐죽 내밀며 인상을 쓰다 ngumibit ; 고통으로 얼굴을 찡그리다, 경멸 쪼로 인상을 쓰다	twisting of the mouth, grimace
ngiki, pangiki	ㅇ이-끼, 빵이-끼	오한, 한기, 말라리아 ngikihin ; 오한이 나다	chill, malaria
ngidngíd	ㅇ읻ㅇ읻	잇몸	gum of teeth
(ngilin) pangilin	빵이-린	절제, 금욕, 휴일, 축제일 araw ng pangilin ; 안식일, 휴일 mangilin ; (특정한 날을)준수하고 기리다	abstinence, holiday
(ngiló) pangingiló	빵잉일로	치아가 얼얼하게(따끔거리며) 아픔 mangiló ; … 아프다	tingling sensation in the teeth
ngima	ㅇ이-마	치아사이에 낀 음식	food stuck between the teeth
ngimbuló	ㅇ임불로	열등감, 질투심 mangimbuló ; 질투하다	feeling of inferiority, envy
(ngimì) pangingimì	빵잉이-미'	부끄러움, 수줍음 ngimî ; 수줍어하는, 부끄러워하는 mangimì ; 부끄러워하다, 수줍어하다, 두려워하다	shyness

Ng

(nginíg) panginginíg	빵잉이닉	떪, 전율, * 공포, 추위로 인해 manginíg ; 떨다, 전율하다	trembling
ngipin	ㅇ이-삔	이, 치아 bulók na ngipin ; 충치 ngipin sa ngipin ; 이에는 이(복수) ngipin ng gulóng ; 톱니바퀴의 이 mangipin ; 이가 나다	teeth
ngisngís	ㅇ이스ㅇ이스	이를 드러내고 웃음 ngumisngís ; … 웃다	grinning
(ngita)pangita	빵이-따	대면, 직접 만남 magpangita ; 대면하다, 직접 만나다 pangitaín ; 징조, 조짐, 환영, 환상	meeting face to face
ngitî, pangitî	ㅇ이띠', 빵이띠'	미소, 생글거림 magngítian ; 서로 미소짓다 ngitián ; ~에게 미소짓다 ngumitî ; 미소짓다, 생글거리며 웃다	smile
ngitngít, pagngingitngít	ㅇ잍ㅇ잍, 빡ㅇ잍ㅇ잍	분노, 격노, 강도(强度), 세기, ngitngít ng loób ; 느낌의 정도	rage, fury, intensity
ngiwî	ㅇ이위'	찌푸린 얼굴의 mápangiwî ; 얼굴을 찌푸리다 ngiwián ; ~에게 인상쓰다(얼굴을 찌푸리다) ngumiwî ; 입술을 오무리다(삐죽 내밀다)	crooked-faces
ngiyáw	ㅇ이야우	야옹(고양이 우는 소리), ngumiyáw ; 야옹하고 울다	meow
ngongó	ㅇ옹오	콧소리를 섞어서 말하는	speaking nasally
ngubngób	ㅇ웁ㅇ옵	이가 없어서 입술이 쑥 들어간	toothless and with sunken lips

(ngulag) mangulag	망우-ㄹ락	소름이 끼치다, 머리카락이 쭈뼛하다	have goose flesh, have hair stand on end
(ngulila) mangulila	망울리-ㄹ라	쓸쓸함(고독함)을 느끼다	feel lonely
(ngulíng) pangungulíng	빵웅울링	약속된 것을 취소하기	retraction of something promised
ngulngól, pagngulngól	오울오올, 빡오울오올	부루퉁거리며 불평함, (캔디, 손가락 등)쭉쭉 빰	sulk and grumble, sucking
nguni, nguni't	오우-니, 오우-닡	그러나, 반면에	but, on the other hand
ngunót	오우놑	이마의 주름 mangunót ; 주름이 생기다	wrinkle on the forehead
(ngungò) ngumungò	오우무-ㅇ오'	(어미새가 새끼에게 등)이미 씹은 것을 먹이다	feed with pre-masticated food
ngupinyo, pangungupinyo	오우삐-뇨, 빵웅우삐-뇨	분노, 화, 원한	anger, grudge
ngusngós	오우스오오스	코 끝, (개, 돼지 등)삐죽한 코	tip of the nose, snout
ngusò	오우-소'	(동물의)삐죽한 코, 주둥이	snout, muzzle
nguyâ, pagnguyâ	오우야', 빡오우야'	씹기, 저작 manguyâ, ngumuyâ, nguyaín ; 씹다, 저작하다	chewing, masticating

Ng

nguyapit, pangunguyapit	으우야-뻴, 빵웅우야-뻴	나뭇가지를 옮겨가면서 위로 올라감	climbing a tree from branch to branch
nguyngóy, pagnguyngóy	으우이오이, 빡으우이오이	아이가 계속해서 삐치면서 울어 댐	prolonged sulky crying of a child

O o

o	오	또는, 혹은 o kayá'y ; 또는, 그렇지 않으면	or
óbaló	오-발로	타원체, 계란 모양(…의 물건) obalado ; 타원체의, 계란 모양의	oval
obaryo	오바-료	난소, 씨방, 알집	ovary
obeha	오베-하	양, 면양	sheep
óberkót	오-버꼳	오버코트, 코트, 외투	overcoat
(óberhól) mag-óberhól	막오-버홀	전체적으로 분해 · 검사 · 정비하다	overhaul
obertura	오베르뚜-라	서곡, 전주곡	overture
obispo	오비-스뽀	(천주교)주교	bishop
obitwaryo	오빝와-료	사망자 공지, 사망기사	obituary
obligado	오블리가-도	강요된, 의무로 지워진, 어쩔 수 없이 해야하는 obligahín ; 강제로 시키다, 의무로 지우다 obligatoryo ; 의무적인, 필수의	obliged
obra	오-브라	일, 작업, 작품, obra-de-mano ; 수공업, obra-maestra ; 걸작, obras-públikas ; 공공 토목사업	work
obrero	오브레-로	노동자, 인부, obrerismo ; 노동(조합) 운동	worker, laborer
(obserbá) mag-obserbá	막옵세르바	관찰하다, 면밀히 살피다, obserbahín ; (법, 규정 등)지키다, 준수하다, obserbadór ; 관찰자, 감시자, 입회인,	observe, examine closely

		obserbatoryo ; 천문대, 기상대, 천체 관측소	
obstákuló	옵스따-꿀로	장애(~물), 방해(~물)	obstacle
okre	오-끄레	황토, 석간주(그림물감 원료)	ocher
oksíheno	옥시-헤노	산소	oxygen
oktabo	옥따-보	여덟 번 째의, 8개 한 벌의 물건, 옥타브	eighth, octave
Oktubre	옥뚜-브레	10월	October
okulista	오꿀리-스따	안과의사, 검안사	oculist
okupado	오꾸빠-도	점유된, 사용 중인, 바쁜, okupante ; 점유자, 점거자, 차지하고 있는 사람	occupied, busy
oeste	오에-스떼	서쪽	west
ohales	오하-레스	단춧구멍	buttonhole
ohetes	오헤-떼스	작은 구멍, 끈 구멍	eyelet
ohiya	오히-야	흉안, 증오의 눈초리 mauhiya ; 흉안의 저주를 받다	evil eye
Ohò.	오-호'	예, 그렇습니다.(그렇게 하겠습니다.)	Yes, sir.
oido, uwido	오이-도, 우위-도	음악적 재능, 음감(音感)	ear for music
Olanda	올라-ㄴ다	홀랜드, 네덜랜드 Olandés ; 네덜랜드인, olandés금발의	Holland, the Netherlands
óleo	오-레오	성유(聖油)	holy oil
oliba	올리-바	올리브 나무 및 열매	olive tree and fruit

onda	오-ㄴ다	파도, 물결, ondá-ondá ; 잔물결	wave
onsa	오-ㄴ사	온스(중량단위)	ounce
onse	오-ㄴ세	11	eleven
Oo	오-오	예, 네, 그렇습니다, magpaoo, paoohan ; 예라고 말하다, 긍정하다	yes
onggo	오-ㅇ고	버섯, 균류(菌類)	fungus
ópera	오-뻬라	오페라	opera
operá, pag-ooperá	오뻬라, 빡오오뻬라	수술, operado ; 수술을 받은, operahín, mag-operá, umoperá ; 수술하다	surgical operation
opisina, opis	오뻬시-나, 오-삐스	사무실	office
opisyo	오삐-쇼	일, 직업	work, occupation
Opo.	오-뽀	예, 그렇습니다.(그렇게 하겠습니다.)	Yes, sir.
oportunidád	오뽀르뚜니닫	기회, 호기	opportunity
óptikó	오-ㅍ띠꼬	안경상(商), 안경사(士)	optician
opyo	오-뽀	아편	opium
orákulo	오라-꿀로	신의 계시, 예언, 성언	oracle
oradór	오라도르	연설자, 웅변가, 변사	orator
oras	오-라스	시간, 시각, kalahating oras ; 반 시간, 30분, hustó sa	time, hour

		oras ; 시간을 엄수하는, malayang oras ; 휴식시간, nasa oras ; 제 시간에, oras-oras ; 매 시간마다, 계속해서, Anóng oras na? ; 지금 몇 시 입니까? isaoras ; 시간을 정하다, 때를 맞추다, mag-oras, orasan ; 시간을 재다, talaorasán ; 시간표, 예정표	
orasyón	오라숀	기도, 삼종기도	prayer, Angelus prayer
orden¹	오-르덴	정돈, 명령, 주문, 순서	order
Orden²	오-르덴	(천주교)서품, 성직 ordenado ; 서품을 받은, 성직에 임명된 ordenansa ; 법령, 포고, (지자체의)조례 ordenasyón ; 서품식	Orders, the rite of ordination
ordinaryo	오르디나-료	보통의, 정규의, 평범한	ordinary
orgániko	오르가-니꼬	유기물의, 유기적인, 조직적인	organic
(organisá) organisado	오르가니사-도	조직화된, 정리된 mag-organisá, organisahín ; 조직(편성, 구성)하다, 체계화하다	organized
orgulyo	오르구-ㄹ료	자랑, 허풍, 자화자찬	pride, boastfulness
orihén	오리헨	기원, 원천, 근원, orihinál ; 최초의, 고유의, 독창적인	origin
orinola	오리노-라	소변기, 소변소, 침실용 변기	urinal, chamber pot
oro	오-로	금, 황금	gold
osa	오-사	곰(암컷) oso ; 곰(수컷)	bear

ospisyo, hospisyo	오스삐-쇼, 호스삐-쇼	고아원	orphanage
ospitál	오스삐딸	병원	hospital
osyoso	오쇼-소	지켜보는, 주시(관찰)하는, 호기심 있는	watching, looking on, curious
otél	오뗄	호텔	hotel
otso	오-초	여덟, 8, otsenta ; 팔십, 80	eight
Oy!	오이	어이!, 이봐!, 야아!(놀람)	Hey!

P p			
pa	빠	더, 여전히, 아직, hindî pa ; 아직 아니다	more, still, even
paá	빠<u>아</u>	발 bakás ng paá ; 발자국 paá't kamáy ; 발과 손, 꼭 필요한 조력자 paanán ; 기초, 밑바닥 부분, 하부	foot
Paalam!	빠아-ㄹ람	안녕히 가세요.(계세요) magpaalam, mamaalam ; …라고 말하다	Good-bye!
paano	빠아-노	어떻게 kahit paano ; 어떻게든지 하여, 여하튼 sa paanong paraán ; 어떻든지 간에, 좌우지간	how, in what way
paayón	빠아욘	평행(병행)하는, 일치하는	parallel, in conformity to
pabalát-sibuyas	빠발랕 시부-야스	예의상 하는 초대	courteous invitation
pabangó	빠방오	향수 magpabangó ; 향수를 사용하다 pabanguhín ; 향기가 나도록 하다	perfume
pabilo	빠비-ㄹ로	양초의 심지	wick of a candle
pabo	빠-보	칠면조	turkey
pabór	빠보르	호의, 은혜, 총애 paborable ; 호의를 보이는, 찬성의, 유리한 paborán ; 호의를 보이다, 찬성하다, 편들다 paborito ; 마음에 드는 (… 것), 좋아하는(… 것)	favor

páboreál	빠-보레알	(조류)공작	peacock
pábrika	빠-브리까	공장 pabrikante ; 제조업자, 생산자	factory
pábulá	빠-불라	우화, 교훈적 이야기	fable
pabuyà	빠부-야'	보수, 보답, 팁 magpabuyà, pabuyaan ; 보답하다, 보수를 주다, 팁을 주다	reward, tip
pakakak	빠까-깔	트럼펫, 나팔	trumpet, bugle
(pakán) kapakanán	까빠까난	이익, 이권, 복지, 후생, 관심사 para sa iyóng kapakanán ; 너 스스로를 위해	benefit, welfare, affairs
pakanâ	빠까나'	계획, 책략, 방책, 음모 lihim na pakanâ ; 계략, 음모 magpakanâ ; 계략(음모)을 꾸미다	plan, machination
pakay	빠-까이	목적, 목표, 임무, 심부름 pakayan[1] ; ~에게 ~를 요구하다	purpose, mission, errand
pakayan[2]	빠까-얀	금광	gold mine
pakete	빠께-떼	꾸러미, 소포	package, parcel
pakíd	빠낃	안짱다리의, 어기적 거리며 걷는	knock-kneed
pakimkím	빠낌낌	대부모(代父母)에게서 받은 돈 pakimkimán ; 대자(대녀)에게 돈을 주다	money given by a godparent
pakinabang[1], kapakinabangán	빠끼나-방, 까빠끼나방안	이익, 수익, 이점, 이해관계 sa kapakinabangán ng~ ; ~를 위해, ~에게 이익이 되도록 kapakí-pakinabang ; 유익한, 도	profit, advantage, interest

P

327

		움이 되는, 편리한 makinabang ; 벌다, 이익을 얻다, tagapakinabang ; 수익자, 수령인	
Pakinabang²	빠끼나-방	(교회)영성체, 성찬식 makinabang ; 영성체를 하다	Communion
pakíng	빠낑	청력이 나쁜, 잘 듣지 못하는	having poor hearing
pakipkíp	빠낍낍	대부모(代父母)에게서 받은 선물	gift given by a godparent
paklá, kapaklahán	빠끌라, 까빠끌라한	(풋과일 등)시큼한(떫은, 얼얼한) 맛 mapaklá ; 시큼한, 떫은, 얼얼한	tartness, acrid taste
paklí	빠끌리	말대꾸, 반박, 반론 ipaklí, pumaklí ; 말대꾸(반박, 반론)하다	retort, rebuttal
paknít	빡닡	(풀, 아교 등으로 붙여진 것)떨어진	disattached
paknós	빡노스	(피부, 가죽, 껍질 등)벗겨진	stripped
paknót	빡놑	(화상으로 피부)벗겨진, (나무)잎이 다 떨어진	peeled off, stripped
pakò	빠-꼬'	못, 대못, 담장못 ipakò, magpakò ; 못을 박다, 고정시키다 magpakò ng tingín ; 세심한 주의를 기울이다 ipakò ang matá ; 시선을 고정하다 ipakò ang pag-iisip ; 정신을 집중하다 ipakò sa krus ; 십자가에 못박히다 mápakò ; 고정되다	nail, spike
pakpák	빡빡	(1) 날개 (건물 등)본체의 양 옆에 붙어 있는 것 (2) 박수갈채, 칭찬 panulat ng pakpák ; 깃촉펜 may pakpák ang balità ; 소문은 빨리 퍼진다 waláng pakpák ; 무일푼의	(1)wing (2)applause

paksâ	빡사'	제목, 화제, 주요 쟁점, 논점 malayò sa paksâ ; 쟁점에서 벗어난 walâ sa paksâ ; 논점과 관계없는	topic, theme
paktura	빡뚜-라	송장(送狀), 청구서, 가격표	invoice, bill, price list
pakundangan	빠꾼다-ㅇ안	존경, 숭배	reverence
pakwán	빡완	수박 butóng pakwán ; 수박씨	watermelon
pakyáw	빠꺄우	도매에 의한 구매, 대규모 구매 magpapakyáw ; 도매로 팔다 mamakyáw, pumakyáw ; 도매로 사다(구매하다) pakyawan ; 도매의, 도매로 거래하는	wholesale buying
padér	빠데르	담, 벽 magpadér ; 담(벽)을 쌓다 paderán ; 담으로 에워싸다, 벽으로 막다	wall
padpád¹	빧빧	조류에 떠 내려간 ipadpád, mápadpád ; 물결이나 바람에 떠밀려가다	carried by the tide
padpád²	빧빧	자르거나 가지치기로 높이를 맞춘 padparín ; …로 높이를 맞추다	levelled at the top by cutting
padrasto, padrastro	빧라-스또, 빧라-스뜨로	계부	stepfather
padre	빠-드레	사제, 성직자	priest
padrino	빠드리-노	대부, 후원자(남성)	godfather, male sponsor

P

padrón	빠드론	형(型), 양식, 모형, padro(-u-)nán ; ~을 모형으로 사용하다	pattern, model
padyák, pagpadyák	빠쟐, 빡빠쟐	짓밟음, 발을 (동동) 구름 pumadyák ; 짓밟다, 발을 (동동) 구르다	stamping of the feet, tramp
pag	빡	~할(일) 때, 일단 ~하면, ~(이, 라)면	when, upon, once, whenever, if
paga	빠-가	급료, 보수	pay, wages
pagá	빠갇	피곤한, 지친 pumagá ; 지치다, 피곤해지다	tired, exhausted
pagâ	빠가'	부어오른 pumagâ ; 부어 오르다	swollen
pagák	빠각	목 쉰, 쉰 목소리의	hoarse
pagakpák	빠각빡	날개를 퍼떡거림	flapping of wings
pagado	빠가-도	지불된, 청산된	paid, settled
pagadór	빠가도르	회계주임, (급료 등)지급 담당자	paymaster
pagalà	빠가-ㄹ라'	(가축, 동물)방목하여 키우는, 야생 상태의	on the loose, at wild
pagáng	빠강	얇은, 야윈, 마른	lean, thin
pagaré	빠가레	약속어음	promissory note
pagas	빠-가스	조수의 쇠퇴(썰물), 물에 헹구기	waning of the tide, rinsing in water
pagás	빠가스	목 쉰, 쉰 목소리의	raucous

pagaspás	빠가스빠스	날개, 커튼 자락 등의 퍼떡거림(…리는 소리)	flapping
pagat, pagpagat	빠-갇, 빡빠-갇	추적, 뒤를 쫓음 pagatin, pumagat ; 추적하다, 뒤를 쫓다	pursuit
pagaypáy	빠가이빠이	날개를 퍼떡거림, 나뭇잎이 바람에 흔들림	flapping of wings, swaying in the wind
(pagbá) pagbahín	빡바힌	옹기를 굽다	fire pottery
pagkâ, pagká't	빡까', 빡깓	☞sapagkâ, sapagkâ't	
pagkaraka, pagdaka	빡까라-까, 빡다-까	갑자기, 불시에, 즉시	suddenly, instantly
pagkít	빡낃	밀랍	beeswax
pagdaka	빡다-까	즉시, 곧, 바로 kapagdaka ; ~하자마자 즉시	immediately
pagikpík	빠긱삑	가볍게 똑똑 두드림(…리는 소리)	pat
pagíl	빠긷	멧돼지	wild boar
pagitan	빠기-딴	사이, 간격, 통로 sa pagitan ng~ ; ~의 사이에 ipagitan ; 사이에 끼우다(놓다) mamagitan ; 사이에 들다, 중재(간섭)하다 pamamagitan ; 사이에 듦, 중재, 조정, sa pamamagitan ng~ ; ~에 의하여 tagapamagitan ; 중재인, 중개자, 조정자	space, interval, aisle
pagod,	빠-곧,	지침, 피곤, 피로, pagód ; 지친, 피곤한, mapagod ; 지치다,	tiredness, fatigue

pagkapagod	빡까빠-곧	피로해지다, nakapápágod ; 힘드는, 따분한, 지루한, pagurin ; 지치게 하다, 피로케 하다, pamagod ; 지루하게(따분하게) 하는 것	
pagpág, pagpapagpág	빡빡, 빡빠빡빡	(먼지 등을 털기위해)옷을 흔들어 털기 magpagpág ; 옷을 흔들어 털다	shaking cloth to remove dust, etc
pagsumpóng	빡숨뽕	(베개 등)부드러운 것을 두드리는 소리	sound of beating something soft
paha	빠-하	띠, 끈, 밴드, 짚, 밀짚	girdle, band, straw
pahaláng	빠할랑	가로로, 횡방향으로	transversely
pahám	빠할	천재, 박식한 사람	genius, erudite
pahát	빠핟	불충분한, 부적합한, 미숙한	meager, inadequate, not yet developed
pahid, pagpahid	빠-힏, 빡빠-힏	닦아 내기, (연고 등)문질러 바르기 ipahid, pahiran ; 얇게 바르다, 칠하다 magpahid, pahirin ; 문질러 지우다, 닦아 내다 pamahid ; 연고, 빵에 바르는 것(버터, 잼 등)	wiping off, smearing, anointing
páhina	빠-히나	쪽, 페이지	page
pain	빠-인	미끼, 먹이, 유혹물 magpain, painan ; 미끼를 달다, 미끼로 유혹하다	bait

pais	빠-이스	압축(압착)된 pinais ; 잎에 싸서 구운 고기나 생선	compressed
paít¹	빠-읻	끌 magpaít, paitín ; 끌로 파다(깎다)	chisel
paít²	빠-읻	쓴 맛 mapaít ; 쓴 맛이 나는 pumaít ; 쓴 맛으로 변하다	bitterness
pala	빠-ㄹ라	삽, 풍차의 날개	shovel, blade of a windmill
palá	빨라	갑자기 깨달은 사실에 대한 놀람 Ikáw palá! ; 바로 너구나!	interjection expression
palà, pagpapalà	빠-ㄹ라', 빡빠빠-ㄹ라'	은총, 은혜, 자비 magpalà ; 은총을 베풀다, 은혜를 베풀다 pinagpalà ; 은총을 입은, 복받은, 행복한	grace, blessing
(palâ)mápalâ	마-빨라'	이익을 얻다, 득을 보다	gain by, profit by
palabâ	빨라바'	달무리	halo of the moon
palabok	빨라-복	미사여구, 화려한 말씨(연설) magpalabok, palabukan ; (말(연설)에)흥미를 가하다	flowery speech
(palák) di-palák	디 빨락	매우 많이(크게), 훨씬	very much, by far
palabra	빨라-브라	말, 언질, 약속 palabra de onór ; 명예를 건 약속	word
palakâ	빨라까'	개구리 palakáng-kati ; 두꺼비, mamalakâ ; 개구리를 잡다	frog
palakat	빨라-깓	(공포, 분노 등)날카로운 외침(고성), 비명 pumalakat ; 날카롭게 외치다, 고성(비명)을 지르다	shrill sound, scream

333

palakaya	빨라까-야	트롤망, 저인망 bapór ng palakaya ; 트롤선 mamalakaya ; 트롤어업을 하다	trawl
palakól	빨라꼴	도끼 magpalakól, palakulín ; 찍다, 쪼개다, 도끼로 자르다	ax
palakpák	빨락빡	박수갈채, 환호 magpálakpakan ; 모든 사람이 동시에 박수갈채를 보내다	applause, clap
palad¹	빠-라ㄹ	손바닥	palm of the hand
palad², kapalaran	빠-라ㄹ, 까빨라-란	운, 행운, 운명 kasamaáng-palad ; 불행, 불운, 재앙 kapús-palad ; 불행한, 운이 따르지 않는 ipagsapalarán ; (게임, 내기 등에)돈 등을 걸다 mapalad ; 운 좋은, 행운의 magkapalad ; 운이 좋다, 복을 받다 mapagsapalarán ; 무모한, 위험을 무릅쓴, pakikipagsápalarán ; 모험, 뜻하지 않은 경험 sápalarán ; 모험을 감행함 sa sápalarán ; 우연히	luck, fortune, fate
palaháw	빨라하우	고성, 울부짖음, 울음을 터뜨림	loud shout, howl, outcry
palág, pagpalág	빨락, 빡빨락	(발, 다리 등)흔들거림, 움직임, magpapalág ; (발, 다리 등)홱 움직이다	wiggling, squirming
paláisipan (← isip)	빨라-이시빤	수수께끼, 퍼즐, 퀴즈	riddle, puzzle
palalò	빨라-ㄹ로'	거만한, 뽐내는, kapalaluan ; 자만, 자기 과대평가	proud, haughty

		mapagpalalô ; 천성적으로 거만한(잘난체 하는), 항상 건방진	
palalós	빨랄로스	모두를 포함하는, 빠짐없는	including all, without exception
palamán (← lamán)	빨라만	(방석, 소파 등)속에 채워 넣은 것	stuffing
palamara	빨라마-라	배반자, 반역자, 역적	traitor
palamíg (← lamíg)	빨라믹	원기회복, 기분을 상쾌하게 함	refreshment
palamuti	빨라무-띠	장식(물), 치장(품) magpalamuti ; 장식하다 pampalamuti ; 장식의, 장식용의	decoration, ornaments
palansák	빨란삭	집합적, 집단적	collective
paláng	빨랑	정육점용 큰 칼	butcher's knife
palangan	빨라-ㅇ안	법정 상속 부동산, 가치는 높으나 사용되지 않는 것	heirloom, something esteemed but not used
palangká	빨랑까	무거운 짐을 나르는 막대기, 지레	pole for carrying, lever
palanggana	빨랑가-나	빨래통, 세면대	washtub, washbasin
palapala	빨라빠-ㄹ라	(배와 육지 연결)트랩, 현문, 임시 창고	gangplank, temporary shed

palarâ	빨라라'	(포장, 장식용)은종이	tinsel, tin foil
(palasak) palasák	빨라살	유행하는, 일반(통상)적인, 통용되는 mamalasak ; 유행되다	popular, common, usual
palásintahan (← sintá)	빨라-신따한	연애담을 모은 책자	collection of love stories
palasingsingan	빨라싱시-ㅇ안	약지, 약손가락	ring finger
palasô	빨라소'	화살	arrow
palasyo	빨라-쇼	궁전, 궁궐, 대저택	palace
palaták	빨라딱	혀 차는 소리 pumalaták ; 혀를 차다	clacking of the tongue
palatháw	빨랕하우	작은 손도끼	small axe
palathol	빨라-ㅌ홀	(보험료, 채무 등)지불 유예기간	grace period
palátitikan (← titik)	빨라-띠띠깐	정자법, 철자법	spelling, orthography
palátulaan (← tulâ)	빨라-뚤라안	시학(詩學), 시론(詩論)	poetics
palátumbasan (← tumbás)	빨라-뚬바산	교환 비율	exchange rate
paláugatan	빨라-우가딴	어원론(語源論)	etymology

(← ugat)			
palawingwíng	빨라윙윙	가장자리, 가, 술, 술장식	fringe
palawis	빨라-위스	배나 차량에 다는 작은 기(깃발)	small banner for boat or land vehicles
palay	빠-ㄹ라이	벼(논에 심은 식물 또는 그 열매) palayan ; 논, punláng palay ; 모	rice
palayaw	빨라-야우	별칭, 애칭 ipalayaw, palayawan ; 애칭을 붙이다(부르다)	nickname
palayók	빨라욕	도기 항아리, 단지 sampalayók ; 항아리 하나 가득	earthen pot
paláypaláy	빨라-이빨라이	(산들바람)부드러운	gentle(breeze)
palaypáy	빨라이빠이	(생선)지느러미	fin
palbóg	빨복	(땅)과다경작으로 메마른(불모가 된)	barren from overuse
palda	빠-ㄹ다	치마 nakapaldá ; 치마를 입은	skirt
paldák	빨닥	(오솔길 등)밟혀서 평평해지고 단단해진	flattened and hardened by trampling
paldiyás	빨쟈스	모자의 테	rim of a hat
paldó	빨도	짐짝, 꾸러미 magpaldó, palduhín ; 짐짝을 꾸리다	bale
palengke	빨레-ㅇ께	시장 mamalengke ; 시장에 가다, 장을 보다	market
palibhasà[1],	빨립하-사',	~때문에(이유를 강조하거나 고질적인 문제를 거론시)	because

palibhasa'y	빨립하-사이		
palibhasà², kapalibhasaan	빨립하-사', 까빨립하사-안	조롱, 냉소, 모욕 palibasain, pumalibhasà ; 조롱(냉소)하다, 모욕을 주다	mockery, sarcasm, insult
palikero	빠리께-로	바람둥이, 한량	playboy
paligsá	빨릭<u>사</u>	시험, 테스트 páligsahan ; 경쟁, 경기대회 magpáligsahan ; 경쟁하다, 겨루다	exam, test
palindayag	빨린다-약	놀란 후에 안정을 취한 상태	state of calmness after surprise
paling	빠-ㄹ링	경사, 기울기 palíng ; 기울어진, 경사진	slope
paliróng	빨리롱	오두막, 판잣집, 헛간	shanty, hovel
palís	빨리<u>스</u>	작은비, 총채, 솔, 닦기, 털기 magpalís, pumalís, palisín ; 닦다, 털다	whisk, brush, wiping away, whisking
(palispís) pagpapalispís	빡빠빨리스삐스	먼지 제거, 작물을 심기 전에 밭(논)을 깨끗이 함	dusting, clearing field before planting
palít, pagpapalít	빨릳, 빡빠빨릳	교환, 대체 magpalít ; 교환(대체)하다 kapalít ; (1) 교환물, 대체물, (2) 교환으로 주는, 보답의, 답례의 bilang kapalít ng ~ ; ~의 답례로, ~ 보답으로, ~ 대신 ipagpalít ; 물물교환하다, 교환하다 makipagpálitan ; 교환하다, 바꾸다	exchange, substitute

		mapagpápalít ; 교체할(바꿀) 수 있는 pumalít ; 보충하다, 보상하다, 공급하다	
palito	빨리-또	이쑤시개, 성냥개비	toothpick, matchstick
palo	빠-르로	장대, (배)돛대, 마스트	pole, mast of a ship
palò¹	빠-르로'	때림, 매질, 찰싹 때리기 mamalò, pumalò ; 때리다, 매질하다, 채찍질하다	beating, spanking, striking
palò²	빠-르로'	이성(異性)에게 매혹된, 이성과 사랑에 빠진	attracted or in love with opposite sex
palong	빠-르롱	(닭)벗	cockscomb
palot	빠-르롵	옷에서 나는 땀(오줌) 냄새 mapalot ; 땀(오줌) 냄새나는	odor of clothes by perspiration or urine
(palsipiká) palsipikado	빨시삐까-도	위조된, 날조된, 허위의, 왜곡된 palsipikahín, pumalsipiká ; 위조하다 palsipikasyón ; 위조, 변조	forged, falsified
palso	빠-르소	거짓의, 허위의, 위조된	false
palták	빨딱	리벳, 대갈못, 나무 못, 쐐기	rivet, peg
paltók	빨똑	싹, 종자의 발아, 갑자기 밀어 올림	sprout, jerk upward
paltós¹	빨또스	물집, 수포	blister
paltós²	빨또스	실패한, 빗나간, 빗맞힌 magpaltós, pumaltós ; 실패하다, 빗	failed, missed

		맞히다, 불발되다	
palutpót	빨룯뽇	주름진, (목재, 가죽 등)낡아서 꺼칠꺼칠한	corrugated, worn and uneven
palyá	빨랴	거르기, 빠뜨림, 불발탄 palyado ; 불발된 magpalyá, pumalyá ; 빠뜨리다, 태만하다, 무시하다	omission, dud
palyo	빠-ㄹ료	심판단에 의한 결정	decision by a board of judges
pamakalawá (← dalawá)	빠마깔라와	모레를 기다리다	wait for the day after tomorrow
pamakò (← pakò)	빠마-꼬'	못으로 사용되는 것	something used as a nail
pamakod (← bakod)	빠마-꼳	울타리(담)용 자재	materials for fencing
pamagát	빠마갇	제목, 표제, 머리말, ipamagát, magpamagát ; 제목을 붙이다	title, caption
pamago (← bago)	빠마-고	처음 수확되는 농작물(과일, 쌀 등), 새 물건의 처음 사용, mamago ; 처음 수확하다, 처음 사용하다	first harvest, first use of something new
pamagod (← pagod)	빠마-곧	수면제, 피곤하게 하는 것	sleeping pill

pamahalaán (← bahalà)	빠마할라안	정부	government
pamahiín	빠마히인	미신 mapamahiín ; 미신적인, 미신에 사로잡힌	superstition
pamahingá (← hingá)	빠마힝아	휴식시간 pamahingahán ; 쉬다, 휴식을 취하다	break time
(pamalá) magpamalá	막빠말라	(곡식 등)젖은 것을 햇볕에 말리다	dry in the sun
pamalakad (← lakad)	빠마라-깓	정책, 방침	policy
pamamayan (← bayan)	빠마마-얀	도시 생활	living in a town
pámantayan (← pantáy)	빠-만따얀	기준, 평균, 표준	standard, average, norm
pamangkín	빠망낀	조카, 질녀 pamangkíng lalaki(babae) ; 조카(질녀)	nephew, niece
pamasahe (← pasahe)	빠마사-헤	통행료, 운임	money for passage, fare
pamatáy (← patáy)	빠마따이	죽이거나 없애는데 사용되는 것 pamatáy-kulisap ; 살충제, pamatáy-sunog ; 소화기	things used in slaughtering, extinguisher

pamayák	빠마얔	엉김, 응결, 응고	curdling, coagulation
pambó	빰보	목욕 magpambó ; 목욕하다 pambuhán ; 목욕시키다	bath
pamigâ (← pigâ)	빠미가'	레몬 주스, 주스 짜는 도구, pamigaán ; ~에 레몬 주스를 첨가하다	lemon juice, instrument for lemon juice
pamilya	빠미-ㄹ랴	가족	family
paminsán	빠민산	모두 한 번에 paminsanín ; 한 번 해보게 하다	all at a time
pamintá	빠민따	후추 가루	powdered pepper
pamintón	빠민똔	피망	paprika
paminggalan	빠밍가-ㄹ란	찬장, 식품 저장실	cupboard, pantry
pamisâ (← pasâ)	빠미사'	부화기, 부란기 pamisaín ; 암탉에게 알을 품게 하다	incubator
pampagana (← gana)	빰빠가-나	전채, 식욕 돋우는 음식(음료, 술)	appetizer
pampalamíg (← lamíg)	빰빨라믹	기분을 상쾌하게 해주는 음료나 음식, 시원한, 상쾌한	cool refreshments, cooling, refreshing
pampáng	빰빵	강 둑, 제방	river bank
pamulaklakán (← bulaklák)	빠무락라깐	꽃을 꺾다(따다)	pick flowers from ~

pamumukad (← bukad)	빠무무-깓	개화기, 꽃 피는시기	time when flowers open
pamumukid (← bukid)	빠무무-낃	전원 생활	living in rural areas
pamumuksâ (← puksâ)	빠무묵사'	대량학살	massacre
pamumuhay (← buhay)	빠무무-하이	생활방식, 생계, 살림	way of life, livelihood
pamumuhunan (← puhunan)	빠무무후-난	자본화, 자본투자	capitalization, investment of capital
pamumulubi (← pulubi)	빠무물루-비	빈곤 상태	state of impoverishment
pamumuná (← puná)	빠무무나	비평, 비판, 평론	criticism
pamumunò (← punò)	빠무무-노'	지휘, 통솔, 의장으로서 임무 수행	leadership, act of presiding
pamumupô (← pô)	빠무무뽀'	존경을 표하기 위해 po를 사용함	using "po" to be polite

pamumusyáw (← pusyáw)	빠무무샤우	변색, 색이 바램	fading, loss of color
pamumutiktík (← butiktík)	빠무무띡띡	떼를 지어 모여듦	swarming in great numbers
pamunas (← punas)	빠무-나스	걸레	rag, dustcloth
pámunuán (← punò)	빠-무누안	간부회의	board of officers
pamungad (bungad)	빠무-ㅇ앋	소개, 개회사	introduction, opening speech
pamuók	빠무옼	백병전, 육박전	hand to hand combat
pamuód (← buód)	빠무옫	요약, 개요, 개략	summary
pamupuán (← pô)	빠무뿌안	존경을 표하기 위해 po를 사용하다	use "po" to be polite
pamuso	빠무-소	유명한, 이름 난	famous
pamutas (← butas)	빠무-따스	구멍 뚫는 도구, 천공기	hole punch, borer

pamutol (← putol)	빠무-똘	자르는 도구	cutting tool
pan	빤	빵 덩어리	loaf of bread
paná	빠나	활과 화살, pumaná ; 활을 쏘다, mamamanà ; 활 쏘는 사람, 궁술가	bow and arrow
panabaín (← tabâ)	빠나바인	살찌우다	fatten up
panabangán (← tabáng)	빠나방안	흥미(관심)를 잃다, 식욕을 잃다	lose the interest or taste for
panaka (← saka)	빠나-까	농사(농업)에 사용되는 pánakahán ; 농경지	used for farming
panaká-nakâ	빠나까 나까	이따금	once in a while
panaksí (← taksí)	빠낙시	택시비	money for taxi
panakulóng (← kulóng)	빠나꿀롱	괄호, ( )	parenthesis
panaderyá	빠나데랴	빵집, 제빵집 panadero ; 제빵사, 빵 굽는 사람	bakery
panagano	빠나가-노	(문법)법(法), 서법(敍法) panaganong pasakali(paturól,	mode, mood

345

		pautós) ; 가정법(부정법, 명령법)	
panag-araw	빠낙아-라우	여름철(건기)에 필요한 것	things pertaining to the summer season
panaginip	빠나기-닢	꿈 managinip ; 꿈꾸다	dream
panag-ulan	빠낙우-ㄹ란	우기에 필요한 것	things pertaining to the rainy season
panagót (← sagót)	빠나곹	담보(보증)에 사용되는 것, 담보물 panágutan ; 책임 panagután ; 책임이 있다, 책임을 지다 panagutín ; ~에게 책임을 지우다	things used as security, bond
panahóg (← sahóg)	빠나홐	양념 재료	seasoning ingredient
panahón (← taón)	빠나혼	시간, 시대, 기간, 계절, 날씨, (문법)시제 hindî panahón ; 제철이 아닌, 시기적으로 틀린 habang-panahón ; 영원히 may-panahón ; 주기적인 panahóng pandáratíng ; 미래시제 sa panahóng itó ; 요즈음 noóng unang panahón ; 옛날에 walá sa panahón ; 시기를 놓친, 부적당한 kapanahón ; 동시대의, … 사람 kapanáhúnan ; 시기, 철 kapanáhúnan ng pinya ; 파인애플 철(시기) nápapanahón ; 형편이 좋은, 시기	time, age, period, season, weather

		에 적절한, 알맞은 pánahunan ; (동사의)활용, panahunín ; (동사를)활용(변형)하다 pinapanahón ; 월경중인	
panalangin (← dalangin)	빠날라-ㅇ인	기도 manalangin ; 기도하다	prayer
pánaliksikán (← saliksík)	빠-날릭시깐	연구소	research institute
pananalitâ (← salitâ)	빠나날리따'	말, 말씨, 어법	speech, diction
panandalán (← sandál)	빠난달란	의지하다, 기대다 pánandalan ; 등받이, 기댈 수 있는것	depend on, lean against
panandata (← sandata)	빠난다-따	무기로 사용되는 것	something used as a weapon
panao(← tao)	빠나-오	(문법)인칭의 panghalíp panao ; 인칭 대명사	(gramm.)personal
panaog, pananaog	빠나-옥, 빠나나-옥	아랫층으로 내려감, 월경분비물 akyát-panaog ; 계단을 오르내림 ipanaog, magpanaog ; ~을 아랫층으로 가지고 가다 manaog, pumanaog ; 아랫층으로 내려가다, 계단을 내려가다	going downstairs, discharge of menses
panaón (← taón)	빠나온	동시 발생, (우연한)일치, 동시에 발생하는	coincidence, simultaneous

panata	빠나-따	서약, 맹세 panatang-makabayan ; 국가에 대한 맹세 ipanata, magpanata ; 맹세(서약)하다	vow
panatag	빠나-딱	평안한, 조용한, 차분한 kapanatagán ; 평안, 만족 ipanatag ; 안정시키다, 침착하게 만들다 Ipinatag mo ang loób mo. ; 침착해라. mamanatag ; 평안(조용, 차분)하다 pumanatag ; 자리를 잡다, 안정을 취하다	tranquil
panatili, pananatili	빠나띠-ㄹ리, 빠나나띠-ㄹ리	영구, 영속, 우세 panatilihan ; 영구한, 영속하는, 불변의 manatili ; 영주하다, 계속 머물다, 영속하다	permanence, prevalence
panauhan (← tao)	빠나우-한	(문법)인칭, unang(ikalawáng, ikatlóng) panauhan ; 1(2, 3)인칭	(gramm.)person
panauhin (← tao)	빠나우-힌	손님, 고객, 방문자	guest, visitor
(panaw) pagpanaw	빡빠-나우	갑작스런 사라짐, 떠남, 출발 pumanaw ; 떠나다, 죽다 pagpapanaw ; 보냄, 추방 panawan ; 포기하다, 단념하다, 버리다	sudden disappearance, departure
panáy	빠나이	모든, 전체의, 각자, 순수한, 정연한, 규칙적인 di-panáy ; 불규칙한 panayan ; 규칙적으로 panayín ; 규칙적으로 하다 magpanáy, panayín ; 전체를 한 가지로 통일시키다(동일하게 만들다)	all, each, steady, regular

panayám	빠나얌	강의, 강연, 회견, 대담, 협의 magpanayám ; 강의(대담)하다 pánayaman ; 강의실, 회견실 tagapagpanayám ; 강사, 회견자, 대담자	lecture, interview, conference
pandák	빤닥	키가 작은	short
pandáw	빤다우	그물(덫)에 잡힌 것 확인하기 padawín ; …을 확인하다	inspection of traps or snares
pandáy, pandáy-bakal	빤다이, 빤다이 바-깔	대장장이 pandáy-kabán ; 열쇠공 pandáy-gintô ; 금세공인 magpandáy, pandayín ; (쇠)불리다, 연마하다	blacksmith
pandewang (← iwang)	빤데-왕	화장지	toilet paper
pandisál	빤디살	식사 또는 간식용으로 먹는 빵의 일종	a kind of bread
pandiwà (← diwà)	빤디-와'	(문법)동사 pandiwang kátawanín(palipát, makangalan) ; 자동사(타동사, 동명사)	verb
pandiwarì	빤디와-리'	(문법)분사 pandiwaring pangkasalukuyan ; 현재분사	participle
pandót	빤돝	(여성)관능적인, 호색의	sensual
panhík, pagpanhík	빤힉, 빡빤힉	윗층으로 올라 감 pumanhík ; 윗층으로 올라 가다 panhík-panaog ; 계속해서 오르내림 magpanhík, ipanhík ; ~을 윗층으로 가지고 가다 mamanhík ; 호소하다, 간청하다	going upstairs

		panhikán ; 윗층으로 ~를 가져가다 panhikín ; ~를 만나러 윗층으로 올라가다	
panibago (← bago)	빠니바-고	새로워진, 갱신된 pagpapanibago ; 새롭게 함, 재생, 갱신 panibaguhin ; 새롭게(재생, 갱신) 하다 manibago ; 새로운 환경에서 생소함을 느끼다 paninibago ; 생소한 느낌	renewed
panibukas (← bukas)	빠니부-가스	연기, 다음 날, 내일 panibukasin ; 내일로 미루다	postponement, next day, tomorrow
panibulos (← bulos)	빠니부-ㄹ로스	완전한 믿음 manibulos ; 완전한 믿음을 갖다	complete trust
panig	빠-닉	쪽, 측, 측면, 구분, 부분, 판벽널 kapanig ; 한 동아리, 일당, 지지자 panig-panig ; 떼를 지어 panigan ; ~를 편들다, 한 패가 되다 pagpanig ; 편파, 편애, 치우침 may-pinápanigan ; 편파적인 waláng-pinápanigan ; 공정한 pumanig ; 지지하다, 편들다	side, part, section, panel
panigasán (← tigás)	빠니가산	직립(발기)하다 panigasín ; …시키다 paninigás ; (성기)발기	have an erection
panilán	빠닐란	(꿀)벌집, 벌통	beehive
panimbáng (← timbáng)	빠님방	저울	weighing scale

panimulâ (← simulâ)	빠니물라'	서문의, 준비의, 예비적인, 시작, 착수 panimulán ; 시작하다, 착수하다	introductory, beginning
paninigarilyo (← sigarilyo)	빠니니가리-ㄹ료	흡연, 담배를 핌	smoking cigarettes
paniningalâ (← tingalâ)	빠니닝알라'	위를 쳐다 봄, 위를 향함 paniningaláng-pugad ; 이성에게 구애를 시작하는 사춘기	looking at things above, turning upward
paningín (← tingín)	빠닝인	시각, 의견, 견해	sense of sight, opinion
panipì (← sipì)	빠니-삐'	따옴표, 인용부	quotation mark
panís	빠니스	(음식)상한, 썩은 mapanís ; 상하다, 썩다	stale, spoiled
paniwalà (← tiwalà)	빠니와-ㄹ라'	믿음 신뢰 paniwalaan ; 믿다, 신뢰(신용)하다 paniwalain ; ~에게 믿도록 만들다, 확신을 주다	belief, trust
panlalaki (← lalaki)	빤랄라-끼	남성용의, 남성의	for men, masculine
(pansán) kapansán	까빤산	지체를 유발하는 장애물(사고), 불편	obstacle, accident, inconvenience
pansín	빤신	주의, 주목, 인지, 인식 kapansín-pansín ; 눈에 띄게, 현저히 kulang sa pansín ; 주의력이 부족한, 산만한 mapansín ; 인	notice, attention, recognition

		식하다, 알아차리다 mapapansín ; 주목할 만한, 인지할 수 있는 pansinín, pumansín ; 주의(주목)하다, 주시하다	
pansíng	빤싱	낚시줄(낚시바늘, 봉돌 포함)	fishing hook with line and sinker
pansít	빤싣	국수, 라면	noodles
pantalán	빤딸란	부두, 선창	pier, wharf
pantalón	빤딸론	바지, 하의	pants, trousers
pantás	빤따스	현인, 학자, 학자다운, 박학한	wise man, scholar, scholarly
pantáy	빤따이	같은, 동등한, 평평한, 평탄한 di-pantáy ; 동등하지 않은 magpantáy ; 나란히 세우다, 정열시키다 pamantayan ; 기준, 표준, 평균, 단위 pantayín ; 평평(수평)하게 하다 pantay-pantayín ; 모두를 같게 만들다	equal, even, flat
pantóg	빤똑	방광, 부레	bladder
panukalà	빠누까-ㄹ라'	계획, 안(案), 결의안 panukalang-batas ; (의회)법안, 의안 magpanukalà ; 계획하다, 후원(발기)하다	plan, project, resolution
panuhol (← suhol)	빠누-홀	뇌물용 돈	money for bribe

pánulaan (← tulâ)	빠-눌라안	(집합적)시, 운문, 시집	poetry
panulat (← sulat)	빠누-ㄹ랕	필기구	writing materials
panulok (← sulok)	빠누-ㄹ롞	길 모퉁이 panulukan ; (도로)교차점	corner
panulog (← tulog)	빠누-ㄹ롞	잠옷	sleeping clothes
panurò(← turò)	빠누-로'	(지도, 흑판 등을 짚을 때 쓰는)지시봉	pointer
panyô	빤요'	손수건	handkerchief
panyuelo	빠뉴에-ㄹ로	숄, 어깨 걸치개	shawl
pangá	빵아	턱 pangahán ; 턱이 큰	jaw
pangakò (← akò)	빵아-꼬'	약속	promise
pangahás (← ahás), mapangahás	빵아하스. 마빵아하스	대담한, 용감한, 앞뒤를 가리지 않는 pangahasán ; 감히 ~하다, 용감하게 나아가다, 무릅쓰다	daring, rash, bold
pangál	빵알	둔감한, 활기 없는, (칼날)무딘, 둔한	blunt, dull

pangalakal	빵알라-깔	☞kalakal	
pangalan	빵아-ㄹ란	☞ngalan	
pangamán	빵아만	의붓 관계 amáng-pangamán ; 계부 anák na pangamán ; 의붓 자식 ináng-pangamán ; 계모	step relationship
pangambá	빵암바	두려움, 염려, 불안, 걱정, 의심 ipangambá, mangambá ; 염려하다, 두려워하다	apprehension, misgiving, doubt
panganay	빵아-나이	☞nganay	
panganib	빵아-닙	☞nganib	
pangaral	빵아-랄	가르침, 훈육, 부모의 충고 pangaralan ; 잘못된 점을 말해 주다, 훈육하다, 가르치다	teaching, parental advice
pangarap	빵아-랖	☞(arap)mangarap	
(pangat) nakapangat	나까빠-ㅇ앝	위험에 노출된	exposed to danger
pangatníg (← katníg)	빵아뜨닉	(문법)접속사	(gramm.)conjunction
pangkál	빵깔	느리게 움직이는, 게으른	slow-moving, lazy
pangkasaluku-yan	빵까사루꾸-얀	(문법)현재의 panahóng pangkasalukuyan ; (동사)현재형	(gramm.)present

pangkát	빵깔	분파, 무리, 그룹, 조항, 항목, (책)절, 단락, (신문)난 magpangkát ; 그룹에 참가하다, 단결하다, 동맹하다	segment, group, article, section
pangkó	빵꼬	한 아름 pangkuhín ; 팔로 안아서 옮기다	armful
(panggáp)pag papanggáp	빡빠빵갑	겉치례, 과장, 거짓 mapagpanggáp ; 겉치례의, 거짓의 magpanggáp ; 시늉을 하다, ~인 체 하다, 가장하다	pretense
panghál	빵할	기다리다 지친, (음식)식은, 차가워진	tired, cool
Panginoón¹	빵이노온	하느님, 주, 그리스도	Lord, Master
panginoón²	빵이노온	지배자, 주인, 장(長)	lord, master, chief
pangingibig (← ibig)	빵잉이-빅	구애, 청혼	courtship
pangit	빠-ㅇ일	못생긴, 추한 pumangit ; 추해지다	ugly
pangita(← kita)	빵이-따	대면(對面)하는, 직접 만난 magpangita ; 직접 대면하다	face-to-face
pangláw	빵라우	우울, 울적함, 외로움 mamangláw ; 외로워하다	melancholy, loneliness
pangngalan	빵ㅇ아-ㄹ란	☞ngalan	
pangulo(← ulo)	빵우-ㄹ로	대통령, 지배자, 사장 pangulong-lungsód ; 수도(首都) panguluhan ; 의장노릇 하다, 관할하다 tagapangulo ; 의장, 회장	president, leader, chief
pangungusap (← usap)	빵웅우-삽	문장, 말	sentence, statement

paód	빠옫	멍에	yoke
paos	빠-오스	쉰 목소리 paós ; 목 쉰 mamaos, mapaos ; 목이 쉬다	hoarseness
papa	빠-빠	교황	pope
papà	빠-빠'	(유아어)밥, 먹다	food, eat
papá	빠빠	아빠, 아버지	daddy, father
papél¹	빠뻴	종이 papeles ; 문서, 서류, papél de bangko ; 은행권 tindahan ng papél ; 문구점	paper
papél²	빠뻴	(연극 등)역할, 임무	role of character
para¹	빠-라	정지! pumara ; 세우다, 정지시키다	Stop!
para²	빠-라	~처럼, ~와 같은 parang hayop ; 짐승처럼	like, as if
para³	빠-라	~하기 위해 para sa ; ~를 위해	in order to, for
paraán	빠라안	☞daán, paraanan ; (걷거나 탈 것으로)~를 넘어가다	
parák¹, pagparák	빠락, 빡빠락	발을 구름 pumarák ; 발을 구르다	stamping of the feet
parák²	빠락	새롱거리는, 농탕치는, 불필요한, 의미없는	flirtatious, meaningless
parakaida	빠라까이-다	낙하산 magparakaida ; 낙하산으로 뛰어내리다	parachute
parada¹	빠라-다	열병, 시위 행진 magparada ; 열병(행진)하다	parade
parada²	빠라-다	주차 parado ; 주차된, 정지된, 생기없는 pumarada ; 주차하	parking

		다 páradahán ; 주차장	
parada[3]	빠라-다	투계(닭싸움)에 내기로 거는 돈	amount of bets in cockfighting
paragat	빠라-갈	바다로 가다, paragát ; 바다 방향으로	go to the sea
paraiso	빠라이-소	천국, 천당, 낙원	paradise
parali	빠라-ㄹ리	탄핵, 비판, 규탄, 중상, 비방 mamarali ; …하다	denunciation, accusation, defamation
(param) maparam	마빠-람	사라지다, 없어지다, 소멸하다 pagkaparam ; 소실, 소멸	disappear, vanish
paramdám (← damdám)	빠람담	힌트, 암시 paramdamán ; 넌지시 알리다, 암시하다	hint
parami (← dami)	빠라-미	증가된 량(量) paramí ; 량을 늘이는(증가시키는), paramihin ; 늘리다, 증가시키다	amount added to increase the amount
paramin	빠라-민	닦아 내다, 제거하다	wipe out, get rid of
parang	빠-랑	개간되지 않은 토지 kaparangan ; 풀밭, 목초지, 초원	uncultivated field
parangál	빠랑알	명예를 기리는(경의를 표하는) 의식, 서훈(敍勳) parangalán ; ~에게 명예(영광)를 주다	an honor conferred, honoring celebration
parangyâ	빠랑야'	허영, 허세, 과시 magparangyâ ; 허세를 부리다, 과시하다	vainglory, ostentation

		mapagparangyâ ; 현란한, 번지르르한, 허세를 부리는	
paratang	빠라-땅	비난, 규탄, 질책 magparatang ; 비난하다, 나무라다	accusation
parati(← dati)	빠라-띠	항상, 언제나 párathán ; 항구적인, 영원한	always
paratíng (← datíng)	빠라띵	메시지, 전문, 선물	message, gift
parayâ	빠라야'	인내, 참을성 magparayâ ; 참다, 묵인하다 mapagparayâ ; 참는, 인내하는, 관대한	tolerance, forbearance
pare	빠-레	친구, 동료 * kumpadre의 약어	friend, mate
pareha	빠레-하	한 쌍, 둘, 부부 kapareha ; 한 패, 상대, 배우자 magpareha ; 두 사람씩 짜다, 짝을 짓다	couple
pareho	빠레-호	같은, 동등한, 동일한 kapareho ; 2개의 동일물 중 하나, 복사, 사본 magpareho ; 서로 같다, 서로 엇비슷하다 pagkapareho ; 같음, 동등, 대등 paré-pareho ; 전부(모두) 같은 pumareho ; 필적하다, 호적수가 되다, 어울리다	same, equal
pares	빠-레스	한 쌍, (두개로 된)한 벌, 한 켤레 pares-pares ; 쌍쌍이	pair
parì	빠-리'	성직자, 목사, 사제 magparì ; 성직자가 되다	priest
parihabâ (← habâ)	빠리하바'	직사각형	rectangle

paríl	빠릴	코가 납작한	flat-nosed
pariníg	빠리닉	비꼼, 빗대어 빈정거림, 암시, 빗댐	innuendo, allusion
paripá	빠리빠	팔을 옆으로 활짝 벌린	with the arms exrended sideways
parirala	빠리라-ㄹ라	(문법)구(句)	phrase
paris	빠-리스	한 쌍, 세트, 둘 paris ng ~ ; ~처럼, ~와 같게 kaparis ; 쌍으로 된 것에서 하나, 짝의 한 쪽, 상대	pair, set, couple
parisukát	빠리수깥	정사각형	square
parito	빠리-또	☞dito	
pariugát	빠리우깥	(수학)제곱근	square root
pariyán	빠리얀	☞diyán	
parlamento	빠-ㄹ라메-ㄴ또	국회, 의회	parliament
pároko	빠-로꼬	교구 목사(사제)	parish priest
parokya	빠로-꺄	교구(敎區)	parish
paról	빠롤	호롱등, 제등, 가로등	lantern, street lamp
parola	빠로-ㄹ라	등대 parolero ; 등대지기	lighthouse
paroón	빠로온	☞doón	
parte	빠-르떼	부분, 조각, 부품, 몫, (연극)역할	part, portion, share, role

partido	빠르띠-도	(정치)정당, 당, 당파	party
parunggít	빠룽깉	☞dunggít	
parúparó	빠루-빠로	나비	butterfly
parusa	빠루-사	☞dusa	
pasa, pagpasa	빠-사, 빡빠-사	넘겨주기, 양도 ipasa, magpasa ; 넘겨주다, 양도하다	passing, handing over
pasá, pasado	빠삳, 빠사-도	통과된, 합격한, 승인된 pumasá ; 통과(합격)하다	passed, qualified, approved
pasâ	빠사'	타박상, 멍, 상처	bruise
pasak	빠-삭	마개, 틀어 막는 것 ipasak, magpasak ; 마개를 하다, 틀어 막다	plug, stopper
paság	빠삭	몸부림 침, 꿈틀거림, 발 구르기 pasagán ; ~에게 화가나서 발을 구르다	wriggle, stamping of the feet
pasahe	빠사-헤	여행, (배, 차 등)운임 pasahero ; 승객, 여객 takas na pasahero ; 밀항자, 불법 무임승객	journry, fare
pasal¹	빠-살	마개, (파이프 등)막혀 있는 것 pasal sa bibíg ; 재갈	plug, blockage
pasal²	빠-살	허기짐, 기아 pasál ; 허기진, 매우 배고픈	extreme hunger
pasalap	빠사ㄹ-랖	신부측에 줄 혼인 지참금	dowry for the bride
pasán	빠산	짐, 부담 magpasán, pasanín ; 어깨로 져 나르다	load, burden
pasang	빠-상	쐐기 magpasang ; 쐐기를 박다 pumasang ; 좁은 곳으로 들어가다	wedge

pasaporte	빠사뽀-르떼	여권	passport
pasasà	빠사-사'	풍족한, 여유롭게 갖고 있는 magpasasà ; 풍족함을 즐기다, 거의 물릴 정도로 만족하다	enjoying an abundance of
pasatyempo	빠사띠예-ㅁ뽀	여흥, 오락, 즐거움, 취미	pastime, amusement
paskíl	빠스낄	포스터, 큰 전단, 현수막 paskilan ; 광고판 magpaskíl, paskilán ; 포스터를 붙이다	poster
Paskó	빠스꼬	성탄절, 크리스마스 magpapaskó ; 크리스마스 선물을 주다 magpaskó ; 크리스마스를 보내다 pamaskó ; 크리스마스를 위한	Chiristmas
pasensya, pasensiyá	빠세-ㄴ샤, 빠센시야	인내, 참음 Pasensya ka na. ; 미안해.(참아줘.)	patience
pasilyo	빠시-ㄹ료	복도, 현관, 통로	corridor, hallway
pásimundán	빠-시문단	모델, 모형	model. Pattern
pasimunò (← punò)	빠시무-노'	범죄나 비행에 앞장선 사람	leader in mischief
pasinayà	빠시나-야'	개업(개관, 개통, 낙성)식 magpasinayà ; …을 하다	inauguration
pasláng, mapamasláng	빠슬랑, 마빠마슬랑	거만한, 무례한, 모욕적인 mamasláng ; 모욕을 주다	insulting

paslít	빠슬릳	순진한, 경험이 없는	innocent, inexperienced
pasmá	빠스마	경련, 발작	spasm
paso	빠-소	걸음, 보행 pumaso ; 걷다, 보행하다	step, pace
pasó	빠소	경과한, 지나 간, 종료된	expired
pasò	빠-소'	뎀, 화상 pasô¹ ; 화상을 입은, 덴	scald
pasô²	빠소'	화분	flowerpot
pasok	빠-속	들어 감, 입장, 학교 수업, 일 kapasukán ; 일터 또는 학교에 갈 시간 ipasok ; 들어가게 하다 magpapasok ; 받아 들이다, 입장을 허락하다 magpasok ; 집어 넣다, 사용하다, 받아들이다 mápapasukan ; 고용 pápások ; 들어오고 있는 pumasok ; 들어가다	entry, admission, school, work
pasol	빠-솔	풍자, 비꼼	irony
paspás¹	빠스빠스	(신체 또는 언어에 의한)공격, 비난 magpaspasan ; 서로 공격(비난)하다 paspasán, pumaspás ; 공격(비난)하다	verbal or physical attack
paspás²	빠스빠스	청소(닦기, 쓸기, 먼지털기 등) magpaspás, paspasín ; 청소하다 pamaspás ; 청소부, 먼지 닦는 걸레	dusting
pasta	빠-스따	회반죽, 분말 석고 ipaste, magpasta ; 회반죽을 바르다	plaster
pastól, pastór	빠스똘, 빠스또르	목동, 양치는 사람, 목사 magpastól, ipastól ; 가축을 돌보다, 목장을 운영하다 pastulan ; 목장, 목초지	shepherd, pastor

pasyál, pamamasyál	빠샬, 빠마마샬	어슬렁 어슬렁 거닐기, 산책 magpasyál, mamasyál ; 걷다, 산책하다	stroll, taking a walk
pasyente	빠시예-ㄴ떼	환자 pasyente sa ospitál ; 입원 환자	patient
Pasyón	빠시욘	(십자가에 못 박힌)예수의 수난	the Passion
patâ	빠따'	피로한, 지친	fatigued
paták	빠딸	(액체의)방울, 똑똑 떨어뜨리기, 점, 반점 magpaták ; 똑똑 떨어 뜨리다 pumaták ; 똑똑 떨어지다	drop, spot
patag	빠-닥	평평한, 울퉁불퉁하지 않은 magpatag, patagin ; 평평하게 하 다 pampatag ; 롤러, 땅 고르는 기계	even, flat
patagana	빠따가-나	여유분, 추가 공급분 pataganahan ; 여유분을 주다(확보하다), 예약해 두다	allowance, extra supply
patál	빠딸	치명적인, 생명에 관계되는	fatal
patas	빠따-스	비김, 동점을 이룸 patás ; 비긴 magpatas, pumatas ; 비기 다, 동점을 이루다	tie in a game
patatas	빠따-따스	감자	potato
patáy	빠따이	죽은 사람, 시체 patáy ; 죽은, 생명이 없는 kamatayan ; 사 망, 죽음 himatáy ; 기절, 졸도, 실신 himatayín ; 기절(졸도) 하다 ipapatáy ; 죽게 하다 mamatáy ; 죽다 magpatáy ; 죽이	dead person, corpse

		다 nakamamatáy ; 죽음의, 치명적인 pumatáy, patayín ; 죽이다, (등, 불)끄다,	
patente	빠떼-ㄴ떼	특허(…권) magpapatente ; 특허를 얻다	patent
paternidád	빠떼르니닫	아버지임, 부권	paternity
pati	빠-띠	충고, 경고	advice, warning
patí	빠띠	또한, 포함하여	also, including
patianak	빠띠아-낙	도깨비, 악귀	goblin
patibóng	빠띠봉	함정, 덫, 올가미 magpatibóng, patibungín ; 덫을 놓다	pitfall, trap
patid, pagpatid	빠-띧, 빡빠-띧	만죽걸기, 발 걸어 넘어 뜨리기 patirin, pumatid ; 발을 걸어 넘어 뜨리다	tripping
patíd	빠띧	끊긴, 절단된, 짤린 kapatíd ; 형제, 오누이, 자매 patíd-patíd ; 분리된, 차단된 patdán ; 자르다, 끊다 patdín ; 잘라내다, 끊어 내다	cut out
patín	빠띤	스케이트, 롤러 스케이트	skate, roller skate
patinig	빠띠-닉	모음(母音)	vowel
patíng	빠띵	상어	shark
patís	빠띠스	어육 소스, 젓갈	fish sauce
patiwakál	빠띠와깔	자살 magpatiwakál ; 자살하다	suicide

patláng	빠뜰랑	사이, 간격 patlangán ; 사이를 뛰우다, 간격을 두다	interval, gap
patníg	빧닉	(재치있는)즉답	repartee
patnubay, tagapatnubay	빹누-바이, 따가빹누-바이	안내자, 호송자, 동반자, 반려 ipatnubay ; 길(방향)을 지시하다, 조종하다 pumatnubay ; 안내하다, 동반하다	guide, escort, companion
patnugot	빹누-곹	감독, 관리인, 매니저 편집자 mamatnugot ; 감독(관리, 편집)하다	director, manager, editor
pato	빠-또	(집)오리	duck
(patol)pumatol, patulan	뿌마-똘, 빠뚜-ㄹ란	유의하다, 주의를 기울이다	notice, pay attention to
patong	빠-똥	층, 겹, 원금에 부과된 이자 ipatong, magpatong ; 위에 놓다, 겹쳐 놓다, ipatong ang singíl ; 추가 요금(부당 요금)을 청구하다 nakapatong sa ~ ; ~위에 놓여 있는 patungan ; (표면에)대다, 붙이다, 겹쳐 놓다	layer, fold, interest on a loan
patós	빠또스	제거된, 퇴거된, 버려진 patusín, pumatós ; 제거하다, 퇴거하다	dislodged, displaced
patro(-u-)lya	빠뜨로(루)-ㄹ랴	순찰, 순시, 초계 magpatrolya, pumatrolya ; ~하다	patrol
patumalmál	빠뚜말말	돌처럼 굳어진, 딱딱해진	petrified
patumanggá	빠뚜망가	숙고, 고려, 주의	consideration, attention

patutot	빠뚜-뚵	매춘부, 매음	prostitute
patutsada	빠뚜차-다	비웃음, 냉소, 놀림 patutsadahan ; 놀림감이 되게 하다, 비웃다	mockery
patyó	빠띠요	안뜰, 안마당, 교회 부속 뜰	courtyard, churchyard
paumanhín	빠우만힌	관용, 침착, 인내, 온순 humingí ng paumanhín ; 사과하다, 변명하다 Paumanhín pô. ; 실례(죄송)합니다 magpaumanhín ; 용서하다, 참다	toleration, patience, meekness
pawà	빠-와'	전부, 전체적으로, 통틀어	all, entirely
(pawì) pagpawì	빡빠-위'	지움, 닦아 냄, 없앰 pawî ; 지워진, 없어진 mapawì ; 지워지다, 사라지다, 없어지다 pagkapawì ; 철폐, 없앰 pamawì ; 지우개	erasing, wiping out
pawikan	빠위-깐	바닷거북	sea turtle
pawis	빠-위스	땀, 발한 magpapawis ; 땀이 나게 하다 magpawis ; 땀을 흘리다 mapawis ; 땀투성이인	sweat, perspiration
pawpáw	빠우빠우	(컵 등)가득찬, 넘칠정도로 찬	level to the brim
payák	빠약	단순한, 간단한, 순진한 kapayakán ; 순진, 단순, 소박	simple, mere
payag	빠-약	합의된, 찬성한, 기꺼이 하는 pumayag ; 찬성(동의)하다, 인정하다 pagpayag ; 찬성, 승인, 합의	in agreement, willing
payagpág	빠약빡	날개를 퍼떡거림 ipayagpág, pumayagpág ; …거리다	flapping of the wings
payapà	빠야-빠'	평온한, 평화로운, 침착한 kapayapaan ; 평화, 평온	quiet, peaceful, placid

		mapayapà ; 우호적인, 평화로운 payapain, pumayapà ; 달래다, 진정시키다, 가라앉히다	
payát	빠얕	야윈, 날씬한, (땅이)메마른 kapayatán ; 야윔, 날씬함 magpapayát, papayatín ; 여위게 하다 mamayát, pumayát ; 야위다, 날씬해지다	thin, skinny, slender, barren
payikpík	빠이익삑	눌러진, 압축된	compressed
payíd	빠이읻	바람에 날려 간	carried by the wind
payo	빠-요	충고, 조언, 권고 ipayo, magpayo, payuhan ; 충고(권고)하다 maipápáyo ; 권고할 만한, 적당한 tagapayo ; 고문, 카운슬러	advice, council
payong	빠-용	우산 magpayong ; 우산을 쓰다 payungan ; 우산을 씌워주다	umbrella
paypáy	빠이빠이	부채 magpaypáy ; 부채질하다 paypayán ; 부채질 해 주다	fan
Pebrero	뻬브레-로	2월	February
pekas	뻬-가스	주근깨, 기미 magkapekas ; 주근깨(기미)가 생기다 mapekas ; 주근깨(기미)가 있는	freckle
peklat	뻬-끌랃	상처 자국, 흉터 magkapeklat ; 흉터가 생기다 peklatin ; 흉터투성이인	scar
pekpek	뻬-ㄱ뻭	여성의 성기, 음부, 질	vagina
pedro	뻬-드로	(속어)남자의 성기	penis

pelíkulá	뻴리-꿀라	영화, 영화계	film, movie
pe(-i-)ligro	뻴(뻴)리-그로	위험 mamiligro ; 위험에 처하다 peligroso ; 위험한	danger
peluka	뻴루-까	가발	wig
pena	뻬-나	처벌, 벌금, 벌칙 penahan ; 처벌하다, 벌주다, 벌금을 과하다	penalty, punishment
pendiyente	뻰디예-ㄴ떼	미정(미결)의, 심리중인	pending
peniténsiya	뻬니떼-ㄴ샤	후회, 참회, 속죄 magpeniténsiya ; …하다	penitence
pera	뻬-라	돈, 현찰, 부 mamera ; 1 센타보의 가치가 있는 mapera ; 돈이 많은, 부유한 perahin ; 현찰로 바꾸다, sampera ; 1 센타보	money, cash, wealth
peras	뻬-라스	(과일)배	pear
peregrino	뻬레그리-노	순례자, 성지 참배자	pilgrim
perhuwisyo	뻬르후위-쇼	해, 상해, 해치기 perhuwisyuhín ; 해치다, 상처를 주다	injury, harm
perlas	뻬-를라스	진주	pearl
permiso	뻬르미-소	허가, 승인	permission
pero	뻬-로	그러나	but
perokaríl	뻬로까릴	철도(회사, 종업원, 시설 포함)	railroad
perpekto	뻬르뻬-ㅋ또	완벽한, 완전한, 이상적인	perfect
personalidád	뻬르소날리닫	개성, 성격, 인격, 인물	personality
pertilayser	뻬르띠라-이서	비료 pertilisahán ; 비료를 주다	fertilizer

perya	뻬-랴	박람회, 전시회	fair, exhibition
peryodista	뻬료디-스따	신문기자	newspaperman
pesas	뻬-사스	무게, (역도)웨이트, 아령	weights, dumbbell
petrolyo	뻬뜨로-료	석유	petroleum
petsa	뻬-차	날짜, 연월일 petasdór ; 날짜 찍는 기계, 날짜 고무인 petsahán ; 날짜를 적다	date
petsay	뻬-차이	배추	Chinese cabbage
pika	삐-까	화, 짜증, 불쾌감, 성가심	irritation, annoyance
pikante	삐까-ㄴ떼	매운, 얼얼한, 날카로운	pungent
pikî	삐끼'	안짱다리의	knock-kneed
pikít	삐낕	(눈)감은 ipikít, pumikít ; (눈을)감다 mapikít ; 잠깐 졸다	(eyes)closed
pikolete	삐꼴레-떼	(U자 모양의)꺽쇠, (호치키스의)철쇠	staple
pikón	삐꼰	성미 까다로운, 과민한	touchy
(pikot)pikutin, pumikot	삐꾸-띤, 뿌미-꼳	구석에 몰아 넣다, 궁지에 빠뜨리다, 에워싸다 pikót ; 구석에 몰린, 궁지에 빠진 mápikot ; 구석으로 몰아 넣어지다, 궁지에 빠지다	corner, surround
pikpík¹, pagpikpík	삑삑, 빡삑삑	아이를 가볍게 두드려 줌	patting a child

pikpík²	삑삑	압축(압착)된 pikpikín, pumikpík ; 압축(압착)하다, 눌러서 평평하게 하다	compressed
piksí	삑시	(싫거나 부정의 의미로)어깨를 으쓱함 piksihán, pumiksí ; ~하다	shrug
(pigâ)pagpigâ	빡삐가'	압착하여 짜냄 pigaín, pumigâ ; 눌러서 짜다, (빨래 등)비틀어 짜다 pigán, pigaán ; (과일 등)즙을 짜서 ~에 떨어 뜨리다	squeezing out
piga(-i-)pít	삐가(기)삗	강요당하는, 압박받는 pigapitin ; 강요(압박)하다	under stress, compelled
pighatî	삑하띠'	슬픔, 심적 고통, 비통 maminghatî ; 괴로워하다, 고통을 받다	sorrow, ache
pigî	삐기'	둔부, 엉덩이, 궁둥이	rump, buttocks
pigil	삐-길	붙듦, 저지, 방해, 억제, 통제, magpigil ; 참다, 억제하다, 삼가다 pampigil, pamigil ; 억제(통제) 수단 pigilin, pumigil ; 막다, 억제(방해, 저지)하다	detention, holding back, control
pigíng	삐깅	연회, 잔치, 파티 pigingin ; 연회를 베풀어 주다	banquet
piglás	삐글라스	구속(속박)을 벗어나기 위한 노력 pumiglás ; …위해 노력하다	effort to get free
pigsá	삑사	부스럼, 종기, 종양 pigsahín ; …이 나다 pigsáng-pigsâ ; 작은 부스럼	boil, tumor
pigtâ	삑따'	흠뻑 젖은 mapigtâ ; 흠뻑 젖다 pigtaín, pumigitâ ; 흠뻑 적시다	soaked, drenched

pihado	삐하-도	확실한, 정확한, pihaduhin ; 확실히 하다	sure, certain
pihik	삐-힉	(음식에 대해)까다로운, 가리는	fastidious
pihit	삐-힡	회전, 돌림, 선회 ipihit, pihitin ; 돌리다, 회전시키다 mapihit ; 돌다, 회전하다	turn, rotation
piít	삐잍	구석에 몰린, 곤경에 빠진, 구금된, mapiít ; 곤경에 빠지다, 구석에 몰리다 mápiít ; 구금되다 piitán ; 감옥	cornered, in a fix
pilak	삐-ㄹ락	은 kaarawáng pilak ; 은혼식 mapilak ; 돈 많은, 부유한 pinilakang-tabing ; 은막, 영화의 스크린	silver
pilas	삐-ㄹ라스	찢음, 뜯음 kapilas ; 조각, 파편 mapilas ; 찢어지다, 뜯기다 pilasin, pumilas ; 찢다, 뜯다	rip, tear
pilay	삐-ㄹ라이	발을 절기, 삠, 접질림 piláy ; 절룩거리는, 불구의 mapilay ; 접질리다, 불구가 되다	limp, sprain
pilì	삐-ㄹ리'	선택, 뽑기 pilî ; 뽑힌, 선택된 mamilì, piliin, pumilì ; 선택하다 mapilì ; 까다로운, 가리는 waláng-pilì ; 무작위의, 닥치는 대로	choice, selection
pilí	삐리	(밧줄의)가닥, 비틀어 꼼 magpilí, pilihín ; 꼬다	ply, twist
pilík, pilík-matá	삘릭, 삘릭 마따	속눈섭	eyelash

piling	삐-ㄹ링	옆, 곁 kapiling ; 옆에 있는 사람, 가까운, 옆에 있는 ipiling ; 옆에 두다 mákapiling ; 인접하다 magpiling ; 서로 가까이 가다 pumiling ; 가까이 가다, 접근하다	side
Pilipinas	삘리삐-나스	(국가)필리핀 Pilipina ; 필리핀 여성 Pilipino ; 필리핀 사람, 필리핀 남자, 피피핀어(따갈로그어)	Philippines
pilipisán	삘리삐산	관자놀이	temple
pilipit	삘리-삗	비틂, 압착, 조임 ipilipit, pumilipit ; 비틀다, 비틀어 돌리다 mamilipit ; (몸을)비틀다, 꿈틀거리다, pilipít ; 비틀어진, 뒤틀린	wring, squeeze, twist
pilipot	삘리-뽇	머리 뒷부분, 후두부	occiput
(pilit)ipilit, pilitin	이삐-ㄹ릳, 삘리-띤	강요(강제)하다, 고집하다 pilít ; 강제적인, 억지의, 부자연한 magpilit ; 열심히 노력하다 makapilit ; 강제로 할 수 있다 magpumilit ; 집착하다, 악착스럽게 고집하다 pamimilit ; 고집, 완고, 강요 mapilitan ; 강요당하다 pagpilitan ; 노력하다, 시도하다 pagpupumilit ; 노력, 고투, 끈떡짐 sápilitán ; 강제(의무)적인	impose, force, insist
pilosopia	삘로소삐-아	철학 pilósopó ; 철학자 mapagpilósopó ; 현학적인, 아는 체 하는	philosophy
piloto	삘로-또	(비행기)조종사, (배)항해사 mamilito, pilotohan ; 조종하다	pilot

pilya(-o)	삐-르랴(료)	장난하는, 말을 듣지 않는, 유해한 kapilyuhán ; 해악, 짓궂음	naughty, mischievious
pimentón	삐멘똔	피망, 파프리카	paprika
pimiento	삐미에-ㄴ또	후추	pepper
pinál	삐날	마지막의, 최종적인	final
Pináy	삐나이	필리핀 여성	Filipino woman
pindól	삔돌	기, 군기, 국기, 기치	banner, colors
pindót	삔돝	손가락으로 누름(눌러 짬) pindutín ; … 누르다(눌러 짜다)	squeezing or pressing with fingers
(pinid)ipinid	이삐-닏	(창문, 문)닫다 piníd ; 닫힌	close
pinlák	삔락	모두, 한꺼번에, 전체적으로 pinlakín ; 쉬지않고 한 번에 끝내다	wholly, fully
pino¹	삐-노	(실, 끈 등)가는, 섬세한, 세련된, 늘씬한, 미묘한	fine
pino²	삐-노	소나무	pine tree
Pinóy	삐노이	필린핀 사람, 필리핀 남자	Filipino
pinsalà, kapinsalaán	삔사-라', 까삔살라안	손실, 손해, 손상 bayad-pinsalà ; 손실액, 배상금 mapinsalà ; 손실을 입다, 손상되다 nakapípinsalà ; 유해한, 해가되는 pinsalain ; 손상을 입히다, 해를 끼치다, sa kapinsalaán ng~ ; ~의 비용(부담)으로	damage, harm
pinsán	삔산	사촌, 종형제 pinsang-buô ; 친사촌	cousin

P

pinsél	삔셀	그림용 붓	artist's paint brush
pintá	삔따	도장, 페인트 칠, 그림 ipintá ; 도장하다, (그림)그리다 pintahán ; 도장하다, 색칠하다	painting
pintál	삔딸	휨, 뒤틀림, 구부러짐 mapintál, pumintál ; 휘다, 뒤틀리다	warp, bend
pintás, kapintasán	삔따스, 까삔따산	흠, 결점, 잘못 mamimintás ; 비평가, 흠 잡는 사람 mamintás, pintasán ; 흠을 잡다, 결점을 찾아내다, 혹평하다 mapamintás ; 흠잡기 좋아하는 pamimintás ; 흠잡기, 헐뜯음	fault, defect
pintô	삔또'	문, 도아 namimintô ; 문지방에 걸친, 가까이 있는, 곧 발생할 예정인 pintuan ; 출입구, 관문	door
pintóg	삔똑	부풀림, 부품, 팽창 mamintóg, pumintóg ; 부풀다, 팽창하다	swelling
(pintóng) pintungan	삔뚜-ㅇ안	창고, 저장소 ipintóng ; 창고에 보관하다	warehouse
pintór	삔또르	도장공, 화가	painter, artist
pintuhò, pamimintuhò	삔뚜-호', 빠미민뚜-호'	감탄, 칭찬, 경의를 표함 mamimintuhò ; 칭찬하다, 경의를 표하다	showing admiration
pintura	삔뚜-라	도료, 페인트, 그림 ipintura, magpintura ; 도장(페인트 칠)하다	paint, artistic painting
pinyá	삐냐	파인애플 pinyahan ; 파인애플 농장	pineapple
pingá	삥아	호전적인, 싸우기 좋아하는 kapingahán ; 호전성, 싸우기 좋아함	bellicose, warlike

(pingal)pingál	삥알	떨어져 나간, 분리된, (칼 등)날이 부서진	broken off, disattached, nicked
pingas	삐-아스	(그릇, 접시 등)깨진 자국, 흠, 깨진 조각(사금파리) pingás ; 깨진 자국이 있는, 흠 있는	chip, nick
pinggán	삥간	접시 pámingganan ; 찬장	dish
ping-il	삥일	과일이 많이 열린	full of fruits
pinggót	삥곧	(그릇, 접시 등)살짝 깨진 자국이 있는, 약간 흠 있는	slightly nicked
pipi	삐-삐	벙어리, …의, 발음을 못 내는 mapipi ; 벙어리가 되다	mute, dumb, inarticulate
pipí	삐삐	(여성)애를 못 낳는, (과일 나무)열매를 못 맺는	barren
pipino	삐삐-노	오이	cucumber
piraso	삐라-소	조각, 파편, 조금 mapiraso ; 조각나다 pirasó ; 조각 난, 부서진	piece, fragment
pirma	삐-르마	서명, 사인 magpapirmá ; ~를 서명하도록 하다 primado ; 서명된 pirmahán, pumirmá ; 서명하다	signature
pirmí	삐르미	고정된, 영구적인, 항상 magpirmí ; 고정(안정)시키다 mamirmí ; 고정(고착)되다, 뿌리를 박다 nakapirmí ; 움직이지 않는, 정지된, 이동할 수 없는 pirmihan ; 고정(안정)된, 영구적인 pumirmí ; 안정되다, 고정되다	fixed, permanent, always

pisâ¹	삐사'	눌러(밟혀) 뭉개진, 눌러진 mapisâ ; …지다 pisaín, pumisâ ; 눌러 뭉개다, 누르다	crushed
pisâ²	삐사'	(알)부화된 mamisâ ; 부화하다, 알을 품다	hatched
pisan	삐-산	함께 머무르는, 동거하는 kapisanan ; 클럽, 동호회, 단체 magpisan, pumisan ; 함께 살다, 동거하다 mapisan ; 모아지다, 집중되다	staying together
pisara	삐사-라	흑판, 칠판	blackboard
pisík	삐실	(물, 액체류)튀김 pisikán ; ~에 튀기다, pumisík ; 튀기다	splash
písika	삐-시까	물리학 písikó ; 물리학자	physics
pisíl	삐실	압착, 손으로 꽉 누름 pisilín, pumisíl ; 압착하다, 손으로 누르다	squeeze, tight pressure with the hand
pisngí	삐승이	뺨, 볼	cheek
piso	삐-소	페소(필리핀 화폐 단위)	peso
pisót	삐솔	밟혀서 평평해진(눌러진, 부서진)	flattened, pressed or broken(by foot)
pispís	삐스삐스	음식 부스러기(찌꺼기)	scraps of food
pistá	비스따	축제 magpistá ; 축제를 열다 mámimistá ; 축제 참가자 mamistá ; 축제에 참가하다	fiesta

pistâ, pagpistâ	삐스따', 빡삐스따'	과소평가, 업신여김 pumistâ ; 과소평가하다, 업신여기다	undervaluing, underrating
pistola	삐스또-ㄹ라	권총, 피스톨	pistol
pita	삐-따	열망, 갈망, 간절한 희망 pitahin, pumita ; 간절히 바라다	intense desire
pitâ	삐따'	저지대, 습지	lowland, watery land
pitak	삐-딱	구분, 부분, 부문, 구획 mapitak ; 구획(구분)이 많은 piták-piták ; 작은 구획(부분)으로 나누어진	division, section
pitakà	삐따-까'	쌈지, 돈지갑	wallet, pouch
pitagan	삐따-간	존경, 경의 mamitagan ; 존경하다 mapitagan ; 경건한, 공손한	respect, reverence
pitás	삐따스	(과일)수확된, 따 내려진, (꽃)꺾여 모아진 pitasín, pumitás ; 따 모으다, 꺾어 모으다, 수확하다	picked
pitáw	삐따우	(나뭇잎, 꽃, 과일 등)떨어진	detached, fallen
(pitik) pamimitik	빠미미-띡	저림, 마비 mamitik ; 저리다, 마비되다	numbness
pitís	삐띠스	(옷)꼭 맞는, 꼭 끼는, 꼭 끼어 갑갑한	tight-fitting
pitlág	삐뜰락	살짝 몸을 피함, 주춤 물러섬 pumitlág ; 홱 몸을 피하다, 뒷걸음치다	dodge, shying
pito	삐-또	호각, 경적, 기적 pumito ; …을 불다	whistle

pitó	삐또	일곱, 7 labimpitó ; 17 makápitó ; 일곱 번, 일곱 배 pipitó ; 단지 일곱	seven
pitpít	삗삗	두드려 펴진 pitpitín, pumitpít ; 두드리다	flattened by beating
pitsél	삐첼	(주둥이와 손잡이가 있는)주전자 또는 항아리	pitcher, jug
piyadór	삐야도르	보증인	guarantor
(piyais) mápiyais	마-삐야이스	많은 수의 적에 공격당하다 piyasin ; 많은 수의 병력으로 적을 공격하다	be attacked by enemy in great numbers
piyano	삐야-노	피아노 piyanista ; 피아노 연주가	piano
piyansa	삐야-ㄴ사	보석금 magpiyansa, pumiyansa ; 보석하다, 보석금을 내다	bail
piyangót, kapiyangót	삐양옽, 까삐양옽	입자, 작은 조각	particle
piyapís	삐야삐스	패퇴한, 정복당한	defeated
piyé	삐예	(길이를 재는 단위)피트	foot
piyér	삐예르	부두, 선창	pier
piyesta	삐예-스따	축제	fiesta
plano	쁠라-노	계획, 설계도 iplano, magplano ; 계획하다, 설계도를 그리다	plan, drawing
planta	쁠라-ㄴ따	공장, 플랜트, 공장설비, 기계장치	plant
plantsa	쁠라-ㄴ차	다리미 magplantsa, plantsahín ; 옷을 다리다	iron

plaso	쁠라-소	할부, 월부	installment payment
plastado	쁠라스따-도	뭉개진, 짜부러진, 납작 엎드린	crushed, prone
plata	쁠라-따	은 plateria ; 은제품 판매점, platero ; 은세공사	silver
plato	쁠라-또	접시, 한 접시의 요리 platito ; 작은 접시, 받침 접시	plate
plauta	쁠라우-따	플루트, 피리	flute
plema	쁠레-마	담, 가래, 점액	phlegm
plete	쁠레-떼	(화물, 승객)운임	freight, fare
plomero	쁠로메-로	배관공	plumber
plorera	쁠로레-라	꽃병, 꽃장수(여자) plorero ; 꽃장수(남자)	flower vase, female florist
plorete	쁠로레-떼	검술, 검도, 펜싱	swordsmanship, fencing
plota	쁠로-따	선단(船團) plotilya ; 소규모 선단	fleet of ships
pô	뽀'	존칭 조사(영어의 sir, madam에 해당) Opô. ; Yes, sir(madam).	respect particle
pobre	뽀-브레	가난한	poor
pokpók	뽁뽁	매춘부, 매음	prostitute
pogi	뽀-기	(남자)잘생긴, 미남인	handsome
pohas	뽀-하스	(종이, 유리 등을 세는 단위)장, 매	sheet
polbos	뽀-ㄹ보스	얼굴 화장용 분	face powder

pólisa	뽀-ㄹ리사	보험 증권	policy
polítika	뽈리-띠까	정치 mamulítika ; 사리(私利)를 도모하다 político ; 정치가	politics
polyeto	뽈례-또	팸플릿, 작은 책자, 낱장 인쇄물, 전단	pamphlet, leaflet
poók	뽀올	장소, 구역, 지방 kapookán ; 중심지 pampoók ; 지방의, 지역의 poók na malapit ; 근처, 인근 지역	place, region, locality
Poón¹	뽀온	하느님, 주, 그리스도 poonín, pumoón ; 신성시(신격화)하다	Lord, Master
poón²	뽀온	지배자, 주인, 장(長)	lord, master, chief
poót, kapootan	뽀올, 까뽀오-딴	증오, 적의, 원한, 악의 kapoótan, mapoót ; 싫어(미워)하다, 증오하다 kapoót-poót ; 지옥에 갈, 몹시 싫은, 가증스런 nakapópoót ; 미운, 싫은, 불쾌한	hatred, ill will
Pordiyós!	뽀르디요스	맹세코!, 반드시!	By God!
porma	뽀-르마	모양, 외양, 형태 pormál ; 모양의, 형식의, 형식에 치우친, 딱딱한 kapórmalán ; 형식에 치우침, 격식을 차림, 딱딱함 pormalidád ; 정식절차	form
pórmulá	뽀-르물라	식, 형식, 방식, 방법 pormularyo ; 공식집, 의식서, 양식	formula
porsiyento	뽀르시예-ㄴ또	퍼센트, 백분율	percent
portamoneda	뽀르따모네-다	지갑, 동전 주머니	wallet
portero	뽀르떼-로	문지기, 수위	porter

pórtikó	뽀-르띠꼬	현관, 차 대는 곳, 입구	porch
posas	뽀-사스	수갑 iposas, magposas, posasan ; 수갑을 채우다	handcuffs
posible	뽀시-블레	가능한, 할 수 있는 posibilidád ; 가능성	possible
poso	뽀-소	우물 poso negro ; 정화조	well
pósporó	뽀-스뽀로	성냥	match
pótograpó	뽀-또그라뽀	사진 potograpia ; 사진 촬영, 사진술 potógrapó ; 사진사, 촬영자	photograph
Pransés	쁘란세스	프랑스 사람(남자, 언어) Pransesa ; 프랑스 여자	French
prangko	쁘라-ㅇ꼬	솔직한, 진실한, 솔직히 말하는	frank, sincere
predikadór	쁘레디까도르	설교자, 전도사	preacher
premyo	쁘레-묘	상, 상품, 상금 premyado ; 상을 받은 premyuhán ; 상을 주다	prize, reward
prenda	쁘레-ㄴ다	저당, 담보, 볼모, 인질	pledge, hostage
preno	쁘레-노	브레이크, 제동장치 magpreno, prenuhan ; 브레이크를 걸다, …로 세우다 waláng preno ang bibíg ; 말을 많이 하는	brake
preparado	쁘레빠라-도	준비된, 채비를 갖춘, 각오하고 있는	prepared
presas	쁘레-사스	딸기, 양딸기	strawberry
presko	쁘레-스꼬	시원한, 상쾌한, 서늘한	fresh, cool
(preserba) preserbahín	쁘레세르바힌	보존하다, 보전하다, 유지하다 pampreserbá ; 방부제, 예방약 preserbado ; 보존된, 유지되고 있는	preserve

presidente	쁘레시데-ㄴ떼	대통령	president
presinto	쁘레시-ㄴ또	(행정상의)관구, 관할지역, 선거구	precinct
presiyón, presyón	쁘레시욘, 쁘레숀	압력 alta presyón ; 고혈압	pressure
preso	쁘레-소	죄수, 포로 ipreso ; 투옥하다	prisoner
prestíhiyó	쁘레스띠-히요	위신, 명성, 신망	prestige
presyo	쁘레-쇼	가격 presyoso ; 귀중한, 비싼	price
pribado	쁘리바-도	사적인, 개인의, 사유의	private
pridyider	쁘리지-데르	냉장고	refrigerator
primero	쁘리메-로	첫 번째의, 최초의	first
prinsesa	쁘린세-사	공주	princess
prinsipál	쁘린시빨	(1) 교장 (2) 주요한, 제일의	principal
prínsipé	쁘리-ㄴ시뻬	왕자	prince
prinsipyo	쁘린시-뽀	(1) 원리 (2) 원칙, 기원, 발단	(1)principle (2)origin
(prisintá) iprisintá	이쁘리신따	신청하다, 지원하다 prisintado ; 자발적인, 자원(自願)에 의한	apply, volunteer
prito	쁘리-또	(기름으로)튀겨진, 프라이한 iprito, magprito ; 튀기다 píritusán ; 프라이 팬	fried

probabilidád	쁘로바빌리닫	확률, 가능성	probability
probado	쁘로바-도	입증된, 증명된	proved
probetso	쁘로베-초	이익, 이득	benefit, profit
probinsya	쁘로비-ㄴ샤	지방, 지역, (행정구역)주 probinsiyana(-o) ; 지방(시골)사람	province
problema	쁘로블레-마	문제, 의문, 귀찮은 일	problem
produkto	쁘로두-ㄱ또	생산품, 성과, 생성물	product
propesór	쁘로뻬소르	(대학)교수	professor
propyedád	쁘로뻬닫	재산, 부동산	property
propyetarya(-o)	쁘로뻬따-랴(료)	지주, 집주인, (하숙집, 여관)주인	landlady, landlord
protehido	쁘로떼히-도	보호된, 지켜지는	protected
prueba, pruweba	쁘루에-바, 쁘루웨-바	증명, 증거, 시험, 테스트 magprueba, pruebahán ; 시험(테스트)하다	proof, test
prutas	쁘루-따스	과일이 많이 열린 prutera ; 과일 바구니, pruteria ; 과일 가게	fruit
públikó	뿌-블리꼬	공중, 국민, (일반)사회	public
publisidád	뿌블리시닫	널리 알려짐, 명성, 평판, 발표	publicity
(pukaw) pamukaw	빠무-까우	격려, 고무, 자극(물) pumukaw ; 깨우다, 자극하다, 흥분시키다 makapukaw ; 격려하다, 고무하다, 유발시키다	incitement
puki	뿌-끼	(여성)음부	vagina

puklô	뿌끌로'	샅, 궁륭	groin
puknát	뿍낱	잡아 뗀, 떨어진, 분리된 puknatín ; 떼다, 분리하다	unglued, detached
pukól	뿌꼴	던지기, 토스, 발사 ipukól ; 던지다, 토스하다, 발사하다	throw, toss
pukpók	뿍뽁	강타하는 소리(탁, 쾅, 쿵) pukpukin ; 게으른	bang
puksâ	뿍사	근절된, 박멸된 pagpuksâ ; 대량 학살, 전멸	exterminated
puktô	뿍또	(1) 부어 오른, 부풀은 (2) 조각, 일부, 부분 puktú-puktô ; 조각 조각 나누어진	(1)swollen (2)portion, part
pukyót	뿌끼욭	꿀벌	honeybee
pudpód	뿓뽇	뭉툭한, 무딘, 땅딸막한 pudpurín ; 끝을 무딜게 하다	blunt, stubby
pugad	뿌-갇	보금자리, 둥우리 magpugad ; 보금자리를 만들다 mamugad ; 편히 몸을 가누다(눕다)	nest
(pugal)ipugal	이뿌-갈	묶다, 붙들어 매다 nakapugal ; 묶인, 매인	tie, fasten
pugante	뿌가-ㄴ떼	도망자, 탈주자	fugitive
(pugay) magpugay	막뿌-가이	모자를 벗다	take off one's hat
pugità	뿌기-따'	낙지, 문어	octopus
pugò	뿌-고'	메추라기 mamugò ; 메추라기 사냥을 하다	quail
(pugot)pugutan	뿌구-딴	목을 베다, 참수하다 pugòt ; 목이 베인, 참수된	decapitate

pugtô	뿍또'	(1) 울어서 눈이 퉁퉁 부음 (2) 끊어진, 짤린, 분리된	(1)eye-swelling after crying (2)cut off
puhunan	뿌후-난	사업자금, 투자금 pamumuhunan ; 투자, mamuhunan ; 투자하다	capital in business, investment
pulá	뿔라	(1) 빨강, 적색 (2) 빨간, 붉은 kapulahán ; 빨간(적색) 상태 magpulá ; 붉은 색의 옷을 입고 있다 mamulá ; 얼굴을 붉히다, 홍조를 띠다 mamulá-mulá ; 빨갛게 타다(빛나다), 달아오르다 pampapulá ; 루즈, 입술 연지 pamulahín ; 불붙이다, 태우다 puláng-magulang ; 짙은 적색	red
pulà	뿌-ㄹ라'	비평, 흠잡기, 비난 mamulà ; 비평하다, 흠잡다 mapamulà ; 비평의, 비판적인, 흠잡기 좋아하는	criticism
(pulak)pulakin	뿔라-낀	(나무)가지를 치다, 전지하다	cut off branches
pulag	뿌-ㄹ락	눈부신(번쩍이는) 빛, 섬광	glare
pulandít	뿌란딭	분출, 뿜어 나옴 mamulandít ; 분출하다, 뿜어 나오다	spurt, squirt of liquid
pulás	뿔라스	(1) 출발 (2) 탈출 pumulás ; 출발하다, 탈출하다	(1)departure (2)escape
puláw	뿔라우	야간 환자 돌봄 kapulawán ; 외로움, 쓸쓸함	night-watching over a sick person
pulbó, pulbós	뿔보, 뿔보스	가루, 분말, 분 magpulbós ; 가루를 뿌리다, 분을 바르다	powder

		mapulbós ; 가루가 되다, 분쇄되다	
pulburá	뿔부라	화약	gunpowder
pulgada	뿔가-다	인치(2.54 센티)	inch
pulgás	뿔가스	벼룩	flea
(puli)pampuli, pamuli	빰뿌-리리, 빠무-리리	교체, 대치, 제자리에 되돌림 pulihan ; 교체(대치)하다	replacement
(pulí)pamulihán	빠물리한	전통, 관습, 전설	tradition
pulikat	뿔리-깥	경련, 발작, 쥐 magkapulikat, pulikatin ; 경련이 나다	spasm
pulido	뿔리-도	산뜻한, 품행이 좋은	neat, well-behaved
pulís	뿔리스	순경, 경찰관 pulisyá ; 경찰(력)	policeman
pulô	뿔로	섬 kapuluán ; 군도 tagapulô ; 섬 사람	island
(pulon)pulunín	뿔루닌	감다, 사리다, 둘둘 말다 pulunán ; 릴, 얼레, 실패	wind, coil
pulong	뿌-ㄹ롱	만남, 모임, 회의 kapulungan ; 집회, 회합, 회의 magpulong ; 회의하다, 토의하다	meeting
pulot	뿌-ㄹ롵	(바닥에서)줍기 mamulot ; 줍다 makápúlot ; 우연히 줍다, 발견하다 pulutan ; 술안주	picking up from the ground
pulót	뿔롵	당밀, 시럽 pulót-gatâ ; 밀월, 허니문, 신혼여행	molasses, syrup
pulpól	뿔뽈	무딘, 우둔한, 둔감한	dull, blunt

pulseras	뿔세-라스	팔찌	bracelet
pulso	뿌-ㄹ소	진동, 맥박	pulse, heartbeat
pulubi	뿔루-비	거지, 가난한 사람	beggar, poor person
puluhan	뿔루-한	손잡이	handle
pulupot	뿔루-뽇	(철사, 로프 등)한 바퀴 감음, 한 사리 magpulupot, ipulupot ; 감다, 돌리다, 휘감다 mamulupot, pumulupot ; 감기다	a turn, a twist
pulutan	뿔루-딴	☞pulot	
pulutóng	뿔루똥	(1) 소대 (2) 그룹, 떼 pulú-pulutóng ; 떼를 지어, 삼삼오오	(1)platoon (2)group
pumarito	뿌마리-또	☞dito, pumariyán ; 거기로 가다 pumaroón ; 저기로 가다	
puná	뿌나	주의, 관찰, 비평 punahín ; 주의(주목, 관찰)하다	remark
punas	뿌-나스	닦기, 훔치기 punasan ; 닦다, 훔치다 pamunas ; 걸레	wiping
pundá	뿐다	베갯잇	pillowcase
(pundár) ipundár	이뿐다르	설립하다, 창시하다 pundadór ; 설립자, 창시자	found, establish
pundó	뿐도	숙박 장소, 착륙장, 주차장 pumundó ; 숙박하다, 배를 접안시키다, 주차하다 punduhan ; 숙식 장소, 계류장, 정박지	lodging(landing, parking) place
punebre	뿌네-브레	장례 행렬	funeral march
punerarya	뿌네라-랴	장례식장	funeral parlor

punit	뿌-닡	찢음, 잡아 찢기 pumunit, punitin ; 찢다, 째다	rip, tear
punlâ	뿐라'	묘종, 묘목 punlaan ; 묘상, 모판 pumunlâ, punlaán ; 파종하다, 씨앗을 뿌리다	seedling
punò¹	뿌-노'	상급자, 우두머리, 장 mamunò ; 지휘하다, 이끌다, 장이 되다 pinunò ; 관리, 공무원 punong-gurò ; (학교)교장 pamunuan ; 관장하다, 의장 노릇하다 pámunuán ; 관리 위원회, 임원회의 pagpupunò ; 지도력, 통솔력	chief, leader
punò²	뿌-노'	기원, 시초, 원천 puno't dulo ; 시작과 끝	origin, source, beginning
punò³	뿌-노'	나무	tree
punô	뿌노'	가득찬, 충만한 kapunuán ; 가득참, 충만 magpunô ; 보상하다, 보충하다 mapunô ; 채워지다, 충만되다 pumunô ; 가득 채우다 punuán, punán ; 채우다 punuín, punín ; ~를 채우다 púnuán ; 완전히 채우다	full, filled
punta	뿌-ㄴ따	지점, 목표, 방향, 목적지 kápuntahán ; 끝내다, 결국 ~이 되다 magpuntá ; ~로 가다(향하다) mapuntahán ; ~로 갈 기회를 갖다 pumuntá ; 가다 papuntá ; ~로 향하는 papuntahín ; 보내다 púntahán ; 목적지, 도착지 puntahán ; ~ 장소로 가다 puntahin ; 목표물, 목적	point, aim, direction, destination

puntiryá	뿐띠랴	사격연습, 표적 ipuntiryá ; 겨누다 puntiryahan ; 과녁, 표적	target practice, aim
punto	뿌-ㄴ또	마침표, 종지부, 점수, 악센트, 억양	period, point, accent, intonation
puntód	뿐똗	흙 무덤, (골프)각 홀의 출발점	mound, tee in golf
puntós	뿐또스	점수, 득점	point, score
(punyagî) magpunyagî	막뿐야기'	분투(노력)하다 pagpupunyagî ; 결의, 결단, 분투, 노력	struggle, try hard
punyál	뿐얄	단검	dagger
pungás	뿡아스	잠이 덜 깨어 흐리멍덩한 pumungás-pungás ; …하다	half-asleep and confused
pungay	뿌-ㅇ아이	늘쩍지근함, 활기없음 mapungay ; 늘쩍지근한, 활기없는	languidness
pungkâ	뿡까'	음모, 술책 mamumungkâ ; 음모가 magpungkâ, pungkaán ; 음모를 꾸며 분란을 일으키다, 싸우게 만들다	intrigue
pungkól	뿡꼴	팔(손)이 없는, 팔 병신인	armless, handless
punggál	뿡갈	뿌리 위가 끊어진(짤린, 부러진)	cut off above the root
punggî	뿡기'	(동물)꼬리가 없는, 무딘	tailless, blunted
punggók	뿡곡	(조류)꼬리가 없는, 뭉툭한, 땅딸막한	tailless, stubby
(punggós) punggusín	뿡구신	손수건으로 싸다	wrap in the handkerchief

(pungos) pungós	뿡오스	잘라진, 베어진 magpungos ; 잘라내다, 가지치기하다	cut off, lopped off
pupás	뿌빠스	색이 바랜, 변색한	discoloured
(pupô)mamupô	마무뽀'	~에게 존칭어(pô)를 사용하다	address someone using pô
pupog, pagpupog	뿌-뽁, 빡뿌-뽁	연속적인 입맞춤, 숨막힐 정도의 입맞춤 pumupog, pupugin ; 연거퍼 입맞춤하다, 입맞춤으로 숨이 막히다	repeated kissing, smothering with kisses
pupól	뿌뽈	꽃을 땀(꺾음)	picking flowers
pupót	뿌뽙	(1) 버릇없는, 제멋대로인 (2) 조용히 하라고 입술에 손가락을 대고 있는 magpupót ; 조용히 하라고 입술에 손가락을 대다	(1)pampered (2)having a finger as a sign of quietness
purbado	뿌르바-도	증명된, 입증된, 검증된	proved, tried
puri	뿌-리	칭찬, 명성, 평판, 명예 kapurihán ; 명예, 영예, 신용, kasiraáng-puri ; 추문, 불명예, 수치 magbangong-puri ; 체면을 지키다 magpuri, papurihan ; 칭찬(찬양)하다 papuri ; 칭찬, 경의, 찬사, 추천 may-papuri ; 칭찬의, 찬양하는	praise, reputation, honor
puríl	뿌릴	주접든, 발육이 저해된	stunted in growth
(puripuká) puripukahán	뿌리뿌까한	깨끗이 하다, 정화하다 puripikadór ; 정화 장치	purify

purít, kapurít	뿌릳, 까뿌릳	입자, 작은 조각, 작은 량	particle, small amount
puro	뿌-로	순수한, 깨끗한, 순결한	pure
purók	뿌롴	지역, 구역, 장소	district, region, place
(puról)mapuról	마뿌롤	무딘, 우둔한, 둔감한 mapuról ang ulo ; 암기력이 둔한	blunt, dull
pururot	뿌루-롣	방귀 소리	sound of fart
purtuna	뿌르뚜-나	행운, 운, 운명	fortune, fate
pusà	뿌-사'	고양이	cat
pusáw	뿌사우	꿈틀거림, 몸부림침	wriggling movement
pusikít	뿌시낃	암흑의, 매우 깜깜한	intensely dark
pusít	뿌싣	오징어	squid
pusò	뿌-소'	심장, 가슴, 마음, 중심 taós-pusò ; 진심에서의, 정성어린 wasák ang pusò ; 비탄에 잠긴, 상심한 magandáng pusò ; 마음이 상냥한, 친절한	heart, center
(pusók) mapusók	마뿌솤	공격적인, 격렬한, 성급한	aggressive, impetuous
pusod	뿌-솓	배꼽, 중심, 중추	navel, hub
pusón	뿌손	복부, 아랫배	abdomen
pusong	뿌-송	미련함, 어리석음, 바보스러움 pusóng ; 미련한, 어리석은	foolishness

puspós	뿌스뽀스	가득찬, 충만한, 넘치는 puspusán ; 채우다, 완성하다	full, replete
pustá	뿌스따	내기, 노름 mamustá ; 내기를 하다, 노름하다 pustahán ; ~에 내기를 걸다	bet, wager
pustiso	뿌스띠-소	의치, 틀이	artificial teeth
pustura	뿌스뚜-라	자세, 태도, 우아한 옷맵시 pusturyoso ; 잘 차려입은, 우아하게 입은	posture, elegant dressing
puta	뿌-따	매음, 매춘, 성매매	prostitute
putbol	뿌-ㅌ볼	축구	football
putháw	뿥하우	자귀, 작은 도끼	hatchet, small ax
putî	뿌띠'	흰 색, 백색 mamutî, pumutî ; 희어지다 maputî ; 흰, 백색의 magputî, paputiín ; 희게 만들다, putián ; 희끄무레한	white
putik	뿌-떡	진흙 magputik ; 진창이 되다, 진흙투성이 되다, maputik ; 진창의, 진흙투성이인 putikan ; 진창	mud
putlâ	뿌뜰라'	창백, 핼쑥 maputlâ ; 창백한, 핼쑥한, 핏기없는	paleness
puto	뿌-또	쌀가루로 만든 떡 puto-maya ; 찹쌀로 만든 떡	rice flour cake
putók	뿌똑	폭발, 폭파, 강타 mamutók ; 터지다, 폭발하다 pagputók ; 폭발, 분출 paputók ; 폭발물 paputukán ; 폭발(작렬)시키다 pumutók ; 폭발하다, 튀어 오르다, 분출하다	blast, explosion, bang

putol	뿌-똘	자르기, 끊기 putól ; 잘라진, 끊긴 pamutol ; 자르는데 사용되는 물건 pumutol, putulin, putulan ; 자르다, 끊다, 가지치다 maputol ; 잘려지다, 끊어지다	cut
putós	뿌또스	터질정도로 가득찬, 충만한 putusín ; 꽉 채우다	full to bursting, replete
putót[1]	뿌똩	목이 비틀린(부러진)	with twisted(broken) neck
putót[2]	뿌똩	일에 짓눌린	burdened with work
putót[3]	뿌똩	(1) 짧은, 짧게 잘린 (2) 짧은 바지, 운동 팬츠	(1)cut-short (2)shorts
putpót	뿥뿥	차의 경적 소리	sound of car horn
puwáng	뿌왕	간격, 사이, 공란, 통로 puwangán ; 간격(사이)을 두다	gap, space, way
puweblo	뿌웨-블로	시(읍)자치체, 시(읍)당국	municipality, township
puwede	뿌웨-데	할 수 있다, 가능하다	can be, possible
puwera	뿌웨-라	(1) 나가거라! (2) ~을 제외하고, puwerahin ; 배척(추방, 제거)하다	(1)Get out! (2)except
puwersa	뿌웨-르사	힘, 압력, 세기 mamuwersa ; 힘을 가하다, 강제하다 mapuwersa ; (1) 힘을 받다, 강요되다 (2) 강력한, 힘찬 pamumuwersa ; 힘을 가함, 누름	force, pressure
puwerte	뿌웨-르떼	튼튼한, 우렁찬, 원기 왕성한	strong, loud, vigorous

puwerto	뿌웨-르또	항구	harbor, port
puwés	뿌웨스	그런 까닭에, 따라서	therefore
puwesto	뿌웨-스또	장소, 위치, 순위 ipuwesto, pumuwesto ; 자리를 잡다, 설치하다 nakapuwesto ; 자리를 잡은, 정위치한	place, position
puwíng	뿌윙	눈에 들어간 먼지(티끌) mapuwíng ; 눈에 티끌이 들어간	dust in the eye
puwít	뿌윝	궁둥이, (동물)둔부, 엉덩이 살 puwitán ; 뒤, 배후 pumuwít ; ~로 엉덩이를 향하다 sa puwitán ; 뒤에, 배후에	buttocks, rump
puyat	뿌-얕	수면부족, 불면증 magpuyát ; 밤을 새우다 mapagpuyát ; 밤 늦게까지 자지않는 pagpupuyát ; 불침번 puyatin ; ~를 잠을 자지 않도록 하다	lack of sleep, insomnia
puyó	뿌요	빙글빙글 돔, 소용돌이 puyó ng bagyó ; 태풍의 눈 puyó sa pisngí ; 보조개	whirling motion
puyós, pagpupuyós	뿌요스, 빡뿌뿌요스	마찰, 비빔, 마찰로 불을 살림 magpuyós ; 마찰시켜 불을 살리다	friction, making fire by friction
puyupoy	뿌유-뽀이	(동물)꼬리를 흔듬 puyupuyan ; ~에게 꼬리를 흔들어 호의를 표시하다	(animal)wagging of tail

R r

radyo	라-죠	라디오	radio
(rahuyò) marahuyò	마라후-요'	설득되다, 이끌리다 rahuyuin ; 권유(설득)하다, 매혹하다	be induced or attracted
rambután	람부딴	리치와 유사한 과일	fruit resembling lychee
rantso	라-ㄴ초	목장, 농장 rantsero ; 목장 경영자(노동자)	ranch
ranggo	라-ㅇ고	계급, 서열, 등급	rank, grade
rangyâ, karangyaán	랑야', 까랑야안	허식, 겉치장, 가식, 과시 magparagyâ ; 줄지어 돌아다니다, 자랑해 보이다, 과시하다 marangyâ ; 과시하는, 겉치례의, 자랑하는 parangyâ ; 공연, 과시, 허영 parangyaán ; 겉치장을 보여주다, 과시하다 pamparangyâ ; 가식적인, 허례의, 보여 주기 위한	ostentation, extravagance
rasón	라쏜	원인, 이유, 동기	reason, cause
rasyón	라숀	배급량, 양식, 용돈 irasyón ; ~을 양식으로 배급하다 magrasyón ; 배급하다	ration, allowance
(rayág) karayagán	까라야간	더욱 중요한, (천 등)겉면의, 표면의	more important, right side of
rayama	라야-마	터놓고 하는 이야기, 밀담, 사담 karayama ; 막역한 친구	tete-a-tete

rayos-ekis	라-요스 에-끼스	엑스레이 rayos-ekisin ; 엑스레이로 찍다(검사하다)	X-ray
rayuma, reuma	라유-마, 류-마	류마티즘, rayumahin, magkarayuma ; 류마티즘을 앓고 있다	rheumatism
rebaha	레바-하	할인, 감소, 절감 rebahahin ; 줄이다, 감소하다	discount, reduction
rebálidá	레바-르리다	대학원생에 대한 구두시험	oral examination for postgraduate
rebelde	레베-르데	(1)반역자, 모반자 (2)반역하는, 모반하는 magrebelde ; 반역하다	(1)rebel (2)rebellious
rebentadór	레벤따도르	폭죽	firecracker
rebisado	레비사-도	개정된, 교정된 rebisahín, magrebisá ; 개정(교정)하다, 재검토하다, 시험하다 rebisadór ; 검사관, 회계 감사관	revised
rebokado	레보까-도	폐지된, 취소된 rebokahín ; 취소(폐지, 철회)하다	revoked
rebulto	레부-르또	상(像), 조상(彫像)	statue
rekisa	레끼-사	검사, 검열, 조사, 감사 rekisahin ; 검사(검열, 조사, 감사)하다	inspection
reklamo	레끌라-모	불평, 불만, 요구 magreklamo, ireklamo ; 흠잡다, 불평하다 mareklamo ; 불평(불만)투성이인, reklamadór ; 불평하는 사람, 이의를 제기하는 사람	complaint, claim
rekluta	레끌루-따	보충병, 신병 reklutahín ; 신병을 모집하다 reklutadór ; 징병관	recruit
(rekomenda) irekomanda	이레꼬마-ㄴ다	권고하다, 추천하다 magrekomenda ; 권고(추천)하다	recommend

rekreo	렉레-오	오락, 레크리에이션, 휴양	recreation
regadera	레가데-라	물뿌리개, 살수장치	sprinkler
regadero	레가데-로	용수로, 관개수로	irrigation ditch
regalo	레가-ㄹ로	선물 iregalo ; ~를 선물로 주다 magregalo ; 선물하다	gift, present
regla	레-글라	(1) 규칙, 규정 (2) 월경, 멘스 magkaregla ; 규칙(규정)을 운용하다, 월경을 하다 regladór ; (선을 긋기위한)자	(1)rule (2)menstruation
rehas	레-하스	격자, 창살 magrehas, rehasan ; 창살(격자)을 넣다	grating, grille
relihiyón	렐리히욘	종교 panrelihiyón ; 종교적인, 종교의	religion
reló, relós	렐로, 렐로스	시계 reloheria ; 시계 상점 relohero ; 시계공	watch, clock
rematá	레마따	저당물 권리 상실, 공매, 경매 rematado ; 저당물에 대한 권리를 상실한, 공매(경매)에 붙여진	foreclosure, sale of mortgaged property
remedyo	레메-죠	치료, 의료, 구조 magremedyo ; ~를 치료하다	remedy, relief
renda	레-ㄴ다	고삐, 구속력, 지배권 rendahán, rumenda ; 고삐를 매다, 통제하다	rein
rendi	레-ㄴ디	혼란(혼동) 상태, 지친 상태 marendi ; 혼란스러워 지다, 기진맥진하다 rendihín ; 혼동시키다, 지치게 하다 rendido ; 지친, 혼동된	state of fatigue (being confused)
rentas	레-ㄴ따스	세입(국가 수입) rentas internas ; 내국세	revenue

R

repaso	레빠-소	복습 magrepaso, repasuhin ; 검사하다, 복습하다	review
repinado	레삐나-도	정련한, 정제한	refined
repolyo	레뽀-ㄹ료	양배추	cabbage
reserba	레세-르바	비축, 예비, (군사)예비군 ireserba, magreserba ; 예약하다, 비축하다 pagpapareserba ; 예약 reserbado ; 예약된	reserve
resibo	레시-보	영수증 magresibo, resibuhan ; 영수증을 끊다	receipt
restaurán	레스따우란	식당, 레스토랑	restaurant
resulta	레수-ㄹ따	결과, 결말	result
retirada(-o)	레띠라-다(도)	(1) 은퇴자 (2) 은퇴한	(1)retiree (2)retired
reto	레-또	도전 ireto ; 도전(싸움)시키다	challenge
retrato	레뜨라-또	사진 kumuha ng retrato ; 사진 찍다 rétrartuhán ; 사진관	photograph
reyna	레-이나	여왕 magreyna ; 여왕으로 군림하다 mala-reyna ; 여왕의	queen
reyno	레-이노	왕국	kingdom
rikonosí	레꼬노시	진찰 magparikonosí, iparekonosí ; 의사에게 진찰받다 rekonosihín ; 진찰하다	diagnosis
riles	리-ㄹ레스	철길	railway
rima	리-마	운율, 운 rumima, magrima ; 운을 달다	rhyme
rimarim	리마-림	욕지기, 역겨움 karimá-rimarim ; 구역질나는, 싫은	nausea, loathing

		marimarim ; 구역질나는, 역겨운, 싫은	
ripa	리-빠	복권 판매 magripa ; 복권을 추첨하다	raffle
ritmo	리-트모	리듬	rhythm
rolyo	로-ㄹ료	회전, 구르기 rolyuhan ; 롤러, 굴림대 rolyuhín ; 굴리다	roller
romansa	로마-ㄴ사	로맨스, 연애, 정사 kuwentong romansa ; 연애 이야기	romance, love affair
ronda	로-ㄴ다	순시, 순회, 패트롤, (카드)한 게임, (술)한 순배 rondahán ; 순시(순회)하다	patrol, round
rosa	로-사	장미	rose
rosario	로사-리오	(천주교)묵주, 묵주의 기도	rosary
rosas	로-사스	(1) 장미, 분홍색 (2) 분홍색의	(1)rose (2)pink
rotonda	로또-ㄴ다	환상(원형) 교차로	circular intersection
rurok	루-록	절정, 정점	acme
Rusa(-o)	루사(소)	러시아 사람, 러시아의	Russian
ruta	루-따	도로, 길, 통로, 여정 iruta, magruta ; (어떤 경로, 노선으로)발송하다, 보내다	route, itinerary
ruweda	루웨-다	바퀴, 차륜	wheel
ruwina	루위-나	폐허, 옛터, 잔해	ruins
ruwisenyór	루위세뇨르	나이팅게일(유럽산 짓빠귀과의 밤에 우는 작은 새)	nightingale

S s

sa	사	(전치사)~에, ~로, ~부터 para sa ~ ; ~를 위해 sa tabí ; 곁에	at, in, on, between, to, from, etc.
saák	사알	(세로로)나누어진, 잘라진	split lengthwise
(saád)isinasaád	이시나사알	관련된, 언급된, 이야기된 isaád, magsaád ; 연관시키다, 언급하다	related, stated
saán	사안	어디, 어디에서, 어디로 tagasaán ; 어디 출신 saanmán ; 어디라도, 어디에나 kahit saán ; 어디에도, 아무 곳에도	where, from what place
sabak	사-박	마구잡이식 공격, 경솔한 공격 sumabak, sabakan ; 마구잡이로 공격하다	blind attack
sabád	사발	말참견, 끼어들기 makisabád ; 말참견하다, 대화를 방해하다	interruption of conversation
Sábado	사-바도	토요일	Saturday
sabagay	사바-가이	결국	after all
sabang	사-방	사전 정찰	advance scouting patrol
sabáng	사방	(도로, 철길 등)교차, 횡단, 교차점	intersection
sabát	사밭	(1) 은못, 장부촉, 쐐기 (2) 방해, 장애물 sabatín ; 방해하다	(1)dowel, peg (2)interruption

sabáw	사바우	묽은 수프 magsabáw ; 밥을 국물(우유, 계란 등)로 묽게 하다 masabáw ; 국물이 많은	broth
sabáy	사바이	동시의, 동시에 일어나는 magkasabáy ; 동시에 발생하다 panabáy ; 동시에, 한꺼번에 sabayán ; ~에 수반하여 일어나다 sabáy-sabáy ; 일제히, 모두 함께 sumabáy ; 동반하다, 수반하다	simultaneous
sabi	사-비	말, 진술, 말한 것 kasabihán ; (1) 말하기, 표현 (2) 유명한, 이름난 magsabi, sabihin ; 말하다 sabí-sabihin ; 거듭하여 말하다 ipagsabí, ipanabi ; 여러 사람들에게 말하다 pasabi ; 송신된 메시지 pasabihan ; 통지(공고)하다 ibig sabihin ; 뜻하다, 의미하다 sabí-sabí ; 소문, 풍문	statement, something said
sabík	사빅	열심인, 열망하는 manabík ; 열망하다, 하고 싶어하다	eager
(sabíd)isabíd	이사빋	엉클어지게 하다, 얽히게 하다 masabíd ; 말려들다, 걸려들다	entangle
sabit	사-빋	걸기, 매달기 sabitan ; 못에 걸다 sabitán ; 옷걸이, 행거 sumabit ; 빗장을 걸다	hanging
sabláy	사블라이	암시, 풍자 pasabláy ; 간접의, 에두른 sumabláy ; 빗맞히다, 못맞히다	innuendo
sabog	사-복	분산, 산재, 폭발 sabóg ; 흩뜨러진, 산재된, 분산된 isabog, magsabog ; 흩뿌리다, 분산시키다 pagsabog ; 터뜨리기, 폭파	scattering

		pasabugin ; 터뜨리다, 폭파시키다 sumabog ; 터지다, 폭발되다	
sabón	사본	비누 magsabón, sabunín ; 비누로 씻다 may-sabón ; 비누 투성이인	soap
sabong	사-봉	닭싸움, 투계	cockfight
saboy	사-보이	(물)튀기기 magsabog ; 튀기다	splash
sabsáb	삽삽	게걸스럽게(소리내며) 먹음 sumabsáb ; 돼지처럼 먹다	noisy eating
sabukáy	사부까이	손으로 얼굴을 때림, 손가락으로 머리를 빗음	slap in the face, combing with fingers
sabunot	사부-놀	머리채를 잡아 당김 sabunutin ; … 잡아 당기다	grabbing and pulling the hair
sabungol	사부-오올	자신의 머리를 잡아 뜯음	pulling one's own hair
sabwát	사브왈	공범자, 연루자 magkasabwát ; 공모하다, 서로 짜다 sabwatan ; 공모, 모의	accomplice
(saka) pagsasaka	빡사사-까	농사, 농업 magsaka ; 농사를 짓다 magsasaka ; 농부 sakahan ; 농장	farming, agriculture
sakâ	사까'	그리고 나서, 다음에 Sakâ na. ; 나중에.	and then, afterwards
sakada	사까-다	외부에서 고용한 저임금 노동자	laborers from outside for cheaper pay

sakál	사깔	목 졸린, 질식된 masakál ; 질식당하다 sakalín, sumakál ; 질식시키다	choked
sakáy	사까이	여행객, 짐, 적재물 kasakáy ; 여행 동료 isakáy, magsakáy ; 승객을 태우다 magpasakáy ; 타도록 허락하다 nakasakáy ; 타고 가는, 승차(승선)하고 있는 sákayán ; 적재 장소 sakyán ; ~에 올라타다 sasakyán ; 탈 것, 이동 수단	passenger, load
sakbáy	삭바이	팔로 허리를 감아 쓰러지지 않도록 도와주는 sakbayán ; 팔로 허리를 바쳐주며 걷다(안내하다)	with an arm around the waist for support
sakbibi	삭비-비	(아기 등)가슴에 안아서 옮기는 sakbibihin ; 가슴에 안아서 옮기다	carried in the arms
(sakbót) sakbutín	삭부띤	떨어지는 것을 잡다	catch something falling
sakdál[1]	삭달	고소, 소송 isakdál, magsakdál ; 고소하다 másakdál ; 고소 당하다 pagsasakdál ; 탄핵, 고발	accusation, sue
sakdál[2]	삭달	굉장한, 대단한 kasakdalán ; 완벽함, 매우 우수함	extreme, very great
(sakil) pakikisakil	빠끼끼사-낄	과잉 탑승 승객	overabundance of passengers
(sakim) masakim	마사-낌	욕심많은, 이기적인, 탐욕한	greedy, selfish

S

sakit¹	사-낕	슬픔, 비탄 magpasakit ; 괴롭히다, 비탄에 잠기게 하다 magsakit ; 노력하다, 인내하다 pagpapakasakit ; 희생, 금욕	pain, sorrow
(sakit²) malasakit	말라사-낕	관심, 흥미 magmalasakit ; 흥미를 갖다, 관심을 보이다	concern, interest
sakít	사낕	병환, 아픔, 고통 manakít ; 병들게 하다, 아프게 만들다 masakít ; 아픈, 병든, 괴로운 magkasakít ; 병들다 masaktán ; 다치다, 부상당하다 may-sakít ; 아픈, 병든 sakitin ; 병약한, 허약한, 병적인 sakít ng ulo ; 두통 sakít ng tiyán ; 복통	disease, sickness, pain
sakláp	사끌랖	매운(쓴, 얼얼한) 맛 masakláp ; 쓴, 얼얼한	acrid taste
skláw	사끌라우	(1) 정도, 범위, 한계, 양(量) (2) 포함하는, 넓게 미치는 kasaklawán ; 일반적임, 포괄적임, 보편성 saklawín ; 포함하다, 품다, 내포하다 panakláw ; (모난)괄호	(1)degree, amount, limits (2)inclusive, extensive
saklób	사끌롭	(1) 오목한 뚜껑, 단지 씌우개 (2) 서로 마주 보는 magsaklób, isaklób ; 뚜껑을 씌우다, 모자를 쓰다	(1)concave lid, cover for pots (2)face-to-face
saklolo	사끌로-로	도움, 협조 isaklolo ; 돕기 위해 ~를 보내다(주다) pasaklolo ; 도움을 요청하다 saklolohan, sumaklolo ; 돕다, 도움을 주다	aid, succor

saklóng¹	사끌롱	수확물에서 자신의 몫	one's share in a harvest
saklóng²	사끌롱	괄호, 삽입구 saklungán ; 괄호 속에 넣다	parenthesis
(saklót) pagsaklót	빡사끌롯	움켜 잡음, 잡아 챔 saklutín, sumaklót ; 움켜 쥐다, 잡아채다	grabbing, snatching
sakmál	삭말	(1) 덥석 물기, 물어 뜯음 (2) 입에 꽉 물려 있는, sakmalín, sumakmál ; 덥석 물다, 물어 뜯다	(1) quick bite, snap (2) held in the mouth
sakmatá	삭마따	낭비, 방탕 masakmatá ; 낭비하는, 방탕한	wastefulness
sako	사-꼬	자루, 포대 isako, magsako ; 자루(포대)에 담다	sack
sakol	사-꼴	사탕수수를 벰 magsakol ; 사탕수수를 베다	cutting of sugarcane
sakól	사꼴	손가락으로 집어 먹는 음식의 양 sakulín ; 손가락으로 집어 먹다	quantity of food by fingers
sakong	사-꽁	발 뒤꿈치, 뒷굽 apo sa sakong ; 고손자	heel
sakop	사-꼽	신하, 획득물, 전리품 sakóp ; 복종하는, 정복당한 masakupan ; 지배를 받다 pagsakop ; 정복 sumakop, sakupin ; 정복하다	subject, conquest
sakripisyo	사끄리삐-쇼	희생, 산 제물을 바침 magsakripisyo ; 산 제물을 바치다, 희생하다	sacrifice, immolation
saksâ	삭사'	충분한, 넉넉한 sumaksâ ; 풍족해지다, 넉넉해지다	abundant, enough

saksák¹	삭삭	찌르기, 찔린 상처 saksakan ; ~를 찌르다 saksakín, sumaksák ; 찌르다 saksakín ng lanseta ; 칼로 찌르다	stab
saksák², pagsaksák	삭삭, 빡삭살	억지로 채워 넣음, 다져 넣음 isaksák, magsaksák ; 채워(다져) 넣다	stuffing, cramming
saksí	삭시	증인, 목격자 másaksihán ; 목격되다 saksihán, sumaksí ; 증명(입증)하다	eyewitness
sakunâ	사꾸나'	사고, 불운 malakíng sakunâ ; 재난, 큰 재해 masakunâ ; 재난의, 비참한	accident,
sakwíl	삭윌	거절, 거부	denial, refusal
sakyán	사끼얀	☞sakáy	
sadlák	사들락	불행에 빠짐, 망함 sumadlák ; 침체하다, 악화하다, 망하다	fall into disgrace
sadsád, nakasasadsád	삳살, 나까삳살	(배)좌초되어 isadsád, magsadsád ; (배)육지에 대다 másadsád ; 좌초되다	aground
sadyâ	사쟈	(1) 목적, 임무 (2) 의도적인, 고의적인 (3) 일부러, 계획적으로 sinadyâ ; 의도적인, 계획적인 magsadyâ ; 고의적으로 하다 pasadyâ ; 주문생산된	(1)aim (2)intentional (3)designedly
sagabal	사가-발	방해, 장애물 sumagabal, sagabalan ; 방해하다, 반대하다 masagabal ; 장애물이 많은	obstacle, impediment

sagad	사-갇	(명성, 사업 등)가장 좋은 상태인	at the height fo fame or success
sagád	사갇	한계에 이른, 완전히 지친, 폭삭 망한 isagád ; 끝까지 밀어 부치다, 한계에 이르다 sagaran ; 끝에서(시작에서) 끝까지	reaching the limit, completely exhausted, completely broke
(saganà) masaganà	마사가-나'	충분한, 풍족한 kasaganaan ; 풍족, 충분 pasaganaan ; 풍족하게 주다	abundant, plentiful
sagansán	사간산	열, 줄 sagansanín ; 정열시키다	row
sagapsáp	사갑삽	맛없는, 싱거운	tasteless, insipid
(sagasà) masagasà	마사가-사'	(차량)치이다 sagasin, sumagasà ; 치다, 타고 넘어가다, 짓밟다	be run over
sagasâ	사가사'	분별없는, 무모한	reckless
sagawsáw	사가우사우	(물 등)콸콸거리는 소리	gurgling sound
sagkâ	삵까'	쇠고랑, 족쇄, 속박 sagkaán ; 족쇄를 채우다, 구속하다	shackle
sagì	사-기'	가벼운 접촉(터치) masagì ; 살짝 터치되다 sumagì ; 살짝 접촉하다(스치다)	light touch
(sagila) sumagila	수마기-ㄹ라	마음에 떠 오르다, 생각나다, 잠깐 들르다	occur to one's mind, drop in

S

saginsín	사긴신	촘촘히 짜여진, 조밀한	closely woven, dense
saging	사-깅	바나나	banana
(sagíp)masagíp	마사깊	구출(구조)되다 sag(i)pín, sumagíp ; 구출(구조)하다	be saved
sagisag	사기-삭	상징, 표상, 휘장, 배지 sagisagin, sumagisag ; 상징하다, 전형이 되다 may-sinásagisag ; 상징적인	symbol, emblem
sagitsít	사긷싵	쉿(윙, 픽픽)하는 소리 pasagitsín ; 휙 소리내며 움직이다 sumagitsít ; 쉿(윙, 픽픽)소리내다	hissing, fizz, sizzle
saglít	사글맅	잠깐, 순간, 짧은 시간 saglitan ; 짧은, 단시간의 isaglít ; 서둘러 하다	instant, moment
sagót	사곹	대답, 답변, 응신 kaságutan ; 답, 해답, 해법 isagót ; 대답하다, 답변을 주다 makipagságutan ; 회신하다 managót, panagután ; 책임을 지다 masagután ; 보증되다 pananágutan ; 책임 sagután ; 보증(보장)하다 sagutín, sumagót ; 대답하다, 책임이 있다 tagapanagót ; 보증인	answer, reply
sagpáng	삭빵	입으로 물어 뜯음(잡아챔)	snatching with the mouth
sagpî, kasagpî	삭삐' 까삭삐'	동맹(연합)국, 협력자 magkasagpî ; 동맹(연합)한	ally
sagrado	삭라-도	신성한, 성스러운 sagrario ; (성체를 담는)성합	sacred, holy
sagsagan	삭사-간	쇄도하는, 급한 sumagság ; 서둘러(급히) 가다	rush

(sagupà) ságupaán	사-구빠안	조우하다, 교전하다 magsagupà ; (두 사람)만나다, 조우하다, 정면충돌하다 sagupain ; 공격하다, 충돌하다	encounter, conflict
sagwâ	삭와'	비속, 음란, 음탕 masagawâ ; 저속한, 불손한, 비속한 sumagawâ ; 저속하게 행동하다	vulgarity, obscenity
sagwák	삭왁	갑작스런 분출, sagwakán ; ~에게 물을 튀기다	sudden gush
sagwán	삭완	(카누 등)짧고 폭이 넓은 노 pagsagwán ; 노젓기 sagwanán, sumagwán ; 노를 젓다	paddle
sagwíl	삭윌	장애(물), 고난, 문젯점 masagwíl ; 장애가 많은	obstacle, impediment
sahang	사-항	술의 알코올 세기(강도)	strength of alcoholic drinks
sahíg	사힉	마루, 바닥 magsahíg, sahigán ; 마루를 깔다	floor
sahô	사호'	정복된, 진압된 di-masahô ; 무적의, 난공불락의, 정복불가한	subjugated, conquered
sahod	사-혼	떨어지는 것을 잡기 위해 벌린 손, 월급, 임금 isahod ; 떨어지는 것을 잡다, ~로 부터 임금을 받다 pasahurin ; 임금을 지불하다 sumahod ; 손으로 잡다, 임금을 받다 kasahurán ; 월급날	open hands to catch falling objects, wage, salary
sahóg	사혹	혼합(물) isahóg ; 재료를 첨가하다 masahóg ; (음식 등)재료가 많이 들어간	mixture
sahol	사-홀	(1) 부족, 모자람 (2) 정복, 복속 sahól ; 부족한, 정복된 sahulín ; 정복하다, 모자라다	(1)deficiency (2)state of being subdued

saíd	사읻	소진된, 완전히 소모된 kasairán ; 소진, 완전 소모 magsaíd ; 소진시키다 sairín ; 샅샅이 뒤져 훔치다	completely consumed
saing	사-잉	쌀을 찌거나 끓임 magsaing, isaing ; 밥하다 saingán ; 밥솥	steaming or boiling rice
sala¹, kasalanan	사-라, 까살라-난	잘못, 실수, 범죄, 죄악 kawaláng-sala ; 무죄 makasalanan ; (1) 죄인 (2) 죄를 지은, 잘못한 magkásála ; 죄를 짓다, 범하다	error, mistake, sin
sala²	사-라	못(빗)맞침, 실수 pasumalá ; 임의로, 닥치는 대로 salahan ; 빗맞히다 waláng-sala ; 정확한, 확실한	miss, failure to hit
sala³	사-라	거실	living room
(salà)salaán	살라안	체, 조리, 여과기, 필터 magsalà, salain ; 체로 치다, 걸러내다 panalà ; 여과기, 필터	sieve, filter
(salá)salá-salá	살라 살라	(1) 격자 (2) 섞어 짠 magkasalá-salá ; 격자모양으로 만들다	(1)lattice (2)interwoven
salab	사-라릅	태워 그슬림 saláb ; 그슬린 isalab, magsalab ; 그슬리다	scorching
salabat	살라-밭	장애물 magkásalá-salabat ; 얽히게 하다, 휘감다 salá-salabat ; 엇갈리는	obstruction
salabíd	살라빋	(로프 등)엉킨 것, 엉켜있는 장애물 isalabíd ; 감다 sumalabíd ; 엉켜지다	obstacle as an entangled rope
salakay	살라-까이	공격, 침략 salakayin, sumalakay ; 공격하다 pasalakayin ; 공격을 명령하다	attack, assault

salaksák	살락살	탐침으로 찾기, 정밀 조사 salaksakín, sumalaksák ; 탐침으로 찔러 조사하다	probing
salag	사-ㄹ락	산파의 보조원	midwife's attendant
(salág)salagín	살라긴	슬쩍 피하다, 회피하다, 받아 넘기다	parry, ward off
salaghatì	살락하-띠'	분개, 불쾌	resentment, displeasure
salagimsím	살라김심	불길한 예감, 전조 salagimsimán, magkasalagimsím ; (불길한 일)예감이 들다	foreboding
(salagmá) sumalagmák	수말락말	깃들이다, 편히 몸을 가누다	nestle
salalay	살라-ㄹ라이	받침판, 받침 접시	flat thing under something, saucer
salamangka	살라마-ㅇ까	요술, 마법, 눈속임 magsalamangka ; 마법(요술)을 쓰다 salamangkero ; 마법사, 요술쟁이	magic, conjuring
Salamat!	살라-맡	감사합니다. magpasalamat ; 감사하다, 고마워 하다 pasasalamat ; 감사, 고마움	Thank you!
salamín	살라민	거울, 안경, 유리 magsalamín ; 안경을 쓰다 salaminán ; 유리로 둘로싸다(막다), salamíng de-kolór ; 색안경, 선글라스	mirror, eyeglasses, glass
salamisim	살라미-심	기억, 추억, 회고	reminiscence, recollection

(salampák) sumalampák	수말람빡	펄썩 앉다 masalampák ; 무겁게 주저앉다	flop down
salampáy	살람빠이	목도리	neckerchief
(salamuhá) makisalamuhá	마끼살라무핫	사람들과 허물없이 잘 지내다	hobnob with people
salansán	살란산	서류철, 파일 salansanín ; 서류를 철하다(정리하다)	file
salantâ	살란따'	(1) 불구자 (2) 불구의, 병신의 salantaín, sumalantâ ; 불구로 만들다, 상해를 입히다	(1)cripple (2)crippled
(salang) nakasalang	나까사-ㄹ랑	(요리)불·스토브에 올려놓은 magsalang, isalang ; 열을 가해 요리하다	set on a stove or fire
(saláng) pagsaláng	빡살랑	가벼운 접촉(터치) salangín, sumasaláng ; 살짝 닿다, 가볍게 접촉하다	light touch
salangsáng	살랑상	반대, 항의, 이의, 바람을 거슬러 항해함 salangsangín, sumalangsáng ; 반대(항의)하다, 바람을 거슬러 항해하다	objection, protest
salapáng	살라빵	고래잡이용 작살, 삼지창 salapangín, sumalapáng ; 작살로 잡다	harpoon, trident
salapáw	살라빠우	피상적인, 표면상의 pasalapáw ; 피상적으로 salapawín ; 피상적으로 하다, 대강하다	superficial

salapî	살라뻬'	돈, 50 쎈타보짜리 동전 pananalapî ; 재정, 재무, 재원 masalapî ; 부유한, 돈 많은 pampananalapî ; 재정의, 재무의	money, 50 centavo coin
salapíd	살라삗	땋은 머리 salapirín, magsalapíd ; 머리를 땋다	plait of hair
salapsáp	살랖샆	표면의, 얕은, 깊지않은	superficial
salát¹	살랕	촉각, 감촉, 촉지 salatín, sumalát ; 손으로 만져보다	palpation
salát²	살랕	부족한, 궁한, 가난한 kasalatán ; 궁핍, 곤궁 magsalát ; 궁핍하다, 가난하다 pananalát ; 재정적 위기, 불황 tagsalát ; 기근, 불경기	in need, in want
salaulà	살라우-ㄹ라'	천한, 비열한, 불결한 magsalaulà ; 천하게 행동하다, 상스럽다	dirty, filthy
salawahán	살라와한	변덕스러운, 계속 변하는 salawahan ; 의심, 망서림	fickle, inconstant
salawikaín	살라위까인	속담, 격언	proverb
salaysáy	살라이사이	이야기, 서술, 설명 isalaysáy, magsalaysáy ; 이야기(서술, 설명)하다	story, narration, account
(sali)kasali	까사-ㄹ리	(1) 참가자 (2) 참가자로 포함되어 있는 isali ; 참가자로 포함시키다 sumali ; 참가하다, 관여하다 masali ; 참가자로 포함되다 magsali ; 참가자로 포함시키다	(1)participant (2)included(as a participant)
salbahe	살바-헤	(1) 야만스러운, 야생의, 음흉한 (2) 야만인, 잘 속이는 사람	(1)savage, wild (2)savage, tricky person

salikop	살리-꼽	접합점, 교차점 magsalikop ; 교차하다, 가로지르다	junction
salikóp	살리꼽	에워싸인, 포위된 salikupin ; 에워싸다, 포위하다	surrounded
saliksík	살릭식	정밀한 조사, 탐색, 연구 magsaliksík ; 주의깊게 찾다(탐색하다), 연구하다 tagapagsaliksík ; 조사(연구)원, 탐색하는 사람	minute search, research
salida	살리-다	(1) 출구 (2) (의사)호출에 의한 왕진 salidahan ; 긴급한 용무로 나가다(출타하다)	(1)exit (2)going out on a call
salig	사-ㄹ릭	~를 기초로 한 kapanalig ; 친구, 협력자, 동맹국 isalig, magsalig ; ~를 기초로 하다 másalig ; ~를 기초로 하다 pananalig ; 확신, 믿음, 신뢰 saligan ; (1) 기초, 기본 (2) 기초적인, 기본의 saligáng-batás ; 헌법 waláng-saligán ; 기초가 없는, 정당화할 수 없는	based on ~
salimbáy	살림바이	(매 따위)급강하, 급습 salimbayán ; 급강하하다, 급습하다 sumalimbáy ; 활강하다, 급습하다	swoop
salimbibíg	살림비빅	구두의, 구전에 의한 tradisyóng salimbibíg ; 구전, 구비(口碑)	oral, orally transmitted
(salimol) pagsasalimol	빡사사살리-몰	혀로 입술을 핥음(축임)	wetting or licking the lips with tongue
salimpusà	살림뿌-사'	단지 게임을 즐겁게 하기 위해 초대한 젊은이	young participant just to please

(salimuót) masalimuót	마살리무올	얽히고 설킨, 복잡한 kasalimuután ; 복잡, 난해 magsalimuót ; 복잡해지다 salimuutín ; 복잡하게 만들다 salí-salimuót ; 매우 복잡한	intricate, complicated
salin¹	사-ㄹ린	(1) 번역 (2) 복사, 베끼기 magsalin, isalin ; 번역하다, 복사하다	(1)translation (2)copy
salin²	사-ㄹ린	배서, 이전 magsalin ; 이전하다, 넘기다	endoesement, turnover
salinwikà	살린위-까'	언어 번역(통역)	language translation
salinlahì	살린라-히'	세대(世代), 후손	generation, posterity
salingít	살링읻	숨겨진, 숨긴 isalingít ; 넌지시 비추다, 몰래 들어가다 salingitán ; 은밀하게 하다	hidden
salipadpád	살리빧빧	퍼덕거림, 날아 오름 sumalipadpád ; 퍼덕거리다, 날다	fluttering
salipanyá	살리빠냐	건방진, 뻔뻔한, 버릇없는 kasalipanyaán ; 건방짐, 뻔뻔함, 무례	impertinent
salisí	살리시	교호의, 서로 엇갈리는 isalisí, magsalisí ; 교대로 하다, 교호하다 magsalisihán ; 서로 마주 보고 오다 salisihín ; 교호로 정리하다, (일)교대하다	alternate
salít	살릳	산재, 흩뿌림, 교체, 교호 magsalít, isalít ; 흩뿌리다, 산재시키다 masalít ; 흩뿌려지다, 산재되다 salít-salít ; 번갈아 하는(붙인, 심은) salitan ; 번갈아서, 교대로	interspersing, alternating

salitâ	살리따'	단어, 언어, 말 masalitâ ; (1) 말이 많은 (2) 말할 수 있다 magsalitâ ; 말하다 pagsasalitâ ; 연설, 대화 salitaín ; 말로 나타내다(표현하다) tagapagsalitâ ; 대변인	word, language, words
salíw¹	살리우	(음악)반주 isalíw ; 반주하다 tagasalíw ; 반주자	musical accompaniment
salíw²	살리우	(음악)화음, 합주	accord, concert
saliwâ	살리와'	뒤집힌, 반대 방향의, 왼손잡이의 kasaliwâ ; 반대의, 대항하는 pagsaliwâ ; 거꾸로 움직임, 역전, 반전 pasalí-saliwâ ; 박자(장단)를 놓치다 saliwaín, sumaliwâ ; 뒤집다, 거꾸로 하다	reverse, left-handed, contrary
salo	사-로	함께 먹는(식사하는) kasalo ; 분담자, 관계자 makisalo ; 타인의 식사에 끼어들다(참가하다) magsalo ; 음식을 나누어 함께 먹다 sumalo ; 함께 먹다(마시다) isalo ; 함께 먹도록 하다	eating together
saló	살로	(1) (공 따위)잡기, 받기 (2) 받침 기둥, 지주 makasaló ; 잡을 수 있다 panaló ; 잡는데 쓰는 물건(야구 장갑 등), 받침용 물건 tagasaló ; 잡는 사람, (야구)포수	(1)catch (2)lower support
salok	사-록	(1) 채그물 (2) 물을 퍼올림 salukin, sumalok ; (우물 등)물을 퍼 올리다	(1)scoop net (2)fetching water
(salong) pagsasalong	빡사사-롱	(칼, 권총 등의 무기)도로 집어 넣음, 무기를 내림 isalong, magsalong ; 칼을 칼집에 넣다, 무기를 내리고 항복하다	sheathing, replacing a sword or a knife

salpók	살뽘	돌진, 충돌 isalpók ; 부딛치게 하다, 충돌시키다 másalpók ; 부딛치다, 충돌당하다 salpukín, sumalpók ; 충돌하다, 부딛치다	dash, collision
salsál	살살	끝이 뭉툭한 magsalsál ; 수음(手淫)하다 pagsasasalsál ; 수음	blunt at the end
saltá	살따	(1) 뜀, 도약, 점프 (2) 생략, 건너 뜀 isaltá ; 위에 올려놓다, 윗층으로 가져가다 saltahín ; 오르다, 기어 오르다	(1)leap, jump (2)omission, skip
salubong	살루-봉	환영, 영접 kasalubong ; 길에서 마주친 사람(차량 등) magsalubong ; 마주치다, 몰려들다, 모아지다 pasalubong ; 방문자(여행자)가 준비한 선물 pasalubóng ; 서로 마주치는 ipasalubong ; (여행에서 돌아와)선물을 주다 magkásalubong ; 도중에서 만나다 sálubungán ; 만남, 조우 salubungin, sumalubong ; 만나다, 환영하다 tagasalubong ; 영접하는 사람	welcome, reception
(salukoy) kasalukuyan	까사루꾸-얀	현재, 지금 sa kasalukuyan ; 현재에, 지금 pangkasalukuyan ; 현재의, panahóng(pandiwaring) pangkasalukuyan ; 현재시제(현재분사)	the present
saludo	살루-도	경례, 인사 saluduhan, sumaludo ; 경례하다	salute
salumbabâ	살룸바바'	팔걸이 붕대, 삼각건, 시체의 턱을 감싸는 붕대	sling for an arm, bandage for jaw

salumpóng	살룸뽕	정면충돌	head-on collision
(salunga) pasalungá	빠살룽아	거슬러서, 윗쪽으로 salungahin, sumalungá ; 거슬러 가다, 부딪치며 가다	against something, upward
salungát	살룽알	반대의, 역행하는, 거역하는 kasalungátin ; 반대하다, 역행하다 magkasalungát ; 서로 간섭하다, 부딪치다 pasalungát ; 부정적인, 반대하는 pagsalungát ; 반대, 대립 pagsasálungatán ; 반박, 부정, 거부 sálungatán ; 알력, 마찰, 충돌 salungatín ; 부정하다, 반박하다 sumalungát ; 반대하다, 거부하다, 부정하다 ;	contrary, adverse
salungsóng	살룽송	(바람, 조류)거슬러 움직이는(진행하는) pasalungsóng ; 거슬러 나감	against the wind or current
(sama)sumama	수마-마	함께(같이) 가다, 참가하다 kasama ; 동료, 친구, 파트너 kasá-kasama, kasamahín ; 변치않는 동료(친구) kasamahin ; ~를 데려가다 isama ; 포함시키다, 데려가다 makisama ; 결합하다, 참가하다 magkasama ; (두사람)함께 magkakasama ; (세사람 이상)함께 magkásama ; 동료로 가입되다, 관련되다 magsama ; 결합하다, 통합하다 magsama-sama ; 단체에 속하다 pakikisama ; 단체, 사회 sama-sama ; 모두 함께	accompany, join

samá	사마	주식 자본의 출자 비율 kasamá ; 소작인, 비즈니스 파트너 samahán ; 단체, 조합 magkasamá ; 지주와 소작인	share of capital stock
samâ, kasamaán	사마', 까사마안	악, 악덕, 부패, 비행 kásamá-samaan ; 가장 나쁜(사악한) dimakasásamâ ; 해롭지(나쁘지) 않은, 무해한 makasamâ ; 해를 끼치다, 나쁜 영향을 미치다 masamâ ; 나쁜, 사악한, 해로운 masamaín ; 비난(매도)하다 magpakasamâ ; 악화되다, 더욱 나빠지다 magpasamâ ; 타락(부패)시키다 masamáng-loób ; 범죄자, 범인 nakasásamâ ; 유해한, 해로운 pagsamâ ; 악화, 타락 pasamaín ; 악화시키다, 그릇 인도하다 samaín ; 실패하다, 재수없다	evil, vice, wickedness, depravity
samakalawá	사마깔라와	모레	the day after tomorrow
samakatuwíd	사마까뚜윋	그러므로, 따라서	therefore
samantala	사만따-ㄹ라	~ 동안에, 한편, 반면에	meanwhile, while
(samantalá) pagsasamantalá	빡사사만딸라	(남의 약점 따위)이용, 이득을 취함, 착취 magsamantalá, samantalahín ; 이용하다, 이득을 취하다, 착취하다	making advantage of other's mistake, exploit
(sambá) pagsambá	빡삼바	예배 sambahín ; 예배하다, 극진히 사랑하다 sumambá ; 예배하다, 숭배(존경)하다	worship
sambaháy (← isang baháy)	삼바하이	한 지붕 밑에 살고 있는 sambahayán ; 가족, 한집안	living under the same roof

sambát	삼밧	(도로, 강)두 갈래로 나누어지는 지점	point at which a road (river) forks into two
sambayanán (← bayan)	삼바야난	마을(도시) 전체, 일반 공중	the whole town, public
sambeses(← isang beses)	삼베-세스	한 번, 한 차례	once
sambilat	삼비-ㄹ랏	움켜잡기, 잡아채기 sambilatin, sumambilat ; 움켜잡다, 잡아채다	grabbing, snatching
sambít	삼빗	언급, 논급 sambitín ; 언급(논급)하다	mention
sambót	삼봇	떨어지거나 날아 가는 것을 잡음 sambutín ; 잡다, 떨어지는 것을 붙잡아 구하다	catching something falling or thrown
sambulat[1]	삼부-ㄹ랏	흩 뿌려 져 있는 것 sambulát ; 흩뿌려진, 산포된 magsambulat ; 흩뿌리다	scattered things
sambulat[2]	삼부-ㄹ랏	파열, 폭발 sumambulat ; 파열(폭발)하다	burst, explosion
samláng	삼랑	더러운, 지저분한, 비위생적인 samlangín ; 아무렇게나(부주의하게) 하다	unclean, dirty
samò, pagsamò	사-모', 빡사-모'	호소, 간청, 탄원 isamò ; 청하다, 빌다 magsumamò ; 절절히 빌다, 간절히 바라다 sumamò, samuin ; 감언으로 설득하다,	appeal, supplication

			얼르다, 호소하다	
(sampá) pasampá	빠삼빠'		올라가는, 상승하는 sampahín, sumampá ; 올라가다, 기어오르다	going up, rising, climbing
sampál	삼빨		얼굴을 찰싹 때림 sampalín, sumampál ; 얼굴을 손바닥으로 때리다	slap on the face
(sampalataya) pagsampalataya	빡삼빨라따-야		믿음, 신념 manampalataya ; 믿다 pasampalatayahin ; 개종(귀의)하다	faith
sampáy	삼빠이		빨래 널기 isampáy, magsampáy ; 줄에 빨래를 널다 sampayan ; 빨랫줄	laundry hanging on a line
sampóy	삼뽀이		소금이나 설탕에 절여 만든 말린 과일	salted or sweetened dry fruit
sampṕ	삼뿌'		10, 열 makásampṕ ; 열 배 ikasampṕ ; 열 번째 pagsampuín ; 10개 단위로 나누다 sampuín ; 열 배로 많게 하다	ten
(samsám) pagsamsám	빡삼삼		몰수, 압류, 징발 másamsám ; 몰수(압류)되다 samsamán 몰수(압류)하다	confiscation
samuol	사무-올		한 입(~의 양), 한 입 가득	mouthful
samyô	사묘'		방향, 향기 masamyô ; 향기로운	aroma, fragrance
sana	사-나		(1인칭 주어의 의지)희망하다, 바라다	I wish

sanâ	사나'	폐허가 된, 완전히 파괴된	devastated, completely destroyed
sanaw	사-나우	물웅덩이 magsanaw ; 물이 넘치다, 웅덩이로 변하다	puddle
sanay, pagsasanay	사-나이, 빡사사-나이	연습, 훈련 magsanay ; 연습하다 kasanayan ; 능숙, 숙달 sanáy ; 능숙한, 숙달된 sanayán ; 연습장 sumanay ; 연습(훈련)시키다 tagapagsanay ; 훈련관	practice, exercise
sandaán	산다안	100, 백 sandaántaón ; 백년	one hundred
sandakót	산다꼴	한 줌	a handful
sandaigdíg	산다익딕	전 세계, 우주 전체	the whole world(universe)
sandál	산달	기댐, 뒤로 젖힘 sandalan ; 의자의 등받이 sumandál ; 기대다	reclining, leaning back
sandalî	산달리'	잠깐, 순간 pansandalî ; 순간의, 찰나의	moment, instant
sandangkál(isáng dangkál)	산당깔	한 뼘	one span
sandát	산달	배부른	full, satisfied after eating
sandata	산다-따	무기, 병기 masandata ; 무장한, 무기를 갖춘 sandatahan-lakás ; 군대, 병력	arm, weapon
sandíg	산딕	기울어짐, 기댐 pasandíg ; 기울어진, 기대는 sandigan ; 다른 사람에게 기대는(의지하는) 사람 sandigán ; 기대다, 의지하다	leaning, reclining

		sandiganbayan ; 상소법원	
sandipá (isáng dipá)	산디빠'	양팔을 뻗은 상태에서 한번 잰 폭	one arm span
sandó	산도	소매없는 내의 셔츠	sleeveless undershirt
sandók	산독	국자 sandukín, sumandók ; 국자로 퍼내다	scoop
sandosana (isáng dosena)	산도사-나	한 다스	one dozen
sandugô (isáng dugô)	산두고'	혈맹, 동맹, 연합	blood compact, union
sanhî	산히'	원인, 이유, 동기 kasanhián ; 실질적인 이유(원인)	cause, reason
sanib	사-닙	겹친 부분, 결합, 접합 masanib ; 겹친, 연결된 saniban ; 연결(결합)하다 kasanib ; 가입자, 회원	overlapping part, joining together
sanlaksâ (isáng laksâ)	산락사'	일 만, 10000	ten thousand
sanlibo (isáng libo)	산리-보	천, 1000	one thousand
sanlibután	산리부딴	우주	universe
sanlinggó	산링고	일주일	one week

(isáng linggó)			
sanô	산오'	우둔한, 바보스러운	dull, stupid
sanog	사-녹	개울, 시내	small stream
sansalà	산사-ㄹ라'	가로막음, 중지, 방해 sansalain, sumansalà ; 가로막다, 방해하다	interruption, prevention
sansalitâ (isáng salitâ)	산살리따'	한 마디 말, 한 단어	one word
sansán	산산	(1) (서류철 따위)말끔히 정리된 (2) 계속(반복)하여	(1)arranged neatly (2)repeatedly
santaón (isáng taón)	산따온	일 년	one year
santasa (isáng tasa)	산따-사	한 컵의 양	one cupful
santo	사-ㄴ또	(1) 신성한, 거룩한 (2) 성인(聖人) santísimo ; 대단히 거룩한(신성한) santo-santito ; 착한 척 하는	(1)holy (2)saint
sangá	상아	가지, 지류, 지점 sumangá ; 나뉘어지다, 갈라지다 magsangá ; 가지를 치다, 퍼져 나가다 sangá-sangá ; 그물눈처럼 갈라져 있는 sangá-sangáng dilà ; 말이 많은	branch

sangág	상악	볶아진, 튀겨진 magsangág, isangág ; 볶다, 튀기다	fried, roasted
sangál	상알	(나뭇가지 따위)잘린, 베어진	lopped off, cut off
sangáp	상앞	(1) 천천히 마심, 홀짝 홀짝 마심 (2) 흡입, 빨아들임 sangapín ; 천천히 마시다, 홀짝거리다, 흡입하다	(1)drinking slowly, sipping (2)inhaling
sangáy[1]	상아이	(회사)지점, 분점, 부속기관 masangáy ; 지점 또는 부속기관이 많은	branch, subsidiary
sangáy[2]	상아이	같은 이름을 가진 사람이나 물건	namesake
sang-ayon	상아-욘	~에 따라서, ~와 일치하여	based on, in conformity with
sangkâ	상까'	운하, 도랑, 배수구	ditch, canal
sangkál	상깔	너무 많은 모유로 젖이 딱딱해진	hardened (mother's breast)
sangkalan	상까-ㄹ란	(1) 도마 (2) 속죄양 isangkalan ; 도마로 사용하다, 변명하다	(1)chopping block (2)scapegoat
sangkáp	상깝	부분, 요소, 성분, 재료 kasangkapan ; 도구, 기구, 비품 isangkáp, magsangkáp ; 채비를 차리다, 비치하다, 요리재료로 사용하다 panangkáp ; 원료, 소재	part, element, ingredient
sangkawan	상까-완	새(짐승, 물고기) 떼	flock of birds, herd, school

sangkót	상꼳	관련, 연루, 연좌 kasangkót ; 연루(관련)된 isangkót, magsangkót ; 연루(관련)시키다 masangkót ; 연루(포함)되다	implication, involvement
(sanggá¹) sumanggá	수망가	막다, 보호하다, 가리다 pananggá ; 방패, 보호물 sanggahán ; 자신의 몸으로 타인을 보호하다	shield, defend
(sanggá²) pagsanggahan	빡상가-한	편들기 kasanggá ; 팀 동료 magkasanggá ; (1) 한 팀에 소속된 (2) 한 팀에 소속된 두 사람	taking sides
sanggaláng	상갈랑	방어, 방위, 수비 magsanggaláng ; 막다, 방어하다, 보호하다	protection, defense
sanggól	상골	아기, 유아 kasanggulán ; 유년기 magkasanggól ; 아기를 낳다	baby, infant
sanggunì	상구-니'	상담, 협의, 자문, 권고 kasanggunì ; 고문, 콘설턴트 isanggunì, sumanggunì ; 상담하다 sanggunián ; 상담, 문의, 조회 talasanggunián ; 참고 도서(자료) 목록	consultation, advice
sangháp	상합	입과 코로 들이마심(흡입) másangháp ; 흡입하다, 들이마시다	inhalation through mouth and nose
sanghayà	상하-야'	명예, 존엄	honor, dignity
sanghíd	상힏	강한 악취 masanghíd ; 고약한 냄새나는	strong and disagreeable odor
sanghód	상혿	악취, 역겨운 냄새 * sanghíd보다 덜함.	bad odor

sanglâ	상라'	저당, 담보, 보증, 전세 isanglâ, magsanglâ ; 저당잡히다 sánglaan ; 전당포 tagasanglâ ; 전당포 주인	pledge, bond, mortgage
sangyawà	상야-와'	(화학)황	sulfur
sangyutà	상유-따'	십만(100,000)	one hundred thousand
sapá	사빠	(사탕수수, 과일 등)씹고 난 찌꺼기 sapahín ; 씹어서 지꺼기를 남기다	residue after chewing
sapakát, sápakatan	사빠깥, 사-빠까딴	음모, 모의, 공모 kasapakát ; 공범자 sapakatín ; 공범자로 참가시키다 magsapakatan ; 공범자가 되다	intrigue, conspiracy
sapagkâ, sapagká't	사빡까', 사빡깥	~때문에, ~이유로	because
(sapalà) di-sapalà	디사빠-ㄹ라'	불가능한	impossible
sápalarán (← palad)	사-빨라란	위험을 감수하는, 모험하는	taking risks, venturing
sapanahón (← panahón)	사빠나혼	월경, 멘스 * sa panahón ; 정확한 시간에	menstruation
sapantahà	사빤따-하'	의심, 협의, 추정 magsapantahà ; 의심하다 sapantahain ; 가정(추정)하다 sapantahaan ; ~를 의심하다	suspicion, presumption

sapát	사빹	충분한, 넉넉한 kasapatán ; 적당(충분)함 sumapát ; 충분하다 makasapát ; 만족시키다	enough, sufficient
sapatero	사빠떼-로	신발 제조업자, 신기료 장수 sapateriya ; 신발가게	shoemaker, cobbler
sapatos	사빠-또스	신발, 구두 magsapatos ; 신발을 신다	shoe
sapi¹	사-삐'	겹, 덧댐, 보강, 강화 sapian ; 덧대다, 보강하다	ply, reinforcement
sapi²	사-삐'	주식(株式), 사업 지분	business stock or share
sapì³, pagsapì	사-삐'. 빡사-삐'	회원권, 멤버쉽, kasapì ; 회원 magsapì ; 함께 참가하다 sumapì ; 참가하다, 회원이 되다	membership
sapín	사삔	(충격·손상·마찰을 방지하는)덧대는 것, 받침, 패드 magsapín ; 받침을 사용하다 sapinán, sapnán ; 받침을 대다 sapín-sapín ; 겹겹이	pad, cushion
(sapit) kasapitan	까사삐-딴	(1) 운, 운명 (2) ~로 끝나다 sumapit ; 오다, 도착하다(시간에 맞게) pasapitin ; ~로 보내다 sapitin ; ~에 이르다(도착하다), ~로 끝나다, 겪다(경험하다) makasapit ; 도착할 수 있다	(1)luck, fate (2)result in
sapnít	삽닡	살짝 베임, 약간의 상처	slight cut or wound
(sapó)isapó	이사뽀	손 또는 받침(지지대)으로 떠 받치다(지탱하다) pasapó ; 손으로 떠 받치는 sapuhín ; 손으로 잡아 지탱하다	support with the hands
sapók	사뽁	(복싱)어퍼컷 sapukín, sumapók ; 어퍼컷으로 치다	uppercut

sapól	사뽈	(1) 시작부터, 그 후 죽(내내) (2) 똑바른, 곧장 나아가는 isapól ; 초기부터 ~를 시작하다 sapulín ; (얼굴에)강타하다, 세게 때리다	(1)at the very beginning, ever since (2) straight, direct
sará	사라	닫힌, 밀폐된 magsará, isará ; 닫다, 끄다(라디오 따위), 접다(우산), 끝내다 másará ; 닫혀지다 sarado ; 닫힌, 막힌 sarahán, sarhán ; 닫다, 폐회하다(회의 등), 못들어오게 막다 sumará ; 저절로 닫히다 tagasará ; 문지기, 도어 맨	closed
saráng	사랑	광택, 윤기, 빛남	brilliance, luster
saranggola	사랑고-ㄹ라	연	kite
saráp	사랖	(1) 풍미, 좋은 맛 (2) 평안, 만족감 masaráp ; 맛있는, 안락한 sarapán ; 맛있게 요리하다	(1)tastiness (2)comfort
sarát	사랕	코가 납작한, 들창코의	flat, snub
sarhán	사르한	☞sará	
sarì	사-리'	종류, 부류 kasarian ; (암·수)성 sari-sari ; 종류가 많음, 다양함	kind, class
sarili	사리-ㄹ리	(1) 자기, 자신 (2) 자신의, 개인적인, 혼자의, 자주의 kasarinlán ; 독립, 개성 kasarilinan ; 이기적임 makasarili ; (1) 이기적인 (2) 자신을 위해 뭐든지 할 수 있다 magkasarili ; 자신의 것을 가지고 있다 magsarili ; 독립되어 있다	self, oneself

		mapagsarilí ; 독립한 masarili ; 독점하다 may-kasarinlán ; 자치의, 자율의 sariliihin ; 전유하다, 자기 것으로 하다 pansarili ; 국내의, 개인의	
sarisarì	사리사-리	여러 종류로 된, 다양한, 갖가지의, 잡다한	assorted, various, sundry
sariwà	사리-와'	신선한, 새로운 kasariwaán ; 신선함, 새로움, 최적의 상태 magpasariwà ; 새롭게(기운나게) 하다 manariwà ; 신선해(새로와)지다, 회복되다 pasariwà ; 신선하게(새롭게, 기운나게) 하는 것	fresh, new
(sasà)pasasà	빠사-사'	(1) 풍부, 많음 (2) 넉넉하게 공급된 kasasaan ; 풍족, 과식, 과음 magpasasà ; 만끽하다, 물릴 정도로 즐기다(먹다) masasaan ; ~을 정면에서 맞다	(1)abundance (2)abundantly supplied
sasabungin (← sabong)	사사부-ㅇ인	투계용 수탉	fighting cock
sasakyán	사사끼얀	☞sakáy, magsasakyán ; (차량, 배 등)타다	vehicle
sasál	사살	갑작스런 고통(기침 등), 벌컥 터뜨리는 화	sudden attack of pain(cough etc.), fury
satsát, satsatan	샅샅, 샅사-딴	잡담, 험담, 뒷공론 satsatera(-o) ; 수다쟁이, 떠버리, sumatsát, magsatsát ; 잡담(험담)하다	gossip

saulado(← ulo)	사울라-도	기억된, 암기된	memorized
saulì(← ulì)	사우-ㄹ리	반환, 되돌려 줌 isaulì, manaulì ; 반환하다 masaulì ; 반환되다	return
sauluhin(← ulo)	사울루-힌	기억하다, 암기하다	keep in one's head
sauna(← una)	사우-나	고풍의, 유행에 뒤진	old fashioned
sawà	사-와'	충분히 먹은, 만족한, 물린 magsawà ; 지나치게(초과하여) 하다 sawâ ; 물린, 지친	satiared, fed up
sawá	사와	보아(구렁이), 왕뱀	boa, large snake
sawalì	사와-리'	대나무로 엮어 만든 칸막이(벽) 용 자재	woven bamboo strips used for walling
sawatâ	사와따'	저지, 정지, 억제, 방해 masawatâ ; 막다, 방해하다, 억누르다 sumawatâ ; 못하게 막다(저지하다)	checking, prevention
sawáy	사와이	금지, 억제 panawáy, pansawáy ; 억제 대책, 금지 방안 sumawáy, sawayín ; 금지하다	prevention
(sawî)masawî	마사위'	죽다, 불운(불행)을 당하다 kasawian ; 사망, 불운 sawíng-palad ; 불행한, 불운의 sawiin ; 실망시키다, 실패케 하다	die, meet misfortune
(sawsáw) pagsasawsáw	빡사사우사우	잠깐 담그기 isawsáw, magsawsáw ; (소스 따위에)잠깐 담그다, 적시다 sawsawan ; 음식을 찍어 먹는 소스	dip
saya	사-야	치마, 스커트 magsaya ; 치마를 입다	skirt

S

sayá	사야	행복, 즐거움 masayà ; 기쁜, 행복한 ipagsayà ; 축복하다 magsayà ; 기뻐하다, 즐거워 하다 sumayà ; 행복해지다, 활기를 찾다	happiness
sayad	사-얃	치마 끝자락(끝단) sayád ; 바닥에 끌리는 sumayad ; 끌리다, 닿다	bottom of skirt
sayang, pagsayang	사-양, 빡사-양	(1) 불쌍히 여김, 동정 (2) 낭비, 허비 Sayang!안됐군요(애석하군요)! masayang ; 위축되다, 감퇴되다, 쓸모없어지다 sayangin ; 낭비하다, 허비하다	(1)pity (2)wasting
sayáp, masayáp	사얖, 마사얖	정확한, 철저한, 완전한	exact, thorough
sayáw	사야우	춤, 댄스 kasayáw ; 댄스 파트너 magsayáw, sumayáw ; 춤추다 pasáyáwan ; 무도회에 참석하다	dance
sayód	사욛	완전히 소모된, 소진된 di-masayod ; 무진장한, 이루 말할 수 없는 sayurín ; 남김없이 써버리다, 소진하다	completely used up, consumed
saysáy, pagsaysáy	사이사이, 빡사이사이	언급, 선언, 단언 kasaysayan ; 역사 isaysáy ; 언급(선언)하다, 증언하다 makasaysayan ; 사건이 많은, 역사적인 pangkasaysayan ; 역사상의 waláng-saysáy ; 의미없는, 중요치 않은	statement, declaration
sekreto	세끄레-또	비밀의, 내밀한 isekreto ; 비밀로 간직하다	secret
sekundaryo	세꾼다-료	제2의, 부차적인, 중등학교의	secondary

segida	세기-다	(1) 연속하는 (2) 즉시	(1)in succession (2)at once
seglár	세글라르	(1) 속세의, 세속적인 (2) 속인, 보통 사람	(1)secular (2)layman
segunda	세구-ㄴ다	제2의, 두 번째의 segundahán ; 지지(찬성)하다, 다시 시도하다, (노래)따라 부르다 segunda klase ; 2등급	second
segundo	세구-ㄴ도	(시간 단위)초	second
se(-i-)gurado	세(시)구라-도	(1) 확신하는, 꼭 ~하는, 보험에 들어 있는 (2) 확실히, 틀림없이 se(-i-)guridád ; 확실, 보장, 안전	(1)sure, ensured (2)surely
se(-i-)guro[1]	세(시)구-로	확신, 보증, 안전 isiguro ; 확인하다 magsiguro ; 확실하다 segurista ; 성공을 확신해야만 실행하는 사람	certainty, security
seguro[2]	세구-로	보험, 보험사업 ipagseguro ; (사람, 재산 등)보험에 가입시키다 magseguro, iseguro ; 보험에 가입하다	insurance
seís, saís	사이스	여섯 seisiyentos ; 육백	six
selang, kaselang	세-ㄹ랑, 까세-ㄹ랑	복잡, 까다로움 maselang, maselan ; 복잡한, 까다로운 napakaselang ; 얌전한 체하는, 매우 까다로운	delicacy, fastidiousness
selos	세-ㄹ로스	질투, 시샘 seloso ; 질투(시샘)하는, magselos ; 질투하다	jealousy
selyo	세-ㄹ료	스탬프, 인지, 날인, 우표 magselyo ; 도장을 찍다, 날인(봉인)하다, 우표를 붙이다 selyado ; 인지(우표)가 붙은, 봉인된	stamp, seal, postage stamp

se(-i-)menteryo	세(시)멘떼-료	공동묘지	cemetery
senado	세나-도	상원, 의회 senadór ; 상원 의원	senate
se(-i-)ntido	센(신)띠-도	(1) 감각, 분별력, 의미 (2) 관자놀이 sentido-komún ; 상식(常識)	(1)sense (2)temple
séntimos	세-ㄴ띠모스	필리핀 화폐단위 * 100 séntimos = 1 piso	centavo
sentro	세-ㄴ뜨로	중앙, 가운데	center, middle
senyás	세냐스	신호, 기호 isenyas ; ~에게 신호하다 sumenyas ; 몸짓으로 신호를 주다	signal, sign
senyór	세뇨르	(남자에 대한 경칭)~님, ~귀하, 나리 senyorito ; (젊은 남성에 대한 경칭)~님, 도련님	sir
senyora	세뇨-라	(여자에 대한 경칭)~님, ~여사, 마담 senyorita ; (젊은 여성에 대한 경칭)~양, 아가씨	madam
Septiyembre, Setyembre	셒(세)띠예-ㅁ브레	9월	September
serbesa	세르베-사	맥주 serbesahán ; 양조장	beer
serbidór	세르비도르	(식당, 호텔 등)남자 종업원, 웨이터 serbidora ; 여종업원	waiter
serbilyeta	세르빌례-따	(식탁용)냅킨	napkin
serbisyo	세르비-쇼	봉사, 서비스 iserbisyo, magserbisyo ; 위촉하다, (군함)취역시키다	commission

sero	세-로	영, 제로	zero
sertipiko	세르띠삐-꼬	증명서, 확인서 sertipikado ; 증명된, 검정된, 확인된	certificate
sesenta	세세-ㄴ따	육십, 60	sixty
setenta	세떼-ㄴ따	칠십, 70	seventy
setro	세-뜨로	왕권을 상징하는 지팡이(홀)	scepter
si	시	사람 이름 앞에 붙이는 인칭관사	personal topic marker
sibà	시-바'	대식, 폭음폭식 masibà ; 게걸스럽게 먹는, 탐하는	gluttony
(sibák)pagsibák	빡시발	도끼로 장작을 팸 sumibák, magsibák, sibakín ; 장작을 패다	chopping wood with ax
sibad	시-받	급격한 동작, 돌진, 스퍼트 sumibad ; 돌진하다, 스퍼트를 내다	sudden movement, spurt
sibát	시받	창 sumibát, sibatín ; 창으로 찌르다	spear
(sibilisá) masibilisá	마시빌리사	문명화되다, 교화되다 sibilisado ; 문명화된, 개화된	become civilized
siból¹	시볼	분수(噴水)	spring of water
siból²	시볼	싹, 눈, 발아, 성장 kasibulán ; 한창 때, 전성기, 사춘기 magpasiból ; 싹트게 하다, 발육시키다 sibulán ; ~보다 커지다, 너무 자라다 tagsiból ; 봄	sprout, growth
sibsíb	십십	(1) 일몰 (2) 해가 진	(1)sunset (2)set
sibuyas	시부-야스	양파 dahon-sibuyas ; 파	onion

sikap	시-깝	근면, 부지런함 masikap ; 근면한, 부지런한 magsikap ; 노력하다 magsumikap, pagsumikapan ; 분투하다, 얻으려고 애쓰다 pagsikapan ; 시도하다 pagsisikap ; 시도, 노력, 열정	diligence
sikat, pagsikat	시-깓, 빡시-깓	(1) (해, 달)일출, 월출, 떠오름 (2) 빛남, 광채 sikát ; 찬란히 빛나는, 훌륭한, 유명한, 잘 알려진 kasikatan ; 전성기, 한창 때 magpasikat ; 과시하다 pasikat ; ; 과시, 과장, 보여주기, (해, 달, 별)떠오름 sumikat ; 떠오르다, 빛나다	(1)rising (2)splendor
sikdó, pagsikdó	식도, 빡식도	진동, 심장의 고동 sumikdú-sikdó, sumikdó ; 진동하다, 고동치다	vibration, palpitation
sikháy	식하이	열정, 대단히 부지런함 masikháy ; 열정적인, 매우 부지런한	zeal, diligence
sikíp	시낍	(1) 죄임, 꼭 끼임, 갑갑함 (2) 혼잡, 밀집 magsikíp ; 혼잡해지다, 붐비다 masikíp ; 꼭 끼는, 죄이는, 붐비는, 혼잡한	(1)tightness (2)congestion
sikláb	시끌랍	불길, 불꽃, 섬광 magsikláb ; 불을 붙이다 sumikláb ; 불붙다, 타오르다	flame, spark
siklo	시-끌로	순환, 한 바퀴, 자전거 siklista ; 자전거 타는 사람	cycle
sikmurà	식무-라'	위, 복부 sikmurain ; 위에 통증을 느끼는	stomach
siko	시-꼬	팔꿈치 sikó ; 팔꿈치로 찌르기 sumikó, sikuín ; 팔굼치로 찌르다	elbow

siksík	식식	꽉꽉 채워진 isiksík, magsiksík ; 밀어 넣다, 다져 넣다 pansiksík ; 마개 sisikan ; 밀집한, 혼잡한	crammed
sidhî	싣히'	세기, 강도, 효력 masidhî ; 격렬한, 맹렬한 sumidhî ; 강렬하게 하다	intensity, effectiveness
sigâ	시가'	모닥불, (쓰레기를 태우는)화톳불 magsigâ, sigaán ; 쓰레기를 태우다, 모닥불을 피우다 sigaan ; 쓰레기 소각장(소각로)	bonfore, blaze from burning rubbish
sigalót	시갈롣	다툼, 분쟁, 논쟁 magsigalót ; 타투다, 노쟁하다	quarrel, dispute
sigám	시감	(의학)결핵(병)	tuberculosis
sigarilyo	시가리-ㄹ료	담배 magsigarilyo ; 담배를 피우다 manigarilyo ; 습관적으로 담배를 피우다	cigarettes
sigasig	시가-식	열정, 열심, 근면 masigasig ; 열정적인, 정력적인, 부지런한	diligence, enthusiasm
sigáw	시가우	외침, 비명, 절규 pasigáw ; 시끄럽게, 요란하게 sumigáw ; 외치다	scream, shout
Sige!	시-게	어서 하세요! 좋아, 하시요! sumige ; 먼저 하다	Go ahead!
(sigíd)masigíd	마시긷	(통증 따위)쿡쿡 쑤시는, 욱신욱신 아픈 sumigíd ; 쿡쿡 쑤시다, 욱신욱신 아프다	smarting, stinging
siglá	시글라	생기, 활기, 정력 magpasiglá ; 활기차게 하다, 기운을 북돋우다 masiglá ; 정열적인, 열심인, 활발한 sumiglá ; 활기를 띠다	liveliness, energy

sigláw	시글라우	흘끗 봄	glimpse
siglo	시-글로	세기, 백 년	century
sigók	시곡	딸꾹질	hiccup
sigurado	시구라-도	확실한, 의심의 여지가 없는 sigurista ; 모험을 하지 않는 사람	sure, certain
siguro	시구-로	아마도, 혹시 magsiguró ; 확인(확신)하다 siguruhin ; 보장 (확신)하다	perhaps, maybe
sigwá	식와	폭풍우 masigwâ ; 사나운 비바람의, 폭풍우의 sumigwâ ; 폭풍우가 휘몰아치다	tempest, storm
siíl, siniíl	시일, 시니일	억압(학대)박는 maniíl, siilín ; 억압(학대)하다, 학정을 행하다	oppressed
silá	실라	(1) 그 (사람)들 (2) 상대에 대한 경칭(당신, 귀하)	(1)they (2)you
sílaba	시-ㄹ라바	음절	syllable
silakbó	실락보	(감정)폭발, 충동, 격동 sumilakbó ; 폭발하다	outburst, spaam
(silang) pagsilang	빠시-ㄹ랑	등장, 출현, 출생, (태양 등)떠오름 isilang, sumilang ; 출생되다, 태어나다 magsilang ; 낳다 silangan ; 동쪽, 태어난 곳 sinilangan ; 요람	appearance, birth, rising
silaw	시-ㄹ라우	눈부신 빛, 섬광 siláw ; 눈이 부신 makasilaw ; 눈 부시게 빛나다	glare
silbí	실비	쓸모가 있음, 유용, 실용 magsilbí ; 섬기다, 봉사하다, 시중들다 maninilbihan ; 시중드는 사람, 웨이터	use, utility

sili	시-ㄹ리	매운 고추	hot pepper
silíd	실릳	방, 공간 magsilíd, isilíd ; ~에 (봉해)넣다 pagsidlán, sisidlán ; 콘테이너, 용기 sumilíd ; 들어가다 sidlán ; 콘테이너(용기)를 채우다 silíd-aralán ; 교실 silíd-aklatan ; 서재 silíd-basahán ; 독서실 silíd-kainán ; 식당 silíd-dasalan ; 기도실 silíd-tulugán ; 침실	room
silim	시-ㄹ림	땅거미, 어둑어둑 함 takíp-silim ; 황혼, 박명	dusk
silip	시-ㄹ맆	엿보기 silipán ; 엿보는 구멍 manilip ; 엿보다	peep
silò	시-ㄹ로'	고리, 올가미 manilò ; 올가미로 잡다 siluin, sumilò ; 올가미에 걸다	loop, noose
silong	시-ㄹ롱	(1) 1층 (2) 지하층, 지하실 isilong, magsilong ; 동물을 우리(안전한 장소)에 가두다 silungán ; 피난처	(1)ground floor (2)basement
silóng, nasísilóng	**실롱, 나시-실롱**	열등의식에 사로잡힌 pagkasilóng ; 열등의식	suffering from an inferiocity complex
silya	시-ㄹ야	의자 silyang may-gulóng ; 휠 체어 silyang tumba-tumbá ; 흔들의자 silyeta ; 간이 접이식 의자	chair
simangot	시마-ㅇ옽	찡그린 얼굴, 우거지상 sumimangot, simangutan ; 찡그리다, 인상쓰다	frown

(simbá) simbahan	심바-한	교회 sumimbá, magsimbá ; 교회에 가다	church
simbád	심받	위로 부터 덮침, 급습, 급강하	swoop
simbuyó	심부요	격분, 감정의 폭발 waláng-simbuyó ; 침착한, 공평무사한	emotional outburst
simót	시몯	완전소모된, 소진된 magsimót ; 남겨진 것을 모으다 simutín, sumimót ; (찌꺼기, 부스러기)줍다	completely consumed
simoy	시-모이	산들바람	breeze
(simpán) pagsisimpán	빡시심빤	검약, 검소, 절약 magsimpán ; 검소하게 살다, 절약하다	thrift, saving
simulâ	시물라'	기원, 시초, 시작 magpasimulâ ; ~를 시작(개시)하다 magsimulâ ; 시작하다 pagpapasimulâ ; 진흥, 장려, (회사)창립 panimulâ ; 주요한, 근본적인 sa simulâ pa ; 초기에, 전부터, 이미	origin, beginning
siná	시나	인칭관사(si)의 복수형	plural of si
sinag	시-낙	빛, 광선 suminag ; 빛나다, 빛을 발하다 sinag-araw ; 햇빛 sinag-buwán ; 달빛 sinagtalâ ; 별빛	ray of light
sindák	신닥	공포, 두려움 kasindák-sindák ; 두려운, 겁에 질린, 놀란 masindák ; 두려워하다, 놀라다 sumindák, sindakín ; 겁주다, 두렵게 하다	terror, awe

(sindí) panindí	빠닌디	라이터 magsindí ; 불이 붙다, 불을 붙이다 sindihán ; ~에 불을 붙이다	lighter
sine	시-네	영화, 극장	movie, cinema
sinelas	시네-라스	슬리퍼	slippers
sining	시-닝	예술, 미술 masining ; 예술적인	art
sinisa	시니-사	재 sinisado ; 잿빛의, 회색의	ash
sino	시-노	(의문대명사)누구 sino man, sínuman ; 누구든지 waláng sínuman ; 아무도 없다(아니다)	who
(sinop)isinop	이시-높	(서류)철하다 masinop ; 질서정연한, 선견지명 있는 sinupan ; 서류함, 파일 캐비닛	file
sinsáy	신사이	벗어난, 빗나간, 잘못된 suminsáy ; 벗어나다, 빗나가다, 잠깐 들르다	deflected, wrong
sinsél	신셀	끌, 조각용 정, 쐐기 magsinsél, sinsilín ; 끌로 파다(깎다), 쐐기를 박다	chisel, wedge
sinsilyo	신시-ㄹ료	(1) 잔돈, 동전 (2) 단순한	(1)loose money, coin (2)simple
sinsín	신신	밀집, 조밀도 masinsín ; 밀집된, 조밀한, suminsín ; 조밀해 지다, 빽빽이 들어차다	density, thickness

sinta, sintas	시-ㄴ따, 시-ㄴ따스	리본, 띠, 끈	ribbon, tape
sintá	신따	(남여간)사랑 kasintahan ; 연인, 애인 manintá ; 사랑하다 sintahan ; 연애, 정사	love
(sintó)pagkasintú-sintó	빡까신뚜 신또	저능, 심약(心弱) sintú-sintó ; 심약한, 얼빠진, 우둔한	imbecility
sinturón	신뚜론	혁대, 허리띠 magsinturón ; 허리띠를 매다	belt
sinungaling	시눙아-ㄹ링	(1) 거짓말쟁이 (2) 거짓의, 허위의 magsinungaling ; 거짓말하다	(1)liar (2)false, lying
singá	싱아	코풀기 sumingá ; 코를 풀다	blowing the nose
singáp, singháp	싱앞, 싱핲	헐떡거림, 숨막힘 sumingáp ; 헐떡거리다	gasping the breath
singáw	싱아우	증기, 김, 입술에 잡힌 물집 sumingáw ; 증발하다	vapor, skin eruption around the mouth
singkáw	싱까우	멍에(쟁기)에 매어진 magsingkáw ; 멍에를 얹다, 마구를 채우다	yoked
singko	시-ㅇ꼬	다섯, 5 alas singko ; 다섯 시 singkuwenta ; 오십, 50	five
singgî	싱기'	구두쇠, 노랑이	tightwad
singhót	싱홑	코를 킁킁(훌쩍)거림 singhutín, suminghót ; 코를 킁킁(훌쩍)거리다	sniff

singíl	싱일	부과금, 가격, 요금 sumingíl ; 징수(부과)하다 tagasingíl ; 징수원	charge
singit	시-ㅇ잍	(1) 틈새, 갈라진 틈 (2) 샅, 궁둥 isingit, magsingit ; 사이에 넣다, 삽입하다	(1)slit (2)groin
singsíng	싱싱	반지 palasingsíng ; 약손가락	ring
sipà	시-빠'	차기, 걷어차기 sumipà, sipain ; 차다	kick
sipag, kasipagan	시-빡, 까시빠-간	근면, 부지런함, 노력 masipag ; 부지런한, 근면한	diligence, industry
siphayò	싶하-요'	압박, 억압, 학대 masiphayò, siphayuin ; 억압(학대)하다	oppression, mistreatment
sipì	시-삐'	복사, 베끼기, 인용 panipì ; 인용부호 sumipì, sipiin ; 복사(인용)하다	copy
sipilyo	시삐-ㄹ료	치솔 magsipilyo ; 치솔질하다	toothbrush
siping	시-뼁	나란히, 서로 곁에 isiping ; 나란히 두다 sumiping ; 옆에 위치하다	side by side
sipit	시-삗	족집게, (게, 새우 등)집게발 sipit ng Intsík ; 젓가락 sumipit ; 집다	claws, pincers
sipol	시-뽈	경적, 기적, 사이렌 sumipol ; 경적(사이렌)을 울리다	whistle, siren
sipón	시뽄	감기 magkasipón ; 감기에 걸리다 sipunín ; 감기로 고생하다	cold

sipót	시뽈	도래, 도착, 출현 sumipót ; 나타나다, 출현(도착)하다	arrival, appearance
(sipoy)sipuyin	시뿌-이인	밧줄로 묶어 끌다	drag with a rope
sipsíp	싶싶	홀짝 마심, 핥기, 빨기 sumisíp, sipsipín ; 핥다, 빨다, 흡수하다	sip, sucking
sirà	시-라'	파손, 손상 sirà ; 찢어진, 깨진, 파손된, 다친 makipagsirà ; 다투다, 절교하다 mapanirà ; 파괴적인 masirà ; 망치다, 손상하다 nasirà ; 작고한, 돌아간 waláng-sirà ; 흠(결점)없는, 완벽한	break, damage
sirit	시-맅	지글지글 · 쉿(…하는 소리), Sirit na! ; 김 샜다!, 그만 두겠다!	sizzling, hiss
sisi¹	시-시	후회, 유감 magsisi ; 후회하다 pagsisihan ; 유감스럽게(죄송하게) 생각하다, 후회하다	regret
sisi², paninisi	시-시, 빠니니-시	비난, 질책 isisi, sisihin, sumisi ; 비난(질책)하다	blame
sisid	시-싵	(물속으로)잠수, 다이빙, (높은데서)뛰어내리기 máninisid ; 잠수하는(뛰어내리는)사람 sisirin ; ~를 찾으러(잡으러) 잠수하다 sumisid ; 잠수하다, 뛰어내리다	diving
sisidlán	시싣란	☞silíd	
sisíw	시시우	병아리 sisiwán ; 부화장	chick
sistema	시스떼-마	조직, 체계 sistamátiko ; 체계(조직)적인	system
sitsít	싵싵	소문, 험담, 잡담 sumitsít, magsitsitan ; 험담(잡담)하다	gossip
siwal	시-왈	심술, 고집 masiwal ; 고집 센, 심술궂은	perversity

siwalat	시와-라랕	드러냄, 폭로, 발표 magsiwalat, isiwalat ; 드러내다, 폭로하다	disclosure
siyá¹	시야	그 사람(남, 여) siyá mismo ; 그 사람 자신	he, she
(siyá²)kasiyá	까시야	충분한 magkasiyá ; 충분하다 Siyá na! ; 됐어!, 충분해!, 이제 그만!	enough, sufficient
(siyá³)pasiyá, kapasiyahán	빠시야, 까빠시야한	결정, 판정 ipasiyá ; (신, 운명)정하다, (법율)규정하다 magpasiyá ; 결정하다 mapagsiyá ; 구별(식별)하다	decision
(siyá⁴) kasiyahán	까시야한	만족 kasiyá-siyá ; 즐거운, 유쾌한 makasiyá ; 기쁘게하다, 만족시키다 masiyá ; 찬성(만족)하다	satisfaction
siyám	시얌	아홉, 9 labinsiyám ; 19 siyamnapû ; 90	nine
siyangâ	시양아'	물론, 과연, 정말 Siyangâ! ; 정말이군!, 과연 그렇군!	of course, indeed
siyasat	시야-삳	조사, 문의, 시험 magsiyasat, siyasatin ; 검사(조사)하다 pagkakásiyasat ; 관찰, 개관, 조사	investigation, examination
siyempre	시예-ㅁ쁘레	물론, 당연히, 확실히	of course, certainly
siyento	시예-ㄴ또	백, 100	hundred
siyesta	시예-스따	(점심후의)낮잠	siesta
siyete	시예-떼	칠, 7	seven
sobra	소-브라	초과하는, 과잉의, 대단한 magpasobra ; 초과(과장)하다, 넘치게 하다 sobrekarga ; 과적재, 과부하 sobrenaturál ; 초자	excess, extreme

		연적인 sobrepaga ; 임시(추가) 급여 sobresalyente ; 뛰어난, 훌륭한	
sobre	소-브레	봉투	envelope
sobrekama	소브레까-마	침대 커버	bedspread
soldado	솔다-도	군인	soldier
soldadór	솔다도르	납땜 인두 soldadura ; 땜납	soldering iron
sombra	소-ㅁ브라	(그림)음영, 명암 magsombra ; 명암이 지게 하다, 어둡게 하다	shade
sombrero	솜브레-로	(테가 있는)모자	hat
sopá	소빠	소파, 긴의자	sofa
sopas	소-빠스	수프, 고깃국(물) sopera ; 수프용 그릇(사발) sopero ; 수프용 접시	soup
sorpesa	소르뻬-사	놀람, 경악, 기습 sumurpresa, surpresahin ; 놀라게 하다	surprise
sospetsa	소스뻬-차	혐의, 의심 sospetsoso ; 의심스러운, 수상쩍은	suspicion
sosyál	소시얄	사회적인, 사회생활을 하는 sosyalismo ; 사회주의	social
sosyo	소-쇼	몫, 출자, 지분 kasosyo ; 조합원, (합자회사 등)사원 sumosyo, sosyuhan ; (회사)출자하다, 지분을 갖다	share in partnership
(suál)panuál	빠누알	지레	lever
subà, panunubà	수-바', 빠누누-바'	사기, 협잡, masubà ; 속다, 사기당하다 mánunubà ; 사기꾼 sumubà, subain ; 사기치다, 속이다	swindling, cheating

(subalì) pasubalì	빠수바-ㄹ리	반대, (권리, 이익)보류, 제한 magpasubalì 반대(제한, 보류)하다	objection, reservation
subali't	수바-ㄹ릳	그러나, 그렇지만	but
subaybáy	수바이<u>바</u>이	관찰, 관측, 추적 makasubaybáy ; 따라가다, 추적하다 sumubaybáy ; 주시(관찰)하다	close observation, following up
subò	수-보'	소량(한 입)의 음식 isubò ; 입에 넣다 magsubò ; 음식을 입에 넣다 subuan ; 먹이다, 음식을 주다	a mouthful, morsel
subok¹	수-복	실험, 시도, 시험 subukin, sumubok ; 실험(시험)하다, 철저히 해보다	experiment, test, trial
subok², panunubok	수-복, 빠누누-복	스파이 행위, 정찰 manubok ; 염탐하다, 몰래 조사하다 mánunubok ; 스파이, 간첩	spying
suka	수-까	구토(물), 게운 것 sumuka, isuka ; 토하다, 게우다 makásuká ; 욕지기나다, 메스껍다 nakákásuká ; 역겨운, 불쾌한	vomit
sukà	수-까'	식초 magsukà ; 식초를 제조하다 sukaan ; 식초를 치다	vinegar
sukáb	수깝	불충(不忠)한, 배반하는	treacherous
sukal¹	수-깔	쓰레기, 잡동사니 masukal ; 쓰레기로 가득찬	rubbish, flotsam
sukal², kasukalan	수-깔, 까수까-ㄹ란	황량, 야만, 거침 masukal ; 황량한, 거친	wildness

sukat¹	수-깥	치수, 크기, 넓이 sukát ; 측정된, 재어진 kasukát ; 비례하는, 균형이 잡힌 isukat ; 입어(신어) 보다 panukat ; 재는 도구 magsukat, sukatin ; 재다, 측정하다 sukatán ; 자, (재기 위한)본, 모델 sukat na ; 충분한	measurement, size, area
Sukat²!	수-깥	생각해 봐! ~하다니!	Imagine!
sukdán	숙단	비록 ~일 지라도, ~이긴 하지만	although, even if
(sukdól) kasukdulán	까숙둘란	(1) 최고조, 절정, 정점 (2) 최고도의, 극도의, 맨끝의 panukdulan ; (문법)최상급	(1)climax (2)utmost, extreme
sukì	수-끼'	단골손님	faithful customer
suklám	수끌람	싫증, 증오, 혐오 masuklám ; 싫어(증오)하다 nakasúsuklám ; 싫어(증오)하는	disgust, hatred
sukláy	수끌라이	빗, magsukláy ; 빗질하다	comb
suklî	수끌리'	거스름돈, 잔돈	change of money
sukò, pagsukò	수-꼬', 빡수-꼬'	굴복, 포기 isukò ; ~를 포기하다 sumukò ; 굴복(포기, 자수)하다	surrender
sukob	수-꼽	(덮개, 은신처, 침구 등)함께 사용하는 makisukob ; 함께 사용하기를 요구하다 sumukob ; 함께 사용하다	sharing cover or shelter
sukól	수꼴	포위된, 둘러 쌓인 masukól ; 포위되다, 막다른 곳으로 몰리다 daáng-sukól ; 막다른 길 sukulín ; 포위하다, 에워싸다	enclosed, surrounded

suksók	숙솔	(1) 카드 섞기 (2) 무기를 도로 집어 넣음 (3) (돈, 음식)비축 magsuksók ; 카드를 섞다, 비축하다	(1)shuffling cards (2)sheathing a weapon (3)reserving
sugál	수갈	도박, 노름, 내기 kasugál ; 노름판 상대 mánunugal ; 노름(도박)꾼 magsugál ; 도박(노름, 내기)하다	gambling
sugaról	수가롤	노름(도박)꾼	gambler
sugat	수-갈	상처, 부상 magsugat ; 상처가 되다 sumugat, sugatan ; 상처를 입히다 sugatán ; 부상자	wound, cut
sugíd	수긷	근면, 성실 masugíd ; 근면한, 적극적인, 능동적인	diligence
sugnáy	숙나이	(문법)절 punong sugnáy ; 주절 pantulong sugnáy ; 종속절	clause
sugò	수-고'	대리인, 사자(使者), 공사, 대사 sumugò, suguin ; 파견하다, 대표로 보내다 mga sugò ; 사절단	delegate, messenger, envoy, ambassador
sugod	수-곧	돌진, 돌격 sugód ; 충동적인 sugurin, sumugod ; 돌진(돌격)하다, 뛰어들다 magsúgúran ; 우르르 몰려오다	plunge, dash
sugpô, pagsugpô	숙뽀', 빡숙뽀'	진압, 억제, 제지 masugpô ; 억제(제지)되다, 방해받다 sumugpô ; 막다, 진압하다 sugpô na ; 통제(관리)되고 있는	suppression
suhà	수-하'	자몽	pomelo
suhay	수-하이	지지대, 받침 magsuhay, suhayan ; 받치다, 지지하다	support, prop

suhol	수-홀	뇌물 magpasuhol ; 뇌물을 요구하다 pagsuhol ; 뇌물을 주는 (받는) 행위 sumuhol ; 뇌물을 주다	bribe
sulák	수-ㄹ락	액체의 끓음(비등) sumulák ; 끓다, 비등하다	simmering
sulambî	술람비'	처마	eaves
sulat	수-ㄹ랕	글 쓰기, 편지 kasulatán ; 편지를 주고 받는 사람 kasulatan ; 증서 isulat ; 써 넣다, 적다 magsulát ; 계속 쓰다 magsulatán ; 편지를 주고 받다 mánunulát ; 작가 pansulat ; 필기도구 sumulat ; 쓰다 tagasulat ; 사무원, 서기	writing, letter
(sulid)súliranin	수-ㄹ리라닌	전반에 걸치는(공통되는) 문제	problem in general
sulilíng, pasulilíng	술릴링, 빠술릴링	경멸적인(호색적인) 눈길로(곁눈으로) 보는	sideways of glances with disdain or lust
(suling)sumuling-suling	수무-ㄹ링 수-ㄹ링	왔다 갔다 하다	do to and fro
sulit, pagsusulit	수-ㄹ맅, 빡수수-ㄹ맅	(1) 설명, 답변, 보고 (2) 시험, 테스트 (3) 반납 ipagbigáy-sulit, magsulit ; 설명하다 isulit ; 양도(위임)하다 magsulit-tanong ; 반대 신문하다 makasulit ; 합격(시험을 통과)하다 sulít na ; (자본금)만회된, 원상복구된	(1)account, explanation (2)test (4)returning
suló	술로	눈 부신 masuló ; 눈이 부시다	dazzled

450 필·한·영 사전

sulô	술로'	횃불	a lighted torch
sulok	수-ㄹ록	구석, 귀퉁이, 코너 pansulok ; 구석에 있는 panulukan ; 길 모퉁이 tatsulok ; 삼각형(의 물건)	corner
sulong	수-ㄹ롱	(1) (게임)순서, 차례 (2) 할부 지급 isulong ; 앞으로 밀다 pagsulóng ; 앞으로 sumulong ; 나아가다, 전진하다	(1)turn (2)installment
(sulót)magsulót	막술롣	삽입하다, 사이에 끼우다	insert, put into
(sulpót) sumulpót	수물뽇	(갑자기)나타나다, 드러나다, 출현하다	emerge, appear unexpectedly
sulsí	술시	(옷)수선, 꿰매기 magsulsí, sulsihán ; 수선하다, 꿰매다, 깁다	mend, stitch
(sulsól) panunulsól	빠누눌솔	선동, 고무, 부추김 sumulsól, magsulsól ; 조장(선동)하다, 부추기다	instigation, incitement
sulyáp	술럎	곁눈질, 흘끗 보기 sumulyáp, sulyapán ; 흘끗 보다, 살짝 엿보다	slde-glance, glimpse
suma	수-마	합계, 총계 magsuma, sumahin, sumuma ; 합산하다	sum, total
suman	수-만	바나나 잎으로 싼 떡	rice cake wrapped in banana leaf
sumáng, pagsumáng	수망, 빡수망	부정, 부인, 반대 sumangín, sumumáng ; 부정(부인, 반대)하다	contradicting

sumbát, pagsumbát	숨발, 빡숨발	신랄한 비판(질책, 비난) manumbát, sumumbát ; 꾸짖다, 비난하다	upbraiding, reproach
sumbóng	숨봉	불평, 비난, 고발 ipagsumbóng ; 고발(고소)하다 magsumbóng, isumbóng ; 불평하다, 신고하다	complaint, accusation
sumpâ	숨빠'	(1) 맹세, 서약 (2) 저주 kasumpá-sumpá ; 싫은, 증오에 찬 isumpá ; 비난(규탄)하다 manumpâ ; 맹세(서약)하다 sumumpâ ; 맹세하다, 저주하다	(1)oath (2)curse
sumpóng¹	숨뽕	변덕, 일시적인 생각 pasumpóng-sumpóng ; 변덕스런, 발작적인 sumumpóng ; (병)재발하다	whim, caprice
(sumpóng²)má sumpungán	마-숨뽕안	우연히 찾아내다(만나다) makasumpóng ; 우연히 발견하다	find accidentally
sundalo	순다-ㄹ로	군인, 병사	soldier
sundán	순단	☞sunód	
sundáng	순당	단도 sundangín ; 단도로 찌르다	dagger
sundín	순딘	☞sunód	
sundô¹	순도'	다른 사람을 데려오는 사람 sunduín, sumundô ; 데려오다	fetcher
(sundô²) kásunduan	까-순두안	협정, 조약, 합의 kasundô ; 약혼자, 침밀한 사람 magkásundô ; 합의하다, 조화시키다 mákasundô ; ~와 잘 지	agreement, pact

		내다(사이가 좋다) makipagkásundô ; 계약하다, ~하기로 약속하다 pagkakasundô ; 조화, 화합, 일치 pinagkásunduán ; 합의점(사항) kásunduang magpakasál ; 약혼 ipakipagkásundóng pakasál ; 약혼하다, 결혼을 약속하다	
(sunò)isunò, magsunò	이수-노', 막수-노'	(탈 것)태워주다 sunuan ; 함께 타고 가다	give someone a ride
sunód, kasunód	수놋, 까수놋	다음 사람(것), 후임자, 계속 susunód ; 다음의, 그 뒤에 오는 magkakasunód ; 연속적인 magkasunód ; 하나씩 연달아 magpapasunód ; 관대한, 인정 많은 masúnurin ; 복종(순종)하는 pagkakásumundán ; 선례, 전례, 관례 pagsunód ; 복종, 순종 sundán ; ~를 따르다(추종하다) sundín ; 따르다, 복종하다 tagasunód ; 추종자, 따르는 사람	the next, continuation
sunog	수-녹	불, sunóg ; 불에 탄, 햇볕에 그을린 manununog ; 방화범 masunog ; 타다, 불붙다 nasúsúsog ; 불타고 있는 panununog ; 방화(죄)	fire
suntók	순똑	주먹 질, 주먹으로 침, magsuntukan ; 주먹으로 치다(싸우다)	fist punch
(sungalngál) isungalngál	이숭알으알	강제로 입에 집어 넣다	force something into the mouth

sungaw	수-ㅇ아우	나타남, 출현, 보이기 isungaw ; 갑자기 내밀다(내놓다) sumungaw ; 나타나다, 출현하다	peeping out
sungay	수-ㅇ아이	(짐승의)뿔 magsungay ; 뿔이 나게 하다 sungayán ; 뿔이 달린	horn
sungkád	숭깓	대조표시(V) magsungkád, sungkarín ; 철저히 조사하다	check mark
sungkál	숭깔	(돼지 따위)코로 파냄(뽑아 냄) sumungkál ; 코로 파내다	uprooting with the snout
sungkó	숭꼬	보충병, 신병 masungkó ; 징집되다	recruit, draftee
sunggáb	숭갑	잡아챔, 붙잡기 sunggabán ; 잡아채다, 붙잡다	snatch, seizure
sungit	수-ㅇ잍	가혹, 엄격, 모짐 masungit ; 퉁명스러운, 까다롭고 불친절한	harshness, sternness
(suób) pagsuób	빡수옵	(1) 그을리기 (2) 향을 피움 sumuób, suubín ; 그을리다, 향을 피다	(1)fumigating (2)burning incense
suóng	수옹	필사적 노력 sumuóng sa panganib ; 위험에 직면하다	determined effort
suót	수옽	옷, 의복 isuót, magsuót ; 입다 suután ; 입혀주다 sumuót ; (장소)들어가다	clothes
superyór	수뻬리요르	(1) 윗사람, 상관, 뛰어난 사람 (2) 우수한, 보다 높은(나은) superyoridád ; 우월, 우위, 우수	superior
(supil) panunupil	빠누누-삘	억제, 지배, 복종시키기 mánunupil ; 못살게 구는(으스대는) 사람 manupil ; 탄압(위협)하다 masupil ; 억제(지배)당하다 sumupil ; 길들이다, 복종시키다	repression, domination

(suplá) supladór	수뻘라도르	부는 대롱, 취관(吹管) suplado ; 우쭐하는, 냉소적인 suplahán ; 부풀리다, 불어넣다, 유발(촉구)하다	blowpipe
suplíng	수뻘링	자식, 자손, 후예	offspring
(suplóng) magsuplóng	막수뻘롱	비난(매도, 탄핵)하다	denounce
supók	수뽁	까맣게 탄, 숯이 된 masupók, supukín ; 타서 숯이(재가) 되다	burnt to cinders(charcoal)
supot	수-뽓	봉지, 자루, 주머니 magsupot, isupot ; 봉지(포대, 주머니)에 넣다	bag, pouch
supsóp	숩숍	빨기, 핥기 sumupsóp, supsupín ; 빨다, 핥다	sucking
sur	수-르	남쪽	south
suray	수-라이	비틀거림, 뒤뚱거림 magpasuray-suray ; 비틀(뒤뚱)거리다	staggering, tottering
surì	수-리'	시험, 검사, 분석 magsurì ; 면밀히 조사하다 mapanurì ; 분석(비판)적인 pagkakásurì ; 면밀한 검사(조사) surián ; 시험(검사)소 suriin ; 분석(시험)하다	examination, analysis, test
susì[1]	수-시'	열쇠, 키 isusì, susian ; 잠그다 nakasusì ; 잠긴 susián ; 열쇠 구멍	key
(susì[2])masusì	마수-시'	상세한, 정밀한 kasusian ; 조심, 신중 sa masusing paraán ; 상세하게	minute, detailed

S

455

suso	수-소	가슴, 유방 sumuso, susuhin ; 젖을 먹다	breast
susô	수소'	달팽이 kasingkupad ng susô ; 달팽이처럼 느린	snail
susog	수-속	개정, 수정, 정정 magsusog, susugan ; 개정(수정)하다	amendment
(suspendí) suspendihín	수스뻬ㄴ디힌	중지(연기)하다 suspendido ; 중지(연기)된	suspend
sustansya	수스따-ㄴ샤	(1) 물질, 본질 (2) 영양소, 자양분 masustansya ; 실질적인, 내용이 풍부한, 영양분이 있는	(1)substance (2)nutrient
sustento	수스떼-ㄴ또	부양비, 생활비 magsustento ; 공급(부양)하다 sustentuhán ; 돌보다, 지원하다	maintenance, support
sutlâ	수뜰라'	비단	silk
sutsót	숱솓	쉿하는 소리 sumutsót ; 쉿 소리를 내다	hiss
suwág	수왁	뿔로 받기 magsuwagán ; 서로 뿔로 받다 sumuwág ; 뿔로 받다	butt with the horns
suwaíl	수와일	반항하는, 제멋대로인, 고집센	disobedient, rebellious
(suwát) pagsusúwatan	빡수수-와-딴	말다툼, 언쟁, 비난 suwatán ; 말다툼(언쟁)하다	bickering
suwatò	수와-또'	조화, 화합, 일치 isuwatò ; 조화(일치)시키다 magkasuwatò ; 조화되는, 일치하는	harmony

(suwáy) pagsuwáy	빡수와이	반항, 불복종, 위반 sumuwáy ; 반항(위반)하다	disobedience
suwelas	수웨-ㄹ라스	(신발의)바닥, 구두창	soles of shoes
suweldo	수웨-ㄹ도	임금, 급료, 봉급 magsuweldo, suwelduhán ; 임금을 지불하다	salary, wages
suwerte	수웨-르떼	운, 행운 magkasuwerte ; 번영(성공)하다 masuwerte ; 운이 좋은	luck
suwitik	수위-띡	교활한, 속이는 suwitikin ; 속이다, 사기치다	cunning, sly
suyà	수-야'	과다, 식상(食傷), 혐오 masuyà ; 식상하다, 혐오감을 느끼다 suyain ; 귀찮게(싫증나게) 하다, 물리게 하다	surfeit, disgust
suyò, panunuyò	수-요', 빠누누-요'	환심 사기, 영합하기 masuyò ; 아첨(아부)하는, 비굴한 suyuin ; 은인인체 하다, 생색내다, 달래다	ingratiating

T t

taál	따알	본래의, 타고난, 본토박이의	native, original
taán	따안	비축, 예비 itaán ; 비축하다 nakataán ; 비축된, 예비의 pataán ; 여지, 여유, 허용치	reserve
taás	따아스	높이 mataás ; 높은, 키 큰 mataasán ; ~보다 커지다, 빨리 자라다 itaás ; 올리다, 게양하다 magmataás ; 의기양양해 하다 pagmataás ; 자랑, 자존심 pagpapataás ; 높임, 고양 pagtaás ; 상승, 승진, 전진 tumaás ; 오르다, 올라가다 sa itaás ; 위에	height
tabâ	따바'	지방, 기름, 비계 matabá ; 살찐, 기름진, 비옥한 katabaán ; 비만, 비대 patabá ; 퇴비, 비료 tumabâ ; 살찌다, 뚱뚱해지다	fat, lard, grease
tabák	따박	넓고 위로 휜 단도	cutlas
tabako	따바-꼬	궐련, 시가 magtabako ; 궐련을 피다, 궐련을 거래하다 tabakero ; 궐련 제조사 tabakeria ; 궐련 가게	tobacco, cigar
tabáng	따방	싱거움, 무미건조, 맛없음 matabáng ; 싱거운, 무미건조한, 맛없는 tumabáng ; 맛없어지다, 무미건조해지다	inspidity
tabas	따-바스	절단, 재단 magtabas ; 재단하다	cut
tabatsóy	따바초이	매우 뚱뚱한	very fat

Tabì!	따-비'	비켜!, 물러서!	Out of the way!
tabí	따비	측면, 옆, 변두리, 가, 테두리 katabí ; 다음의, 이웃의 itabí ; 곁(옆)에 두다 magtabí ; 제쳐 놓다, 챙겨 두다 magkatabí ; 나란히, 병행하여 manabí ; 측면(옆)을 따라가다 tumabí ; 비켜서다	side, edge, margin
(tabíl)matabíl	마따빌	수다스러운, 말 많은, 의견을 말하는	talkative, vocal
tabing	따-빙	휘장, 막, 차폐물 magtabing ; 휘장을 치다, 차폐시키다, 덮다	curtain, screen, veil
tabíng-daán	따빙 다안	길가, 노면, 연도	roadside
tabíng-dagat	따빙 다-갇	해안, 해변, 바닷가	beach, shore
tablá¹	따블라	판자, 목재	board, timber
tablá²	따블라	비긴, 무승부의 makatablá ; 동점이 되다, 타이를 이루다 magtablá ; 비기다, 승부를 내지 못하다	drawn, tied
tablán	따블란	☞taláb	
tablero	따블레-로	장기판	chessboard
tabò	따-보'	국자 tumabò, tabuin ; 국자로 푸다	scoop
tabód	따볻	정액	semen
tabóy	따보이	쫓아냄, 퇴짜, 거절 itabóy ; 쫓아(몰아)내다, 퇴짜놓다 ipagtábúyan ; 퇴짜맞다, 저지당하다 pantabóy ; 몰이 막대기, 자극물	driving away, rebuffing

taká	따<u>까</u>	(1)놀람, 경악 (2)놀란 kataká-taká ; , 대단한, 훌륭한 magpataká ; 놀라게 하다 magtaká ; 놀라다 nakapagtátaká ; 마법의, 이상한	(1)surprise (2)surprised
(takad) patakarán	빠따까란	기초, 바탕, 원칙	base, foundation, principle
(takal)tumakal, magtakal	뚜마-깔, 막따-깔	(액체, 곡물 따위)량(부피)를 재다 takalán ; 재는 도구	measure liquid or grains
(takám) tumakám	뚜마깜	입맛을 다시다 takamín ; 감질나게 하다	lick one's chops
takas	따-까스	(1) 도망자, 탈주자 (2) 도주한, 달아난 pagtakas ; 도망, 도주 takasan ; ~에서 달아나다 tumakas ; 도망하다, 달아나다	runaway
takaw	따-까우	탐욕, 욕심 matakaw ; 탐욕스러운	greed
takbó	딱<u>보</u>	달리기, 흐름, 진로, 작동, 운전 itakbó ; ~를 가지고 달아나다 magpatakbó ; 뛰게(움직이게) 하다 tumakbó ; 달리다	run, drift, tenor, operation
takdâ	딱다'	(1) 한도, 한계, 제한 (2) 언급된, 제한된 magtakdâ, itakdâ ; 정하다, 제한하다 nakatakdâ ; 정해진, 지정된 takdáng-araw ; 지정된 날짜 takdáng-oras ; 시간제한, 임종시간 waláng-takdâ ; 무제한의	(1)measure, limit (2)fixed, limited

takilya	따끼-ㄹ랴	(입장권 등을 파는)칸막이 매점, 창구 takilyera, -o ; 판매원, 출납원	box office, ticket booth
takíp	따낖	덮개, 뚜껑 itakíp ; ~로 씌우다(덮다) magtakíp, takpán ; 덮다, 씌우다 tumakíp ; 보이지 않게 막다 takip-matá ; 눈꺼풀 takipsilim ; 황혼, 박명	cover, lid
taklás, nataklás	따끌라스, 나따끌라스	소진된, 다 써버린, 끝난	consumed, finished
taklíp	따끌맆	할퀸 상처, 약간의 상처	scratch, slight wound
(taklís) magtaklís	막따끌리스	(칼, 낫 따위)갈다, 날을 세우다	whet, sharpen
taklób	따끌롭	덮개, 씌우기 magtaklób, taklubán ; 덮다, 씌우다	cover, covering
takot	따-꼳	공포, 두려움 takót, matakot ; 두려워하는 katakut-takot ; 무서운, 가공할, 소름끼치는 manakot ; 위협하다, 겁주다 panakot ; 허수아비 tumakot ; 두려워하게 하다, 경계시키다	fear
takpán	딱빤	☞takíp	
taksi	따-ㄱ시	택시	taxi
taksíl	딱실	(1) 배반자 (2) 불충한, 배반하는 kataksilán ; 반역(죄), 배반 magtaksíl ; 배반(배신)하다, 저버리다	(1)traitor (2)disroyal, treacherous

(takták)itakták	이딱딸	흔들어 속을 비우다	shake out
(takwíl) pagtatakwíl	빡따딱윌	포기, 단념 itakwíl, magtakwíl ; 포기(단념)하다	renunciation
tadhanà	따드하-나'	운명, 숙명, 규정, 약정 itadhanà, magtadhanà ; 규정(명기)하다	fate, stipulation
tadtád	따드따드	다져진, 잘게 썰어진 tadtarín, tumadtád ; 다지다, 잘게 썰다	minced
tadyák	따쟐	뒤로 차기 magtadyák, tadyakán ; 뒤로 차다	back kick
tae	따-에	배설물, 똥 magtae ; 설사하다 tae ng bituín ; 유성(流星) tumae ; 배변(排便)하다 pagtae ; 배변 pagtataé ; 설사	feces
tagál	따갈	지속(계속) 시간 matagál ; 오랫 동안의, 장시간의 kátagalán ; 오래 지연(지체)하다 itagál ; 지연시키다 magtagál ; 오래 가다(끌다) magpatagál ; 연장하다 tumagál ; 견디다, 지속하다	duration
Tagalog	따가-ㄹ록	따갈로그어(필리핀어) Katagalugan ; 따갈로그어 지역 magtagalog ; 따갈로그어로 말하다 managalog ; 따갈로그어에 능통하다	Tagalog
taganás	따가나스	완전하게, 순수하게, 예외없이	fully, purely
tagaytáy	따가이따이	산마루, 산등성이	mountain ridge

tagdán	딱단	장대, 기둥, 봉 tagdán ng bandilà ; 국기 게양대	pole, mast
taghóy	딱호이	한탄, 비탄 tumaghóy ; 한탄(애도)하다, 슬퍼하다	lament
tagiktík	따긱띡	후두두(소리), 또닥또닥(소리)	patter
tagihawat	따기하-왙	여드름, 뽀루지 tagihawatin ; 여드름이 나다 tágihawatín ; 여드름 난	pimple
tagilíd	따길릳	기울어 진, 경사진 magtagilíd ; 기울이다 tumigilid ; 기울어지다	tilted
tagiliran	따길리-란	옆구리	side
tag-init	딱이-닡	☞init	
tagintíng	따긴띵	짤랑짤랑(소리), 딸랑딸랑(소리) matagintíng ; 소리가 울려 퍼지는 tumagintíng ; 짤랑짤랑 소리를 내다	jingling(tinkling) sound
(tagís)tágísan	따-기-산	숫돌 magtagís, itagís ; 갈다, 날을 세우다	whetstone
taglagás	딱라가스	☞lagás	
taglamíg	딱라믹	☞lamíg	
taglay	따글라이	소유한, 가지고 있는, 갖춘 magtagláy, taglayín ; 소유하다, 갖추다	possessing, possessed
(tagò)taguán	따구안	숨는 장소, 숨바꼭질 tagô, nakatagò ; 숨겨진 itagô ; 숨기다, 챙기다 magtagô ; 숨다, 숨기다 patagô ; 비밀의, 암암리의 tumagò ; 숨다, 잠복하다	hiding place, hide and seek

tagós	따고스	관통하는, 꿰뚫는 tagusán ; 관통하다, 꿰뚫다 tumagós ; 관통(침투)하다, 스며들다	penetrating
tagpás	딱빠스	베여진, 난도질 당한 tagpasín ; 내리쳐 베다, 난도질하다	slashed
tagpî	딱삐'	깁는 헝겊, 헝겊조각 magtagpî, tagpián ; 헝겊조각으로 덧대다(수선하다 tagpí-tagpî ; 누덕누덕 기운	patch
tagpô¹	딱뽀'	(연극, 무대, 소설 등)장면, 광경, 무대	scene
tagpô², pagtatagpô	딱뽀', 빡따딱뽀'	만남, 회의, 만날 약속 magtagpô ; 만나다 tagpuan ; 약속 장소	meeting
(tagpô³) makatagpô	마까딱뽀'	우연히 발견하다(찾다)	happen to find or discover
tagsiból	딱시볼	☞siból	
tagtág	딱딱	헐거워진, 풀어진, 분리된 matagtág ; (1) 덜컹덜컹하는, 덜커덕거리는 (2) 덜컹거리다, 풀어지다	loosened, unfastened
tagubilin	따구비-ㄹ린	충고, 상담, 권고 ipagtagubilin ; 권고(추천, 위탁)하다, 맡기다 magtagubilin ; 충고(상담, 추천)하다 maitátagubilin ; 추천할만한	advice, counsil, recommendation
tagumpáy	따굼빠이	승리, 성공, 합격 magtagumpáy ; 성공하다, 번영하다 matagumpáy ; 성공한, 합격한 pagtagumpayán ; 물리치다, 극복하다	victory, success

tagurî¹	따구리'	연인, 애인 magtagurî ; 좋아하다, 애무하다	darling
(tagurî²) panagurî	빠낙우리'	(문법)술어, 술부	predicate
tagustós	따구스또스	(밧줄, 철사 등)늘어뜨러진, 드리워진	hanging down
taguyod, pagtataguyod	따구-욛, 빡따따구-욛	원조, 지원 itaguyod ; 지원하다, 진전시키다 magtaguyod ; 지탱하다, 수행하다 tagapagtaguyod ; 지지자, 후원자	support
(tagwáy) matagwáy	마딱와이	날씬한, 키 크고 호리호리한	tall and slender
tahák	따학	답사한, 통과한 tumahak, tahakin ; 통과하다, 질러가다	explored, passed
(tahán¹) tahanan	따하-난	가정, 자택 tahanán ; ~에 살다 tumahán ; 살다, 거주하다	home
(tahán²) Tahán!	따한	뚝, 그만울어! tumahán ; 멈추다, 안정되다 patahanín ; 중지 (안정, 진정)시키다	Stop!(to one crying)
tahás	따하스	(1) 뚜렷한, 명확한, 솔직한 (2) 명확하게, 틀림없이 táhasan ; (1) 분명한, 틀림없는 (2) (문법)능동의	(1)definite (2)definitely
tahî	따히'	꿰맴, 바느질 tumahî ; 바느질하다 may-tahî ; 솔기가 있는 mánanahì ; 양재사 táhian ; 양복점 tahiín, tahín ; 꿰매다 tahíng-kamáy ; 손으로 꿰맨(바느질한) tahíng-mákina ; 재봉틀	sewing, stitch

tahimik	따히-믹	조용한, 평화로운 manahimik ; 조용히(평화롭게) 지내다, 활동을 멈추다 pagpapatahimik ; 진정, 평정, 화평 tumahimik ; 조용해지다, 침묵을 지키다	quiet, peaceful
tahíp, pagtatahíp	따힙, 빡따따힙	두근거림, 박동 tumahíp-tahíp ; 두근두근(박동)하다	palpitation
tahó	따호	두유·당밀 등을 넣어 만든 단 음식	sweet dish(soyabean milk and syrup etc.)
(tahól)tumahól	뚜마홀	(개 따위)짖다	bark
taimtím	따임띰	진지한, 정성어린	sincere, heartfelt
tainga, tenga	따이-ㅇ아, 떼-ㅇ아	귀 manainga ; 듣다 waláng tainga ; 귀머거리의	ear
talà	따-ㄹ라'	행성, 천체	planet
talâ, talaán	딸라', 딸라안	목록, 리스트, 등록, 메모 ipatalâ ; 등록하다 italâ ; 목록을 만들다, 기록(메모)하다 magtalâ ; 기록(등록)하다 pagpapatalâ ; 등기, 기록, 등록 talaarawán(← araw) ; 일기, 정기 간행물 talaang-itím ; 요시찰인 명부, 블랙리스트 talababâ(← babà) ; 각주(脚註) talahuluganan ; 어휘, 단어집, 사전	list, registry, memo, note
taláb	딸랍	(약, 충고 등)효력있는 di-tinatalabán ; 면역을 가진, 침투할	effective

		수 없는 talabán, tablán, talbán ; 효험이 있다, 반응하다	
talabá	딸라바	(패류)굴	oyster
talakay	딸라-까이	(전문적인)용어 tálakayan ; 토의, 토론 tumalakay ; 토의(숙고)하다	terminology
talaksán	딸락산	다발, 꾸러미, 더미, 퇴적 italaksán, magtalaksán ; 쌓아올리다	bundle, stack
(talakták) manalakták	마나락딸	항해하다 tumalakták ; 장애물이 있는 지역을 통과하다	navigate
talagá¹	딸라<u>가</u>	과연, 정말로, 진짜 Talagá! ; 정말!, 진짜!	really, indeed
talagá², nakatalagá	딸라가, 나까딸라<u>가</u>	굳게 결심한, 단호한 katalágahan ; 자연의 법칙, 신의 계시 italagá ; 의도하다, 헌신하다, 바치다 magtalagá ; 파견하다, (임무)부여하다 pagtatalagá ; 봉헌, 헌납 tumalagá ; 희생(헌신)하다	resolute, determined
talambuhay (← buhay)	딸람부-하이	전기(傳記), 일대기	biography
talampák	딸람빡	솔직(진솔)한, 직접적인, 숨김없는	frank, open, direct
talampakan	딸람빠-깐	발바닥, 피트(길이의 단위, 12 인치)	sole of a foot, foot
talampás	따람빠스	고원	plateau
talandáng	딸란당	산산조각으로 흐트러짐	scattering in small pieces

talandî	딸란디'	색녀, 탕녀	lascivious woman
talas, katalasan	따-ㄹ라스, 까딸라-산	(칼)날카로움, 영민, 예민 matalas ; 날카로운, 영민(예민)한	sharpness, keenness
talastás	딸라스따스	인지된, 알려진, 이해된 ipatalastás ; 알려(가르쳐)주다, 공고하다 patalastás ; 권고, 통고, 통지서 patalastasán ; 권고(통지)하다	informed, known, understood
talbóg	딸복	(1) 되튐 (2) 거절된, 퇴짜받은 (3) 부도수표 tumalbóg ; 되튀다 magpatalbúg-talbóg ; (공)드리블하다	(1)bounce (2)rejected (3)bounced check
talì	따-ㄹ리'	줄, 끈, 가는 밧줄 itali, magtali ; 묶다, 매다 may-talì ; 묶인 panali ; 묶는데 사용되는 것 waláng-talì ; 매이지 않은, 자유로운	string, cord
talibád	딸리받	뒤집힌 talibarín ; 뒤집다	reversed, inside out
talibadbád	딸리받받	잘못, 실수, 불일치	error, mistake, disagreement
(talik)matalik	마따-ㄹ릭	친한, 가까운, 소중한 pagkamatalik ; 친밀함, 절친함	close, intimate, bosom
(talík)magtalík	막따-ㄹ릭	즐기다, 즐거움을 누리다	enjoy
(talikód) tumailkód	뚜말리꼳	등을 돌리다 talikdán, talikurán ; 등지다, 단념(포기)하다 tálikuran ; 등을 맞대어	turn one's back

talikop	딸리-꼽	포위된, 둘러쌓인 mátalikupan ; 포위되다, 둘러쌓이다	besieged, surrounded
talikwás	딸릭와스	거꾸로 된, 상하로 뒤집힌 tumalikwás ; 뒤집다, 거꾸로 하다	turned over
(talilís) tumatalilís	뚜마딸릴리스	도망가다, 탈출하다, 벗어나다 patalilís ; 은밀하게	escape, evade
talím	딸림	(칼)날 matalím ; 날카로운, 예리한 patalimín ; 날카롭게 하다	blade
talima, pagtalima	딸리-마, 빡딸리-마	승낙, 순응, 순종 tumailma, talimahin ; 순응하다, 따르다	compliance
talino	딸리-노	재능, 지능, 지혜, 총명 matalino ; 똑똑한, 총명한, 지혜로운	talent, intelligence
talipapâ	딸리빠빠'	(생선, 야채 등)임시로 형성된 시장	temporary market
talipandás	딸리빤다스	위선의, 허풍떠는	hypocritical
(talisik) matalisik	마딸리-식	재치(총기)있는, 박식한	witty, keen, intelligent
taliwakás	딸리와까스	자포자기, 철회, 취소, 단교(斷交)	abandonment, breaking up a relation
taliwás	딸리와스	반대하는, 기준에서 벗어난	opposite, deviating
talo, natalo	따-ㄹ로, 나따-ㄹ로	패배한, katalo ; 상대, 적 magpatalo ; 항복하다 magtalo ; 논쟁(말다툼)하다 manalo ; 이기다, 승리하다 matalo ; 지다, 패배하다 pagtatalo ; 논쟁, 말다툼 pagkatalo ; 패배	defeated, losing

		panalo ; 승리(자) talunin ; 격퇴시키다	
talón¹, pagtalón	딸론, 빡딸론	뛰어오름, 도약, 점프 tumalón ; 뛰어 오르다(내리다), 점프하다	jump, leap
talón²	딸론	폭포	waterfall
talóng	딸롱	(식물)가지	eggplant
(talop)magtalop	막따-룹	(껍질, 가죽)벗기다 talóp ; 벗겨진	peel
talós	딸로스	알고 있는, 숙지한 matalós ; 이해(숙지, 간파)하다 tumalós ; 알다, 정보를 구하다	known, comprehended
talunin	딸루-닌	☞talo	
talsík	딸실	(액체, 조각, 불똥 등)뛰어 오름, 튐, 해고 tumalsík ; 뛰어 오르다	splash, leap of splinters or sparks
talták	딸딱	쯧쯧(소리), 혀를 차는 소리	clicking, sound of tongue
(taltál)taltalan	딸따-란	격론, 말다툼 magtaltalan ; 격론(고성으로 말다툼)하다	loud dispute, verbal battle
talubatâ	딸루바따'	중년의(25~30세)	mid-aged
talukap	딸루-깝	눈꺼풀	eyelid
taluktók	딸룩똑	정상, 꼭대기, 정점	apex, peak, summit
talulot	딸루-롣	꽃잎	petal

talumpatì	딸룸빠-띠'	연설, 강연 magtalumpatì ; 연설하다 mánanalumpatî ; 연설자	speech
taluntón	딸룬똔	(1) 열, 줄, 경로 (2) 규칙, 법칙 pagtaluntón ; 규칙을 따르기 talátuntunan ; 색인, 찾아보기 tumaluntón ; 따라가다, 추적하다	(1) row, line (2) rule, regulation
talya	따-ㄹ랴	(1) 자세, 자태 (2) 조각, 조소 talyada ; 조각된, 새겨진	(1) posture (2) sculpture
tamà	따-마'	옳은, 올바른, 정확한 itamà ; 정확하게 배치하다, 시간을 설정하다 magkátáma-tama ; 꼭 들어맞다 magtamà ; 일치(수정)하다 pagtamà ; 정답을 구함, 과녁을 맞춤 pagtamin ; 일치(부합)시키다 tumaan ; 맞게 답하다, 명중시키다 tumama ; 명중하다, 정확히 예측하다, 옳다	correct, exact
tamád	따맏	게으른, 태만한, 나른한 katámáran ; 게으름, 태만 tamád-tamaran ; 피로감, 피곤한 척 하기 tumamád ; 게을러(나른해)지다	idle, lazy
(tamán) katamanán	까따마난	인내, 참을성	perseverence
tamarisya	따마리-샤	게으른 소녀	lazy girl
(tamasa) magtamasa	막따마-사	(재력, 건강 등)풍족함을 누리다	enjoy wealth , health, etc

tambaás	땀바아스	솔직한(진솔한) 대화	frank talk
tambák	땀박	쌓아 올린 것, 둑, 제방 matambák ; 쌓이다 magtambák ; 쌓아 올리다 santambák ; 더미, 쌓인 것	pile, embankment
tambád	땀받	노출된, 드러난	exposed to view
tambál	땀발	(1) 한 쌍 (2) 쌍으로 된 katambál ; 한 짝, 상대, 파트너	(1)a pair (2)paired
tambáng	땀방	(1) 매복, 잠복 (2) 매복자, 복병 tambangan ; 매복공격을 받다 tumambáng ; 매복(잠복)하다	(1)ambush (2)ambusher
tambanggalán	땀방갈란	과적(過積)	overload
tambilang	땀비-ㄹ랑	한 자리 숫자(0 ~ 9)	digit
tambíng	땀빙	즉시, 곧, 바로	immediately, at once, soon
tambís	땀비스	(1) 간접적으로, 우회하여 (2) 위선, 얌전한체 하기 (3) 암시, 풍자	(1)indirectly (2)prudery (3)insinuation
tambisî	땀비시'	마지못해, 열의없이	half-heartedly
tambô	땀보'	(식물)갈대	reed
tambók	땀볼	부품, 융기, 돌출물 katambukan ; 통통함, 부피의 크기 matambók ; 볼록한, 팽창하는	bulge, swelling
tamból	땀볼	북, 드럼 magtamból, tambulín ; 북을 치다 tambolero ; 북	drum

		치는 사람	
tambugák	땀부갈	(여자)크고 뚱뚱한	(woman)big and fat, obese
(tamís) matamís	마따미스	(1) 단 (2) 디저트 minatamís ; 설탕으로 절인(조리한) magpatamís, patamisán ; 달게 하다, 단맛을 내다 tumamís ; 단맛이 나다	sweet
(tamláy) matamláy	마땀라이	풀이 죽은, 활기없는 magpatamláy ; 기를 꺾다, 약화시키다 panamlayán, tumamláy ; 흥미를 잃다, 무력함을 느끼다	downhearted, without energy
tamnán	땀난	☞taním	
(tamó) magtamó	막따모	얻다, 획득하다, 거두다 matamó ; 도달(완성)하다 pagkátamó ; 획득 tamuhín ; 얻다, 받다, 구하다	obtain, gain
tamód	따몯	정액	semen
tampá	땀빠	(1) 입찰 (2) 선불	(1)bid (2)advance payment
tampák	땀빡	노출된, 명백한 tumampák ; 노출하다	exposed, evident
tampál	땀빨	손바닥으로 때림, matampál ; 찰싹 맞다 tumampál ; 찰싹 때리다	slap with the open hand
tampalasan	땀빨라-산	(1) 사악한, 파괴적인 (2) 악당, 불량배 katampalasan ; 범죄, 악행 mananampalasan ; 해를 끼치다, 손상을 입히다	(1)wicked (2)rascal

(tampisáw) magtampisáw	막빰삐사우	물장구치다, 물을 튀기며 놀다	dabble, paddle
tampó	땀뽀	실쭉하기, 부루퉁함 magtampó ; 토라지다, 부루퉁하다 matampuhin ; 잘 삐치는 támpúhin ; 토라진, 부루퉁한	sulkiness
tampók	땀뽁	의기양양함, 고상함, 주목의 대상 magtampók ; 두드러지게 (인기물로)하다 matampók ; 크게 다루어지다, 대서특필되다	elevation, cynosure
(tamtám) katamtaman	까땀따-만	(1) 통상(보통)의, 평균적인 (2) 매우 훌륭(능숙, 적당)하게	(1)normal, medium (2)fairly well
tanan	따-난	탈옥수, 도망자 tananan ; ~에서 탈주하다 tumanan ; 도망(탈옥)하다	escapee
tanán	따난	(1) 모든 사람, 전부, 모두 (2) 전체의, 전부의	(1)all, everybody (2)entire
tanáw	따나우	보이는, 시야에 잡힌 abót-tanáw ; 수(지)평선 mátanawán, tumanáw ; 조망(관망)하다, pananáw ; 시력, 시각 tánáwin ; 광경, 경치	in view
tandâ[1]	딴다'	신호, 표시, 부호, 불길한 징조itandâ ; 적어두다, 기록(표시)하다 magtandâ ; 표시하다, 부호를 붙이다 panandâ ; 표를 하는 도구 palátandaan ; 경계표 panandâ ng pagbabawas ; 빼기 부호	sign, mark, signal, portent

tandâ², katandaán	딴다', 까딴다안	나이, 연령 matandâ ; 늙은, 자란 magmatandâ ; (연극)노인 역을 맡다 matandain ; 빨리 노화하는(늙어 가는) nakatátandâ ; 손위의, 연상의 tandaín ; 나이들다 tumandâ ; 늙어가다, 나이들다	age
tandâ³, pantandâ	딴다', 빤딴다	기억력 makatandâ ; 기억할 수 있다 magtandâ, tandaán ; 기억하다 matandaán ; 기억해내다, 기억에 되살리다 matandain ; 잘 기억하고 있는	ability to remember
tandáng	딴당	수탉 magtandáng-tandangan ; 젠체하다, 의기양양해 하다	rooster
tanikalâ	따니깔라'	사슬 tanikalaán ; 사슬로 매다	chain
taním	따님	식물, 초목 itaním ; 심다 magtaním ; 심다, 키우다, 재배하다 tagtaním ; 파종시기 pananím ; 곡물, 농작물 pátaniman ; 경작지, 밭 tamnán ; ~에 심다	plant
taning	따-닝	시간의 한계(제한) lampás sa taning ; 기한이 지난, 연착한 magtaning ; 시간(일정)을 정하다 waláng-taning ; 무한정한, 기한이 없는	time limit
tanod	따-녿	(1) 경계, 감시, 보호 (2) 감시인, 수위, 보호자 matanuran ; 보호(감시)받다, 지켜지다 tanuran ; 지키다, 감시하다 tumanod ; 보초를 서다, 파수를 보다	(1) guard (2) watch, warder

tanóng	따농	질문, 문의 magtanóng, tanungín ; 질문하다, 묻다 matanóng, palatanóng ; 호기심 많은, 캐묻기 좋아하는 nagtátanóng ; 의문(형)의 pangungusap na nagtátanóng ; (문법)의문문 pananóng ; 의문부호(?)	question
tansán	딴산	병뚜껑 pambukás ng tansán ; 병따개	bottle cap
tansô	딴소'	청동, 황동, 구리 manansô ; 사기꾼 manansô ; 사기치다	bronze, brass, copper
tantiyá	딴띠야	예측, 예상, 산정 tantiyado ; 예상된, 계산된 tumantiyá ; 감지(예상)하다	estimate
tantô	딴또'	깨달은, 알고 있는 tumantô, tantuín ; 깨닫다, 이해하다	realized, known
tanyág	딴약	현저한, 두드러진, 저명한 katanyagán ; 인기, 대중성, 두드러짐 mápatanyág ; 이름을 떨치다, 두드러지게 하다	prominent, famous
tangá	땅아	어리석은, 바보같은 katangahán ; 어리석음, 우둔함 mátangá, tumangá ; 멍청히 바라보다 nakatangá ; 멍청히 입을 벌린	stupid
tangan	따-ㅇ안	손에 잡힌 tanganán ; 손잡이, 핸들 tangnán, tumangan ; 붙잡다	held in the hand
tangáy, natangáy	땅아이, 나땅아이	(바람, 조류에)휩쓸린, (맹금류에)낚아 채인, (감정에)도취된 matangáy ; 휩쓸리다, 도취되다 tumangáy, tangayín ; 휩쓸다, 채어가다	carried away

tangkâ	땅까'	계획, 의도, 시도 magtangkâ, tangkaín ; 의도(시도)하다 tangkaíng abutín ; (잡거나 닿기위해)손을 뻗치다, 움직이다	plan, intention
(tangkád) matangkád	마땅깓	키 크고 날씬한	tall and slender
tangkáy	땅까이	(식물)줄기, 대	stalk, stem
tangke	따-ㅇ께	(액체, 가스용)큰 통, 탱크	tank
tangkilik	땅끼-ㄹ릭	(1) 후원, 비호 (2) 피보호자 tumangkilik, tangkilikin ; 후원(보호)하다 tagatangkilik ; 보호(후원)자	(1) patronage (2) protégé
tanggál	땅갈	분리된, 풀린, 해고된 pagtanggál ; 분리, 제거, 해고 tanggalín, tumanggál ; 떼어내다, 분리하다, 풀다	unfastened, dismissed
tanggáp	땅갚	수락된, 받아들인, 수신된 matátanggáp ; 받아 들일 수 있는 pagtanggáp ; 수신, 수락 pagkatanggáp ; 받고 난 다음에 tanggapín, tumanggáp ; 받다, 수신하다 ayaw tanggappín ; 거부하다	accepted
tanggí	땅기	부정, 부인, 거절 itanggí ; 부인(거부)하다 patanggí ; 부정(부인, 거부)의 tanggihán, tumanggí ; 거절(거부)하다, 물리치다	refusal, denial
tanggól	땅골	방어, 방위 ipagtanggól ; 보호(옹호, 변호)하다, 지키다 pananggól ; (1) 방어(보호)물 (2) 방어적인 tagapagtanggól ;	defense

		방어(옹호)자, tanggulan ; 방어, 성채, 보루	
(tanghál) pagtatanghál	빡따땅할	전시, 보여주기 itanghál ; 보여주다, 전시(과시)하다 mátanghál ; 보여지다, 전시되다 nakatanghál ; 전시(나열)된, tanghalan ; 전시장, 갤러리	display, exhibition
tanghalì	땅하-리'	정오, 점심 때, 늦은 아침 katanghalian ; 본초자오선, 정오 mananghalì ; 점심식사를 하다 tanghalian ; 점심식사 tumanghalì ; 아침에 늦어지다	midday, noon
tangì	따-ㅇ이'	유일한, 특이한, 고유의 katangian ; 특성, 특징 katangi-tangì ; 유일무이한, 이례적인 itangì ; 구별(분별)하다 matangì ; 제외하고	only, exceptional, particular
tangis	따-ㅇ이스	울기, 통곡, 비탄 itangis, tumangis ; 울다, 통곡(슬퍼)하다	weeping, crying
tangláw	땅라우	빛 tumangláw, tanglawán ; 빛을 내다, 밝게 하다	light
tangô	땅오'	끄떡임 tumangô ; 끄떡이다 tanguán ; ~에게 끄떡이다	nod
tangwáy	땅와이	반도	peninsula
tao	따-오	사람, 인간 kapwa-tao ; 동료, 주변 사람 kiláng-tao ; 유명인 makatao ; 인도적인, 인정있는 matao ; 사람이 많은 matauhan ; 소생하다, 의식을 찾다 pagkatao ; 성격, 인격 pánauhan ; (문법) 인칭 panauhin ; 손님, 방문자 sangkatauhan ; 인류 taú-	human, man, person

		tauhan ; 작은 인형, 꼭두각시 Tao pô! ; 계세요?(방문하여 사람을 찾을 때)	
(taób) pagkátaób	빡까-따옵	뒤집어 짐, 전복, 파산 taób ; 뒤집어 진, 전복된, 파산한 itaób, magtaób ; 상하로 뒤집다, 전복시키다 tumaób ; 뒤집히다, 전복되다	tipping over, overturning
taog	따-옥	밀물	high tide
taón¹	따온	해, 년 táunan ; 일년 간의, 일년에 걸친	year
(taón²) pagkakátaón	빡까까-따온	기회, 우연, 호기 kátaón ; 우연의, 우발적인 itaón, taunín ; 일치(동시에 발생)시키다 magkátaón ; 우연히 ~하다 mátaón ; 동시발생의 mátaunán ; 우연히 만나다 nagkátaón ; 우연한, 우연히, 공교롭게 tumaón ; 기회를 살리다(활용하다)	opportunity, chance
taós, mataós	따오스, 마따오스	깊이 느낀, 심각한, 진지한 taós-pusò ; 마음으로 부터의, 진심에서의	deepfelt, sincere
tapak	따-빡	발자국 tapák ; 맨발의(~로) magtapák ; 맨발로 걷다 mátapakan ; 짓밟다 tumapak ; 밟다, 올라서다	footstep
tapal	따-빨	천(헝겊) 조각, 반창고, 습포 itapal ; ~를 반창고(습포)로 붙이다 magtapal, tapalan ; 천 조각을 붙이다, 반창고(습포)를 붙이다	patch, plaster

tapang, katapangan	따-빵, 까따빠-ㅇ안	용감, 용기, 용맹 matapang ; 용감한, 과감한 tumapang ; 용감해지다	bravery
tapát¹	따빨	똑바른, 직접적인, 맞대고 있는 katapát ; (1) 맞은편의, 마주 보는 (2) 균형이 잡힌, 상응한 itapát ; 정확하게 맞은편(위, 아래)에 두다 magtápátan ; 서로 맞은편에 두다 tápátan ; 지름길 tapatín ; 지름길을 택하다 tapát-tapát ; 서로 마주보는 tumapát ; 앞에 나서다(존재하다)	direct, straight, facing the front
tapát², matapát	따빨, 마따빨	충실한, 진실한, 정직한 katápatan ; 정직, 충성, 성실 katapatang-loób ; 막역한 친구, 진심 ipagtapát, magtapát ; 진실을 말하다, 고백하다 nang tápátan ; 솔직하게, 진실하게	loyal, faithful, sincere
tapay	따-빠이	가루 반죽, 반죽 덩어리 tinapay ; 빵	dough
tapík	따삑	톡톡 치기, 가볍게 두드림 tumapík, tapikín ; 톡톡 두드리다	light tap
(tapilók) matapilók	마따삘록	발목을 삐다	sprain the ankle
tapon	따-뽄	폐물, 쓰레기, 추방된 사람 itapon ; 버리다, 퇴짜놓다 ipagtapon ; 추방하다, 내쫓다 magtapon ; 폐물로 버리다 mapagtapón ; 낭비하는 tapunán ; 쓰레기장	waste material, exile

tapos, katapusán	따-뽀스 까따뿌산	끝, 종결 katapusán ; 맨 마지막의, 최후의 kátapústapúsan ; 맨 마지막 matapos ; 끝나다, 완성되다 pagkatapos ; (1) 끝 (2) 그 다음에, 끝난 후에 tapós ; 끝난, 종료된 tapusín ; 끝내다, 완성하다	end
(tarak)itarak, tumarak	이따-락, 뚜마-락	(칼, 단검 등으로)찌르다 tarakan ; ~를 찌르다	stab
tarantá, natátarantá	따란따, 나따-란따	당황한, 혼란한 katarantahán ; 당황, 혼동 matarantá ; 당황(혼동)하다 tarantahín, tumarantá ; 혼란시키다, 당황케하다	upset, disconcerted
tarantado	따란따-도	어리석은, 뻔뻔한 katarantaduhan ; 어리석음, 철면피, 뻔뻔함	foolish, shameless
tarangká	따랑까	(대문 따위)빗장, 걸쇠 magtarangká ; 빗장을 걸다	bolt
tarheta	따르헤-따	방문용 명함	calling card
tarík, katarikán	따릭, 까따리깐	가파름, 경사 matarík ; 가파른, 경사가 심한	steepness
taripa	따리-빠	관세표, 요금표	tariff
(tarók)tumarók, tarukín	뚜마록, 따루낀	완전히 이해하다, 통달하다, 밑바닥을 탐색하다	understand throughly, fathom
(tarós) waláng-tarós	왈랑 따로스	분별없는, 무모한, 야만의	reckless, wild
tarugo	따루-고	빗장, (속어)남자의 성기 taruguhan ; 빗장을 걸다	latch, (slang)penis

tasa¹	따-사	컵, 잔	drinking cup
tasa², tasasyón	따-사, 따사-숀	(세금 부과용)사정, 평가, 견적 magtasa ; 사정(평가)하다 tasadór ; 사정관, 과세 평가인 tumasa ; 평가하다, 견적내다	assessment
tasa³, pagtasa	따-사, 빡따-사	식이요법, 규정식 magtasa ; 지출을 제한하다, 식이요법을 하다 tasado ; (음식, 지출 등)제한된, 식이요법 중인	dieting
tasá	따사	연필의 뾰족한 끝 magtasá ; 뾰족하게 깍다 pantasá ; 연필깎이	sharpened point of pencil
tastás	따스따스	(1) (옷)터짐, (양말)올이 풀림 (2) 꿰매지 않은, 틀어진 tumastás, tastasín ; (꿰맨 것, 솔기)뜯다	rip, seam burst
taták	따딱	날인, 각인, 소인 itaták, tatakán ; 날인하다, 도장 찍다 tataktak-daliri ; 지문(指紋)	imprint, stamp
tatag	따-딱	설립, 확정, 견고, 안정 itatag ; 설립(제정)하다 matatag ; 견고한, 흔들리지 않는 patatagín ; 굳게(견고히) 하다 pagkamatatág ; 견고, 결속, 단결 tagapagtatág ; 설립자	establishment, stability
tatás, katatasán	따따스, 까따따산	(연설)유창하고 명확함 matatás ; 유창하고 명확한	fluency and clearness in speech
tatay	따-따이	아빠, 아버지	daddy
tatló	따뜰로	셋, 삼 ikatló, pangatló ; 세 번째 makátatló ; 세 배, 세 번 tátatló ; 단지 셋 tatluhín ; 세 배로 하다(늘이다) tatlumpû ;	three

		삼십 tigatló ; 세개씩	
tatsá	따차	부인, 반대, 헐뜯기 mánanatsá ; 반대하는(흠잡는) 사람 tatsahín ; 반대하다, 흠잡다	objection, fault-finding
tatú	따뚜	문신	tatoo
tatwá	딸와	거부, 거절, 퇴짜 itatwá, magtatwá ; 거절하다, 퇴짜놓다	denial, repudiation
tawa	따-와	웃음, 웃음소리 katatawanán ; 농담, 유머 katawá-tawá ; 웃기는, 가소로운 ikátawá ; 즐겁게 하다, 웃기다 magtawá ; 큰소리로 웃다 nakatátawá ; 재미있는, 익살스런 pagtawanán ; 농담하다, 놀리다, 비웃다 palátawá ; 잘 웃는 tumawá ; 웃다	laugh, laughter
tawad¹	따-왇	할인, 흥정 itawad ; 가격을 매기다 magpatawad ; 할인해 주다 mánanawad ; 입찰자 manawaran ; 흥정하다 tawaran, tumawad ; 가격을 제안하다, 입찰하다	discount, bargain
tawad², patawad	따-왇, 빠따-왇	용서 humingî ng tawad ; 사과하다 ipatawad, patawarin ; 용서하다 Patawad pô!, Ipagpatawad pô ninyó! ; 죄송(실례)합니다	forgiveness
tawag, pagtawag	따-왁, 빠따-왁	호출, 소환, 용어 katawagán ; 전문용어 tawagan, tumawag ; 부르다, 호출하다 patawag ; 소환, 호출	call, summons, term

tawíd, pagtawíd	따윋, 빡따윋	가로지르기, 건너기 itawíd, magtawíd ; 건너 옮기다 tumawíd ; 건너다, 가로지르다 táwíran ; (도로, 강 등)건너는 장소	crossing
taya	따-야	계산, 산출 di-mataya ; 계산할 수 없는 tumaya, tayahin ; 계산하다	estimate, calculation
tayâ	따야'	내기, 건 돈 itayâ ; ~를 내기에 걸다 magtayâ, tumayâ ; (내기에)걸다	bet, stake
tayangtáng	따양땅	과열된, 너무 구워진, 너무 건조한	overheated, overtoasted, too dry
tayo	따-요	우리, 우리를(듣는 사람 포함, kami 참조) Tayo na. ; 가자.	we, us
tayô, katáyúan	따요', 까따-유-안	장소, 위치, 상황, 직위 itayó, magtayó ; 세우다, 건축하다 nakatayó ; 위치한, 세워진, patayó ; 수직의, 곧추선 tumayó ; 일어서다	site, location, situation, position
tayubay, tinayubay	따유-바이, 띠나유-바이	훈제처리된, 연기에 그슬린	smoked
teatro	떼아-뜨로	극장	theater
Teka!	떼-까	기다려!	Wait!
tekas, manenekas	떼-까스, 마네네-까스	사기꾼, 좀도둑 mátékas ; 사기당하다 tekasin ; 사기치다	swindler, pilferer

teklado	떼끌라-도	건반, 자판, 키보드	keyboard
téknikó	떼-크니꼬	(1) 기술자 (2) 기술의, 기술적인 tékniká ; 기술, 기법, 기교 teknolohíya ; 공업(과학)기술	(1)technician (2)technical
tela	떼-ㄹ라	천, 직물	cloth
telépono	떼레-뽀노	전화기	telephone
tema	떼-마	주제, 제목, 테마	theme
temperatura	뗌뻬라뚜-라	온도, 기온	temperature
templo	떼-ㅁ쁠로	절, 사원	temple
tenedór, tinidór	떼네도르, 띠니도르	(식탁용)포크, 삼지창	fork
tenedór-de-líbro	떼네도르 데 리-브로	부기(장부) 계원, teneduría ; 부기	bookkeeper
tenyente	떼녜-ㄴ떼	(해군)대위, (육군, 공군)중위 tenyente-koronél ; (육군)중령	lieutenant
terasa	떼라-사	발코니, 테라스	terrace
términó	떼-르미노	용어, 계약조건	term, condition of contract
terno	떼-르노	정장 magterno ; 정장을 입다	suit
tesero	떼세-로	보배, 보물, 재산 tesorera,-o ; 회계관, 출납관	treasure
testíkulo	떼스띠-꿀로	(해부학)정소, 고환	testicle

testigo	떼스띠-고	목격자, 증인 tumestigo, testiguhan ; 증명(증인으로 서명)하다	witness
tibág	띠박	굴착, 땅파기, 산사태 matibág ; 무너지다, 부서지다 tibagí ; 허물다, 무너뜨리다	excavation, landslide
tibay	띠-바이	지속력, 존속력 magtibay ; 강화시키다, 승인(확정)하다 matibay ; 질긴, 튼튼한, 내구력 있는	vitality
tibók	띠복	진동, 펄스, 심장 박동 tumibok ; (심장, 맥박 등)뛰다, 진동하다	beat, pulse
tibong	띠-봉	(지붕, 절벽 등)가파름 nakatibong ; 가파른	steepness
(tibóng) patibóng	빠띠봉	올가미, 함정, 덫	trap
tika, pagtitika	띠-까, 빡띠띠-까	의도, 의지, 결심 magtika ; 결심하다	intention, resolution
tiket	띠-껟	표, 입장(승차)권 tikitan ; 표를 발행하다	ticket
tikím	띠낌	시식, 시음, 맛보기, 실험 matikmán ; 경험하다 tumikím, tikmán ; 맛보다 tikmán-tikmán, tumikím-tikím ; 조금씩 먹다	taste
tikís	띠끼스	(1) 의도적으로, 일부러 (2) 의도적인 tikisín ; 의도적으로 상대방이 싫어하는 것을 하다 tumikís ; 의도적으로 무시하다	(1)intentionally (2)intentional
tikláp	띠끌랖	분리된, 떨어진 tikláp na maliít ; 얇고 작은 조각	(1)detached
tiklóp	띠끌롶	주름, 접기, 접은 자리 magtiklóp, tiklupín ; 접다	fold

tikmán	띡만	☞tikím	
tikód	띠꼳	절름발이, 불구 tumikód ; 절뚝거리다	limp
tikóm	띠꼼	닫힌, 폐쇄된 magtikom ng bibíg ; 입을 닫다, 조용히 하다	shut, closed
tiktík	떡띡	탐정, 간첩 maniktík, tiktikán ; 염탐(스파이질)하다 paniniktík ; 간첩행위, 스파이에의한 첩보활동	detective, spy
tikwás	떡와스	기울어진, 경사진 itikwás ; 한 쪽을 들어 올리다 tumikwás ; 기울이다	tilted
tigáng	띠강	메마른, 거치른, 황무지의	dry, barren
tigás, katigasán	따가스, 까띠가산	강도(强度), 딱딱(단단)함 magpatigás ; 딱딱(단단)하게 하다 matigás ; 딱딱(단단)한 matigás ang ulo ; 완고한, 고집센 tumigás ; 단단해지다, 굳어지다	hardness, stiffness
tigatig, pagkatigatig	띠가-떡, 빡까띠가-떡	혼란, 불안, 동요 matigatig ; 혼란스러워지다, 방해받다 tumigatig ; 불안하게(혼란스럽게) 하다, 방해하다	disquiet, uneasiness
tigkakalahatì	떡까깔라하-띠'	반반씩	half each
tigdás	떡다스	홍역, 풍진 magkatigdás, tigdasín ; 홍역에 걸리다	measles
tigháw	떡하우	심각하지 않은, 완화된, 누구러진 magpatigháw ; 누러지게 하다, 완화하다 tumigháw ; 누구러지다, 완화되다	not severe, alleviated
tig-iilán?, tigilán?	떡이일란, 떡일란	각각 몇 개(명, 마리 등)씩?	how many each?

tigil	띠-길	중지, 정지 tigíl ; 게으른, 움직이지 않는, 활기없는 patigilin ; 세우다, 정지시키다 tigilán ; 서는 곳(장소) tumigil ; 서다, 머무르다, 중지하다	stop, pause
tigmák	띡막	흠뻑 젖은, 충분히 스며든 matigmák ; 젖다 tumigmák ; 적시다	saturated
tigre	띠-그레	호랑이	tiger
(tigtíg) matigtíg	마떡떡	움찔하는, 덜컹거리는	jerky
(tihayà) tumihayà	뚜미하-야`	드러눕다 patihayâ ; 드러누운	lie on the back
tiím	띠임	이를 악물은 itiím, magtiím ; 이를 악물다	clenched in the jaws
(tiís)pagtitiís	빡띠띠이스	괴로움, 고통, 인내 magtiís ; 참다, 인내하다 mapagtitiisán ; 참을(견딜) 수 있는 matiís ; 견딜 수 있다 tiisín ; 참다	suffering, endurance
tila	띠-ㄹ라	~처럼 보이다(여겨지다), ~인 것 같다	it seems, it appears
tiláad	띨랃	부스러기, 작은 조각 magtiláad, tilarín ; 자르다, 쪼개다, 작게 만들다	bits, small pieces
tilamsík	띨람식	(물)튀김 tumilamsík, tilamsikán ; 튀기다	splash
tilandóy	띨란도이	(액체)분출 tumilandóy ; 분출하다	spurt of liquid
tilapyâ	띨라삐야	민물 생선의 일종	a fish in fresh-water

(tili)pananatili	빠나나띠-ㄹ리	체류, 오래 머무름, 내구성 manatili ; 체류하다, 계속하다, 견디다 mapanatili ; 유지하다, 존속시키다 panatilihan ; 영구한, 불변한	continued stay, permanence, persistence
(tilí)matilihan	마띨리-한	소스라치게 놀라다, 크게 당황하다	be flabbergasted
timbáng	띰방	무게, 체중 katimbáng ; 같은 무게(치수, 가격 등)의, 동급의 manimbáng ; 균형을 잡다, 잘 지내다 matimbáng ; 무거운, 매우 중요한 timbangan ; 저울 timbangín ; 무게를 재다 tumimbáng ; 무게가 나가다	weight
timbre	띠-ㅁ브레	현관의 벨 magtimbre, tumimbre ; 벨을 울리다	doorbell
timbuwáng	띰부왕	뒤로 벌렁 넘어진 mátimbuwáng ; 뒤로 벌렁 넘어지다	fallen flat on one's back
timog	띠-목	남쪽 katimugan ; 남부지역 patimóg ; 남쪽으로	south
timón	띠몬	(배)키 (비행기)방향타 timonél ; 키잡이	rudder, helm
timpalák	띰빨락	(문학, 예술, 미인)경연, 콘테스트 timpalák-bikasan (pánulatán) ; 웅변(글짓기)대회	contest
timpî, pagtitimpî	띰삐', 빡띠띰삐'	중용, 절제, 자제 magtimpî, timpiín ; 자제(절제)하다, 억누르다 matimpî ; 자제(절제)하는, 침착한	moderation, temperance
timplá	띰쁠라	혼합, 섞기, 양념치기 magtimplá ; 섞다, 혼합(조합)하다 panimplá ; 양념, 조미료 timplado ; 조절된, 완화된	blend, mixture, seasoning

timyás, katimyasán	띠미야스, 까띠미야산	사랑의 순수성, 충절, 진실 matimyás ; (사랑에 대해)순수한, 진실한	genuineness, loyalty, sincerity
(tinag) di-matinag	디 마띠-낙	옮길(움직일) 수 없는 kawaláng-tinag ; 안정(견고)성 waláng-tinag ; 움직이지 않는	immovable, not transferable
tinapay (← tapay)	띠나-빠이	빵	bread
tindá, paninda	띤다, 빠닌다	(집합적)제품, 상품 magtindá ; 팔다 magtitindá ; 상점주인 patindá ; 위탁상품 tindahan ; 가게, 상점 tindera, -o ; 점원, 판매원	merchandise, goods for sale
tindí, katindihán	띤디, 까띤디한	강도(强度), 압력, 중력, 긴장 itindí ; (바짝)죄다 matindí ; 격렬한, 강렬한, 심각한 pagtindí ; 강화(强化) patindíhín ; 격화(강화)시키다 tumindí ; 격렬(심각)해지다, 강화되다	intensity, pressure, gravity, stress
tindíg	띤딕	처신, 행동. 자세 itindíg ; 일으켜 세우다 magtindíg, tumindíg ; 일어서다 manindíg ; (머리카락, 털 등)꼿꼿이 서다 panindigán ; 확언(단언, 주장)하다 Tindíg! ; (명령)일어서.	posture, bearing
tiník	띠닉	가시, 생선 뼈 mátiník ; 가시에 찔리다 matiník ; 가시(뼈)가 많은 tinikán ; 가시(뼈)를 제거하다	thorn, fishbone

tinig	띠-닉	음성, 목소리 katinig ; 자음 isatinig ; 표현하다, 의견을 말하다 patinig ; 모음 palatinigan ; 음성학	voice
tining	띠-닝	침전물 matining ; 침전물이 많은	sediment
tinô, katinuán	띠노', 까띠누안	분별력, 상식, 정당, 정직, 공정 matinô ; 분별있는, 양식을 갖춘	sense, integrity
tinta	띠-ㄴ따	잉크 tintero ; 잉크병	ink
tingalâ	띵알라'	윗쪽으로 향한, 쳐다 보는 itingalâ ; 윗쪽으로 돌리다 tumingalâ ; 쳐다보다	facing up, looking up
tingarò	띵아-로'	성기(性器)의 발기(勃起) tingarô ; 발기한	erection of penis
tingkád	띵깓	색의 밝기, 열의 세기 matingkád ; 밝은, 선명한 tingkarán ; 밝게 하다 tumingkád ; 밝아지다	brightness of color, intensity of heat
tingkayád	띵까얃	웅크리고(쭈그리고) 앉아있는 tumingkayád ; 웅크리고 앉다	squatting
tinggál	띵갈	(1) 저장, 비축 (2) 저장(비축)된 itinggál, magtinggál ; (저장)비축하다	(1)store (2)stored up
tingín	띵긴	봄, 일견, 시계(視界), 견해 paningín ; 시각(視覺), 시력 Patingín ngâ?, Tingnán ko ngâ? ; 봐도 될까요? tumingín, tingnán ; 보다, 바라보다	look, view, sight
tipák	띠빡	부스러기, 조각, 작은 덩어리 matipák ; 부스러지다, 조각나다 tumipák ; 부수다, 조각내다	chip, chunk, lump

tipaklóng	띠빠끌롱	여치	species of grasshopper
tipán, tipanan	띠빤, 띠빠-난	약속, 연인의 데이트, 약혼 magtipán ; 약속하다	engagement, date, betrothal
tipas	띠-빠스	회피, 우회, 모면 tumipas ; 회피(모면)하다	escape, evasion, detour
tipíd	띠삗	보존, 비축, 검소 magtipíd ; 절약하다, 아끼다 matipíd ; 절약하는	conservation, thrift
tipon, pagtipon	띠-뽄, 막띠-뽄	수집, 모음, 축적 katipunan ; 집회, 회합, 연합 katipunera, -o ; 회합의 회원 magtipon ; (1) 모으다, 수집하다 (2) 모이다 pagtipún-tipunin ; 모으다, 집합시키다 tipunán ; 회의장, 모이는 장소	collection, accumulation
(tirá¹)pagtirá	빡띠라	거주, 점유 manirá ; 살다, 거주하다 nakatirá ; 살고 있는, 거주하는 tinitirahán ; 주거, 주택 tirahan ; 거주지, 주소 tirahán, tumirá ; 살다	residence, occupation
tirá²	띠라	남은, 잉여의 magtirá, itirá, tirahán, tirhán ; 남겨두다, 제쳐놓다	leftover, residue
tirà, pagkamatirà	띠-라, 빡까마띠-라'	인내력, 참을성 matirà ; 참을성 있는, 인내하는	endurance
tiranía, tyranya	띠라니-아, 띠라-냐	학대, 폭정, 전제정치 tirániko ; 포악한, 폭군의 tirano ; 폭군, 압제자	tyranny

(tirik)magtirik	막띠-릭	세우다, 짓다, 건축하다 nakatirik ; 직립한, 똑바로 선 patirík ; 직립한 자세로 tirikán ng kandilà ; 촛대	erect, build, contruct
tirintás	띠린따스	땋은 머리 magtirintás, itirintás ; (머리를)땋다	braid
tisis	띠-시스	결핵 magkatisis ; 결핵에 걸리다 tísiko ; 결핵의	tuberculosis
tistís	띠스띠스	외과수술 magtistís, tistisín ; 외과수술을 하다	surgical operation
tita	띠-따	(애칭)아줌마	auntie
titik	띠-띡	글자, 문자 ititik ; 적다, 써놓다 panitikán ; 문학 pagkakatitik ; 글자쓰기 nakatitik ; 쓰여진	letter
titig	띠-띡	응시, 바라봄 magtitigán ; 마주 응시하다 tumitig, titigan ; 바라보다, 응시하다	stare, gaze
título	띠-뚤로	직함(칭호·관직명·학위·작위·경칭 등) magtítulo ; 직함을 부여하다 titulado ; 직함이 부여된	title
(tiwakál)pagpapatiwakál	빡빠빠띠와깔	자살 magpatiwakál ; 자살하다	suicide
tiwalà, pagtitiwalà	띠와-ㄹ라', 빡띠띠와-ㄹ라'	믿음, 신뢰, 신용 kapaní-paniwalà ; 믿을만한, 확실한 katiwalà ; 관리인, 감독관, 십장 i(ka)tiwalà ; 맡기다, 신탁하다 magtiwalà, maniwalà, tiwalaan ; 믿다, 신뢰하다 pagtiwalaan ; 믿다, 의지하다 kawaláng-paniwalà ; 불신	trust, faith

tiwalág	띠왈락	해고된, 분리된 magtiwalág, itiwalág ; 해고하다, 면직시키다 tumiwalág ; 사임하다, 떠나다 matiwalág ; 해고되다	dismissed, separated
tiwalî	띠왈리'	변칙적인, 틀린 katiwalián ; 변칙, 반칙 tiwaliín ; 뒤집다, 반대로 하다	anomalous, incorrect
tiwarík	띠와릭	뒤집힌, 아래 위가 바뀐 magpatiwarík ; 공중제비하다 magtiwarík ; 뒤집다, 전도시키다 mátiwarik ; 뒤집히다	reversed, turned upside down
tiwás	띠와스	기울어진 magtiwasan ; 시소를 타다 patiwasín ; 위로 기울어지게 하다	tilted
tiwasáy, matiwasáy	띠와사이, 마띠와사이	조용한, 평화로운, 안전한 itiwasáy ; 안정(진정)시키다 tumiwasáy ; 조용해지다, 평화로워지다	calm, peaceful, secure
tiyá	띠야	아주머니, 아줌마	aunt
tiyák	띠약	확실한, 틀림없는 katiyakan ; 확신, 확실, 정확 kawaláng-tiyák ; 불확실성 tumiyák, tiyakín ; 확정하다, 확신하다	sure, certain
tiyagâ	띠야가'	인내, 근면, 참을성 magtiyagâ ; 참다, 인내하다 matiyagâ ; 근면한, 참는	perseverence, diligence
tiyán	띠얀	배, 복부 sakít ng tiyán ; 복통 tiyanín ; 복통을 느끼다	belly, abdomen
tiyanì	띠야-니'	핀셋, 족집게 tiyaniin ; 족집게로 집어내다	tweezers, pincers
tiyáp, tiyapán	띠얖, 띠야빤	약속, 합의 katiyáp ; 연루자, 공모자 magtiyáp ; 합의(약속)하	appoinment, agreement

		다 tiyapín ; 약속 일시(장소)를 정하다	
tiyempo	띠예-ㅁ뽀	순간포착, 속도조절, 타이밍 magkatiyempo ; 기회를 잡다 tiyempuhán ; 적당한 때에 하다 patiyempo ; 알맞은 기회를 통해 matiyempuhán ; 현행범으로 잡다	timing
tiyó	띠요	아저씨	uncle
toka	또-까	차례, 순서 itoka, magtoka ; 할당(부여)하다 mátóka ; 할당(부여)받다	turn to do, shift
tokadór	또까도르	화장대	dresser
tokaya(-o)	또까-야(요)	동명이인, 이름이 같은 사람	namesake
todas	또-다스	수명이 다한, 소진된, 박멸된, 끝난 todasin ; 소진하다, 완전히 없애다	finished, completely consumed, worn-out
todo, todos	또-도, 또-도스	모든, 전체의 pagtoda ; 전력을 다함, 내기에 전부 걸기 todohin ; 모두 포함시키다 Todos Los Santos ; (가톨릭)모든 성인의 날(11월 1일) todo-todo ; 모두, 빠짐없이	all, the whole of
tonelada	또넬라-다	(중량단위)톤 tonelahe ; 용적톤수	ton
tono	또-노	음질, 선율, 멜로디, 음의 고저 magkatono ; 같은 선율을 내다, 서로 잘 어울리다	tone, tune, melody, pitch
tore	또-레	탑	tower

toro	또-로	황소	bull
totál	또딸	총계, 합계, 전체 수량	total
totoó	또또오	(1) 진실인, 사실인, 순수한 (2) 정말, 아주, 매우 katotóhánan ; 진실, 사실 makatotóhánan ; 현실(사실)주의의 magkatotoó ; 현실화하다 magtotóhánan ; 서로 솔직하다 magtotoó, totoóhin ; 진실(성실)히 하다 pagkamakatotóhánan ; 사실주의 patotoó ; 증명, 입증	(1)true, real (2)quite, very
Totoy, Itóy	또-또이, 이또이	남자 어린이에 대한 호칭	name for addressing a small boy
toyò	또-요'	간장	soy sauce
trabaho	뜨라바-호	일, 직업 magtrabaho ; 일하다 trabahadór ; 일꾼, 직공, 회사원	work, job
trak	뜨락	트럭 magtrak ; 트럭으로 가다	truck
trahe	뜨라-헤	정장 magtrahe ; 정장을 입다	suit
traidór	뜨라이도르	반역자 magtraidór, traidurín ; 배반하다	traitor
trangkaso	뜨랑까-소	독감, 유행성 감기, 인플루엔자	influenza
trápiko, trapik	뜨라-삐꼬, 뜨라-뻭	교통(량), 통행 magtrapik ; 교통을 통제하다 matrápiko, matrapik ; 교통이 혼잡(복잡)한	traffic
trato	뜨라-또	(1) 계약, 약속 (2) 취급, 대우 magtrato ; 계약(약속)하다	(1)contract (2)treatment

		tratuhin ; 취급(대우)하다	
treinta	뜨레인따	삼십, 30	thirty
tren	뜨렌	기차 magtren ; 기차를 타다	train
tres	뜨레스	삼, 3 trese ; 십삼, 13 tresyentos ; 삼백	three
triángguló	뜨리아-ㅇ굴로	삼각형	triangle
tribu	뜨리-부	종족, 부족	tribe
trigo	뜨리-고	밀 triguhan ; 밀밭	wheat
trinsera	뜨린세-라	참호(진지) magtrinsera ; 참호를 파다 trinserahan ; 참호로 둘러싸다	trench
tripulante	뜨리뿔라-ㄴ떼	승무원, 선원	crew
tro(-u-)mpo	뜨로(루)-ㅁ뽀	팽이	top
tropa	뜨로-빠	군대, 떼, 무리	troop, group
troso	뜨로-소	통나무, 원목 magtroso ; 통나무로 자르다	log
tsa	차-	차(茶)	tea
tsek	첵	대조, 점검, 대조표시(✓) magtsék, tsekín ; 대조하다, 대조표시하다	check
tseke	체-께	수표	check
tsimensa	치메-ㄴ사	굴뚝	chimney

Tsina	치-나	(1) 중국 (2) 중국 여자 Tsino ; 중국 남자	(1)China (2)Chinese Woman
tsinelas	치네-라스	슬리퍼 magtsinelas ; 슬리퍼를 신다	slippers
tsismís	치스미스	험담, 잡담, 수다, 소문 magtsimis ; 험담(잡담)하다, 수다떨다 tsimosa, -o ; (1) 수다쟁이, 험담하는 사람 (2) 수다떠는, 험담하는	gossip, tattle
tsítsarón	치-차론	바삭하게 튀긴 돼지 껍데기	crispy fried pork rind
tsokolate	초꼴라-떼	초콜릿	chocolate
tsupér	추뻬르	운전기사	chauffeur, driver
tsupón	추뽄	아기 젖병의 고무 꼭지	mouthpiece of a baby's bottle
tuberiya	뚜베리-야	(수도, 가스 등)배관공사 tubero ; 배관공	plumbing
tubig	뚜-빅	물 magpatubig ; 관개(灌漑)하다 manubíg ; 소변보다 matubig ; 물이 많은 pampatubig ; 관개시설 pantubig ; 수생(水生)의 patubig ; 관개	water
tubo	뚜-보	관(管), 도관, 파이프	pipe
tubò¹	뚜-보'	이익, 이득, 이자 magpatubò ; 이자 받고 돈 빌려주다 magtubò ; tubuin, tumubò ; 이익을 얻다 matubò ; 이익이 되는	profit, interest
tubò²	뚜-보'	싹, 움, 생장물 tumubò ; 자라다, 성장하다	sprout, growth

tubò³	뚜-보'	원주민, 토박이, 자생종(自生種) katutubò ; 출생의, 토착의, 선천적인 katutubong-ugalì ; 본능 lupang-tinubuan ; 조국, 조상의 땅	native
tubó	뚜보	사탕수수 magtubó ; 사탕수수를 심다 tubuán ; 사탕수수 밭	sugarcane
(tubós) pagtubós	빠뚜보스	배상금을 주고 되찾기, 몸값 치르기 katúbúsan ; 되찾음, 상환, 구조 pan(t)ubós ; 몸값, 배상금 tumubós, tubusín ; 해방하다, 되찾다	redeeming, ransom
tukâ	뚜-까'	(새)부리 manukâ, tumukâ ; 쪼다, 쪼아 먹다 matukâ ; 쪼이다	bill, beak
tukláp	뚜끌랖	벗겨진, 분리된 matukláp ; 벗겨지다 tuklapín, tumukláp ; 벗기다, 분리하다, 떼어내다	peeled off, detached
tuklás	뚜끌라스	발견, 찾기 makatuklás ; 찾다, 발견하다 manunuklás ; 발견자	discovery
tukod	뚜-꼳	받침대, 지주, 받침기둥 tumukod, magtukod ; 받치다, 지지하다	support, prop, brace
tukoy	뚜-꼬이	언급, 상술, 상기(詳記) pantukoy ; (문법)관사 tukuyin ; 언급하다 tumukoy ; 적용(관련)되다	mention
tuksó	뚝소	유혹(물) ituksó ; (여성에게)지분(집적)거리다 magtuksuhan ; 농담을 주고 받다 manuksó, tumuksó ; 유혹하다, 꾀다	temptation
tuktók¹	뚝똑	노크, 똑똑 두드림 tumuktók, tumukín ; 노크하다, 두드리다	knock

tuktók²	뚝똑	꼭대기, 정상	top, summit
tudlâ	뚜들라'	사격, 표적 조준 mátudlâ ; 사격당하다, 맞다 pan(t)udlâ ; 사출탄, 발사체, 실탄 panudulaan ; 사격장 tumudulâ ; 사격하다	shooting, aiming at target
tudlíng¹	뚜들링	밭고랑 magtudling ; 갈다, 고랑을 만들다	furrow
tudlíng²	뚜들링	(신문)컬럼, 난 pangulong tudlíng ; (신문)사설	column
tugatog	뚜가-똑	(인생, 윤리적 차원)최고의 상태, 정상	top(in moral sense)
tugis	뚜-기스	추적, 쫓음 mánunugis, tagatugis ; 추적자 tumugis ; 추적하다	pursuit, chase
tugmâ, magkatugmâ	뚝마', 막까뚝마'	조화로운, 적합한, 양립하는 katugmâ ; 관계가 좋은, (운율)운이 맞는 magtugmâ ; 조화를 이루다, 운을 맞추다 pagkakatugmâ ; 조화, 화합, 일치 tugmaan ; 운문, 시	harmonious, compatible
tugón	뚜곤	응답, 회답 katugón ; 대응(상응)하는 tumugón, tugunín ; 응답하다 tugunan ; 의견 교환, 교신	answer, reply
tugtóg, pagtugtóg	뚝똑, 빡뚝똑	음악적인 음향, 악기 연주 mánunutóg ; 음악가 tugtugin ; 음악, 악곡 tugtugín, tumugtóg ; (악기)연주하다	sound of music, playing musical instrument
tuhod	뚜-혼	무릎	knee
tuhog	뚜-혹	(구슬, 염주, 생선 등)연이어서 꿴 것, 꼬챙이 magtuhog, tuhugin ; 연이어 꿰다, 꼬챙이로 꿰다	stringing things together, skewer
tulâ	똘라'	시 manunulâ ; 시인 tumulâ ; 시를 쓰다(암송하다)	poem

tulak	뚜-락	밀기 itulak, magtulak, tumulak ; 밀다, 추진하다 magtulakán ; 서로 밀치다 tulak-kabig ; 밀고 당기기	push
tulad	뚜-랃	모방, 흉내 katulad ; 비슷한, 유사한 itulad ; 같은 모양이 되게 하다, 따르다, 비유하다 magkatulad ; 둘이 비슷한 magtulad ; 일치하다 matulad ; 비교(대조)되다 tularán ; 모델, 모형 tumulad, tularan ; 모방하다, 흉내내다	imitation
tulalâ	뚤라라'	어리석은, 바보같은, 멍한	stupid, silly
tuláy	뚤라이	다리, 교량 magtuláy ; 다리를 건설하다(건너다)	bridge
tuldík	뚤딕	(음성)악쎈트 부호 magtuldík, tuldikán ; 악쎈트 부호를 붙이다	accent mark
tuldók	뚤독	점, (문법)., 종지부(.) magtuldók, tuldukán ; .(점)을 찍다 tuludók ; 콜론() tuldók-kuwít ; 세미 콜론(;)	dot, period
tulì, pagtulì	뚜-ㄹ리', 빡뚜-ㄹ리'	할례, (의학)포경수술 tulî ; 할례를 받은 magtulì, tuliin ; 할례를 하다	circumcision
tulíg	뚤릭	큰 소리로 귀가 멍멍한 matulíg ; 귀가 멍멍해지다	deafened by noise
tuligsâ	뚤릭사'	공공연한 비난(욕설) manunuligsâ ; 비난자, 혹평가 tumuligsâ ; 비난하다	invective
tulin	뚜-ㄹ린	속도, 속력 magmatulin ; 빨리 가다, 전력 질주하다 matulin ; 빠른 tumulin ; 속도를 높이다	speed, velocity

tulis	뚜-리리스	뾰족한 끝 matulis ; 뾰족한, 날카로운 tulisan ; 뾰족하게 하다 tumulis ; 뾰족해지다	point, sharp end
tulisán	뚤리산	산적, 노상강도 magtulisán, tulisnín ; 노상강도질을 하다 tulisáng-dagat ; 해적	bandit, highway robber
tulò, pagtulò	뚜-ㄹ로', 빡뚜-ㄹ로'	(액체)똑똑 떨어짐, 새어 나옴, 누수 patuluin ; 배수하다 tumulò ; 똑똑 떨어지다, 누수하다	drip, leakage
tulog	뚜-ㄹ로록	잠, 수면 magpatulog ; 재우다 matulog ; 자다 pampatulog ; 수면제 tulugán ; 수면 장소, 잠자리	sleep
tulong	뚜-ㄹ롱	도움, 협조 katulong ; 도우미, 식모 magtulong ; 서로 돕다 matulungín ; 도움이 되는, 협조적인 pagtulungán ; 협력, 제휴 tulungan, tumulong ; 돕다, 협조하다	help, aid
tulot, pahintulot	뚜-ㄹ롵, 빠힌뚜-ㄹ롵	승인, 인가, 면허 pahintulutan, magpahintulot ; 허락(허가)하다, 인정하다	approval, permission
(tuloy) pagtuloy	빡뚜-ㄹ로이	일시 체류, 숙박 magpatulóy, patuluyin ; 묵게(머무르게) 하다 manuluyan, tumulóy ; 머무르다, 체류하다 bahay-panuluyan ; 하숙집	staying temporarily
(tulóy)itulóy	이뚤로이	계속하다 Tulóy! ; 들어와. magtulóy, tumulóy ; 나아가다, 전진(진행)하다 pagtulóy ; 전진, 진행 pagtutulóy ; 계속, 연	kontinue, keep on

		속 patulóy ; 일정한, 연속(계속)적인 patulúy-tulóy ; 계속해서, 끊이지 않고 tulóy-tulóy ; 되풀이 되는, 계속적인	
tumbá, nakatumbá	뚬바, 나까뚬바	넘어진, 쓰러진, 파산한 itumbá, magtumbá ; 쓰르뜨리다 matumbá ; 쓰러지다, 파산하다	fallen down, bankrupt
tumbá-tumbá	뚬바 뚬바	흔들의자	rocking chair
tumbás	뚬바스	충분한, 넉넉한 katumbás ; 같은, 동일한 itumbás, maitumbás ; 보상(벌충)하다 tumbasán ; 조화시키다, 대등하게 하다 tumbasan ; 비율, 비례	enough, sufficient
tumbók	뚬볼	정통으로 맞춘 katumbukán ; 초점, 집중점	hit directly
tumpák	뚬빡	정당한, 믿을 수 있는, 정확한 katumpakán ; 정확도, 정당함 magtumpák, itumpák ; 정정하다, 고치다	justfied, faithful, accurate
tunaw	뚜-나우	녹은, 용해된, (음식)소화된 magtunaw, tumunaw ; 녹이다, 용해하다 matunaw ; 녹다, 소화되다 panunaw ; 용해력이 있는 pagkatunaw ; 용해, 소화	melted, digested
tunay	뚜-나이	진실한, 진심의, 순수한 katunayan ; 진실, 진심, 증명, 증거 magpatunay ; 증명(확인)하다 patunay ; 증거(서류), 증언 patunayan ; 증명(증언)하다, 입증하다	true, pure, sincere
tunóg	뚜녹	소리, 울림 katunugán ; 공명, 반향 matunóg ; 공명하는, 울	sound, ring

		리는 tumunóg ; 소리를 내다	
tuntón, pagtutuntón	뚠똔, 빡뚜뚠똔	초기에 지침(안내)을 줌 ituntón ; 초기에 안내하다, 시작을 도와주다 palatuntunan ; 규칙, 규정, 법규 tuntunin ; 법칙, 근본방침, 원칙	giving guidance at the start
(tuntóng) tumuntóng	뚜문똥	밟고 올라서다	step on
tungangà	뚱아-아'	(놀람, 멍청스러움)입을 헤 벌린 tumunganga ; 멍하니 쳐다보다	agape
tungayaw	뚱아-야우	모독, 욕설, 쌍스러운 말 magtungayaw ; 욕하다, 쌍스럽게 말하다	profanity, cursing
tungkól sa ~	뚱꼴 사	~에 대하여(관하여)	about
(tungkól) tungkulin	뚱꾸-ㄹ린	의무, 임무, 기능, 역할 manungkulan ; 종사하다, 수행하다	duty, function, role
tunggâ, pagtunggâ	뚱가', 빡뚱가'	꿀꺽 꿀꺽 삼킴(마심), 음주 patunggâ ; (1) 꿀꺽 마시는 (2) 축배 tumunggâ, tunggaín ; 꿀꺽 삼키다(마시다)	drinking in gulps, drinking wine
tunggalî	뚱갈리'	다툼, 논쟁 katunggalî ; 경쟁상대 katunggaliín ; 반대(논박)하다 magtunggalî ; 경쟁하다, 겨루다	conflict, debate
tungháy, nakatungháy	뚱하이, 나까뚱하이	쳐다보는 itungháy ; 고개를 들어 올리다 tumungháy ; 쳐다보다	looking up
tungo¹	뚜-ㅇ오	목표, 목적지, 방향 patungo ; 가고 있는, 향하는 patunguhan ;	aim, goal, directon

		~로 가다 patunguhin ; ~로 보내다 tumungo ; ~로 가다 tunguhan ; 목적지	
(tungo²) makitungo	마끼뚜-ㅇ오	다루다, 처리(관계)하다 pakitutungo ; 처신, 행동	deal with
tungó	뚱오	고개를 숙인, 꾸부린 tumungó ; 머리를 숙이다, 내려 보다 panunghán, tunghán ; 내려다 보다	with head bent, stooped
(tungod) itungod	이뚜-ㅇ온	관심을 유발시키다 matungod ; 관계되다(하다) tungod sa~ ; ~에 관해	refer to someone's attention
tuód	뚜옫	수수께끼(퀴즈)의 답 katuturán ; 정의(定義) turan ; 퀴즈에 답하다	
(tuón)katuón	까뚜온	공범자, 연루자 magkatuón ; 서로 공모하다	accomplice
tuos	뚜-오스	계산, 결산, 회계 tuós ; 계산된 tumuós ; 계산하다 tagatuós ; 회계원	computation, accounting
tupa	뚜-빠	(가축)양	sheep
(tupád) tumapád, tupdín	뚜마빧, 뚭딘	실행(완수, 준수)하다, 성과를 내다 katúparan ; 이행, 완수, 성과 ipatupád ; 강요(강제)하다 matúparin ; 준수하는, 임무수행에 충실한 pagkatupád ; 실현, 달성, 현실화 pagtupád ; 이행, 완수 patuparín ; 이행토록 지시하다 tagatupád ; 이행(집행)자	fulfill, accomplish

turan	뚜-란	☞tuód	
turing¹	뚜-링	제시 가격, 견적 magturing, tumuring ; 견적을 제시하다	price offered
turing²	뚜-링	언급, 이름을 듦, 주목 ituring ; 언급하다, 이름을 들다, 고려하다 sa turing ; 명목상의, 명칭 뿐인	remark, name
turismo	뚜리-스모	관광여행, 관광사업 turista ; 여행자, 관광객	tourism
turno	뚜-르노	순번, 차례, 교대 katurno ; 교대자 magturno ; 교대하다	turn, rotation
turò¹	뚜-로'	가르침, 교육, 교훈 magturò, turuan ; 가르치다, 지도하다 pagtuturò ; 교육, 가르침 Kágawarán ng Pagtuturò ; 교육부	teaching, lesson
turò²	뚜-로'	(손가락, 지휘봉 등으로)가리킴, 지적 hintuturò ; 집게손가락, 검지 magturò, iturò ; 가리키다, 지적하다	pointing
turók	뚜록	(바늘, 핀 등으로 뚫린)작은 구멍 magturók, tumurók ; 뚫다, 주사놓다 máturók ; 뚫리다	small hole, puncture
(turól) paturól	빠뚜롤	(문법)서술의, 직설법의 paturól na pangungusap ; 서술문 panaganong paturól ; 직설법	(grammer)declarative, indicative
tuso	뚜-소	기민한, 빈틈없는, 교활한, 음흉한 katusuhan ; 교활, 음흉 patuso ; 교활(음흉)하게, 약삭빠르게	astute, sly
tusok, patusok	뚜-속, 빠뚜-속	찌름, 꿰찌름, 관통 magtusok, tusukin, itusok ; 찌르다, 꿰뚫다	piercing, perforating

(tustá)tustado	뚜스따-도	구워진 tustahín, magtustá ; 누르스름하게 굽다	toasted
tustós, panustós	뚜스또스, 빠누스또스	소요경비 지원, 필요물품 공급 magtustós, tustusán ; 지원(공급)하다	allowance, supply
tutà	뚜-따'	강아지	puppy
tuto, pagkátúto	뚜-또, 빡까-뚜-또	배움, 지식·기술의 습득 kapanutuhán ; 학습지도, 훈육, 예의 바름, 교양 mátúto ; 배우다 mátutuhan ; 알아내다, 습득하다	learning, gaining knowledge or skill
tutok	뚜-똑	과녁, 목표물 itutok, tutukan ; 겨누다 manutok ; (총을 겨누고)정지시키다	aim
tutol	뚜-똘	반대, 저항, 항의 katutulan ; 특정사안에 대한 반대 itutol ; 반대하다 tumutol ; 불일치하다 tutulan ; 논쟁(반론)하다	objection, protest
tutóng	뚜똥	누룽지	burnt rice at the bottom of pot
tutubí	뚜뚜비	잠자리	dragonfly
tuwâ, katuwaan	뚜와', 까뚜와-안	기쁨, 즐거움, 행복 matuwâ ; 즐기다, 기뻐하다 nakatutuwâ ; 우스운, 재미있는 ikatuwâ ; 즐겁게(행복하게)하다 tuwáng-tuwâ ; 매우 즐거운	joy, gladness, happiness
tuwád, nakatuwád	뚜왇, 나까뚜왇	엉덩이를 쳐들고 앞으로 구부린 ituwád ; … 구부리게 하다	bent down with buttocks up

tuwalya	뚜와-ㄹ랴	수건, 타월	towel
tuwáng, katuwáng	뚜왕, 까뚜왕	양쪽(양면)에서 지지를 받는, 두 사람에 의해 운반되는, (문법) 등위(等位)의 sugnáy na katuwáng ; 등위절 katuwáng ; 동업자 tumuwáng ; 짐 나르기를 돕다 tuwáng-tuwáng ; 둘이 한 쌍이 되어	supported on both sides, (grammer)coordinate
tuwî	뚜위'	매 번, ~ 때 마다 tuwî an, tuwina ; 항상, 언제든지	whenever, every
tuwíd	뚜윋	똑바른, 곧추선, 직접적인 katuwiran ; 이성, 분별, 상식 ituwíd, tuwirín ; 똑바르게 하다, 펴다 makatuwiran ; 이성적인, 정당한 matuwíd ; 공평한, 바른, 옳은, 곧은 tuwiran ; 직접적인 walâ sa matuwíd ; 불합리한	straight, erect, direct
tuyâ	뚜야'	풍자, 비꼼, 비방 mapanuyâ ; 풍자하는, 비꼬는 pagtuyâ ; 빈정거림, 비꼬는 말 tumuyâ, tuyaín ; 풍자(비방)하다, 비꼬다	irony, sarcasm, slur
tuyô	뚜요'	마른, 건조된 magpatuyô ; 햇볕에 말리다 tiyuín ; 말리다, 건조시키다	dry, dried-up
tuyót	뚜욛	바싹 마른, 물기없는, 시들어 버린 tagtuyót ; 가뭄, 한발 tuyutín ; 과하게 말리다, 시들게 하다	extremely dry, withered

U u			
ubas	우-바스	포도 alak sa ubas ; 포도주 ubasán ; 포도원	grape
(ubayà) paubayà	빠우바-야'	포기, 양도, 철회 magpaubayà, ipaubayà ; 포기(양도, 철회)하다	relinquishment
ubó	우보	기침 mag-uubó ; 계속 기침하다 ubuhín ; 기침으로 고생하다 umubó ; 기침하다	cough
ubod	우-볻	(1) (과일, 나무 등)응어리, 심, 속 (2) 중심부, 핵	(1)core, pith (2)nucleus
ubos	우-보스	소모, 소진 ubós ; 소진된 iubos ; 전력을 다하다 maubos ; 소진되다 ubusin ; 먹어 없애다, 소진하다, 소멸시키다 umubos ; 비우다, 고갈시키다, 소비하다	consuming
ukà	우-까'	우묵한 곳, 살짝 눌러진 자리, 구멍, 공동 mag-ukà, ukain ; 도려내다, 파내다 uká-ukâ ; 구멍(눌린 자국)이 많은	cavity, shallow hole, engraving
ukilkíl	우낄낄	집요한 질문, 장황스런 말 mag-ukilkíl ; 거듭해서 얘기(질문)하다 maukilkíl ; 집요한, 고집스런	persistant asking or talking
ukit	우-낃	(1) 표면에 파인 홈, 눌러진 자리 (2) 조각 iukit ; 파내다, 조각하다, 새겨 넣다 ukitan ; 홈을 만들다, 새겨넣다, 조각하다	(1)groove (2)carving
ukol	우-꼴	(1) ~를 위한, ~에 쓸 예정인, 운명지어진 (2) ~와 관계된, ~에 관하여 kaukulán ; 관계, 연관, 참고, (문법)격 kaukláng	(1)intended for, destined (2)concerning

		palagyô ; 주격 iukol, magukol ; 배분하다, ~에 쓰려고 하다, 챙겨두다 maúkol ; 포함되다, ~에 알맞다, 관계하다 paguukol ; 적용, 응용 pang-ukol ; (문법)전치사	
udlót	우들롯	주춤하고 뒤로 물러섬, 갑자기 섬, 급정거 umudlót ; 주춤 (물러)서다	sudden backward movement or stop
(ugà)maugà	마우-가	흔들리는, 불안정한 umugà ; 흔들흔들하다	wobbly, loose
ugalì	우가-리'	전통, 관습, 습관, 방식 kináugalián ; 길들여진, 일상의 nakaugaliá ; 습관적인, 통상의 ugaliin ; 습관으로 하다	custom, tradition, habit
ugát	우갈	뿌리, 근원 kaugát ; (문법)같은 어근(語根)에서 파생된 magugát, ugatán ; 뿌리박다, 착근하다 salitáng-ugát ; (문법)어근 ugatín ; 근원을 추적하다	root
ugmâ	우그마'	(1) 연결, 이음매, 접합점 (2) 연결된, 잘 맞추어진 kaugmaán ; 조화, 일치 iugmâ ; 연결하다, 끼워넣다	(1)juncture (2)connected, well-adjusted
ugnáy	우그나이	연결, 관계, 관련 kaugnáy ; 연결(관련)된 iugnáy, mag-ugnáy ; 연결하다, 관련시키다 pang-ugnáy ; (문법)접속사	connection, relation
ugók	우곡	바보스러운	stupid
ugóy	우고이	흔들어 움직임 mag-ugóy, uguyín ; 흔든다 umugóy ; 흔들리다, 흔들다	rocking, swing

uhâ	우하'	갓 태어난 아기의 울음 umuhâ ; (아기)울다	cry of new born infant
uhales	우하-ㄹ레스	단추 구멍 mag-uhales ; 단추구멍을 만들다	buttonhole
uhaw, pagkauhaw	우-하우, 빡까우-하우	목마름, 갈증 uháw, naúúhaw ; 목 마른, 갈증나는 mauhaw ; 갈증나다	thirst
uhô, pag-uuhô	우호', 빡우우호'	통에서 쏟아 냄, mag-uhô, iuhô ; 쏟아내다	pouring from container
uhog	우-혹	콧물 mag-uhog ; 콧물을 흘리다	snivel
ulam	우-ㄹ람	밥 반찬 kaulam ; 반찬으로 적당한 mag-ulam, ulamin ; 반찬을 만들다(먹다)	side dish for the rice
ulán	울란	비 mag-uulán ; 비가 많이(계속) 오다 maulán ; 비가 많이 오는 pang-ulán ; (우산 등)우기철에 적합한 tag-ulán ; 우기 umulán ; 비가 오다	rain
ulap	우-ㄹ랖	구름, 안개 maulap ; 흐린 pagkamaulap ; 흐림 papagulapin ; 흐리게(우울하게) 하다	cloud, fog
ulat	우-ㄹ랕	보고, 설명, 기술(記述) mag-ulat, iulat ; 보고(설명)하다, 자세히 얘기하다 di-maulatan ; 말로 표현할 수 없는	account, report
ulayaw	울라-아우	즐겁고 다정한 대화 kaulayaw ; 편안하고 다정한 동료 mákaulayaw ; 즐겁고 다정한 대화를 나누다	pleasant and intimate conversation
ulî	울리'	또, 다시, 한 번 더 umulî ; 다시 하다 iulî ; 제자리에 돌려 놓	again, once more

		다, 원상태로 돌리다 isaulî ; 돌려주다, 환원시키다 manaulî ; 돌아가다 sumag-ulî ; 전 상태로 돌아가다	
ulik-ulik	우-ㄹ릭 우-ㄹ릭	망서리는, 확신이 없는 mag-ulik-ulik ; 망설이다 pag-úulik-ulik ; 망설임	hesitant
ulila	울리-ㄹ라	고아 mangulila ; 고아가 된 기분이 들다, 부모를 그리워하다, maulila ; 고아가 되다 ulilang-lubós ; 부모가 모두 사망한 고아	orphan
ulinig	울리-닉	청각 máulinigan ; 우연히 듣다 ulinigin ; 듣다, 주의를 기울이다	sense of hearing
uling	우-ㄹ링	숯, 목탄 maguling ; 숯을 만들다 mauling ; 검댕이 투성이인	charcoal
ulirán	울리란	기준, 모범, 모형, 모델 ulilanín ; 이상화하다, 최고로 여기다, 모방하다	norm, standard, pattern, model
ulirát	울리랕	감각, 의식 mawalán ng ulirát ; 의식을 잃다 waláng-ulirát ; 무의식인	sense, consciousness
ulit	우-ㄹ맅	반복, Ulit! ; 한 번 더!, 다시! káuulit ; 계속되는 반복 mag-ulit ; 반복하다 maulit ; 반복하는 paulit-ulit ; 계속 되풀이 되는 ulitín ; 반복(재생)하다 ulit-ulitín ; 계속 반복하다	repetition
ulo	우-ㄹ로	머리, 우두머리, 장 basag-ulo ; 언쟁, 난투 magpaulo, pauluhin ; 넘치도록 채우다 magsaulo, sauluhin ; 암기하다	head

		mangulo ; 의장 노릇하다, 관장하다 pangulo ; 대통령, 의장 paulo ; 높이 쌓아 올리는 uluhin ; 머리로 부딪치다 katigasán ng ulo ; 고집, 완고 may ulo ; 지적인, 영리한	
ulok, pag-ulok	우-ㄹ록, 빡우-ㄹ록	꼬드김, 감언 umulok, mang-ulok ; 꾀다, 유혹하다	coaxing
ulól	울롤	미친, 얼빠진, 바보스러운 mang-ulól, ululín ; 놀리다, 우롱하다	crazy, foolish
ulumbayan (ulo-ng-bayan)	울룸바-얀	수도(首都), 시장(市長)	capital, mayor
ulunán(← ulo)	울루난	침대머리	head of bed
ulúuló	울루-울로	올챙이	tadpole
umaga	우마-가	아침 kaumagahan ; 다음 날 아침에 umagahin ; 아침을 맞다	morning
umanó	움아노	(1) 무엇을 했느냐?(미래형 ; áanó?, 현재형 ; umáanó?) (2) di-umanó ; ~라고 말하다	(1)What did ~? (2)It is said
umbók	움볼	부푼(튀어 나온) 것, 돌출물, 융기 maumbók ; 볼록한, 부풀어 오른 umumbók ; 부풀어 오르다, 돌출(융기)하다	bulge, swelling
umít, pang-uumít	우밑, 빵우우밑	좀도둑질, 들치기 umumít, mang-umít ; 좀도둑질하다 umitín ; 주머니에 넣다, 감추다	filching
umpisá	움삐사	시작, 개시, 서문 mag-umpisá ; 시작(개시)하다, (새 시대를) 열다 umpisahán ; 시작되다	start, beginning, prelude

una	우-나	처음의, 첫 번째의, 선두의, 우선, 맨 먼저 kaunahán ; 제일 수위 káuná-unahan ; 첫 번째의, 가장 이른 makauna ; 제일 먼저 하다(할 수 있다) magpáuná ; 전진하다, 선도하다 maguna ; 첫 할부금을 지불하다 manguna ; 앞서 나가다, 기선을 제압하다, 선두를 유지하다 máuná ; 미리 하다, 남들보다 먼저 하다 pagkáuná ; 우선 사항, 우선권 panguna ; 초기의, 첫 번째의 tagapagpáuná ; 선두주자 unahán ; 앞쪽, 전면부 umuna ; 앞서 가다, 먼저 하다	first, earliest, primary, at the beginning
unan	우-난	벼개 iunan ; 벼개를 베다	pillow
unano	우나-노	난장이	dwarf
(unat)umunat	움우-낱	펴지다, 곧게 되다 unát ; 뻗친, 펴진, 곧은 mag-unat ; 뻗다, 펴다	unbend, become straight
unawà	우나-와'	이해, 파악, 실감 ipaunawà ; 이해시키다 máunawaan ; 알다, 이해(파악, 실감)하다 pang-unawà ; 이해(지각)력, 지능 paunawà ; 주의, 경고 umunawà ; 이해하다 unawain ; 주의를 기울이다	understanding, perception
undrás, undás	운드라스, 운다스	(가톨릭)모든 성인의 날(11월 1일)	All Saints' Day
unibersidád	우니베르시닫	대학교	university

uniporme	우니뽀-르메	제복, 유니폼 mag-uniporme ; 유니폼을 입다 nakauniporme ; 유니폼을 입은	uniform
(unlád) pag-unlád	빡운랄	발전, 성장, 개선, 향상 magpaunlád, paunlarín ; 개발하다, 발전(촉진)시키다 maunlád ; 전진하는, 진보적인, 번영하는 umunlád ; 발전(번영, 전진)하다	growth, progress, improvement
unlapì	운라-삐'	(문법)접두사 unlapian ; 접두사를 붙이다	prefix
uno	우-노	하나, 일	one
untî, kauntián	운띠', 까운띠안	적음, 작음, 소량임 kákauntî ; 매우 적은(부족한), 몇 개 뿐인 kaú-kauntî ; 한 번에 조금씩인 kauntî ; 조금, 소량, 단편 muntî ; 작은, 소량의 umuntî ; 감소하다 untí-untî ; 조금씩 조금씩 untí-untiín ; 조금씩 하다, 알뜰하게 사용하다	smallness, littleness
untóg	운똑	머리의 충격(충돌) iuntóg ; (의도적)머리로 부딪다(충돌하다) máuntóg ; (우발적)머리에 부딪치다	bump on the head
untól	운똘	갑작스런(임시적인) 정지(중단) umuntól ; 갑자기(임시로) 서다(중단하다)	sudden stop, temporary stopping
untós, pag-untós	운또스, 빡운또스	줄임, 감소, 축소 umuntós ; 완화되다, 감소되다	lessening, decrease
ungás	웅아스	바보스러운, 무식한	stupid, ignorant

unggóy, unggô	웅고이, 웅고	원숭이	monkey
ungol	우-오올	으르렁거리는 소리, 신음소리, 끙끙대기 umungól ; 으르렁거리다, 신음하다	growl, grunt, groan
ungót	웅옫	중얼거림, 보채는 소리, 투덜거림 iungót ; 한탄하다 umungót, mag-ungót ; 투덜거리다, 넋두리하다	mumbling, whine
uód	우옫	애벌레, 유충, 구더기 uurín ; 유충(벌레)이 들끓다	grub, caterpillar, maggot
uóm	우옴	악몽, 가위눌림 uumín ; 악몽을 꾸다, 가위눌리다	nightmare
upa	우-빠	임대료, 보상, 보수 magpaupa, paupahan ; 임대하다, 빌려주다 mangupahan, upahan, umupa ; 임차하다, 빌리다 mángungupahan ; 임차인 mapaupahan ; 임대되다	rent, rental
upang	우-빵	~하기 위하여, ~한 경우에 upang dî ~ ; ~하지 않도록	in order to, whereby, in case that
upô	우뽀'	착석, 앉음 iupô ; 앉히다, 앉게 하다 palaupô ; 앉은채 있는, 오래 앉아 있는 umupô ; 앉다 paupuín ; 의자를 마련해 주다, 앉게 해주다 úpuan ; 좌석 upuán, upán ; ~에 앉다	sitting
upós	우뽀스	(1) 담배 꽁초, 양초의 남은 밑동 (2) 끝까지 거의 다 피운(타버린)	(1) butt, stub (2) consumed to butt

urì	우-리'	종류, 부류, 등급, 특성, 유형 kaurì ; 같은 종류의 makaurì ; (문법)형용사적인 magkaurì ; (1) ~의 특성을 갖다, ~의 기미가 나다 (2) 동종의, 유사한 mag-urì ; 분류하다 pang-urì ; (문법)형용사 uri-uri ; 모든 종류의, 많은 종류의	kind, sort, category, nature
urirà	우리-라'	꼬치꼬치 캐묻기, 호기심 maurirà ; 꼬치꼬치 캐묻는, 호기심 많은	persistent inquiry, inquisitiveness
urong, pag-urong	우-롱, 빡우-롱	퇴각, 뒷걸음질, 수축, 연기 mangurong ; 줄어들다, 수축하다 maurong ; 연기(철회)하다 pagkakapaurong ; 쫓아버림, 격퇴 umurong ; 물러나다, 퇴각하다, 수축하다 urong-sulong ; 망서리는, 우유부단한	retreat, backward movement, shrinkage, postponement
usá	우사	사슴 usáng reno ; 순록	deer
(usap) pag-uusap, úsápan	빡우우-샆, 우-사-빤	회화, 협의 kausapin, kumausap ; 대화하다 makipag-usap ; 얘기(대화)하다, 의견을 교환하다 makiusap, ipakiusap ; 요청(간청)하다 nangúngúsap ; 표현하는, 의미가 있는 pakikipag-usap ; 회화, 대화, 대담 pakikiusap, pakiusap ; 요청, 간청 pangungusap ; 소견, 표현, 문장 usapín ; 소송, 고소	conversation
usbóng	우스봉	싹, 눈, 움, 발아 umusbóng ; 싹이 트다, 발아하다	sprout

usig, pag-uusig	우-식, 빡우우-식	조사, 박해 umusig ; (법율)기소하다, (종교)박해하다 tagausig ; 기소자, 검찰관	investigation, persecution
usisà, pag-uusisà	우시-사', 빡우우시-사'	조사, 질문, 심문 mausisà ; 호기심 많은, 캐묻는 usisain ; 질문(심문)하다, 조사하다, 타진하다 usisera, -o ; (1) 호기심 많은 사람 (2) 과도하게 호기심이 많은	inquiry, examination
uslî	우슬리'	(1) 돌출부, 부푼 것 (2) 부풀어 오른, 돌출한 umuslî ; 불쑥(삐져) 나오다	(1)projection, bulge (2)protruding
uso	우-소	스타일, 유행, 패션 máuso ; 유행하다 náuuso ; 유행하는 umuso ; 유행을 따르다	style, fashion
usura	우수-라	고리대금업 usurera, -o ; 고리대금업자	usury
usok	우-속	연기, 증기 magpausok ; 연기에 쐬다 mausok ; 연기 나는, 연기가 자욱한 umusok ; 연기 나다	smoke, vapor
utak	우-딱	두뇌, 지력 mautak, may-utak ; 영리한 waláng-utak ; 어리석은	brain
utál	우딸	말을 더듬는 máutál-utál ; 말을 더듬다 pagkautál ; 말더듬기	stammering
utang	우-땅	빚, 부채, 대부, 대여 ipautang, magpautang ; 빚을 주다, 돈을 빌려 주다 mangutang, umutang ; 빚을 지다, 돈을 빌리다 mautang ; 빚이 많은 pautang ; 외상 거래, 신용 판매	debt, loan

		utangera, -o ; 채무자 waláng pautang ; 외상사절 utang-na-loób ; 마음의 빚, 보은의 마음	
utás	우따스	완전히 끝난, 종결된, 죽은 umutás, utasín ; 완전히 끝내다, 죽이다	completely finished, terminated
utáy-utáy	우따이 우따이	차차, 점차, 조금씩 조금씩 umutáy-utáy, utáy-utayín ; 조금씩 끈기있게 하다	gradually, little by little
utód	우똗	끝이 짤린, 길이가 짧은	cut off at the end, short in length
utóng	우똥	젖꼭지, 유두	nipple
utos	우-또스	명령, 지시 iutos, mag-utos, utusan ; 명령(지시)하다 pala-utos ; 두목 행세하는, 으스대는 pautós ; (문법)명령법의 utusán ; 하인	command, order
uwák	우왁	까마귀	crow
uwî	우위'	집으로 가져온 물건 iuwî, mag-uwî ; 집으로 가져가다 máuwî ; ~로 진행(발전)하다, ~한 결과로 귀착하다 pauwî ; 귀가 중인 pag-uwî ; 귀가 pauwiín ; 집으로 보내다 umuwî ; 귀가하다, 집으로 가다 uwián ; 귀가시간	something brought home

W w			
waág	와악	(장소, 공간)훤히 트인, 막히지 않은	open, clear
wakaak	와까-악	격리, 홀로 삶, 고독, 추방 ipawakaak ; 추방하다 iwakaak ; 격리하다	isolation, solitude, exile
wakás	와까스	끝, 마지막, 종결 magwakás ; 끝나다, 종결하다 pangwakás ; 최종적인 pawakás ; 곧 끝나는 sa wakás ; 마침내, 드디어 wakasán ; 끝나다, 중지(종결)하다 wakasan ; 최종적으로	end, finish, conclusion
(wakiwak)pag wawakiwak	빡와와끼-왁	(장대・게양대에)기(旗)를 게양함	hoisting up
(waklî) mawaklî	마와끌리'	보이지 않다, 잘못 놓여지다	be out of sight, be misplaced
(waksi)iwaksí	이왁시	떨쳐버리다, 쫓아 버리다, 피하다	shake off, drive away, get rid of
wadwád	왇왇	벗겨진, 속이 들여다 보이는, 노출된	uncovered, exposed
wagás	와가스	순수한, 완전한, 진실한 kawagasán ; 순수성, 완전무결, 진실	pure, perfect, sincere
(wagaywáy) wumagaywáy	우마가이와이	펄럭이다, 휘날리다, 흔들리다 iwagaywáy ; 흔들다, 휘두르다	flutter, wave

(wagí) pagwawagí	빡와와기	쟁취, 이김, 승리를 거둠 magwagî ; 이기다, 승리하다 mapagwagî ; 승리를 거둔	winning
(waglít) máwaglít	마와글릳	잘못 놓여지다, 빠뜨리다 iwaglít sa alaala ; 기억에서 지워버리다	be misplaced
(wahíl) magwahíl	막와힐	유언이 없는 사망자의 재산을 나누다	divide property of a deceased
walâ	왈라'	(1) 없음, 무(無) (2) 없는, 존재하지 않는 kawalán ; 없음, 결여, 결석, 손실 iwalâ ; 잃다 makawalâ ; 잃다, 놓치다 mawalâ ; 분실되다, 없어(사라)지다 nakakawalâ ; 매이지 않은, 해방된, 자유로운 nawalâ ; 없는, 사라진 pakawalán ; 내버려 두다, 방임하다, 해방하다 pagkawalâ ; 사라짐, 실종 walâ kahit saán ; 아무데도 없다 waláng-katwiran ; 논리적이지 못한, 불합리한 waláng-bayad ; 무료인, 공짜의 waláng-hiyâ ; 수치심이 없는, 부끄러워 할 줄 모르는 magwaláng-bahalà ; 주의를 기울이지 않다, 관심을 갖지 않다	(1) nothing, none (2) no, absent
(walas)liwalas	리와-ㄹ라스	좋은 통풍, 환기가 잘됨 maliwalas ; 환기가 잘되는	good ventilation
(walat) pagkawalat	빡까와-ㄹ랃	파괴, 파기 walát ; 파괴(폭파)된 mawalat ; 파괴(폭파)되다 walatin ; 부수다, 폭파하다	destruction

W

(walay) mawalay	마와-ㄹ라이	떨어지다, 분리되다, (아기)젖에서 떼이다 magwalay ; 떼어 놓다, 젖을 떼다	be separated, be weaned
(waldás) magwaldás	막왈다스	돈을 낭비하다, 흥청망청 쓰다	waste money, squander
walís	왈리스	비 magwalís, walisán ; 쓸다, 청소하다 magwawális ; 청소부 walisín ; 쓸어 버리다 tangkáy ng walís ; 빗자루	broom
waliwali	왈리와-ㄹ리	(임신부)해산이 임박한	timely closeness to delivery
waló	왈로	팔, 여덟 ikawaló, pangwaló ; 여덟 번 째, labingwaló ; 18 walumpû ; 80 walundaán ; 800 walunlibo ; 8000	eight
waní	와니	일하는 자세, 도움, 협조 kawaní ; 종업원 káwanihán ; (행정 조직)국(局)	manner of doing, help
wangkî	왈끼	외모가 비슷한	similar in appearance
wangis, pagwawangis	와-ㅇ이스, 빡와와-ㅇ이스	유사, 비슷함, 유사점 kawangis ; 비슷한, 닮은 magkawangis ; 닮다	similitude
wangwáng	왕왕	활짝 열려있는, 내부가 다 보이는	wide-open, completely exposed
warì	와-리'	(1) 견해, 추측, 판단 (2) ~인 것 같다 magwari-warì ; 숙고하	(1)opinion, estimation,

		다, 곰곰히 생각하다	judgement (2)it seems
wasák	와삭	(1) 파멸, 파괴, 파산 (2) 완전히 부서진, 파괴된 iwasák, magwasák, wasakín ; 부수다, 파괴하다, 황폐화시키다 máwasák ; 파괴되다, 부서지다	(1)ruin, destruction (2)ruined
wastô	와스또'	올바른, 적합한, 타당한 kawastuán ; 정확함, 바름, 공명정대 magwastô ; 정정하다, 고치다 pagwawastô ; 수정, 교정(矯正), 시정(是正)	correct, right
(waták) waták-waták	와딱 와딱	분산된, 흩어져 있는, 분리된	scattered, disunited
(watas) pangwatas	빵와-따스	이해력, 지력 mawatasan ; 이해되다 pawatás ; (문법)부정사	faculty of understanding
watawat	와따-왙	기(旗), 국기, 군기	flag, banner
wawà[1]	와-와'	바다와 접한 강의 어귀	estuary
wawà[2]	와-와'	의미, 뜻 kawawaan ; 요점, 중요 내용(의미) waláng-kawaan ; 의미없는	meaning
welga	웨-ㄹ가	파업, 노동 쟁의 magwelga ; 파업을 선언하다 pagwelgahan ; ~에 대항하여 파업하다 welgista ; 파업 참여 근로자	strike

wikà	위-까'	말, 언어, 방언 kawikaán ; 속담, 격언 dalubwikà ; 언어학자, 여러 말에 능한 사람 magwikà ; 말하다 pagwikaan ; 말로 모욕을 주다 wikain ; 말로 표현하다 wikaín ; 관용적 표현 salawikaín ; 속담, 격언, 구호, 슬로건 wikang banyagà, wikang dayuhan ; 외국어 wikang katutubo ; 토착어, 원어 wikang pandaigdíg ; 세계 공용어	language, dialect
wili	위-리	탐닉케하는, 매우 재미있는 kawilihán ; 향락, 즐거움 kawili-wili ; 재미있는, 흥미로운, 유쾌한 makáwili ; 흥미를 유발시키다, 즐겁게 해주다 máwíli ; 즐기다 wilihin ; 흥미를 갖게 하다 wilíng-wili ; 탐닉에 빠져든, 매우 재미있어 하는	absorbing
windáng	윈당	찢어져 조각난	torn apart
(witwít) witwitián	윝위띠<u>안</u>	(경고하거나 부르기 위해)손가락을 흔들다(까딱까딱 움직이다)	shake or twiddle the finger

Y y			
yabág	야박	발자국 소리	footfall
yabang, kayabangan	야-방, 까야바-ㅇ안	자랑, 허풍, 오만 ipagyabáng, magyabáng ; 자랑하다, 허풍떨다 mapagmayabáng, mayabang ; 자랑하는, 허풍떠는, 오만한	boast, brag
yabong, kayabungan	애-봉, 까야부-ㅇ안	(나무)무성한 잎 mayabong ; 잎이 무성한, 잎이 우거진	leafy
yakag, pagyayakág	야-깍, 빡야야깍	초대, 설득 magyakág, yakagin ; 초대하다, 설득하다	invitation, persuasin
yakap	야-깝	포옹, 껴안기 yakap-yakap ; 사랑스럽게 껴안은 yumakap, yakapin ; 껴안다, 포옹하다	embrace, hug
(yakis) pagyayakis	빡야야-끼스	숫돌로 날 세우기, 마찰시키기, 문지르기	honing, sharpening razors, rubbing
yakyák¹	약얄	잡담, 쓸데없는(바보스러운) 대화 yakyakán ; 바보스러운 대화(잡담)를 하다	foolish talk, babble
yakyák²	약얄	지나다니는 사람들에 의해 짓밟힌(밟혀 뭉개진)	crushed(trampled on) by passers-by
yagít	야긷	쓰레기, 폐물 *강물에 떠 내려와 쌓인 쓰레기 더미 같은 것	rubbish
yago	야-고	즙, 액, 주스	sap, juice

yagong, kayagungan	야-공, 까야구-ㅇ안	매우 여윔, 쇠약, 매우 홀쭉함	emaciation, extreme thinness
(yagpág)pama mayagpág	빠마마약빡	(조류)날개를 퍼덕거림	fluttering of the wings
(yahod) yumahod	유마-혼	압력을 가해 문지르다	rub with pressure
yamâ	야-마'	촉감	sense of touch
yaman, kayamanan	야-만, 까야마-난	재산, 부(富), 보배, 자원 likás na kayamanan ; 천연자원 mayaman ; 부유한, 풍요롭게 사는 payamanin ; 부유하게(넉넉하게) 만들다 yumaman ; 부자가 되다	wealth, treasure, resource
yamang	야-망	~때문에, ~하므로	since, because
yambâ	얌바'	위협하는 행위(몸짓) yambaán ; 위협하다	threatening gesture
yamót	야몯	짜증난, 귀찮아 하는, 신경질적인 pagkayamót ; 성가심, 불쾌감, 골칫거리 payamót ; 신경질적으로 yumamót ; 짜증나게 (귀찮게) 하다	irritated, annoyed
yamutmót	야묻몯	쓰레기, 폐물, 찌꺼기, 나머지	rubbish, refuse
yaníg, pagkayaníg	야닉, 빡까야닉	떨림, 흔들림, 진동, 충격 yumaníg, mayaníg ; 떨다, 흔들리다, 진동하다	tremor, vibration, shock

yangá	양아	화분	flowerpot
yangkáw	양까우	큰 걸음, 활보	stride, big step
yangót	양옫	숱이 많은 턱수염	thick beard
yangutngót	양욷으옫	딱딱한 것을 씹을 때 나는 소리	sound of chewing something hard
(yao)pagyao	빡야-오	출발, 떠남, 사망 yumao ; 출발하다, 떠나다, 죽다	departure, death
yapá, kayapahán	야빠, 까야빠한	맛없음, 싱거움, 무미건조 mayapá ; 싱거운, 맛없는, 무미건조한	tastelessness, insipidity
yapak	야-빡	발걸음, 발자국 iyapak ; ~에 발을 올려 놓다 yapakán ; 발판 yumapak ; 밟다, 밟아 뭉개다	footstep, footprint
yapák, nakayapák	야빡, 나까야빡	맨발의 magyapák ; 맨발로 가다	barefoot
(yapáw) yapawín	야빠윈	밟아 부수다, 짓밟다	trample
yapós, pagyapós	야뽀스, 빡야뽀스	껴안기, 포옹 magkayapós ; 안겨있는 magyapós ; 서로 껴안다 yumapós, yapusín ; 껴안다, 포옹하다	embrace, hug
yarda	야-르다	(길이 측정 단위)야드 pangyarda ; 1 야드 길이의 막대기	yard
(yari¹)	빵야야-리	사건, 사고, 일어난 일 mangyari ; 일어나다, 발생하다 kahit	event, happening,

527

pangyayari		anó ang mangyari ; 무슨 일이 발생하더라도	occuring
(yari²)kapangyarihan	까빵야리-한	힘, 권력, 지배력, 권위 magkapangyarihan ; 힘 있는, 강력한, 전능한 makapangyari ; 지배(통치)하다, 군림하다, 다스리다 nakapangyari ; 지배하는, 군림하는 pagsasakapangyarihan ; 권력(권한) 부여, 위임	power, might, authority
yarì	야-리'	(1) 제품, 생산품, 건축물 (2) 만들어진, 생산된, 제조된, 건조된 magyarì, mangyarì ; 만들다, 제조하다 mayarì ; 만들(제조할) 수 있다 pagkakayarì ; 건축, 제조 yarián ; 생산 장소 yumarì ; 제조(생산)하다 yaring-kamáy(mákiná, pábrika) ; 손으로(기계로, 공장에서) 만든	(1)something made or manufactured (2)made, manufactured, built
yarí	야리	이것 niyarí ; 이것의	this
yasang, kayasangan	야-상, 까야사-ㅇ안	거침, 건조하고 잘 깨짐 yasáng ; 거친, 건조하고 잘깨지는	roughness, dryness and brittleness
yasyás	야스야스	문지르기 magyasyás ; 문지르다 yasyasín ; 벗겨내다, 긁어내다	scraping
yatà	야-따'	어쩌면, 아마	maybe
yaya	야-야	유모, 보모	wet nurse, nursemaid
yayà, pagyayà	야-야', 빡야-야'	초대 yumayà, yayain ; 초대하다	invitation
yayát	야얕	여윈, 홀쭉한 mangayayat ; 여위다, 홀쭉해지다	emaciated, very thin

yelo	예-ㄹ로	얼음 magyelo ; 얼음을 만들다, 얼리다, 얼다 magyeyelo ; 얼음장사 yeluhán ; 얼음을 넣어 차게 하다	ice
yero	예-로	(지붕에 덮는)아연 철판, 함석	galvanized iron
yeso	예-소	분필	chalk
yukayók	유까욕	(1) 곤두박질 친 (2) 고개를 떨군, 풀이 죽은 magyukayók ; 꾸벅꾸벅 졸다	(1) fallen headlong (2) with drooping head
(yukdó) yumukdó	유묵도	무릎을 꿇다	bend the knee
yukô	유꼬'	몸을 구부림 yumukô ; 구부리다	bending the body
(yukód) yumukód	유무꼳	고개를 떨구다, 축 늘어지다	bow one's head, slouch
yugtô	육또'	(연극, 드라마 등)막 yugtú-yugtó ; 연속의, 시리즈로 된 yugtú-yugtuín ; 시리즈로 만들다	act
(yugyóg) yumugyóg	유묵욕	(나뭇가지 등)아래 위로 흔들다	shake up and down
(yumì) mayumì	마유-미'	부드러운, 섬세한	tender, soft, touch
yunit	유-닡	단위	unit

yungíb	융입	동굴	cave
(yungyóng) yumungyóng	유뭉용	위에 걸치다, 위에 쑥 내밀다, 덮다 yungyungan ; 보호하(그늘)에 두다	overhang, shelter
(yupapà)pangangayupapà	빵앙아유빠-빠'	굴욕적인 복종(항복), 부복(俯伏), 엎드림 mangayupapà ; 굴욕적으로 항복(복종)하다	humble submission
yupì	유-삐'	움푹 팬 곳, 눌린 자국 yupî ; 움푹 패인, 눌린 자국이 있는	dent
(yupyóp) yumupyóp	유뭎율	덮어 가리다, 감싸 보호하다	cover up, shelter
(yurak) yurakan	유라-깐	짓밟다, 밟아 뭉개다, 유린하다	tread on, trample on
yutà, sangyutà	유-따', 상유-따'	십만(100,000)	hundred thousand

Memo